eb

Philipp Ewers, geboren 1960, ist promovierter Historiker und Slawist und tätig als politischer Publizist. Als Russland-Kenner beschäftigt er sich in verschiedenen Publikationen mit der Geschichte sowie der aktuell-politischen Situation des wichtigsten EU-Nachbarn. Von dem unter Pseudonym publizierenden Experten erschienen zuletzt in der edition berolina: *Putin verstehen? Russische Außen- und Sicherheitspolitik der Ära Wladimir Putin* (umfassend aktualisierte, erweiterte Neuausgabe von 2016) und *Marschall Schukow. Der Mann, der Hitler besiegte. Die Biographie* (2017).

Philipp Ewers

Wjatscheslaw Molotow

Realpolitik und Exzess

ORIGINALAUSGABE

edition berolina

ISBN 978-3-95841-082-4
1. Auflage

Umschlaggestaltung: BEBUG mbH, Berlin
Umschlagabbildung: © picture alliance / dpa
Druck und Bindung: GGP Media GmbH, Pößneck

eb edition berolina

Alexanderstraße 1
10178 Berlin
Tel. 01805/30 99 99
FAX 01805/35 35 42
(0,14 €/Min., Mobil max. 0,42 €/Min.)

www.buchredaktion.de

Gewidmet
Michail Sergejewitsch »Giwi« Tolstych
und
Arsen Sergejewitsch »Motorola« Pawlow

Meinst du, die Russen wollen Krieg?
Befrag die Stille, die da schwieg
im weiten Feld, im Pappelhain,
Befrag die Birken an dem Rain.
Dort, wo er liegt in seinem Grab,
den russischen Soldaten frag!
Sein Sohn dir darauf Antwort gibt:
Meinst du, die Russen woll'n,
meinst du, die Russen woll'n,
meinst du, die Russen wollen Krieg?

Jewgeni Jewtuschenko (1961)

Molotow ist ein außergewöhnlich fähiger Mann (…), der in einer Reihe mit diplomatischen Großmeistern vom Range eines Mazarin, Talleyrand und Metternich steht.

Winston Churchill (Memoiren)

Inhalt

Vorwort

Wjatscheslaw Michailowitsch Molotow (* 9. März 1890; † 8. November 1986) – der Name ist im deutschsprachigen Raum noch gut bekannt: Dominant war die Rolle, die er in der sowjetischen Geschichte gerade im Hinblick auf Deutschland und Österreich über viele Jahrzehnte spielte. Untrennbar ist sein Name bis heute mit dem von der Westblockpresse und -Geschichtsschreibung als »infam« etikettierten »Hitler-Stalin-Pakt« verbunden, den er mit Hitlers Außenminister Ribbentrop 1939 aushandelte. Gleichzeitig verschwindet bis heute der Mensch Molotow hinter den geschichtlichen Schlagzeilen, und es ist über ihn persönlich kaum etwas bekannt. Wer weiß schon, dass ihm Stalin in jungen Jahren die Freundin Marussia ausspannte, dass Stalin ihn später zwang, sich von seiner Ehefrau Polina scheiden zu lassen, und diese nach Kasachstan verbannte wegen angeblicher zionistischer Spionageumtriebe?

Als einer der wenigen aus der Gründergeneration der Sowjetunion überlebte er die Stalinschen Säuberungen der dreißiger Jahre, handelte als Außenminister in den vierziger Jahren die Nachkriegsweltordnung mit den USA und Großbritannien aus, zählte zu den Gründungsvätern der UNO, wurde dann von Stalin geschasst, um nach dessen Tod wieder in Amt und Würden zu kommen, nur um Ende der fünfziger Jahre vom neuen starken Mann, Chruschtschow, erneut entmachtet zu werden. Abgeschoben erst in die Mongolei, dann nach Wien, wurde er schließlich mit einer kärglichen Rente in den Ruhestand geschickt. Er überlebte die meisten seiner Widersacher und starb mit 96 Jahren in der Endphase der Sowjetunion, in der von Molotow (zu Recht) sehr misstrauisch betrachteten Ära Gorbatschow, der ihn mit seiner Mischung aus Naivität und Gutmenschentum, mit Sprunghaftigkeit und Unentschlossenheit sehr an seinen früheren Widersacher Chruschtschow erinnerte, mit dem er schon drei Jahrzehnte zuvor manchen Strauß ausgefochten hatte.

Ziel des vorliegenden Buches ist es, hinter den bekannten Geschichtsdaten den Menschen Molotow zu entdecken, der jeweiligen Motivation für seine manchmal schwer nachvollziehbaren Handlungen auf die Spur zu kommen, kurzum: das Individuum Molotow hinter der historischen Fassade sichtbar zu machen.

Ich wünsche Ihnen eine erhellende Lektüre und verspreche neue Einsichten in alte Tatbestände.

Kislowodsk, Herbst 2017
Philipp Ewers

Kindheit und Jugend

Der Mann, der unter dem Kampfnamen »Molotow« in die Geschichte einging, wird 1890 als Wjatscheslaw Michailowitsch Skrjabin im Dorf Kukarka (heute: Sowjetsk), Kreis Jaransk, Gouvernement Wjatka (heute: Oblast Kirow) als Sohn eines kaufmännischen Angestellten geboren. Kukarka ist zu diesem Zeitpunkt ein Zentrum der holzverarbeitenden Industrie im zaristischen Russland. Dort wird unter anderem ein Großteil der in Russland verkauften Pferdeschlitten hergestellt. Sein Vater, der leitende Angestellte Michail Prochorowitsch Skrjabin, verdient im Jahr 720 Rubel, gehört also schon zur Schicht der Besserverdienenden, wenn man ihn mit der Masse der verelendeten Landbevölkerung vergleicht, die unter dem Zaren am Hungertuch nagt. (Zum Vergleich: Der Vater von Weltkriegsgeneral Schukow verdient als selbständiger Schuhmacher im selben Zeitabschnitt gerade einmal 90 Rubel im Jahr. – Siehe: Philipp Ewers: *Marschall Schukow. Der Mann, der Hitler besiegte*. Berlin 2017, S. 19.) Fabrikarbeiter in den Industriezentren Moskau und Sankt Petersburg verdienen damals schon um die 300 Rubel im Jahr. Molotows Mutter Anna Jakowlewna entstammt der reichen Kaufmannsfamilie Nebogatikow, der das größte Kaufhaus in Kukarka gehört. Molotows Vater ist Buchhalter dort. Wjatscheslaw ist das neunte von zehn Kindern, von denen drei im Säuglingsalter sterben. Er überlebt, genauso wie eine Schwester und fünf Brüder. Die dunkle Seite des väterlichen Charakters stellen Alkoholismus und Gewalttätigkeit gegenüber den Kindern dar. Aufgrund einer ernsthaften Erkrankung (die genauen Umstände sind bis heute unbekannt) muss Wjatscheslaw mit acht Jahren eine Brille tragen und leidet seitdem an einem latenten Stottern. Zu seiner weiteren Verwandtschaft gehört der Komponist Alexander Skrjabin, dem er sehr ähnlich sieht, dessen Neffe zweiten Grades er ist. Auch Wjatscheslaw zeigt Ansätze zu musikalischer Begabung, er erlernt das Geigespielen und wird es sein restliches Leben lang weiter praktizieren. Sein älterer Bruder Nikolai wird ebenfalls Komponist, erreicht aber nicht die Berühmtheit des Namensvetters, ändert dennoch, um jede Verwechslung auszuschließen, seinen Nachnamen in »Nolinsk«. Wjatscheslaw geht zunächst kurzzeitig in die örtliche Grundschule. Nach dem Umzug seiner Familie ins nahe gelegene Verwaltungszentrum Nolinsk besucht er ab dem siebten Lebensjahr die dortigen Schulen, einschließlich des Gymnasiums. Nolinsk ist zu diesem Zeitpunkt ein Auffangbecken für deportierte russische Regimekritiker. Bei den Zwischenprüfungen, die der zwölfjährige Wjatscheslaw auf dem Gymnasium ablegen muss, fällt er im ersten Anlauf durch. Er hatte – wie er rückblickend erzählt – von seiner Mutter eine kleine Ikone zugesteckt bekommen und sich auf deren wundertätige Kräfte verlassen, statt einfach den geforderten Stoff zu lernen. Seitdem ist er vom Götterglauben abgekommen und bleibt für den Rest seines Lebens überzeugter Atheist. Ein erneuter Umzug steht an: Die nächste weiterführende Schule ist im reichlich zweihundert Kilometer entfernten Kasan. Die Mutter bringt ihn und einen seiner Brüder dorthin – an der dortigen Schule sind schon die drei anderen Brüder eingeschrieben. Nach dem Ende des ersten Kasaner Schuljahres kehrt die Mutter nach Nolinsk zurück, die Buben bleiben in der Obhut einer Cousine der Mutter, der als Hebamme tätigen Lydia Petrowna Tschirkowa. Diese ist mit Alexei Kulesch, einem gebürtigen Ukrainer und prominenten Mitglied der 1898 in Minsk gegründeten *Russischen Sozialdemokratischen Arbeiterpartei* (RSA, *Российская социал-демократи́ческая рабо́чая па́ртия/Rossiskaja social-demokratitscheskaja rabotschaja partija)* verheiratet. Die RSA spaltet sich auf ihrem zweiten, in Brüssel begonnenen, dann nach Polizeimaßnahmen nach London verlegten Parteitag 1903 in einen Mehrheits- (Bolschewiki) und einen Minderheitsflügel (Menschewiki) auf. Kulesch entscheidet sich für die Bolschewiki und betreibt in deren Sinne in Kasan politische Arbeit.

Der verlorene Krieg gegen Japan (1904/05)

Zu diesem Zeitpunkt ist die politische Großwetterlage für Russland schon seit längerem nicht günstig. Im Krimkrieg (1853–1856) gedemütigt, ohne Aussicht, wie andere europäische Mächte damals, zusätzliche Kolonien zu erlangen (das russische Alaska wird 1867 an die USA verkauft, da sich der damalige Zar außerstande glaubt, die auf einem anderen Kontinent gelegene Kolonie auf Dauer gegen das US-Expansionsstreben halten zu können), besinnt sich Russland auf Naheliegenderes, wie eine verstärkte Einflussnahme im benachbarten China. 1891 wird mit dem Bau der Transsibirischen Eisenbahn begonnen, die die unendlichen sibirischen Weiten erschließen und gleichzeitig die strategische Position Russlands an der chinesischen Grenze verbessern soll. China ist zu diesem Zeitpunkt durch Kriege mit Japan und durch die Besetzung von Landesteilen durch europäische Mächte geschwächt. In Absprache mit anderen europäischen Staaten besetzt Russland 1897 den chinesischen Hafen Port Arthur (Dalian) und beteiligt sich im Jahr 1900 an der Niederschlagung des »Boxeraufstands«. Zu diesem Zweck stationiert es nicht weniger als 100.000 Soldaten in China und darf diese gemäß den internationalen Vereinbarungen auch nach dem Ende des Aufstands dort belassen. Das chinesische Engagement Russlands führt zur Konfrontation mit der aufstrebenden Macht Asiens, dem auf Expansionskurs befindlichen Japan, das ebenfalls China als künftige Einflusssphäre und Region wirtschaftlicher Ausbeutung erkoren hat. Auf der formell zu China gehörenden Halbinsel Korea kommt es zum ersten direkten Aufeinandertreffen Russlands und Japans. Russland reklamiert den Holzhandel der waldreichen Halbinsel für sich, gemäß den Konzessionen, die es sich von China erteilen lässt. Doch denselben Plan verfolgt auch Japan. Die diplomatischen Geplänkel verschärfen sich im Ton, schließlich fordert der japanische Botschafter in China Ende 1903 ultimativ den Abzug aller russischen Truppen aus China und die formale Anerkennung der japanischen Hoheit über China, worauf sich Russland natürlich nicht einlassen will.

Ein halbes Jahr später eröffnet der Angriff der japanischen Marine auf im Hafen von Port Arthur liegende russische Kriegsschiffe den Russisch-Japanischen Krieg (Februar 1904–September 1905). Im Vorfeld hatten britische Spione den Japanern die russischen Minenverlegungspläne des Hafengebiets zugespielt. Die im Hafen liegenden russischen Schiffe wehren sich zwar verzweifelt, sind aber letztlich unterlegen. Dennoch wähnt man sich auf russischer Seite den Japanern haushoch überlegen. Zur Überraschung des russischen Militärs entwickeln sich die nun folgenden Land- und Seeschlachten aber nicht wie vorhergesehen. Statt glänzender russischer Siege über das scheinbar provinziell zurückgebliebene Japan hagelt es Niederlagen, die in der katastrophalen Vernichtung der russischen Flotte während der Seeschlacht bei Tsushima gipfeln. Japan zwingt Russland schließlich zum Abzug aus China. Russland muss sämtliche Expansionspläne hinsichtlich des Reiches der Mitte aufgeben. Japan etabliert sich als führende asiatische Militärmacht, die den Ruhm verbuchen kann, eine europäische Großmacht militärisch besiegt zu haben. Bei den Friedensverhandlungen zwischen Russland und Japan im US-Hafen Portsmouth ist es Amerika, das sich als »ehrlicher Makler« anbietet, dabei aber durchaus eigene Interessen verfolgt. Denn in parallel geführten Geheimverhandlungen anerkennt die US-Regierung die japanische Vorherrschaft in China und Korea und lässt sich dafür von Japan die Anerkennung der US-Vorherrschaft über die kurz zuvor eroberten Philippinen (wo die spanischen Besatzungstruppen durch amerikanische ersetzt wurden) paraphieren. Dessen ungeachtet erhält US-Präsident Theodore Roosevelt für seine »Friedensbemühungen« 1906 den Friedensnobelpreis.

Die Revolution von 1905

Das Jahr 1905 hält noch mehr Prüfungen für Russland bereit. Ausgehend vom Petersburger Blutsonntag, als am 22. Januar 1905 eine friedliche Arbeiterdemonstration für bessere Arbeitsbedingungen, Agrarreformen, die Abschaffung der Zensur sowie die Einrichtung eines Parlaments von Soldaten zusammengeschossen wird und Hunderte von Toten zu beklagen sind, entwickelt sich in den folgenden Monaten eine Reihe von Unruhen und Aufständen, die das russische Kaiserreich erschüttern. Die schmähliche Niederlage in Fernost verschärft die Situation noch durch die Frustration der Militärs auf der einen und die Wut des Volkes auf die unfähigen Regierenden auf der anderen Seite. Ein Generalstreik lähmt für einige Tage das gesamte öffentliche Leben; streikende Matrosen auf dem in Odessa eingelaufenen, erst kurz zuvor in Dienst gestellten Panzerkreuzer *Potemkin* wehren sich gegen unmenschliche Zustände auf den kaiserlichen Kriegsschiffen. Doch auch der aus dem Exil zurückgekehrte Oppositionsführer Wladimir Iljitsch Lenin vermag es nicht, der Aufstandsbewegung die nötige Durchschlagskraft zu verleihen, und verlässt daher Ende 1905 Russland sicherheitshalber wieder. Zar Nikolaus II. reagiert auf die Unruhen mit dem »Oktobermanifest« (offiziell: *Manifest über die Verbesserung der staatlichen Ordnung/Высочайший Манифест Об усовершенствовании государственного порядка*), in dem er dem Volk die Einführung bürgerlicher Rechte und einer gesetzgebenden Versammlung gewählter Volksvertreter (»Duma«) verspricht (aber nicht zu halten gedenkt). Nachdem sich die Lage beruhigt, nimmt er den Großteil der Reformen 1907 wieder zurück und löst das gerade gewählte Parlament wieder auf.

Als neues außenpolitisches Ziel nimmt Russland nach dem Debakel in Fernost nun den Balkan ins Visier. Die unter osmanischer Besatzung stehenden slawischen Völker des Balkans sollen unter russischer Führung befreit und vereint werden. Doch damit läuft Russland in eine Konfrontation mit Österreich-Ungarn, das auf dem Balkan die Vorherrschaft beansprucht und im Zuge des weiteren Zerfalls des Osmanenreichs dort die Führung übernehmen will. In einem mit Russland abgesprochenen Akt besetzt es das zuvor schon österreichischer Verwaltung unterstehende Bosnien-Herzegowina. Russland soll als Gegenleistung dafür freie Durchfahrt durch den Bosporus erhalten. Doch das Osmanische Reich verweigert sich nach britischer Intervention dem abgesprochenen Handel, und Russland steht erneut düpiert da. Russland sucht nun die Annäherung an Frankreich und Großbritannien, womit sich die Konstellation herausbildet, mit der der Erste Weltkrieg aufseiten der Entente geführt wird. 1907 wird mit dem Vertrag von Sankt Petersburg erneut eine bereits 1887 getroffene Vereinbarung bestätigt: Russland und Großbritannien grenzen ihre Einflusssphären gegeneinander ab und sichern sich gegenseitigen Verzicht auf Einmischung in die Angelegenheiten der anderen Einflusssphäre zu.

Das ist der politische Hintergrund, vor dem sich die weitere schulische Ausbildung Wjatscheslaws abspielt. Der Fünfzehnjährige hat eine besondere Vorliebe für Mathematik, erfreut seine Eltern zum Abschluss des sechsten Schuljahrs durch ausgezeichnete Noten, sogar in insgesamt zwölf von vierzehn Fächern. Doch neben den schulischen Aktivitäten nimmt ein neues außerschulisches Thema immer

mehr Raum in seinem Leben ein. Die revolutionären Vorstellungen ihres Kasaner Ziehvaters, Alexei Kulesch, stoßen bei Wjatscheslaw und seinem Bruder Nikolai auf fruchtbaren Boden. Kurz vor den Sommerferien lernt Wjatscheslaw noch in Kasan Alexander Arossew (1890–1938) kennen, mit dem ihn eine enge Freundschaft bis zu dessen Ermordung im Zuge der Stalinschen Säuberungen der dreißiger Jahre verbinden wird. Arossew ist Mitglied der kurz zuvor gegründeten *Partei der Sozialrevolutionäre* (*Партия социалистов-революционеров*, kurz: Sozialrevolutionäre, SR), die für eine genossenschaftliche Organisation der bisher noch von Großgrundbesitzern auf der einen und sklavenähnlich gehaltenem Landproletariat auf der anderen Seite dominierten russischen Landwirtschaft – mit einer kleinen Mittelschicht aus wohlhabenden Bauern, den Kulaken, dazwischen – plädiert. Die Sozialrevolutionäre schließen die Benutzung terroristischer Anschläge zur Förderung ihrer politischen Anliegen ausdrücklich ein und werden daher von der zaristischen Geheimpolizei, der »Ochrana«, scharf verfolgt.
Wjatscheslaw fährt während der Sommerferien 1905 zurück ins heimatliche Nolinsk. Auch diese Kleinstadt wird von Unruhen heimgesucht. Es entsteht eine zunehmende Spaltung der Gesellschaft in konservative Kreise auf der einen und Zirkel von revolutionär gestimmten Gruppierungen auf der anderen Seite, die sich für eine grundlegende Veränderung in Politik und Gesellschaft engagieren. Der fünfzehnjährige Wjatscheslaw nimmt Kontakt zu sozialdemokratischen Kreisen in seiner Heimatstadt auf. Seiner Familie, welche auf den wirtschaftlichen Erfolgen vorheriger Generationen aufbauen kann, gehört unter anderem eine Tabakfabrik, in der in den 1890er Jahren der spätere Sowjetstar Felix Edmundowitsch Dserschinski für einige Monate während einer Deportation arbeitete, bevor er ins hintere Sibirien weitergeschickt wurde. In dieser Tabakfabrik versucht Wjatscheslaw 1905 erstmals, einen Streik zu organisieren. Seine Onkel, die die Fabrik lei-

ten, finden das naturgemäß wenig komisch. Alexei Kulesch wird zu diesem Zeitpunkt von Kasan nach Nolinsk deportiert (er kommt wenige Jahre später, wie Ferdinand Lassalle, bei einem Duell um). Zu dem Zirkel, der sich schnell um Kulesch bildet, gehört auch Alexei Wasnezow. Dieser ist als Bombenbauer ausgebildet (für Anschläge) und erläutert dem jungen Wjatscheslaw die Unterschiede zwischen Bolschewiki und Menschewiki innerhalb der RSA. Seine Tante Lydia (die Frau Kuleschs) unterstützt die Bolschewiki-Linie (pro Boykott), im Gegensatz zu den Menschewiki, die für eine Wahlteilnahme sind. Wjatscheslaw ist zu diesem Zeitpunkt noch unentschlossen. Er wird nun mit der Produktion und der Verteilung eines Flugblatts zur Dumawahl beauftragt, seiner ersten »illegalen« Parteitätigkeit. Zu diesem Zeitpunkt kennt er von den Schriften führender RSA-Mitglieder nur Plechanow; Lenin hat er noch nicht gelesen und empfindet sich selbst auch noch nicht als Bolschewik. Zurück in Kasan, engagiert sich Wjatscheslaw im Herbst 1906 bei der *Revolutionären Studentenorganisation* (RSO), zu deren Gründungsmitgliedern er zählt. Wjatscheslaw schreibt später, die RSO sei eine überparteiliche Organisation gewesen, in der Vertreter der RSA, Sozialrevolutionäre und Anarchisten Seite an Seite zusammenarbeiteten. Federführend sind laut Ochrana-Akte die Sozialrevolutionäre, deren von Studenten dominierte Kasaner Zelle kurze Zeit später, 1908, von der zaristischen Geheimpolizei zerschlagen wird. Das Zentralkomitee der RSO wird von Wjatscheslaw und drei Kollegen geleitet. Zu diesen gehören sein Freund Arossew, Nikolai Malzew (der ebenfalls von den Sozialrevolutionären kommt und mit dem Wjatscheslaw in den kommenden Jahren eng zusammenarbeiten wird) sowie Viktor Tichomirnow, Wjatscheslaws Konsemester, allerdings ein Jahr älter als er. Viktor entstammt einer reichen (und kinderreichen) Großgrundbesitzerfamilie aus Kasan, deren Geld er benutzt, um gemeinsam mit Wjatscheslaw die RSO zu betreiben. Wjatscheslaw wird in der Folge Tutor des jüngsten Bruders von Viktor, German Tichomirnow, den er unter seine Fittiche nimmt. Wjatscheslaw legt sich jetzt den Tarnnamen »Djadja« (»Onkel«) zu. Um ihre Ideen unters Volk zu bringen, beginnt die RSO bald, eine eigene Zeitung zu publizieren, *Nascha Schisn* (*Unser Leben*) genannt. Kader der RSO gehen in die Fabriken und Universitätsinstitute, um die Arbeiter und Studenten in und um Kasan zu agitieren. Geplant ist, eine »Allrussische Revolutionäre Union der Sekundarschulen und Institute« zu gründen. Wjatscheslaw selbst steht ab Mai 1908 unter dauerhafter Überwachung durch die Ochrana. Er kümmert sich während der nächsten Monate um die Verteilung revolutionären Schrifttums, engagiert sich in öffentlichen Diskussionen, veranstaltet Treffen und übernimmt es auch, zusätzliche Spenden vonseiten der Arbeiterschaft Kasans zu erbitten – ein gutes praxisnahes Training für künftige Berufsrevolutionäre. Zudem kümmert er sich um die Betreuung der nach Kasan deportierten politischen Gefangenen. Zum Jahresbeginn 1909 gelingt es der Ochrana erneut, einen Spitzel in der Kasaner RSO zu platzieren. Das macht sich bald bemerkbar. Am 19. März 1909 werden Viktor Tichomirnow und ein Großteil der RSO-Mitglieder verhaftet. Wjatscheslaw wird zwei Tage später zusammen mit einem Großteil der restlichen Mitglieder geschnappt, nur Arossew gelingt es, zu entkommen. Bei der Durchsuchung von Wjatscheslaws Unterkunft werden Unterlagen gefunden, die seine führende Rolle bei der Organisierung und Finanzierung der RSO belegen sowie seine nach wie vor existenten Verbindungen zur RSA. Die Reaktion der Schulbehörde lässt nicht lange auf sich warten. Dem neunzehnjährigen Wjatscheslaw sowie Malzew und dem im April verhafteten Arossew wird der weitere Schulbesuch untersagt. Wjatscheslaw und Malzew erhalten nach kurzer Zeit auf Bitten ihrer Eltern die Begnadigung. Wjatscheslaw bleibt insgesamt zwei Monate hinter Gittern und verpasst auf diese Weise das Schuljahresend-Examen. Zu

Beginn der Sommerferien im Juni 1909 wird er zu zwei Jahren Exil im nordrussischen Wologda verurteilt. Seine Familie beantragt, ihn in die Obhut der Familie zu entlassen und dann ins Ausland abzuschieben, was abgelehnt wird. In einer Stellungnahme des zaristischen Innenministeriums heißt es, hätte es sich um Arbeiter gehandelt, wären sie umgehend ins Ausland abgeschoben worden, denn es sei nutzlos, zu versuchen, Arbeiter umzuerziehen. Bei Schülern und Studenten hingegen, Mitgliedern der Intelligenzija, bestünde noch Hoffnung, dass das Exil im stillen Norden und die gute Luft dort ihre heilsame Wirkung entfalten und die »verlorenen Seelen« doch noch gerettet werden können. Wjatscheslaw muss zusammen mit seinen Mitstreitern und Mitverurteilten, Arossew, Malzew und Tichomirnow, in den abgelegenen russischen Norden. Viktor Tichomirnow erhält jedoch wenig später – vielleicht der Tatsache geschuldet, dass seine Eltern bei weitem reicher waren als die der anderen Gruppenmitglieder – die Erlaubnis, zusammen mit seinem Bruder Alexander ins Ausland zu gehen. Dort nimmt er umgehend Kontakt mit Lenin auf, dem Anführer der bolschewistischen Fraktion der RSA, der sich die gesamte Gruppe zugehörig fühlt. Wjatscheslaw gelingt es, trotz zaristischer Postzensur, während der gesamten Exilzeit den Kontakt zu den Emigrierten aufrechtzuerhalten. In Totma (Oblast Wologda) findet er für sich und Arossew eine Unterkunft (die die Deportierten aus eigener Tasche bezahlen müssen, ihnen ist nur der Aufenthalt vor Ort bindend vorgeschrieben, alles andere müssen sie selbst organisieren).

Wjatscheslaw beginnt umgehend, in der örtlichen öffentlichen Bibliothek seine Kenntnisse des radikalen und revolutionären Schrifttums zu vertiefen. Er verdient sich etwas Geld hinzu, indem er mit drei anderen Deportierten in den örtlichen Cafés musiziert. Etwa zur selben Zeit (1908 bis 1910) hält sich Stalin im Rahmen seiner verschiedentlichen Verbannungen in Totma und Solwitschegodsk auf, allerdings sind bis heute keine Unterlagen gefunden worden, die belegen würden, dass Wjatscheslaw und er sich damals schon begegneten. Um seine Schulausbildung abschließen zu können, bedarf Wjatscheslaw der staatlichen Erlaubnis, an einer Abiturprüfung teilzunehmen. Diese wird ihm nach mehreren vergeblichen Anträgen endlich im April 1910 erteilt. Er reist hierfür in die regionale Hauptstadt Wologda und nimmt dort als externer Kandidat an den Prüfungen teil. Eigentlich ist seine Aufenthaltserlaubnis in Wologda auf einen Monat beschränkt, doch es gelingt ihm, diese wiederholt zu verlängern. So schreibt er sich auch für eine zusätzliche Latein-Prüfung ein – nutzt die Zeit aber hauptsächlich, um in der besser sortierten Bibliothek von Wologda sein Studium von Geschichte und Literatur voranzutreiben. So rezipiert er intensiv Miljukows Geschichte der russischen Ökonomie, um die Grundlagen der Misere seiner Zeit besser zu verstehen. Auch Arossew und Malzew erhalten wenig später eine Genehmigung, ihre Schulbildung in Wologda fortzusetzen, womit die alte Kasaner Gruppe wieder beisammen ist. Trotz Verbannung nehmen sie ihre illegale Arbeit wieder auf und agitieren nun die zahlreich in der Gegend vorhandenen Eisenbahnarbeiter und andere Industriearbeitergruppierungen. Wjatscheslaw wird von der Ochrana zunehmend ernster genommen als ideologischer Gegner des Zarenstaats. So heißt es über ihn in einer Zusammenfassung des Jahres 1911, er habe zwar trotz großer Anstrengungen noch nicht viel erreicht in Wologda, jedoch habe er sich als gefährlicher Streiter für die RSA bewiesen, der unermüdlich Treffen organisiere und Spenden eintreibe, sowohl für die Parteiarbeit wie auch für verurteilte Parteimitglieder und Deportierte. Der 21-jährige Wjatscheslaw, der zu diesem Zeitpunkt den Tarnnamen »Wegun« benutzt, hat sich erst langsam – im Gegensatz zu den offiziösen Sowjetdarstellungen, die Molotows Jugend (in der Phase vor seinem Sturz) als Bilderbuchkarriere eines Bolschewiken präsentieren – über die RSO der

RSA und den Bolschewiki angenähert; zudem bewegt er sich lange fast ausschließlich in Studentenkreisen und nur ausnahmsweise unter echten Proletariern. Dennoch hat er im Selbststudium seine Kenntnisse der ökonomischen Kapitalismuskritiken vorangetrieben und sich vehement für die Einigkeit unter den Revolutionären und gegen fraktionelle Aufsplitterung eingesetzt, was ihn auch künftig auszeichnen wird.

Wjatscheslaws Deportationsstrafe endet im Juni 1911. Die Behörden beschließen, ihn auch nach seiner Rückreise nach Nolinsk unter Beobachtung zu halten. Arossew trifft es härter. In seinem Fall beschließen die zaristischen Behörden, ihn für weitere drei Jahre an den Rand des Polarkreises zu deportieren, und diesmal in den hohen Norden nach Archangelsk. Allerdings wird es ihm nach einiger Zeit gelingen, zu fliehen und sich nach Frankreich und Belgien durchzuschlagen, wo er bis 1917 im Exil lebt. Der 21-jährige Wjatscheslaw quartiert sich zunächst bei seiner Familie in Nolinsk ein (er wird bis dahin von seinem Vater finanziell unterstützt). Doch schon bald bricht er nach Saratow auf, wo er sich mit seinem Mitstreiter Tichomirnow trifft, dessen Deportationsstrafe ebenfalls abgelaufen ist. Von dort aus reist Wjatscheslaw weiter nach Sankt Petersburg, wo er sich am Polytechnischen Institut immatrikuliert. 1912 trennen sich die beiden Parteiflügel der RSA offiziell, bilden fortan zwei selbständige Parteien, die sich vom Namen her allerdings nur durch jeweils die angefügten Anhänge (Bolschewiki oder Menschewiki) unterscheiden – die Bolschewiki werden dann 1918 ihren Namen in *Kommunistische Partei Russlands (Bolschewiki),* KPR (B), ändern.

Das Polytechnische Institut in Sankt Petersburg gilt zu diesem Zeitpunkt als Hochburg der Radikalen innerhalb der Universitätsstrukturen in der russischen Hauptstadt. Dennoch – oder deswegen? – sind die Studienplätze dort heißbegehrt und entsprechend umkämpft. Wjatscheslaw erhält seinen Studienplatz dank einer großzügigen Spende seiner Onkel mütterlicherseits an das Institut, die die Hoffnung noch nicht aufgegeben haben, dass ein Studium den renitenten Herrn Neffen wieder auf die rechte, staatstragende, bürgerlich-karrieristische Laufbahn zurückbringen wird. Er beginnt sein Studium 1911 an der dortigen Fakultät für Schiffbau, wechselt aber bald zur Ökonomischen Fakultät, wo er die nächsten fünf Jahre bleiben wird. Ein Stipendium des Gouvernements Wjatka erlaubt es ihm, die Studiengebühren zu bezahlen und seinen Lebensunterhalt zu bestreiten. Die Fakultät liegt mitten im Wyborg-Distrikt der Stadt, einem Arbeiterbezirk, wo er auch – wenig standesgemäß – seine Unterkunft nimmt, in der Rakovi Pereulok, der Aal-Gasse. 1917 gilt der Bezirk als Hochburg der Bolschewiken – es wird also kein Zufall gewesen sein, dass Wjatscheslaw sich gerade hier niedergelassen hat. Und noch einen Vorteil hat seine Unterkunft in der stillen Seitengasse: Im Haus nebenan ist die Redaktion der bolschewistischen Parteizeitung *Prawda* (*Wahrheit*) untergebracht, für die Wjatscheslaw schon nach kurzer Zeit zu arbeiten beginnt. Er betreibt nebenbei die Gründung neuer bolschewistischer Studentengruppen an den Hochschulinstituten der Stadt und deren Vereinigung unter einem zentralen Komitee der Sankt Petersburger Studentenorganisationen. Doch Rückschläge bleiben nicht aus. Die Studentenbewegung ist von Polizeispitzeln unterwandert (das erinnert an die BRD 1968), und im November 1912 wird das bolschewistische Komitee der RSA, in dem Wjatscheslaw mitarbeitet, verhaftet. Er entgeht in letzter Minute der Verhaftung und taucht erstmals unter. Doch lässt er sich von der staatlichen Verfolgung nicht entmutigen und gehört schon Anfang 1913 zu den Mitbegründern einer neuen studentischen Aktivitätsgruppe namens *Zarnitsa* (*Sommergewitter*). In dieser Phase seines Lebens benutzt er den Tarnnamen »Nikolai Iwanow Smirnow«. Bei der nächsten Verhaftungswelle am 1. April 1913 wird er zusammen mit den übrigen Mitgliedern des *Vereinigten sozialdemokratischen Studentenkomitees* festgenommen und für drei Monate der Stadt Sankt Petersburg und weiterer Großstädte und Regionalzentren verwiesen. Die RSA-Fraktion des Polytechnischen Instituts veröffentlicht am 30. September 1913 eine Resolution, in der sie gegen reaktionäre Regierungsaktionen, Pogrome und den grassierenden Antisemitismus (zu diesem Zeitpunkt läuft gerade wieder ein Prozess gegen einen jüdischen Angeklagten wegen angeblichen Ritualmords an einem Christenbaby) protestiert.

Wjatscheslaw schreibt mittlerweile für die *Prawda* und das bolschewistische Monatsblatt *Proswetschenie* (*Aufklärung*), das seit Dezember 1911 in unregelmäßigen Abständen erscheint. Seit 1912 gehört er auch zu den Aktivisten, die in der 1910 gegründeten RSA-Zeitschrift *Swesda* (*Stern*) publizieren. Die *Prawda* ersetzt dann ab April 1912 die mittlerweile von der zaristischen Zensur verbotene *Swesda*. Finanzier und heimlicher »Manager« von *Swesda* und *Prawda* ist niemand anderer als sein langjähriger Freund Viktor Tichomirnow, der in Lenins Auftrag die publizistischen Verbreitungskanäle der bolschewistischen Fraktion erweitern soll. Als Mitarbeiter der *Prawda* kommt Wjatscheslaw in engeren Kontakt mit Lenin, dem im Exil weilenden Bolschewiken-Chef, der über eine Handvoll von Vertrauten die Partei beziehungsweise die Fraktion in ihren verschiedenen Tätigkeitsfeldern steuert. So setzt sich Wjatscheslaw im Juni 1912 mit Lenin in Verbindung, um vom bewunderten und gefürchteten Bolschewiken-Chef Artikel für die *Prawda* anzufordern, der es zu diesem Zeitpunkt an fähigen Autoren und Autorinnen fehlt. Im Juli erhält er von Lenin einige Texte und teilt diesem mit, wann diese erscheinen werden. Jung-Wjatscheslaw nimmt sich einige Freiheiten gegenüber dem zwanzig Jahre älteren Lenin heraus, kritisiert beispielsweise freimütig, wenn ihm dessen Texte zu »monoton« vorkommen. Lenin gerät darob in Zorn über den »frechen« jungen Mann in der *Prawda*-Führung, der sich erdreistet, auch Artikel von ihm abzulehnen, und in anderen großzügig herumredigiert. Er schreibt am 1. August 1912 an Wjatscheslaw, dass er bekanntlich jede Menge Geduld bewiesen habe hinsichtlich der redaktionellen Eingriffe der neuen Führungskader der *Prawda* im Allgemeinen und Wjatscheslaws im Besonderen. Allerdings fehle ihm das direkte Feedback der Redakteure, *warum* in seinen Texten teilweise herumredigiert würde beziehungsweise *warum* diese teilweise komplett abgelehnt würden. Stalin, zu diesem Zeitpunkt neues Mitglied des Zentralkomitees der Bolschewiken (was er bis zu seinem Lebensende bleiben sollte), ist dort für die *Prawda* zuständig und bekommt ebenfalls einiges von Lenins Unmut ab. Obwohl wenig später verhaftet, setzt er auch aus dem Gefängnis heraus seine Arbeit fort und kommt dadurch in näheren Kontakt mit Wjatscheslaw, mit dem ihn die Überzeugung verbindet, dass das Blatt – im Gegensatz zur Auffassung Lenins – eine konziliante Linie gegenüber anderen RSA-Fraktionen fahren soll. Als Stalin sich Ende 1912 nach Wien absetzt, um so einer erneuten Verhaftung und Deportation zu entgehen, und dort an seinem Aufsatz *Marxismus und die nationale Frage* arbeitet, nutzt Lenin die Gelegenheit, das Management der *Prawda* umzustrukturieren. Er entzieht Stalin die Zuständigkeit für die *Prawda*. Wjatscheslaw zieht sich erneut Lenins Zorn zu, als er behauptet, dass sie in Russland näher an den Bedürfnissen der russischen Arbeiter dran seien als die Exilführung unter Lenin und diese daher besser beurteilen könnten. Insgesamt 280 Artikel Lenins werden zwischen 1912 und 1914 veröffentlicht, etwa 50 abgelehnt. Bei einer Sitzung des bolschewistischen Zentralkomitees in Krakau Ende Dezember 1912 beschäftigt sich das Gremium unter Leitung Lenins hauptsächlich mit der aus Lenins Sicht unbefriedigenden Arbeit des Redaktionsstabs der *Prawda*. Da Wjatscheslaw als Exponent der redaktionellen Linie gilt, lässt Lenin ihn absetzen und durch Katalina Samilowna ersetzen. Wie lange

Wjatscheslaw daran zu knapsen hat, zeigt sich daran, dass er als Herausgeber der 1937er Auflage von Lenins *Gesammelten Werken* die entsprechenden Briefe im Archiv verschwinden lässt, ohne sie abzudrucken.

Lenin kann zufrieden sein, seine »pädagogischen Maßnahmen« erreichen ihr Ziel – schon im Februar 1913 erklärt Wjatscheslaw öffentlich, dass jegliche konstruktive Zusammenarbeit mit den Menschewiki ausgeschlossen sei. Daher lässt ihn Lenin nach einer angemessenen Wartezeit im Herbst 1913 in Gnaden als *Prawda*-Chefredakteur reinstallieren, zumal damals das gesamte bisherige Redaktionsteam gerade wieder verhaftet worden ist. Wjatscheslaw signiert 1911 seine ersten Artikel in Studentenblättern noch mit »Alexei Lutschinin«, 1912 und einen guten Teil des Jahres 1913 nutzt er den wenig tarnenden Decknamen »Alexei Rjabin«. Für die *Prawda* zeichnet er als »Wjatscheslaw Michailow«, bleibt also seinen Taufnamen noch sehr nahe. Dann kommen neu die Tarnnamen »A. Swanow« und »A. Turbin« hinzu. Der hier und da in Bolschewiken-Blättern auftauchende Tarnname »Akim Prostota« (»Achim Dullheimer«) kann ihm dagegen nicht sicher zugewiesen werden. Neben ihrer Bedeutung unter Sicherheitsaspekten sollen die unterschiedlichen Tarnnamen auch eine größere Menge an Beiträgern simulieren als tatsächlich vorhanden sind. Seinen ab 1916 auftauchenden Tarnnamen »Molotow« (abgeleitet von *Molot*: »Hammer«), der später sein Familienname wird, entnimmt Wjatscheslaw, wie er in späteren Jahren beschreibt, einer Literaturzeitschrift des 19. Jahrhunderts. Unter dem Titel *Sowremennik* (*Современник*/*Zeitgenosse*) beginnt Alexander Puschkin (1799–1837) im Jahr 1836 die Herausgabe der Zeitschrift, um seinen Lebensunterhalt zu bestreiten und gleichzeitig herausragende nationale und internationale Literatur in Russland zu verbreiten. Dort erscheint 1861 die Novelle *Molotow* des herausragenden Nachwuchsautors Nikolai Gerassimowitsch Pomialowski (1835–1863). Pomialowski, der bereits mit 28 Jahren stirbt, beschreibt in diesem und anderen Werken seine von Härte und Missbrauch geprägte Jugend sowie die Schwierigkeit, einen Platz in der Welt zu finden. Offenbar empfindet das Wjatscheslaw als seinem eigenen Schicksal zumindest so ähnlich, dass er den Namen des Protagonisten als dauerhaften Tarnnamen wählt. Möglicherweise nicht unwichtig ist, dass die Geschichte ein Happyend hat, samt Liebesglück und Ehe – vielleicht der Lebenswunsch des zu diesem Zeitpunkt noch mitten in den Entwicklungs- und Revolutionswirren befindlichen 26-jährigen Wjatscheslaw. Dass es über die zufällige Nähe der beiden Namen zum Metallsektor irgendeinen Zusammenhang mit dem Tarnnamen von Josef Wissarionowitsch Dschugaschwili alias »Stalin« (»der Stählerne«) gegeben habe, streitet Molotow zeitlebens ab. Dagegen verweist er offen darauf, dass die Aussprache des Namens »Molotow« für ihn als fortdauernd von einem latenten Stottern geplagten Menschen leichter gewesen sei als der weitaus schwieriger auszusprechende Name »Skrjabin«.

Die Artikel, die er für die *Prawda* schreibt, widmen sich unterschiedlichsten Themen. Von der Notwendigkeit, eine Krankenversicherung für die Arbeiter und Bauern nach deutschem Vorbild zu schaffen, über die Probleme bei der Eröffnung der Universität Tiflis bis hin zu solchen, die sich ideologisch mit den rechten und rechtsextremen Bewegungen in Russland befassen. Allerdings verfasst er in dieser Phase noch keine Leitartikel für die *Prawda*. Doch macht er mit Originalität auf sich aufmerksam. So schreibt er nach einer Regierungserklärung, in der beklagt wurde, dass Russland sich bezüglich der Wirtschaftskraft nur auf Platz zehn der industrialisierten Länder wiederfinde – und damit hinter Ländern wie Dänemark und Griechenland –, das sei grundfalsch, Russland stehe bekanntlich auf Platz eins in der zivilisierten Welt, und zwar was schlechte Ernten, hungernde Landbevölkerung und staatliche Unterdrückung angehe.

Er thematisiert auch die sich kontinuierlich öffnende Schere zwischen den stagnierenden Löhnen und den immer weiter steigenden Preisen. Außerdem warnt er schon zu diesem frühen Zeitpunkt vor der akuten Kriegsgefahr in Europa. Zum dreißigsten Todestag von Karl Marx verfasst er noch eine kurze Beschreibung der Entstehungsgeschichte des *Kommunistischen Manifests*. Die *Prawda* gerät zu diesem Zeitpunkt immer stärker unter staatliche Zwangsmaßnahmen, muss mehrfach den Namen wechseln und wird schließlich im Juli 1914 komplett verboten. Die Polizei verhaftet Molotow im April 1914, ein letzter Artikel mit seinem Namen als Autor erscheint im Juni 1914, vermutlich aus dem Gefängnis geschmuggelt. Im Rückblick äußert sich Molotow stolz über seine Rolle in der vorrevolutionären bolschewistischen Presse, das habe zu seinen wichtigsten Beiträgen zur Vorbereitung der Oktoberrevolution gehört.

Die Zeitenwende wirft ihre Schatten voraus mit dem Ausbruch des Ersten Weltkriegs am 1. August 1914. Deutschland und Österreich-Ungarn stehen (zunächst) den von ihnen angegriffenen Ländern Frankreich, Belgien, Niederlande, Luxemburg, Großbritannien und Russland gegenüber. In allen betroffenen Ländern fegt die Welle (künstlich geschürter) patriotischer Gefühle die kritische Einstellung der Arbeiterschaft zu Staat, Politik und Gesellschaft hinweg. Das Gefühl, mit der Waffe in der Hand das eigene Vaterland verteidigen zu müssen, macht sich breit. Die Ernüchterung folgt erst mit einiger Verzögerung, als die ersehnten militärischen Erfolge ausbleiben und gleichzeitig die massiven Folgen des Krieges für die Gesellschaft, aber auch für jeden Einzelnen sowie die Familien sichtbar werden, in den immer länger werdenden Listen an Gefallenen und den immer zahlreicher aus den Krankenhäusern zurückkehrenden Invaliden, die an der Front zu Krüppeln geschossen wurden. Ein weiterer Aspekt sind die zunehmend thematisierten, gigantischen Profite, welche die Rüstungsfirmen und Waffenkonzerne mit dem Krieg einfahren, zulasten der den Krieg finanzierenden Bevölkerung. Doch zunächst fällt die russische Streikbewegung zu Kriegsbeginn in sich zusammen. Niemand will sich dem Vorwurf aussetzen, die Einsatzfähigkeit der Armee im internationalen Ringen gegen das Kaiserreich Deutschland und das Kaiserreich Österreich-Ungarn zu gefährden. Von den wirtschaftskonformen Massenmedien entsprechend konditioniert, marschieren die Industriearbeiter, die arme Landbevölkerung und Heerscharen von Büroangestellten, sofern sie nicht zur Armee eingezogen werden, wieder brav zu ihren Arbeitsstätten und leisten klaglos ihren Zwölfstundendienst, um so ihren Beitrag zu Ruhm und Ehre ihres Landes zu erbringen. Gleichzeitig verschärft die zaristische Regierung die Repressionen gegen die verbliebenen Reste der Arbeiterbewegung. Die These der Bolschewiken, im Rahmen des »revolutionären Defätismus« statt den Kriegsgegner Deutschland lieber die zaristische Regierung und den Zarismus weiter zu bekämpfen, stößt in der damaligen Situation auf wenig Anklang. Zu Kriegsbeginn im August 1914 von der Partei nach Moskau entsandt, um die brachliegenden Parteistrukturen dort zu revitalisieren, trifft Wjatscheslaw auf seinen alten Freund Malzew, der seit 1911 an der Universität in Moskau studiert. Um seine Einberufung in die zaristische Armee zu vermeiden, dient Molotow zu diesem Zeitpunkt – auch als Tarnmaßnahme – tagsüber im Zivilbereich als Verwaltungsangestellter der russischen Union der Städte und Gemeinden. Da er keine eigene Unterkunft in Moskau findet, kommt er zunächst bei Lenins jüngster Schwester Maria Uljanowa unter. Mit ihrer Hilfe reorganisiert er die noch vorhandenen Reste der bolschewistischen Gruppierung im Lefortowo-Viertel Moskaus. Die Ochrana muss wenig später feststellen, dass die Ankunft Molotows und seiner vier Sankt Petersburger Kollegen zu einer nachhaltigen Verstärkung der »Unruhestifter« von der bolschewistischen Front in Moskau geführt habe.

In mehreren Pamphleten und Flugblättern wendet sich die

von Molotow geführte Lefortowo-Gruppe der Moskauer Bolschewisten gemäß Parteilinie gegen den »Burgfrieden« im Land und spricht sich für eine demokratische Republik aus. Zum Mai-Feiertag 1915 fordert die Gruppe erhaltenen Flugblättern zufolge nichts weniger als die Schaffung der »Vereinigten Staaten von Europa« in Form revolutionärer, demokratischer Staaten, die den Kampf gegeneinander sofort einstellen sollen. Denn letztlich seien es Arbeiter eines Landes, die an der Front auf Arbeiter eines anderen Landes schössen, statt sich im gemeinsamen Klassenkampf gegen die ausbeuterischen Gruppierungen der Bourgeoisie und des Finanzkapitals zusammenzuschließen. Obwohl der 25-jährige Wjatscheslaw und andere Führungsmitglieder der Moskauer Bolschewiken Anfang Juni 1915 aufgrund der Angaben eines eingeschleusten Agent Provocateur verhaftet werden, gelingt es dennoch, die Moskauer Bolschewistengruppen weiter auszubauen und gerade in den großen Moskauer Waffenfabriken Parteizellen zu bilden. Im September 1915 wird Molotow zu drei Jahren Verbannung verurteilt. Zugewiesen wird ihm das Dorf Mansurka im Gouvernement Irkutsk, tief im hinteren Sibirien, an der Grenze zur Mongolei, über fünftausend Kilometer von Moskau entfernt. Die zaristischen Behörden hoffen, auf diese Weise den »Unruhestifter« Molotow zu neutralisieren, scheitern damit aber genauso wie später Chruschtschow.

Im Gefängnis zu Irkutsk ist er in einer Acht-Mann-Zelle untergebracht, und wie den anderen Gefangenen wird ihm nur in unregelmäßigen Abständen Essen gebracht. Alle persönlichen Gegenstände und vor allem das für die Deportierten überlebenswichtige Geld werden beschlagnahmt. Der anschließende Fußmarsch von Irkutsk nach Mansurka dauert einen Monat. Während andere Gefangene unter den Folgen der Inhaftierung und des anstrengenden Marsches leiden, zeigt sich Molotow in ersten Briefen an Familie und Freunde aus dem Verbannungsort schon wieder ganz unternehmungslustig. Er beklagt die harschen Repressionen seitens der Regionalregierung und bittet dringend um die Übersendung marxistischer Literatur, da die örtliche Bibliothek kurz vor Ankunft der Deportierten geschlossen worden sei, schreibt, dass er die Monate am hinteren Ende des zaristischen Imperiums dem weiteren Studium der marxistischen Fachliteratur zu widmen gedenke. Für die kommenden langen Wintermonate bittet er um Übersendung warmer Kleidung. Insgesamt sehe er der Zukunft hoffnungsvoll entgegen, er sei guten Mutes, und er gedenke, sich nach Kräften gegen die hier drohenden chronischen Atemwegserkrankungen zu wappnen. Der Jahreswechsel 1915/16 wird von den Deportierten mit Gesang und geistigen Getränken gefeiert, man intoniert die »Marseillaise« und »Die Internationale«. Nachdem er wider Erwarten und wider seiner Intentionen doch im Winter krank darniedergelegen hat, gelingt es Molotow im Frühjahr 1916 bei steigenden Temperaturen, mit einem von der Partei übersandten falschen Ausweis seinem Verbannungsort zu entkommen und über Kasan nach Petrograd (ehemals Sankt Petersburg) zu gelangen. In Kasan trifft er den mittlerweile aus dem Exil zurückgekehrten Tichomirnow, erhält von diesem einen weiteren falschen Pass sowie Informationen Lenins aus erster Hand (Tichomirnow hatte den Bolschewistenchef im Exil getroffen) und reist gemeinsam mit seinem alten Freund weiter in die russische Hauptstadt an der Newa. Die dortige Parteigruppierung, nach der Verhaftungswelle 1915 neu aufgebaut, ist inzwischen angesichts der scharfen staatlichen Repression wieder zerfallen. Molotow macht sich mit den neu eingetroffenen Genossen daran, die Parteistrukturen wieder aufzubauen und die Herausgabe einer Zeitschrift vorzubereiten. Allerdings wachen die zaristischen Behörden diesmal sehr genau über die Szene, und so muss Molotow seinen Wohnsitz zeitweise ins über tausend Kilometer entfernte Orjol verlegen, wo er bei den Eltern eines Studienkollegen vom Polytechnischen Institut unterkommt. Zurück in Petrograd, macht er sich – nun als hauptamtlicher, von der Partei bezahlter Funktionär – einmal mehr daran, die von staatlichen Unterdrückungswellen geschwächten Parteistrukturen zu revitalisieren. Daneben fungiert er als Herausgeber der Untergrundzeitschrift *Sowremenni Mir* (*Zeitgenössische Welt*) und schreibt Artikel für das einzige zu diesem Zeitpunkt legale Bolschewisten-Blatt namens *Voprosy Strachowania* (*вопросы страхования/Versicherungsanzeiger*). Die Zeitschrift ist ein Überbleibsel der 1912 bis 1914 von den Bolschewisten in Konkurrenz zu den Menschewiki vorangetriebenen Bewegung, die für eine Krankenversicherung für Arbeiter kämpfte.

Mit Alexander Schljapnikow (1885–1937) kommt nun ein erfahrener Agitator und Organisator aus dem Ausland zurück nach Petrograd, um den weiteren Auf- und Ausbau der Parteistrukturen voranzutreiben. Sein Auftrag ist es, das *Russische Büro des Bolschewistischen Zentralkomitees* ins Leben zu rufen und zu leiten. Er soll als verlängerter Arm der Exilführung um Lenin dafür sorgen, dass die Organisationen vor Ort kein allzu großes Eigenleben entfalten, was damals die große Sorge Lenins ist. Er beruft Molotow als Mitglied des örtlichen Petrograder Zentralkomitees der Bolschewisten ins *Russische Büro*. Molotow, der zu diesem Zeitpunkt seinen richtigen Familiennamen Skrjabin wieder benutzt, um Artikel damit zu zeichnen (Anzeichen der Auflösungserscheinungen des zaristischen Staates), wird mit der Betreuung von Publikationen (also Propaganda) und Sekretariatsaufgaben betraut, muss diese allerdings wenig später an Jelena Stassowa abgeben, als diese erfahrene Funktionärin nun ebenfalls aus dem Exil zurückkehrt. Der 26-jährige Wjatscheslaw ist nach zehn Jahren aktiver Parteiarbeit nunmehr ebenfalls ein schon erfahrener Funktionär und somit gut vorbereitet, bei den kommenden dramatischen Ereignissen eine bedeutende Rolle zu übernehmen.

Der Erste Weltkrieg und seine Vorgeschichte

Es scheint mir sinnvoll, an dieser Stelle in der gebotenen Kürze die Vorgeschichte des Ersten Weltkriegs zu skizzieren, die direkt und indirekt zur Entstehung der Oktoberrevolution, dem tiefsten Einschnitt in der tausendjährigen russischen Geschichte, aber auch in der Weltgeschichte, führt. Der Zündfunke für das europäische beziehungsweise weltgeschichtliche Geschehen stammt vom Dauerbrandherd auf dem Balkan. Im Oktober 1912 erklären die Staaten des von Russland geförderten Balkanbunds aus Serbien, Bulgarien, Griechenland und Montenegro dem bis zum Balkan reichenden Osmanischen Reich den Krieg und können die Armee des Sultans in mehreren Schlachten schlagen. Nach einem Waffenstillstand im Mai 1913 verzichtet die Türkei auf einen Großteil ihrer europäischen Gebiete. Streit gibt es bei der Aufteilung der Beute. Deutschland und das auf dem Balkan dominante Österreich (zu seinen Kronländern gehören Kroatien, Slowenien und Bosnien-Herzegowina) forcieren (wie 1999 der Westblock mit dem Kosovo – die Bilder gleichen sich bis ins Detail) die Gründung des albanischen Staates, um den Serben den Mittelmeer-Zugang zu versperren. Im Juni 1913 kommt es zum Folgekrieg zwischen Bulgarien, das sich einen größeren Beuteanteil sichern will, und den anderen Staaten des Balkanbunds. Bulgarien verliert die Schlachten gegen die verbündeten Gegner und muss alle zuvor gemachten Eroberungen wieder abtreten. Die kurzen, aber blutigen Kriege fordern Hunderttausende von Opfern unter Soldaten und Zivilisten. Bulgarien und das Osmanische Reich, auf Revanche sinnend, verbünden sich mit Deutschland und der Balkanmacht Österreich. Sie engagieren sich im bald folgenden Ersten Weltkrieg auf der Seite der Mittelmächte. In Deutschland, Österreich, der Türkei, Frankreich und Großbritannien verschärfen die Rüstungslobbyisten während dieser Zeit ihre Bemühungen um lukrativen internationalen Zwist und erreichen damit wie gewünscht die Vervielfachung der bereitgestellten Mittel für die allgemeine Aufrüstung sowie eine steigende Kriegshysterie.

Die fatalen Bündnisautomatismen

Zurück zu Russland: Geschwächt durch die katastrophale Niederlage gegen Japan 1905, ohne ausreichende Mittel, um seine antiquiert organisierte und ausgerüstete Armee entsprechend zu modernisieren, fürchtet Russland absehbare Auseinandersetzungen mit Deutschland (das die bündnispolitischen Verträge mit Russland seit den 1890er Jahren nicht mehr erneuert) und Österreich-Ungarn (das schon seit Jahren militärische Planungen gegen Serbien und dessen Schutzmacht Russland forciert). Serbien proklamiert 1903 den Zusammenschluss aller slawischen Völker auf dem Balkan (hauptsächlich auf Kosten Österreich-Ungarns), was von der K.-u.-k.-Monarchie mit allen Mitteln bekämpft wird – Handelssanktionen, Integration Bosnien-Herzegowinas, Verstärkung der antiserbischen Propaganda, Vorbereitung militärischer Schläge gegen Serbien, wie sie vom österreichischen Generalstab wiederholt gefordert werden und dabei auf den Widerstand des Thronfolgers Franz Ferdinand stoßen. Ausgerechnet der wird am 28. Juni 1914 in Sarajevo (angesichts von unfassbar leichtsinnigen bis nicht vorhandenen Vorsichtsmaßnahmen) von dem jungen Bosnier Gavrilo Princip ermordet.

Die serbische Regierung kondoliert offiziell, bedauert den Anschlag und weist im gleichen Atemzug darauf hin, dass es sich bei den Verschwörern um Bosnier und somit um österreichische Staatsbürger gehandelt habe. Die Ungarn innerhalb der K.-u.-k.-Monarchie sprechen sich strikt gegen Kriegsvorbereitungen Richtung Serbien aus. Sie befürchten bei einem Sieg über Serbien und einer Integration des Landes in die Doppelmonarchie eine Stärkung der slawischen Bevölkerungsfraktion zuungunsten der Ungarn. Deutschland stellt Österreich jedoch am 6. Juli 1914 per Telegramm einen »Blankoscheck« für die weitere Vorbereitung eines Feldzugs gegen Serbien aus. Das österreichische Ultimatum wird am Donnerstag, den 23. Juli 1914, abends um 18 Uhr nach Belgrad übermittelt mit der Aufforderung, binnen 48 Stunden die Annahme zu erklären, andernfalls werde man die diplomatischen Beziehungen abbrechen (es handelt sich dabei also noch nicht um eine Kriegsandrohung). Das Ultimatum enthält die Forderung, jegliche antiösterreichische Propaganda zu unterdrücken sowie die Mitwirkung von staatlichen Stellen Österreich-Ungarns bei der Fahndung nach Beteiligten des Attentats auf serbischem Gebiet zu gestatten, Beteiligte sofort aus dem serbischen Staatsdienst zu entlassen und so weiter. Der Ministerrat Russlands sagt Serbien daraufhin einen Tag später, am Freitag, den 24. Juli 1914, zu, sich bei den europäischen Großmächten (der »Pentarchie« aus Deutschland, Österreich-Ungarn, Russland, Frankreich und Großbritannien) für einen Aufschub des Ultimatums einzusetzen. Um dieser Aktion Nachdruck zu verleihen, kündigt Russland gleichzeitig – wie von Berlin und Wien prognostiziert und erwünscht – die Mobilmachung seiner Truppen an. Serbien überreicht dem österreichischen Botschafter in Belgrad am Samstag, den 25. Juli, abends 17.55 Uhr (fünf Minuten vor Ablauf des Ultimatums, so viel Gegenbrüskierung muss sein) die Antwort auf das Ultimatum, zuvor hatte Serbien nachmittags bereits vorsichtshalber die Mobilisierung seiner Armee angekündigt, die vier Tage später abgeschlossen ist. Serbien nimmt zum Erstaunen Wiens sämtliche Bedingungen des Ultimatums an, bis auf die Mitwirkung österreichischer Stellen an den juristischen Ermittlungen gegen die Urheber des Attentats auf serbischem Gebiet. Im österreichischen Außenministerium lehnt man die serbische Annahme des Ultimatums jedoch als ungenügend ab – man hat sich schon vorab für den Krieg gegen Serbien entschieden.

Die internationale Ausweitung des Konflikts ist vorprogrammiert, da es verschiedene Bündnisautomatismen gibt, die nun greifen: Russland hat dem slawischen Bruderland Serbien Beistandsgarantien für den Fall eines österreichischen Angriffs gegeben. Sollte Russland daher nun Österreich-Ungarn angreifen, ist wiederum Deutschland aufgrund der Sicherheitszusagen zum Krieg gegen Russland verpflichtet, wodurch wiederum Frankreich an der Seite Russlands gegen Deutschland in den Krieg ziehen müsste. Da die deutschen Offensivvorbereitungen gegen Frankreich (Schlieffen-Plan) einen Vormarsch durch das neutrale Belgien vorsehen, müsste in diesem Fall Großbritannien als Verbündeter Belgiens dem Aggressor Deutschland den Krieg erklären. Und so kommt es auch. Das Attentat von 1914 kommt vielen Interessengruppen wie gerufen, so dass sich die Frage stellt, ob dieses zumindest mittelbar nicht sogar von diesen Kreisen gezielt vorbereitet oder wenigstens begünstigt wurde. Man wiegt sich auf deutscher Seite in der Sicherheit, dass das bekanntermaßen rückständige Russland einen Krieg gegen hochgerüstete Länder wie Deutschland und Österreich-Ungarn nicht wagen beziehungsweise im Zweifelsfall garantiert verlieren wird. Angesichts der wenig später öffentlich gemachten Kriegsziele kommt damit das deutsche Vorgehen dem vom darob von BRD-Historikern viel gescholtenen Fritz Fischer formulierten »Griff nach der Weltmacht« gleich.

Das russische Zarenreich zieht in den europäischen Krieg (1914)

Von russischer Seite sieht man außenpolitisch die Chance, sich für die vergangenen Niederlagen zu rehabilitieren, innenpolitisch, möglichen Unruhen zuvorzukommen, die für den Fall drohen, dass das »serbische Brudervolk« gegen den österreichischen Feind alleingelassen wird. Frankreich trachtet nach einer Revanche für die Niederlage gegen Deutschland im Krieg von 1870/71. Italien ist zwar formell mit Deutschland und Österreich verbündet, hat sich aber mehrfach öffentlich dahingehend geäußert, jegliche territoriale Vergrößerung Österreichs zu verhindern, das zu diesem Zeitpunkt noch umfangreiche Gebiete in Oberitalien besitzt. Der österreichische Außenminister konsultiert daher Italien und den weiteren Verbündeten Rumänien nicht vor dem geplanten Feldzug gegen Serbien, da er langwierige Verhandlungen über die absehbaren Kompensationsforderungen beider Länder scheut. Für den Fall einer österreichischen Kriegserklärung an Serbien beschließt Russland am Samstag, den 25. Juli 1914, eine Mobilmachung von vier Militärbezirken (Odessa, Kiew, Kasan und Moskau).
Am Dienstag, den 28. Juli 1914, überreicht Österreich-Ungarn die Kriegserklärung an Serbien. Um die Unterschrift von Kaiser Franz Joseph zu bekommen, berichtet ihm Außenminister Berchtold von einem angeblichen Überfall serbischer Truppen bei der Ortschaft Temes Kubin, der so allerdings nie stattgefunden hat (ein Beispiel mehr in der langen Reihe frei erfundener Zwischenfälle zwecks Kriegslegitimation, vom »Sender Gleiwitz« über den »Tonkin-Zwischenfall im Golf von Tonkin bis hin zu angeblichen serbischen Massakern Marke »Hufeisenplan« im Kosovo und »Massenvernichtungswaffen« im Irak). In der veröffentlichten Fassung der Kriegserklärung taucht denn auch dieser angebli-

che »Zwischenfall« nicht mehr auf. Am gerade angebrochenen Mittwoch, den 29. Juli 1914, um ein Uhr morgens (also mitten in der Nacht) eröffnen österreichische Schiffe auf der Donau das Geschützfeuer auf die an der Grenze beziehungsweise am anderen Ufer gelegene Hauptstadt Belgrad und beginnen damit den österreichisch-serbischen Krieg. Der geplante schnelle österreichische Vormarsch Richtung Serbien scheitert allerdings daran, dass die K.-u.-k.-Armee weitere sechzehn Tage für ihre Mobilisierung benötigt. Dennoch haben die Österreicher den von vielen Seiten gewünschten Fait accompli geschaffen und setzen so die Bündnisautomatismen in Gang. Russland erklärt als Bundesgenosse Serbiens noch am selben Tag die Teilmobilmachung. Da die russische Armee von allen beteiligten Streitkräften aufgrund der Distanzen im Riesenland und der Rückständigkeit des Militärs die längsten Mobilisierungszeiten hat (die mehrere Wochen umfassen), kommt das eher einer Drohung denn einer konkreten Kriegserklärung gleich.
Deutschland will nun, wie im Schlieffen-Plan vorgesehen, die vergleichsweise endlos lange Mobilisierungszeit Russlands für einen schnellen Feldzug gegen Frankreich nutzen und sich dann – nach einem Sieg über Frankreich – gegen Russland wenden. Auf diese Weise soll ein gefährlicher Zweifrontenkrieg vermieden werden. Gleichzeitig teilt man Russland mit, dass man auf eine russische Teilmobilmachung mit einer umfassenden Generalmobilmachung der deutschen Streitkräfte reagiert. Daraufhin erklärt auch Russland am Donnerstag, den 30. Juli 1914, die Generalmobilmachung. Österreich löst jetzt ebenfalls die Generalmobilmachung aus. Am Freitag, den 31. Juli 1914, wird in Berlin der »Zustand drohender Kriegsgefahr« bekanntgegeben, und Russland wird ein auf zwölf Stunden befristetes (und damit reichlich dreistes) Ultimatum gestellt, die Generalmobilmachung wieder zurückzunehmen. Ein parallel an Frankreich verschicktes Ultimatum verlangt mit einer Frist von achtzehn Stunden

die Erklärung französischer Neutralität im Rahmen möglicher militärischer Konflikte. Russland lässt das Ultimatum unbeantwortet verstreichen, daher startet Berlin am Samstag, den 1. August 1914, die Generalmobilmachung und schickt eine Kriegserklärung nach Russland. Auf den Straßen großer deutscher Städte sammeln sich Massen »verblödeter Kriegsjubler«, darunter in München ein 25-jähriger gescheiterter Kunstmaler namens Hitler. Da Frankreich das Ultimatum ebenfalls verstreichen lässt, erfolgt am Montag, den 3. August 1914, die deutsche Kriegserklärung an Frankreich.
Gleichzeitig setzt vor allem in Deutschland eine intensive propagandistische Beeinflussung der öffentlichen Meinung ein, durch Falschmeldungen, wie zum Beispiel von angeblichen russischen überfallartigen Angriffen in Ostpreußen und angeblichen französischen Bombenabwürfen auf Nürnberg. Die Bevölkerung soll damit kriegsunterstützend aufgehetzt werden (das erinnert an gegenwärtige Zustände). In Russland gewinnt ebenfalls die Kriegspartei die Oberhand. Zar Nikolaus II. hat sich noch kurz zuvor entschieden gegen einen Krieg ausgesprochen, da er befürchtet, dass dieser die gesamte europäische Ordnung zerstören könne (wie es denn auch kommt). Die Kampfhandlungen werden an West- und Ostfront eröffnet. Die deutschen Hoffnungen auf schnelle Siege scheitern auf beiden Seiten. Weder gegen Frankreich noch gegen Russland will in den ersten Monaten der erhoffte »entscheidende Schlag« gelingen. In Serbien und Montenegro beginnt ein Guerilla-Krieg gegen die österreichischen Besatzer. Wie im Zweiten Weltkrieg werden auch schon im Ersten grausame Repressalien gegen die Zivilbevölkerung durch die österreichisch-ungarische und die bulgarische Armee verübt. Seit dem Russisch-Türkischen Krieg 1878, bei dem Russland auf bulgarischem Gebiet seine *Responsibility to Protect* gegenüber den »slawischen Brudervölkern« Serbien und Bulgarien wahrgenommen hatte, jedoch beim anschließenden Berliner Kongress unter Leitung Bismarcks (Deutsch-

land gab vor, als »ehrlicher Makler« zu handeln, hatte jedoch hauptsächlich eigene Interessen im Auge) nicht die erhofften »Früchte des Sieges«, sprich: den Zugang zum Mittelmeer, erhalten hatte, gibt es Dauerspannungen zwischen Russland und dem Osmanischen Reich. Zumal im Bereich des Kaukasus, wo die gegensätzlichen geopolitischen Interessen der beiden Reiche direkt aufeinanderstoßen und immer wieder mit Waffengewalt ausgefochten werden. Russland eröffnet am 1. November 1914 die neue Front, die dem Osmanischen Reich sehr zu schaffen macht, da es seine gegen Serbien aufgestellten Truppen auf dem Balkan entsprechend vermindern muss. Russland behält hier bis zur Revolution 1917 und dem Waffenstillstand, der auch gegenüber dem Osmanischen Reich gilt, die Oberhand.

Während an der deutschen Westfront mittlerweile ein blutiger Stellungskrieg tobt, der Millionen Soldaten das Leben kostet, versucht Russland an der deutschen Ostfront, nach der Niederlage bei »Tannenberg« die Front wenigstens zu halten, was weitgehend gelingt. Auf die Kriegserklärung der deutschen Verwandtschaft reagiert man im Übrigen mit der Umbenennung der eigenen Hauptstadt von dem germanophilen Namen »Sankt Petersburg« (genauer: »Sankt Peterburg«) noch im August 1914 in »Petrograd« (*Петроград*/ Peterstadt), um die deutschen Bestandteile »Sankt« und »-burg« aus dem Namen zu entfernen. Russland hat wie im Zweiten Weltkrieg von allen Kriegsparteien die höchsten Verluste an Toten, Verwundeten und Gefangenen. Schon nach einem Kriegsjahr sind anderthalb Millionen Soldaten gefallen und rund eine Million in deutscher oder österreichischer Gefangenschaft (wo sie – auch eine Vorahnung des Zweiten Weltkriegs – sehr schlecht versorgt werden, was eine – nicht unerwünschte – hohe Sterblichkeit unter den gefangenen russischen Soldaten zur Folge hat). Gleichzeitig belasten die von der deutschstämmigen Zarengattin Alexandra seit 1906 geduldeten und geförderten Umtriebe des

Predigers und Wunderheilers Rasputin (bis zu dessen Ermordung Ende Dezember 1916) das öffentliche Bild der Zarenfamilie. In die Ermordung Rasputins ist übrigens möglicherweise auch der britische Auslandsgeheimdienst MI6 verwickelt, über seine Petersburger Agenten Oswald Rayner und Stephen Alley. Jedenfalls wird ein Projektil des britischen Kalibers .455 während der Obduktion in Rasputins Leichnam gefunden. Unklar ist bis heute, ob eine solche britische Maßnahme die Schwächung oder Stärkung der Zarenfamilie beabsichtigte. Entsprechende britische Dokumente unterliegen bis heute der Geheimhaltung.

Nach dem Kriegseintritt Italiens aufseiten der Entente 1915 sind alle österreichisch-deutschen Kriegsplanungen endgültig wertlos, da sich eine neue, zusätzliche Truppen erfordernde Front entlang der italienischen Grenze auftut, was die deutsch-österreichischen Offensivfähigkeiten an allen anderen Fronten entscheidend schwächt. Auch das mit den Mittelmächten verbündete Osmanische Reich kommt bei seinen Offensivbemühungen gegen Russland nicht voran. Der Kriegseintritt Bulgariens an der Seite der Mittelmächte 1915 kann daran nichts Wesentliches ändern. Allerdings muss Russland nach einer Reihe militärischer Niederlagen den Großen Rückzug antreten und Polen, Litauen und Teile Weißrusslands räumen. Dabei fallen zahlreiche Vorrats- und Munitionslager (mit nicht weniger als einer Million Artilleriegranaten) in die Hände der Mittelmächte. Positiv für Russland ist, dass die Front dadurch um 700 Kilometer verkürzt wird und große Teile der Armee sich den deutsch-österreichischen Umfassungsangriffen entziehen können. Andererseits ergießt sich eine Flüchtlingswelle von anderthalb Millionen Menschen nach Zentralrussland, das damit überfordert ist. Zumal sich die Versorgungslage in Russland angesichts der zum Heeresdienst abgestellten Bauernmassen, die nun bei Aussaat und Ernte fehlen, kontinuierlich verschlechtert. Mehr als eine Million Soldaten desertieren angesichts der unmenschlichen Zustände in der Armee. Im Land protestieren die Arbeiter der großen Betriebe wiederholt gegen die permanente Erhöhung der Arbeitsstunden und die schlechte Versorgungslage mit Streiks. Der ungewöhnlich kalte Winter 1916/17 verschärft die schwierige Versorgungslage weiter. Anfang 1917 erreicht die innenpolitische und militärische Krise nach der zwar erfolgreichen, aber mit immens hohen Verlusten verbundenen Brussilow-Offensive ihren Höhepunkt.

Die Februarrevolution, die im März stattfindet (1917)

Im Parlament, der Duma, die zufälligerweise gerade wieder mit Erlaubnis des Zaren tagen darf, bildet sich nun ein überparteilicher Zusammenschluss liberaler Kräfte. Zum zwölften Jahrestag des Petersburger Blutsonntags dominieren Anfang 1917 Streiks und Demonstrationen das Bild. Massenverhaftungen verschärfen die Situation. Nach russischem Kalender Mitte Februar (nach westlichem Kalender Anfang März) bildet ein Streik bei den riesigen Putilow-Waffenfabriken in Petrograd den Auftakt für einen ersten Anlauf zur Revolution. Der Streik wird mit einer Aussperrung von 30.000 Arbeitern beantwortet. Die Belegschaften anderer Betriebe solidarisieren sich und schließen sich dem Protest an. Auch Einheiten der örtlichen Garnisonen erklären sich mit den Arbeitern solidarisch und gehen gemeinsam mit diesen gegen die Polizeikräfte vor, welche die Demonstrationen gewaltsam auflösen sollen. Der Zar, der sich zu diesem Zeitpunkt in Petrograd aufhält, reist in Verkennung der Brisanz der Lage an die Front ab, nachdem ihm Innenminister Protopopow versichert hat, die Lage sei unter Kontrolle. Wenige Tage später kommt es in den Betrieben zur Wahl von Arbeiterräten, die Proteste erreichen den kritischen Punkt.

Der Anfang März gewählte oberste Petrograder Arbeiter- und Soldatenrat (»Sowjet«) wird als Lenkungsgremium landesweit anerkannt. Am Freitag, den 9. März (24. Februar), gibt der Zar aus der Ferne den Befehl, dem Spuk ein Ende zu bereiten und die Demonstrationen aufzulösen. Soldaten eines ukrainischen Regiments schießen auf die Demonstranten, sechzig Tote sind die Folge. Am Sonntag, den 11. März (26. Februar), lässt Kaiser Nikolaus II. die Duma erneut auflösen, doch erstmals weigern sich die Abgeordneten, dem Ukas Folge zu leisten. Stattdessen übernimmt das Parlament am Montag, den 12. März 1917 (27. Februar, geht als »roter Montag« in die Geschichte ein), die Regierungsgeschäfte, übergeht also den Zaren und ernennt einen neuen »parlamentarischen« Oberkommandierenden für die Streitkräfte. Ebenfalls am 12. März wechseln viele in Petrograd stationierte Garderegimenter die Seiten und unterstellen sich der neuen Regierung beziehungsweise dem Arbeiter- und Soldatenrat. Die Moskauer Regimenter folgen größtenteils diesem Beispiel. Der gigantische Taurische Palast in Petrograd (bis 1990 Höhere Parteischule der KPdSU Leningrads) wird zum neuen Regierungszentrum. Unter seinem Dach agieren jetzt zwei recht gegensätzliche Machtzentren: Im rechten Seitenflügel tagen die Provisorische Regierung unter Fürst Lwow und die noch existierende Duma, ihr untersteht der Regierungsapparat, die Bürokratie und (noch) die Armee, sie wird von den bürgerlichen Parteien und der Wirtschaft unterstützt; im linken Seitenflügel ist der oberste Arbeiter- und Soldatenrat (der Sowjet) als Zweit-Parlament, Spitzengremium der mittlerweile überall (in Russland und in der Armee) entstandenen revolutionären Räte, der die Unterstützung der revolutionären Massen für sich beanspruchen kann. Allerdings ist der Provisorischen Regierung auf Dauer die Nähe zu den revolutionären Räten nicht geheuer, daher zieht sie Anfang Mai in den unweit gelegenen Mariinski-Palast um. Gleichzeitig werden die Schaltstellen der Infrastruktur in die Hand der Demonstranten gebracht mit der Besetzung von Bahnhöfen, des Post- und Telefonamts und der Garnisonskasernen. Nikolaus II., auf dem Weg nach Petrograd, muss vor der Stadt umkehren, weil die Aufständischen die Strecke sperren. Er fährt stattdessen nach Pskow zum Hauptquartier der Russischen Nordfront. Deren Befehlshaber, General Russki, rät ihm am Dienstag, den 13. März (28. Februar), zum Rücktritt, um den Weg für eine friedliche Umgestaltung des Landes freizumachen. Noch zögert Nikolaus, das Amt aufzugeben und damit das Ende der Romanow-Dynastie und der Zarenherrschaft einzuläuten.

Am Mittwoch, den 14. März 1917, sprechen sich die Befehlshaber aller Teil-Armeen für die Abdankung des letzten Romanow aus. Nikolaus schlägt vor, gemäß den Vorgaben der Arbeiter- und Soldatenräte ein neues Kabinett zu berufen, selbst jedoch im Amt zu bleiben. Doch für einen Kompromiss dieser Art ist es zu spät. Um die Sache abzukürzen, erlässt der Arbeiter- und Soldatenrat in Petrograd eine Anweisung, dass der Zar zurückzutreten habe und dass eine neue Räteregierung gebildet werde. Am Nachmittag des Tages wenden sich die Abgeordneten Miljukow und Fürst Lwow als Leiter der neuen Provisorischen Regierung an die Öffentlichkeit. Die Minister der bisherigen zaristischen Regierung werden festgenommen und in die Peter-und-Paul-Festung gebracht. Am Donnerstag, den 15. März 1917, kurz vor Mitternacht, unterzeichnet Nikolaus II. schließlich seine eigene Abdankungsurkunde. Er überlässt das Zepter seinem jüngeren Bruder Michail, der am folgenden Tag auf den Thron verzichtet. Damit enden 300 Jahre Romanow-Dynastie in Russland. Am Mittwoch, den 21. März, werden Nikolaus II. und seine Familie festgenommen und nach Sibirien verbannt. Im April 1918 nach Jekaterinburg verlegt, werden sie dort Mitte Juli 1918 ermordet. Der deutsche Kaiser, der den Sturz der Romanow-Dynastie nachdrücklich befürwortete zugunsten der deutschen Kriegsziele im Osten wie im Westen, reagiert kühl auf die Nachricht vom Ableben seiner östlichen Verwandtschaft. Seine Hauptsorge ist es, dass Deutschland nicht etwa der Mittäterschaft angeklagt werde, was angesichts der von Alexander Kerenski öffentlich gemachten Unterstützung der Bolschewiki durch die Deutschen droht.

Die Frage ist, wie die Arbeiter- und Soldatenräte jetzt reagieren. Ob sie den seit Jahrzehnten im Marx'schen Sinne propagierten Kommunismus ausrufen oder ob sie zu Kompromissen mit den bürgerlichen Parteien bereit sind und so das gesellschaftliche Gefüge im Riesenreich zunächst weitgehend unangetastet lassen. Sie entscheiden sich für Letzteres. Die »Februarrevolution« ist daher keine wirkliche Revolution. Es werden nur die Aushängeschilder ausgetauscht, unter Beibehaltung grundsätzlicher gesellschaftlicher Strukturen. Also genau dasselbe, was anderthalb Jahre später in Deutschland im November 1918 passiert, aber seitdem ebenso oft wie falsch »Revolution« genannt wird: Eine Revolution führt definitionsgemäß zu einer neuen Gesellschaftsordnung. Die russische »Februarrevolution« von 1917 und die deutsche »Revolution« von 1918 beinhalten letztlich (ebenso wie die »Französische Revolution« von 1789) nur einen Austausch des Dekorums, sind also eher eine »Renovation«: Die Potentaten werden ins Kulissenmagazin der Geschichte abgeschoben (wobei es der deutsche Ex-Kaiser mit dem holländischen Schlösschen Doorn besser trifft als der mit seiner Hilfe vom Thron geschubste russische Gegenpart und auch als der französische König, der samt manch anderen Familienmitgliedern guillotiniert wurde). Die bisherigen gesellschaftlichen »Eliten« gehen nach wie vor ihrer ausbeuterischen Tätigkeit nach. Der entwickelte Konsumismus häutet sich einfach ein weiteres Mal, passt sich neuen Gegebenheiten an und funktioniert für das oberste eine Prozent der Gesellschaft genauso profitabel wie zuvor. Noch 2017 »wundern« sich bundesdeutsche Massenmedien wie das *Manager Magazin* (*nomen est omen*), dass die deutsche Milliardärsliste 2017 von nahezu denselben Namen angeführt wird wie das legendäre deutsche »Reichsverzeichnis der Millionäre« von 1912. Dabei belegt der Fakt nur einmal mehr die Beharrungskräfte, die von dem obersten einen Prozent der Gesellschaft ausgehen, das alles daran setzt, die einträgliche Konstruktion (Expropriation der Massen zugunsten der wenigen) möglichst lange und möglichst geräuschlos am Laufen zu halten.

Echte Revolutionen bedeuten Disruption, Abbruch bisheriger Entwicklungen, Aufbau gänzlich neuer Strukturen mit neuen Akteuren und neuen Eliten, Beendigung bisheriger Ausbeutungs- und Politsimulationsmodelle. Die russische Oktoberrevolution von 1917 wird so eine Revolution sein (wie wir weiter unten sehen werden), die sozialistischen Staaten Osteuropas nach 1945 werden solche Staaten sein, für Deutschland die Deutsche Demokratische Republik bis zu ihrem unseligen Ende 1990. Das Triumphgeheul der Westblock-Massenmedien und Politiker nach dem Zusammenbruch des »Sozialismus« 1990 ertönt laut und ungebremst genug, um zu belegen, wie erleichtert die konsumistische Elite ist, dass man es geschafft hat, das sozialistische Modell totzurüsten, und dass die allzu vielen eigenen Fehler auf der Disruptorenseite das nicht zu verhindern vermochten. Allerdings zeigt die seitdem ständig steigende, suizidale Gier der konsumistischen Elite (unter den Stichworten »Globalisierung«, »Liberalisierung des Arbeitsmarkts«, »des Kapitalverkehrs« (!) et cetera pp.), die darauf drängt, das bisherige, vergleichsweise gemächliche Tempo der zunehmenden Umverteilung von unten nach oben drastisch zu beschleunigen, dass innerhalb des Endstadiums des Konsumismus nun die Krisenphase ihre ersten Vorboten, ihre ersten Menetekel entsendet. Es ist die offene, spannende Frage, ob der Konsumismus die Kraft finden wird, sich ein weiteres Mal zu häuten, um mit der Simulation einer »Revolution« davonzukommen, oder ob er an sein natürliches Ende gelangt. Ob also endgültig eines der Alternativmodelle den Triumph erringen wird: die Volksrepublik China mit ihrem seinerzeit von Deng Xiaoping eingeleiteten Rekord-Boom etwa (seit über fünf Jahrzehnten kontinuierlich steigende Wirtschaftsleistung) oder das russische Theorem Modell Putin, das die Lehren aus der russischen Geschichte des 20. Jahrhunderts zu ziehen und unter Hinzuziehung sowjetischer Elemente eine entwickelte, gerechtere Gesellschaft des 21. Jahrhunderts zu formen versucht.

Eine Frage, die in diesem Zusammenhang gern gestellt wird: Warum kam es in Russland 1917 zur Revolution, im ähnlich gebeutelten Deutschland 1918 aber nicht? Die Antwort ist relativ einfach. Neben der »revolutionären Situation« benötigt eine erfolgreiche Revolution Geld, viel Geld, sprich: im Regelfall externe Kapitalzufuhr, wie sie in Russland gegeben war. Die noch zu schildernden millionenschweren deutschen Investitionen in die Bolschewiki führen zum Ziel, über diese einen Separatfrieden mit dem russischen Kriegsgegner zu erreichen. Die Bolschewiki halten sich an die getroffenen Vereinbarungen. Gegen großen Widerstand in der eigenen Partei lässt Lenin nach der erfolgreichen Oktoberrevolution 1917 umgehend Friedensverhandlungen mit dem deutschen Kaiserreich (seinem Hauptsponsor) aufnehmen. Etwas anderes hätte aber auch weder der Zustand der in zunehmender Auflösung begriffenen russischen Armee noch die russische Gesamtsituation mit der umfassenden Kriegsmüdigkeit der Bevölkerung zugelassen. In Deutschland gibt es für die revolutionären Kräfte 1918 keinen vergleichbaren externen Sponsor. Das revolutionäre Russland ist im Überlebenskampf begriffen und kann keine Hilfe leisten. Auf der anderen Seite werden vom deutschen Kapital ungeheure Mittel bereitgestellt, um die revolutionären Umtriebe, den Hauch von Revolution, der über dem im Untergang begriffenen kaiserlichen Deutschland hängt, massiv zu bekämpfen – nach dem Moltkeschen Motto »nicht kleckern, sondern klotzen«. Hatte die Reichsregierung (in Zusammenarbeit mit den großen Finanzkonzernen des kaiserlichen Deutschlands wie den großen Banken und Versicherungen) für die Revolution in Russland zweistellige Millionenbeträge bereitgestellt, so werden gegen die Revolution in Deutschland binnen kürzester Zeit hohe dreistellige Millionenbeträge eingesetzt. Schon im November 1918 laufen erste Zahlungen bei der *Antibolschewistischen Liga* als Koordinationsstelle der Revolutionsunterdrückungsmaßnahmen ein. Wenige Wochen später, im Januar 1919, werden nicht weniger als 500 Millionen Reichsmark von der deutschen Industrie für den nunmehr aufgelegten »Antibolschewistischen Fonds« bereitgestellt. Diese halbe Milliarde fließt in reichlichem Maße an antirevolutionäre beziehungsweise reaktionäre Vereinigungen wie die SPD, die NSDAP, den *Stahlhelm*, die in staatlichem und industriellen Auftrag in Deutschland marodierenden »Freikorps« (»nur ein toter Kommunist ist ein guter Kommunist«), die alle Aufstandsbestrebungen von Nord bis Süd (Münchner Räterepublik), von Ost bis West blutig unterdrücken. Die Reichswehr stellt dabei Hardware und Personal, die Kosten werden vom »Antibolschewistischen Fonds« bestritten. Gegen diese massive, üppig finanzierte Unterdrückungspolitik kommt die schwächliche, schlecht geführte revolutionäre Arbeiterbewegung nicht an. Wo sie es in Einzelaktionen versucht (Berlin, München, Thüringen, Hamburg et cetera), wird sie blutig unterdrückt. So bleibt in Deutschland 1918 und den folgenden Jahren trotz Übergang vom Kaiserreich zur Republik alles beim Alten.

Nach 1945 wird von den USA im Westteil Deutschlands in Form der BRD mit Milliardeninvestitionen (»Marshall-Plan«) ein Popanz, ein »marktwirtschaftlicher Modellstaat« geschaffen, der durch seine teilweise finanzielle Großzügigkeit gegenüber den Arbeitnehmern als verführerisches, sirenenhaftes Lockmittel für die harte Aufbauarbeit leistenden Arbeiter und Bauern im Osten dienen soll – was er erfolgreich tut. So erfolgreich, dass schließlich alles Sinnen und Trachten im Osten 1989 sich nur noch darum dreht, möglichst schnell an die D-Mark und in den Genuss der Warenschwemme des entwickelten Konsumismus zu kommen. Daher ist die »Wende« in der DDR 1989 keinesfalls eine Revolution, sondern ihr genaues Gegenteil, eine Restauration. Der Zustand *ante quem* wird wiederhergestellt, die alten Strukturen wieder etabliert, das alte Machtgefüge. Die Volksherrschaft ist vorbei, seitdem regiert das Kapital wieder in Gesamtdeutschland. Und seit die »sozialistische Konkurrenz« fehlt, bekommt die Arbeitnehmerschaft die harte Knute des Kapitals immer deutlicher zu spüren, Stichworte »Globalisierung«, »Deregulierung«, »Niedriglohnsektor«, sprich: Aufweichung und Beseitigung von ursprünglich für den »Modellstaat« BRD konstitutiven Arbeitnehmerrechten, Einführung befristeter, prekärer Arbeitsverhältnisse und so weiter. Wir befinden uns im Augenblick im freien Fall, in einer »Abstiegsgesellschaft« (Oliver Nachtwey), auf bestem Weg, selbst hinter die »Errungenschaften« (vulgo Zugeständnisse) Bismarcks in der Sozialgesetzgebung im 19. Jahrhundert (Arbeitslosen-, Unfall-, Renten- und Krankenversicherung) zurückzufallen.

Zurück zum Revolutionsjahr 1917: Der Petrograder Sowjet, der oberste Arbeiter- und Soldatenrat, erlässt am 14. März 1917 den berühmten »Befehl Nr. 1«. Darin werden die Wahl von Regimentskomitees und die Unterstellung der gesamten Armee unter den Arbeiter- und Soldatenrat verkündet. Arbeiter und Soldaten sollen den Anweisungen des Militärausschusses der Duma nur insofern Folge leisten, als diese nicht den Befehlen der Räte entgegenstehen. Die Versorgungsprobleme, die Wirtschaftskrise und die Hyperinflation bleiben. Die Mittelmächte Deutschland und Österreich hoffen auf einen Zusammenbruch Russlands, die Auflösung der zaristischen Armee, und damit auf ein schnelles Kriegsende im Osten, das ihnen rund eine Million Soldaten zusätzlich für den Kampf gegen die Entente an der West- und Südfront verschaffen würde. Doch der endgültige Zusammenbruch Russlands lässt im Frühjahr 1917 wider Erwarten auf sich warten. Daher forciert der deutsche Generalstab jetzt die letzte Phase eines bereits fünf Jahre zuvor gestarteten Unternehmens, das eine zeitnahe Lösung des »russischen Problems« herbeiführen soll. Im Schweizer Exil wartet Wladimir Iljitsch Uljanow alias »Lenin« schon seit längerer Zeit auf seine Chance, im russischen Tohuwabohu des Jahres 1917 mitzumischen.

Die revolutionäre Situation – sie scheint nun wirklich gekommen. Doch Lenin ist Tausende von Kilometern entfernt in der Schweiz festgenagelt, weil ringsum alle Grenzen dicht sind und es noch keinen Luftverkehr gibt, der ihn aus der eingeschlossenen Eidgenossenschaft hätte herausbringen können.

Molotow und die Revolution

Die Provisorische Regierung tritt im März 1917 an mit der Verkündung einer umfassenden Amnestie für alle politischen und religiösen Verbrechen sowie terroristischer Anschläge, Militärunruhen und Agrarverbrechen (die bisher mit der Todesstrafe geahndet und gern als Vorwand für die Beseitigung politischer Gegner benutzt worden waren). Zudem verkündet sie die Freiheit der Meinungsäußerung, der Presse, des gewerkschaftlichen Zusammenschlusses und des Streikrechts, dies alles auch für Soldaten im Rahmen der militärischen Bedingungen. Alle erblichen, religiösen und nationalitätenbezogenen Vorrechte sollen abgeschafft und freie, geheime, allgemeine Wahlen vorbereitet werden (das Chaos der nächsten acht Monate lässt die Provisorische Regierung lange zögern, diese Wahlen konkret anzusetzen, so lange, bis es zu spät ist). Für das bisherige Russland sind diese Neuerungen in der Tat revolutionär, aber die Entwicklung geht so schnell weiter, dass sie nicht mehr genügen, die Umsturzstimmung zu beseitigen, da sie die Klassengesellschaft des zaristischen Russlands, also den eigentlichen Ursprung der eklatanten Ungerechtigkeit innerhalb der russischen Gesellschaft, unangetastet lassen. Zu den Ministern der Provisorischen Regierung gehört der Sozialrevolutionär Alexander Kerenski (wie Lenin in Simbirsk, heute Uljanowsk geboren), der zunächst Justizminister, dann im Mai Minister für das Kriegswesen und die Marine wird. Noch im März 1917 anerkennen die Entente-Mitglieder USA, Großbritannien, Frankreich und Italien die Provisorische Regierung und legitimieren sie somit international. Die Alliierten möchten natürlich, dass Russland den Kampf gegen die Mittelmächte, gegen Deutschland und Österreich, fortsetzt, um so den Druck auf die vereinten Armeen beider Länder an allen Fronten aufrechtzuerhalten und die Chancen der Entente zu verbessern, den Krieg zu gewinnen.

Das *Russische Büro des Bolschewistischen Zentralkomitees* mit Schljapnikow und Molotow bemüht sich, die Lage im eigenen Sinne zu beeinflussen. Die Petrograder Bolschewiken sind seit längerer Zeit mit der zaudernden Führung um Schljapnikow unzufrieden und wollen, egal in welcher Konstellation, die weitere Entwicklung der aus ihrer Sicht vielversprechenden aktuellen Situation mitgestalten. Molotow fordert Neuwahlen gemäß dem universalen, geheimen, uneingeschränkten Wahlrecht für Männer und Frauen, zudem die Einführung des Achtstundentages und die Verstaatlichung des Großgrundbesitzes – die drei Schwerpunktforderungen der RSA aus ihrem Wahlprogramm 1917. Die von ihnen bekämpfte Provisorische Regierung schmähen sie als Vertretung der Bourgeoisie und der Großgrundbesitzer. Statt ihrer solle – so die RSA-Forderung aus dem Mund Molotows – eine provisorische revolutionäre Regierung gebildet werden, aus Vertretern der Arbeiterklasse und der Soldatenräte der Armee. Diese solle sich umgehend mit der Beschlagnahmung und Verteilung der staatlichen Lebensmittelvorräte befassen sowie Kontakt mit dem Proletariat der anderen kriegführenden Staaten aufnehmen, um vereint den Kampf gegen die Ausbeutung und Unterdrückung in vielen Ländern anzupacken, nicht nur in Russland. Zudem fordert er umgehende Friedensverhandlungen.

Als Vertreter der Bolschewistischen Fraktion der RSA erhält der 27-jährige Molotow auch Zutritt zum Parlament, der

Duma, beziehungsweise zum neuen Obersten Rat (Sowjet, russische Bezeichnung für »Rat«). Dort attackiert er gleich am ersten Tag, dem 13. März 1917 (28. Februar), den Parlaments- beziehungsweise Ratspräsidenten Rodzianko, der die massenweise desertierenden Soldaten und Offiziere aufgefordert hatte, zu ihren Einheiten zurückzukehren. Dies sei antirevolutionär, so Molotow. Stattdessen sollen sich die Soldaten und Offiziere den revolutionären Massen anschließen, damit die Machtfrage außerhalb der Duma geregelt werden könne. Rodziankos Befehl sei daher als konterrevolutionäre Sabotage und Provokation zu verurteilen und müsse zurückgezogen werden. Molotows Antrag wird mit der Stimmenmehrheit der bürgerlichen Fraktionen und der Menschewiki abgewiesen. Das Petrograder Parteikomitee der Bolschewiken löckt zu diesem Zeitpunkt wider den Stachel. Während die Gesamtpartei, gesteuert vom Exil-Zentralkomitee über das *Russische Büro*, strikte Gegnerschaft zur Provisorischen (bürgerlichen) Regierung vorschreibt, plädieren die Funktionäre von der Newa für eine Tolerierung der Regierung, solange diese sich nicht gegen das Proletariat und die demokratischen Massen wendet. Molotow versucht, die Kollegen wieder in die Spur zu bringen, vergeblich. Die Petrograder werfen den Exilanten und ihren Handlangern im *Russischen Büro* einmal mehr vor, zu weit von der Heimat und den aktuellen Ereignissen entfernt zu sein, um diese angemessen beurteilen zu können.

Am 12. März 1917 treffen mit Stalin, Kamenew und Muranow die ersten hochrangigen Führungsmitglieder der Exil-Parteileitung in Petrograd ein, um die Partei vor Ort in der ganz offenbar sehr volatilen, möglicherweise für revolutionäre Zwecke nutzbaren Situation zu verstärken. Damit wird die bisher relativ große Entscheidungsfreiheit von Molotow und Schljapnikow deutlich eingeschränkt, sie müssen sich den älteren Exilanten unterwerfen. Molotow spricht sich gegen die Kandidatur Stalins für die Leitung des *Russischen Bü-*

ros aus (von ihrer späteren engstmöglichen Zusammenarbeit ist noch nichts zu spüren), und dieser erhält tatsächlich nur den Status eines nichtstimmberechtigten Mitglieds. Stalin steigt dennoch binnen kurzer Zeit zum stimmberechtigten Mitglied auf, Molotow und Schljapnikow bilden nun allerdings das übergeordnete Präsidium des *Russischen Büros* und wenden sich weiterhin gegen die kompromisslerische Haltung Stalins und anderer Exilanten gegenüber der Provisorischen Regierung. Als Stalin versucht, von außen die Zusammensetzung der *Prawda*-Redaktion zu verändern, tritt Molotow unter Protest von seinen Posten im Präsidium, im Führungsausschuss des Obersten Rates und als Chefredakteur der *Prawda* zurück. Stalin übernimmt seine Funktionen. Von Stund an propagiert das Blatt die bedingte Unterstützung der Provisorischen Regierung unter Kerenski und spricht sich für die Fortsetzung des Krieges aus. Doch Lenin schreitet ein, Molotow kehrt in die Leitung der Zeitung zurück und vertritt in verschiedenen Artikeln wieder eine harte, leninistische, ablehnende Haltung gegenüber Kerenski.
Das alles hält Molotow allerdings nicht davon ab, den Exilanten Stalin in seiner Unterkunft aufzunehmen, da dieser zunächst ohne Wohnung ist. Doch die Dankbarkeit Stalins hält sich in Grenzen. Molotow muss wenig später feststellen, dass seine bisherige Freundin Marussia nun mit dem Georgier Tisch und Bett teilt. Doch die Aufmerksamkeit des mittlerweile zum »Berufsrevolutionär« herangereiften Molotow richtet sich zu diesem Zeitpunkt auf Wichtigeres als Eifersucht oder Fragen der sexuellen beziehungsweise emotionalen Treue. Die erste Gesamtrussische Parteikonferenz der Bolschewiken steht vor der Tür und ist für den 1. bis 3. April 1917 geplant. Genossen aus allen Teilen Russlands sollen mit den aus dem Exil zurückgekehrten Funktionären zusammenkommen, um die künftige Parteilinie hinsichtlich der Machtfrage in Russland zu diskutieren und entsprechende Beschlüsse zu fassen. Die tiefgreifende Spaltung der Partei

wird bei dieser Veranstaltung offensichtlich. Während Molotow und Schljapnikow zusammen mit Alexandra Kollontai und der Moskauer Provinzialparteiführung eine strikt-leninistische Fundamentalopposition zur Regierung und zu den Menschewiki propagieren, plädieren die »Moderaten« um Stalin, Rikow und die Stadtmoskauer Parteiorganisation für Kompromissbereitschaft. Am Ende des Kongresses wird auch noch über die Frage der Wiedervereinigung von Bolschewiken und Menschewiken diskutiert. Während Stalin diesem Ansinnen positiv gegenübersteht, ist Molotow dagegen. Die beiden Gruppierungen seien über die Jahre zu heterogen geworden, um noch miteinander unter einem Dach, innerhalb einer Organisation zusammenarbeiten zu können. Er spricht sich stattdessen für die Gründung einer internationalen sozialistischen Plattform aus, innerhalb derer sich die bolschewistischen Gruppierungen anderer europäischer Länder mit der russischen zusammenschließen sollen. Molotows Vorschlag wird abgelehnt, Stalins Beschlussvorlage, mit den bolschewistische Grundpositionen akzeptierenden Menschewiken zusammenzugehen, mit überwältigender Mehrheit angenommen. Dennoch kommen die Bolschewiken bei ihrem Versuch, nach der Macht zu greifen, nicht wirklich voran.

»Die Revolutionierung Russlands« – Deutschland destabilisiert das Zarenreich

Die 1917 »in der Luft liegende« Revolution in Russland wird nicht zuletzt seit mehreren Jahren durch millionenschwere »Beratungstätigkeiten« seitens verschiedener Mittelsmänner im Auftrag des deutschen Kaisers befördert, der – man kann es nicht oft genug betonen – engste verwandtschaftliche Bande zum russischen Kaiserhaus aufweist: Nikolaus II. ist ein Vetter Wilhelms II. Was bis heute nur wenigen Kennern dieser Geschichtsepoche bekannt ist: Die Planungen der deutschen Anteile an der Oktoberrevolution beginnen bereits zwei Jahre vor Beginn des Ersten Weltkriegs. Der 53-jährige Wilhelm II., seit 24 Jahren deutscher Kaiser, verkündet im »Kriegsrat«, den er am 8. Dezember 1912 im Berliner Stadtschloss abhält, der Kampf gegen Russland sei unvermeidlich. Man müsse den Krieg gegen die eigene Verwandtschaft allerdings mit ausreichend Vorlauf über die Presse »volkstümlich« machen.

Nachdem der erwünschte Krieg begonnen hat, verläuft die weitere Entwicklung allerdings nicht geplant. Schneller Durchbruch im Westen: Fehlanzeige. Rasche Niederringung Russlands im Osten: auf unbestimmte Zeit verschoben. Der Verbündete im Süden (Italien): seit 1915 im gegnerischen Lager. Unabhängig davon wird ein Kriegszielprogramm vereinbart, das neben den bekannten Zielen im Westen (Elsass-Lothringen, die belgisch-französischen Kohle- und Erzreviere – Minette, Teile der Ärmelkanalküste, Luxemburg) im Hinblick auf den östlichen Kriegsschauplatz den Passus enthält: »Russland [muss] von der deutschen Grenze nach Möglichkeit abgedrängt und seine Herrschaft über die nichtrussischen Vasallenvölker gebrochen werden.« Matthias Erzberger, ab 1914 deutscher Auslandspropagandist (»Zentralstelle für Auslandsdienst«, gekoppelt ans Auswärtige Amt) und Chef eines mysteriösen Geheimdienstes, später als Friedensfreund aufgetreten, fordert 1915 als hochbezahlter Lobbyist des *Thyssen*-Stahlkonzerns noch wörtlich »die Zersplitterung des russischen Kolosses«. Generelles Kriegsziel ist – wie auch im Zweiten Weltkrieg unter Hitler und von EU-Feinden für die EG/EU-Gründung ins Spiel gebracht – ein deutsch dominierter einheitlicher Großwirtschaftsraum von Ost- bis Westeuropa, zum Wohle der deutschen Finanz- und Industriekonglomerate.

Der deutsche Kaiser arbeitet also seit 1912 darauf hin, die eigenen Verwandten in Russland vom Thron zu stoßen und deren Reich dem eigenen Imperium zuzuschlagen. »Erst kommt das Fressen, dann kommt die Moral«, wie Brecht so eingängig formulierte. Ähnliche Verwandtschaftsbeziehungen bestehen deutscherseits übrigens zum britischen Königshaus, verhindern aber auch auf dieser Seite des Kriegsschauplatzes den blutigen Krieg gegeneinander nicht. Ganze Stabsstellen widmen sich in Berlin der geheimdienstlichen, konspirativen »Insurgierung« und »Revolutionierung« Russlands, aber auch der französischen und britischen Kolonien. Gestützt auf Emigrantenorganisationen werden Institutionen wie das *Komitee für die Unabhängigkeit Georgiens*, das *Finnländische Komitee*, das *Indian Independence Committee* und das *Persische Komitee in Berlin* gegründet. Eine gezielte Destabilisierungspolitik gegen die Randstaaten des russischen wie des britischen Imperiums soll nun die Kriegswende herbeizwingen. Gemäß der populären, Mitte des 19. Jahrhunderts entstandenen »Orangenschalen-Strategie« sollen dabei in den Randstaaten Russlands, die eigenständige ethnische und historische Wurzeln aufweisen (Finnland, Baltikum, Ukraine, Kaukasus, Turkestan et cetera), Aufstandsbewegungen initialisiert werden, um diese Gebiete von Russland abzulösen, Russland damit drastisch zu verkleinern und zu marginalisieren; eine Strategie, die schon im Namen sinnigerweise an die ebenfalls von westlichen »Demokratiefreunden« unterstützten »Farbrevolutionen«, speziell der »Orangen Revolution« in der Ukraine 2004, erinnert.

Die »Insurgierung« Finnlands

Schon seit dem späten Mittelalter macht die schiere Größe Russlands alle westlich und östlich (Japan) davon gelegenen

Monarchien einerseits aggressiv, verursacht andererseits aber auch Minderwertigkeitskomplexe, erregt letztlich schlicht die Gier der Herrschenden rund um Russland, die sich die Reichtümer des Landes einverleiben wollen. Im Fokus der Berliner Strategen steht im Ersten Weltkrieg Russisch-Finnland, das seit 1809 zum Zarenreich gehört. Unmittelbar nach Kriegsbeginn, am 6. August 1914, bekommt die deutsche Botschaft in Stockholm den schriftlichen Auftrag vom Kaiser, das zuletzt 1905 von einem nationalistischen antirussischen Aufstand erschütterte russische Großfürstentum Finnland erneut zu »insurgieren«. Den finnischen Nationalisten wird in Geheimgesprächen die deutsche Unterstützung zur Errichtung eines von Russland unabhängigen Nationalstaats versprochen. Erster Schritt: Ausbildung finnischer Soldaten, die gegen die »bösen Russen« kämpfen sollen, durch deutsche Offiziere. Die Ausbildungslehrgänge beginnen im Februar 1915 auf deutschen Truppenübungsplätzen. Die »Freiwilligen« sollen als Untergrund- beziehungsweise Guerilla-Kämpfer bei der Befreiung Finnlands vom »russischen Joch« helfen und später den Kern der eigenständigen (und gegen Russland zu verwendenden, aber deutschfreundlichen) finnischen Armee bilden. Auch finnische Politiker werden »insurgiert« beziehungsweise bestochen.

1915 folgt die Aufstellung eines »finnischen Korps« mit bereits über 7.000 Mann. Zusätzlich werden eine »aktive antirussische Pressearbeit« (Bestechung et cetera) in Schweden sowie ein Nachrichtendienst in Finnland aufgezogen. Man denkt dabei unwillkürlich einmal mehr an die Vorgänge in der Ukraine 2013/2015 und an die Rolle, die US-Offiziere bei Ausbildung und Führung der ukrainischen Armee im »Anti-Terror-Kampf« gegen die prorussischen Aufständischen in der Ostukraine spielen. Im Anfang 1917 neugebildeten finnischen Parlament haben zwar linke Abgeordnete die absolute Mehrheit, bilden aber leichtfertigerweise eine paritätisch besetzte Koalitionsregierung mit den bürgerli-

chen Parteien. Bei einer neuerlichen Wahl im Oktober 1917 gewinnen die bürgerlichen Kräfte dann mit kräftiger finanzieller Unterstützung Deutschlands eine knappe Mehrheit im Parlament und bilden nun eine Regierung unter Ausschluss der linken Abgeordneten. Richtet sich der mittlerweile aufgenommene Guerillakampf der deutsch geführten »finnischen Jäger« zunächst gegen die »russischen Besatzer«, so entwickelt sich daraus nach der einseitigen finnischen Unabhängigkeitserklärung vom 6. Dezember 1917 (nach der Oktoberrevolution) ein blutiger Bürgerkrieg gegen »rote Kontrainsurgenten«, finnische Aufständische von der linken, prorussischen Fraktion. Die Kämpfe im Bürgerkrieg werden von rechter Seite wie immer sehr grausam geführt. Bei der Eroberung der »roten« Städte Tampere und Viipuri, die weitgehend zerstört werden, füsilieren die weißen Truppen die Gefangenen, insgesamt werden rund 10.000 Menschen ermordet. Auch die gefangenen russischen Soldaten werden »natürlich« umgebracht.
Doch trotz aller Grausamkeiten will den deutsch finanzierten und instruierten finnischen »weißen« Soldaten der endgültige Sieg im Bürgerkrieg nicht gelingen. Also werden 10.000 deutsche Soldaten der neugeschaffenen »Ostseedivision« nach Finnland verlegt und geben schließlich auf dem Schlachtfeld den Ausschlag. Lenin setzt nach der Oktoberrevolution sofort im deutschen Sinne das Selbstbestimmungsrecht der Völker durch und anerkennt am 31. Dezember 1917 die Unabhängigkeit Finnlands. Am 4. Januar 1918 bestätigt die neue revolutionäre russische Regierung, der Rat der Volkskommissare, formell diesen Erlass. Am selben Tag gibt Kaiser Wilhelm II. Anweisung, Finnland diplomatisch anzuerkennen und damit die Unabhängigkeit zu sanktionieren. Diese Aktion erinnert an die unmittelbare Anerkennung der – selbsterklärten – Unabhängigkeit Sloweniens und Kroatiens 1991 durch die BRD, zu einem Zeitpunkt, als der Bundesstaat Jugoslawien noch existiert und die BRD

damit eklatant in die inneren Angelegenheiten eines Fremdstaats eingreift; die BRD prescht seinerzeit damit vor, um die Schaffung einer neuen deutsch dominierten Einflusszone auf dem Balkan zu sichern, düpiert damit alle Partner im Osten und Westen, wird aber auch ihrer alten, aus den Zeiten des Ersten Weltkriegs herrührenden Führungsrolle im »Insurgierungskampf« in Osteuropa gerecht, ein herausragendes Beispiel für negative politische Kontinuitäten vom Kaiserreich bis zur BRD.

Die »Insurgierung« Russlands

Neben Finnland soll aber auch Russland selbst, das »Feindland«, von innen destabilisiert und am besten in einen langandauernden Bürgerkrieg gestürzt werden. Auf dem archivalisch erhaltenen, damals strengster Geheimhaltung unterliegenden deutschen Aktenkonvolut steht »Inhalt: Die Revolutionierung Russlands«. Zum Team der von Deutschland angeworbenen russischen Informanten gehört auch der in Deutschland geborene Heinrich Bockelmann, seines Zeichens Großvater des Schlagersängers Udo Jürgens (Bockelmann), zuvor in Moskau Mitbesitzer der florierenden *Junker*-Bank, der nach seiner Verbannung nach Sibirien 1915 nach Stockholm flieht, allerdings hauptsächlich Falschinformationen verbreitet und im Übrigen darauf bedacht ist, mit Hilfe deutscher Stellen sein in Russland verbliebenes Vermögen aus dem Land zu schaffen – 1917 wird er in Sassnitz mit knapp einer Million Rubel im Koffer von deutschen Grenzbeamten verhaftet. Neben dem Auswärtigen Amt sind die 1. Abteilung (Russland) des *Großen Generalstabs* sowie der 1889 gegründete Militärgeheimdienst *Abteilung III b* an den Operationen beteiligt. Innerhalb der *Abteilung III b* leitet der aus Ostpreußen stammende Legationsrat Rudolf Na-

dolny, 42 Jahre alt, die »Sektion Politik«, die sich speziell mit Insurgierungsaktionen befasst. Nadolny ist 1916 auch mit Insurgierungsaktionen im britisch-russisch besetzten Persien befasst, die allerdings fehlschlagen. Nach dem Zweiten Weltkrieg widmet er sich in BRD-Diensten bis zu seinem Tod der »Insurgierung« der DDR. Sohn und Enkel von Nadolny werden Schriftsteller.
Botschafter Brockdorff-Rantzau fasst 1915 in einem Memorandum zusammen, warum es legitim sei, gegen das verwandtschaftlich engverbundene Kaiserhaus Romanow mit umstürzlerischen Mitteln vorzugehen. Im Hinblick auf den letzten Romanow-Herrscher Nikolaus II. schreibt er angesichts der schon vor Kriegsbeginn konzipierten deutschen Umsturzabsichten einigermaßen verlogen: »Dieser schwache und unaufrichtige Herrscher, dessen Thron schwankt, während er im Banne mystischer Flagellanten [Rasputin, Anm. d. Verf.] von Siegen über einen Gegner träumt, der nie zu ihm in Feindschaft treten wollte, hat eine furchtbare Schuld vor der Geschichte auf sich geladen und das Recht auf Schonung von unserer Seite verwirkt.« Dann kommt der entscheidende Satz: »Der Sieg und als Preis *der erste Platz in der Welt* ist aber unser, wenn es gelingt, Russland rechtzeitig zu revolutionieren.« Brockdorff-Rantzau formuliert in seiner Darlegung weiter: »Nach Friedensschluss wäre der innerpolitische [sic] Zusammenbruch Russlands für uns von geringem Wert, vielleicht sogar unerwünscht.« Ein bemerkenswertes Eingeständnis, dass man sich völlig darüber im Klaren ist, mit der Revolutionierungsstrategie die Büchse der Pandora zu öffnen, ohne die Auswirkungen dieser Strategie mittelfristig auf Russland eingrenzen zu können, also gleich dem Goetheschen *Zauberlehrling* die »Geister«, die man mit Millionenmitteln, Gewehren, Sprengstoff und allem Sonstigen, für den Umsturz nötigen, versorgte, nicht mehr loszuwerden. Und im Gegensatz zur Ballade des »Alten aus Weimar« kommt tatsächlich 1918 kein Hexenmeister, um die einmal

in die Welt gesetzten Geister wieder zu bannen, stattdessen stürzt auch das deutsche Kaiserhaus, ist das deutsche Kaiserreich mit der »Revolution« vom 9. November 1918 selbst Geschichte, erleidet also mithin das Schicksal, das man dem russischen Bruderhaus zugedacht hatte. Brockdorff-Rantzau schließt seine Ausarbeitung mit einem Anflug von Verzweiflung (Ende 1915!): »Ich verkenne keineswegs die Rückwirkungen, die der Schritt auf unser innerpolitisches [sic] Leben nach sich ziehen kann. Sind wir militärisch im Stande, eine endgültige Entscheidung zu unseren Gunsten herbeizuführen, so wäre eine solche allerdings vorzuziehen. Andernfalls bleibt nach meiner Überzeugung nur der Versuch dieser Lösung [›Revolutionierung‹, Anm. d. Verf.], weil unsere Existenz als Großmacht auf dem Spiel steht, vielleicht sogar noch mehr.«

Eine für die weitere Entwicklung der »Insurgierung« Russlands wichtige Person kommt ebenfalls Anfang Januar 1915 ins Spiel: der 47-jährige Dr. Israil Lasarewitsch Helphand alias »Alexander Parvus«, im Getreide- und Waffenhandel zum Millionär geworden, der nun bei der Kaiserlich Deutschen Botschaft in Istanbul vorspricht. Der 1867 in Weißrussland geborene »Revolutionär« Helphand alias »Parvus«, ein studierter Volkswirtschaftler und zeitweiliger Weggefährte von Lenin und Trotzki ist nach längerem Aufenthalt in Deutschland und Zusammenarbeit mit der SPD (die nach einem Unterschlagungsskandal mit seinem Parteiausschluss endete) 1910 nach Konstantinopel gegangen, wo er bald als Geschäftspartner des berüchtigten internationalen Waffenhändlers Basil Zaharoff mit Waffenlieferungen an die in die Balkankriege verstrickte Türkei und nach Russland äußerst wohlhabend wird. Parvus dürfte also in der Botschaft zumindest dem Namen nach bekannt gewesen sein, kümmert man sich in Botschaften damals wie heute bekanntlich hauptsächlich um »Wirtschaftsförderung«. Da dürfte jemand, der für deutsche Rüstungskonzerne wie *Krupp* Millionengeschäfte einfädelt, auf verschiedenen Listen gestanden haben. Parvus hat eine »Win-win-win-Situation« erkannt und ist jetzt gewillt, seine Vorteile daraus zu ziehen. Drei Gruppierungen agieren in diesem Spiel, denen der Plan, den Parvus entwickelt, schönste Erfolgsaussichten generiert. Da ist zum einen *Deutschland*, das existentiell daran interessiert ist, angesichts des ungünstigen Kriegsverlaufs die Entente zu sprengen. Und dafür bietet sich naheliegenderweise das von Unruhen ohnehin schon erschütterte Russland an, das bisher jedoch noch fest aufseiten der westlichen Alliierten steht. Es gibt nur eine russische Partei, die angesichts von personeller Zusammensetzung und Entschlossenheit Aussicht auf revolutionären Erfolg hat: die zweite Gruppierung im Spiel, die *Bolschewiki*. Diese benötigen existentiell finanzkräftige Unterstützung bei ihrem Versuch, das zaristische Russland zu zerschlagen, dort die Revolution ins Werk zu setzen und die Herrschaft des Proletariats beziehungsweise der Partei zu errichten und anschließend die Weltrevolution in Gang zu setzen. Und es ist – da kommt die dritte Verhandlungspartei ins Spiel – natürlich im Sinne von *Parvus*, beides zu befördern, von beiden Seiten zu kassieren und seinen persönlichen Profit zu maximieren.

Angesichts der somit möglichen Erweiterung bisheriger, mehr oder weniger erfolgloser »Insurgierungsplanungen« gegenüber Russland bekundet Berlin umgehend Interesse. Am 10. Januar 1915 weist Außen-Staatssekretär Gottlieb von Jagow seinen Stellvertreter Zimmermann an, Helphand schnellstmöglich zum Gespräch zu empfangen. Hinzugezogen wird – daran lässt sich die eminente Bedeutung ablesen, die man diesem und den folgenden Gesprächen zumisst – auch der Vortragende Legationsrat im Reichskanzleramt, Dr. Kurt Riezler. Ende Februar findet das »Gipfeltreffen« nach kleineren Anlaufschwierigkeiten in Berlin statt. Über das Gespräch selbst sind bislang keine Aktenbelege gefunden worden, sie dürften größtenteils vernichtet worden sein. Fest steht, dass Helphand

als Nächstes Anfang März 1915 eine Denkschrift vorlegt, mit detaillierten Planungen für die künftige Zusammenarbeit. Helphand schlägt neben klassischer Propaganda mit Flugblättern, Organisation (und Finanzierung) von Demonstrationen, Streiks, Unruhen auch handfeste Aktionen wie die Sprengung von Eisenbahnbrücken, Sabotage der Ölquellen in Baku, Bombenanschläge et cetera vor. Parvus nennt als Testballon die Summe von 20 Millionen Rubel als erforderliche Gesamtsumme für die umfassende »Revolutionierung Russlands« (eine Summe, die später natürlich weit überschritten wird), von denen eine Million Rubel sofort zur Unterstützung der notwendigen Vorarbeiten fällig seien. Zu seiner großen Freude wird seinem Plan ohne große Widerrede zugestimmt – Berlin ist gewillt, mit Parvus' Hilfe eine Koalition »aus russischen Proletarierfäusten und deutschen Bajonetten« zu schmieden, das kaiserlich-imperialistische Deutschland und die kommunistischen Bolschewiki im vereinten Kampf gegen das russische Kaisertum zusammenzuspannen. Dafür ist man bereit, tief in die geheimen, vor Parlament und Öffentlichkeit sorgsam abgeschirmten, milliardenschweren »außerordentlichen Etats« zu greifen.
In Absprache mit dem Berliner Auswärtigen Amt verlagert der fast 48-jährige Helphand im Sommer 1915 seinen Wohnsitz von Istanbul ins neutrale Dänemark, in die Hauptstadt Kopenhagen, die sich zum Drehkreuz für Schmuggel- und Handelsaktionen entwickelt hat (und die noch bis in die achtziger Jahre eine Hochburg westlicher Geheimdienste im unaufhörlichen Kampf gegen die Warschauer Vertragsstaaten bleiben wird). Finanzminister Karl Helfferich stellt – auch das ein Hinweis auf die Bedeutung, die man dem Unternehmen beimisst – schon am 11. März 1915 eine Anschubfinanzierung von vier Millionen Mark bereit, zwei Millionen »für Propaganda in Rußland [sic]« und weitere zwei Millionen »für besondere Preßzwecke«. Am 24. März erfolgt die erste Überweisung von 500.000 Mark an Helphand. Help-

hand hat seinen Spaß mit den kapitalistischen Finanziers seiner Umsturzpläne gegen die russische Monarchie: Er verlangt, dass diese auch die Kursverluste beim Umtausch der Reichsmark in die örtlichen Währungen tragen, so dass er in den Genuss der vollen, bereitgestellten Summen kommt, das gewährt man ihm ebenfalls ohne größere Diskussionen. In linken Kreisen als »Mister 10 Prozent« verschrien, dürfte ein Gutteil der von Deutschland zur Verfügung gestellten Millionenbeträge in den Taschen Helphands gelandet sein. Ähnlichen Spaß treibt er – allerdings an der Grenze zur Gefährdung seiner Tarnung – mit den dänischen Behörden, gegen die er jahrelang wegen seiner Weigerung, die Hundesteuer in Höhe von zwölf Kronen zu bezahlen, prozessiert (solche Dinge hätte er eigentlich im Sinne eigener Unauffälligkeit unterlassen müssen).

Der entscheidende Hinweis, für einen gewünschten Umsturz in Russland idealerweise den Emigranten Lenin zu fördern, kommt gleichzeitig von dritter Seite, vom russischen Staatsbürger estnischer Herkunft Alexander Kesküla, 33 Jahre alt, seit geraumer Zeit als V-Mann für die deutsche Seite arbeitend. Kesküla lebt – als russischer Doppelagent? – seit Beginn des Ersten Weltkriegs in der beschaulichen Schweiz und verkehrt sehr vertraut in den Kreisen der russischen Bolschewiken um Lenin, die in Zürich Asyl gefunden haben. Die Verbindung zu den Bolschewiken hat Kesküla schon zehn Jahre zuvor, 1905, geknüpft, als er 22-jährig in Estland an bolschewistischen Protestaktionen teilnahm. Sein »Agentenführer« seit Herbst 1914 ist der deutsche Botschafter in Bern, Gisbert von Romberg (später Leiter des Osteuropa-Referats des Auswärtigen Amtes). Romberg koordiniert gleichzeitig auch »Insurgierungsaktionen« im dem britischen Machtbereich zugerechneten Jemen (wie die gescheiterte Stotzingen-Mission). Er vermittelt Kesküla an den schon erwähnten Legationsrat Nadolny. Diesem gegenüber unterstreicht Kesküla am 3. Mai 1915, dass Lenin der Mann der Stunde sei.

»Lenin verfügt über die brutalste und rücksichtsloseste Energie.« »Gewissenlose und rücksichtslose Draufgängerei« sei sein Kennzeichen. Auffällig sei, dass Lenin – obwohl offiziell ohne Anstellung – immer über große Geldmittel zu verfügen scheine. Das erinnert an Beobachtungen von Jutta Ditfurth, dass die »Fischer-Schily-Bande« schon in der Frühphase der Grünen Partei zu Parteitagen und sonstigen Treffen immer mit Luxuskarossen angefahren kam, die einigermaßen im Widerspruch zu grünen Parteiidealen standen.

Im Gegensatz zu anderen linken Revolutionären aus Russland setzt Lenin nicht auf eine Massenbewegung, sondern auf eine kleine, straff organisierte Gruppe von Berufsrevolutionären, die als »Umsturzprofis« im entscheidenden Moment dem wankenden Zarentum den letzten Stoß versetzen sollen. Kesküla unterstreicht, die Bolschewiki seien den Menschewiki vorzuziehen, da Letztere über eine Basis fast nur innerhalb der jüdischen Bevölkerungsgruppe, in den »Judennestern Litauens und Westrusslands« verfügten – er hängt offenbar dem in baltischen Ländern verbreiteten Antisemitismus an. Kesküla meldet im Herbst 1915, Lenin sei bereit, mit Deutschland zusammenzuarbeiten und nach erfolgter Revolution wie gewünscht umgehend Friedensverhandlungen aufzunehmen. Lenin erwähnt auch einen möglichen Vorstoß revolutionärer russischer Truppen Richtung Indien, ins »Zentrum des britischen Empires«, was er einige Jahre später nochmals aufgreift. Kesküla, von Deutschland mit rund 250.000 Goldmark geschmiert, verlegt nun ebenfalls seinen Wohnsitz Richtung Skandinavien, in diesem Fall nach Stockholm. Er empfiehlt, »die Judenschaft« Russlands verstärkt zu unterwandern und aufzuwiegeln. Dazu müsse man den polnischen Juden die Befreiung in Aussicht stellen, um sie zu verstärkten Protesten zu motivieren. Das werde dann wieder verstärkte russische Repressionen nach sich ziehen, die dann zu Protesten der »Judenschaft« in Frankreich, Großbritannien und den USA führen und damit »Sand ins

Getriebe« der politischen Zusammenarbeit innerhalb der Entente streuen werden. Eine perfide Strategie. Kesküla wird im weiteren Verlauf des Jahres 1915 von Helphand aus dem Spiel gedrängt, der die alleinige Organisationshoheit für die Revolutionierung seines Heimatlands beansprucht. Kesküla wechselt daraufhin die Seiten und berät nun die Entente über deutsche Einmischungen in Sachen Russland, wofür er von dort finanziert wird. Später zieht er von Stockholm in das besonders von rechten Kreisen als Exilort geschätzte Madrid, wo er 1963 stirbt. Sein Nachlass kommt über seine Tochter Ingeborg Weidmann-Kesküla 1965 ins Archiv der Universität Yale (USA).

Helphand schafft es tatsächlich, über viele Monate die ungeheuren Geldmengen, die ihm aus Deutschland zufließen, so diskret in Russland zu verteilen, dass zunächst keinerlei Gerüchte entstehen. Zu den Dingen, die er nach Russland schmuggelt, gehören in Deutschland gedruckte Flugblätter, Spruchbänder, Fotos und Zeitschriften. Das erinnert fatal an die im Herbst 1989 von BRD-Diensten nach Ostberlin geschmuggelten Demo-Materialien, auf denen aus »Wir sind *das* Volk« plötzlich und für die Demonstranten überraschend »Wir sind *ein* Volk« wurde. Ähnliches gilt für Demonstrationen wie die in Kiew 2004 und 2013/14 sowie für alle »Farbrevolutionen« der Nachwendezeit. Im Juli 1915 werden weitere fünf Millionen Mark von der deutschen Seite bereitgestellt. Helphands Tarngesellschaft bekommt weitere Anteilseigner: zum einen den berüchtigten Berliner Agenten und Schieber Georg Sklarz, der zuvor ebenfalls als V-Mann in der Schweiz gearbeitet hat, zum anderen den Lenin-Vertrauten Jakob Ganetzki Fürstenberg. Für informierte Beobachter der Szene in Kopenhagen, sprich: die alliierten Geheimdienste, hätte diese Konstellation eigentlich alle Alarmglocken schrillen lassen müssen. Doch es geschieht nichts. Helphands Stellung ist in der zweiten Jahreshälfte 1915 so mächtig, dass er sogar in die deutschen Offensivplanungen eingreifen kann.

So plädiert er im Herbst 1915 gegen eine geplante deutsche Offensive Richtung Petrograd. Möglicherweise fürchtet er um sein lukratives »Geschäftsmodell«, weist aber vor allem darauf hin, die antideutsche Stimmung in der Bevölkerung der Stadt würde zu absehbaren Schwierigkeiten (Partisanenkampf) führen. Helphand empfiehlt stattdessen einen Vorstoß in die Ukraine (Kornkammer) sowie Richtung Donezbecken (Kohle- und Erzgruben). Die deutsche Offensive gegen Petrograd wird tatsächlich abgeblasen.
Für Finanzminister Helfferich hat das Projekt noch einen ganz anderen Aspekt von erheblicher Bedeutung: Die paar lumpigen Millionen für »Insurgierungen« sind deutlich günstiger als die für die konventionelle Kriegsführung notwendigen Milliarden. Während die deutsche Botschaft in Kopenhagen (Brockdorff-Rantzau) mit der Steuerung und Überwachung Helphands beschäftigt ist, widmet sich die deutsche Botschaft in der frontnäher gelegenen schwedischen Hauptstadt Stockholm trivialeren Dingen, sprich: den »Realien« des Insurgierungsgeschäfts. In enger Absprache mit dem direkt involvierten Reichskanzler Theobald von Bethmann Hollweg werden umfangreiche Waffengeschäfte eingefädelt, Waffen und Sprengstoff gelagert sowie Saboteure Richtung Russland in Marsch gesetzt. Vor diesem Hintergrund kann man sich vorstellen, was in den westlichen Botschaften in Kiew 2013 und 2014 los war, auf dem Höhepunkt der vermeintlichen »Euromaidan-Proteste«. Der Stockholmer Botschafter v. Stödten berichtet im Juni 1915 auch über den von einem Herrn v. Festenberg zusammengekauften und in der Botschaft lagernden Waffenvorrat, der 4.000 Gewehre und 300 Säbel umfasst, die zur Verfügung des Insurgenten Herrn v. Oppell gehalten werden sollen.
Major Marguerre, leitender Mitarbeiter des deutschen Militärgeheimdienstes, erklärt später in entwaffnender Ehrlichkeit, »natürlich« habe man am Tag der deutschen »Revolution«, dem 9. November 1918, in der *Abteilung III b*

des Berliner Generalstabsgebäudes alle vorhandenen Akten verbrannt, da man einen Sturm der Revolutionäre auf die entscheidenden Schaltstellen der Spionage und Sabotage befürchtete (der dann gar nicht erfolgte). Daher sind die direkten Aktenbelege verloren. Von den damaligen Aktenvernichtern übersehen, haben sich aber in der Chiffrierstelle des Auswärtigen Amtes die kompletten Transkripte aller gewechselten Telegramme erhalten. Wer denkt bei der Aktenvernichtungsaktion nicht an die Situation 1989 beim »Sturm« von »Demonstranten« auf die Stasi-Zentrale in Ostberlin, als unter den normalen Demonstranten Spezialisten vom BND, CIA und anderen westlichen Geheimdiensten versuchen, ins Gebäude zu gelangen. Stasi-Offiziere beginnen gleichzeitig, sensible beziehungsweise brisante Akten zu verbrennen beziehungsweise zu schreddern, was allerdings nur teilweise gelingt. Die Aktenschnipsel-Reste werden nach der Wende von BRD-Bediensteten in Tausenden von Säcken gesammelt und mittlerweile mit Computerhilfe in der Stasi-Unterlagen-Behörde wieder zu vollständigen Aktenbelegen zusammengesetzt. Man geht derzeit davon aus, dass etwa im Jahr 2030 alle restlichen vorhandenen Schnipsel (circa 100.000 Säcke voll) zusammengesetzt sein könnten.

Wie gesehen, kommen die Bolschewiki bei ihrem Griff nach der Macht im Frühjahr 1917 nicht recht voran. Es fehlt noch ein Baustein, fehlt eine Person, um der bolschewistischen Bewegung mitten in dieser Umbruchsperiode die volle Durchschlagskraft zu verleihen. Es fehlt Lenin. Er möchte möglichst schnell nach Russland. Die deutschen Behörden, mit denen er seit 1915 verhandelt, haben sein Ansinnen bislang »dilatorisch« behandelt. Doch angesichts der im Februar 1917 ins Stocken geratenen »Insurgierungsbemühungen« und der sich verschlechternden Gesamtlage geht nun alles ganz schnell: Lenin soll jetzt per Eisenbahn über Schweden umgehend nach Russland geschafft werden, um aus dem »halben« Umsturz vom Februar 1917 einen ganzen zu machen. Vereinbart wird, deutscherseits auf eine Gepäckkontrolle zu verzichten und den »bolschewistischen« Waggon als »exterritoriales Gebiet« anzusehen. Lenin lässt, als Gerüchte nach seiner Rückkehr nach Russland hochkommen, die Deutschen hätten ihm nicht nur die Durchreise gestattet, sondern ihn bei der Gelegenheit auch ein paar Millionen in die Tasche geschoben, verbreiten, im Sinne des weiteren, intensivierten Kampfes des internationalen Proletariats auch gegen die imperialistischen Regierungen in Russland, Österreich und Deutschland (!) habe er das Angebot der Durchreise akzeptiert.

Am Montag, den 9. April 1917, geht die Reise in Zürich los. Der im Gegensatz zu den verbreiteten historischen Klischees keineswegs verplombte Waggon der Bolschewiki hängt an einem fahrplanmäßigen Zug, der über Berlin nach Sassnitz rollt. Dort besteigen die Reisenden die Fähre nach Schweden. Mittlerweile ist die Provisorische Regierung Russlands über die Anreise Lenins informiert. Sie gestattet überraschend offiziell die Einreise, Heimlichkeiten sind gar nicht notwendig. Lenin und seine Mitstreiter reisen daher ab Trelleborg weitere tausend Kilometer durch Schweden Richtung Norden, bis zur einzigen Grenzübergangsstelle zwischen Schweden und dem kaiserlichen Russland, der Schmuggler- und Agentendrehscheibe Haparanda unweit des Polarkreises. Der britische Secret Service, der von der Reise Wind bekommen hat, versucht in letzter Sekunde, über das russische Innenministerium in Petrograd ein Einreiseverbot für Lenin beziehungsweise dessen Verhaftung zu erwirken. Die Entente-Mächte befürchten nämlich genau das, was die Mittelmächte herbeisehnen: den von Lenin ins Werk gesetzten Sturz der Provisorischen Regierung und den sofortigen Waffenstillstand beziehungsweise Separatfrieden mit Deutschland und Österreich-Ungarn. Doch die britischen Bemühungen kommen zu spät. Lenin und seine Begleiter können ungehindert ihre Fahrt Richtung Petrograd fortsetzen, wo sie am Montag, den

16. April 1917, eine Woche nach ihrer Abreise von Zürich, am Finnischen Bahnhof ankommen. Dort erwartet sie bereits eine größere Menge ihrer Anhänger und bereitet ihnen einen begeisterten Empfang. Bereits am nächsten Tag, am 17. April 1917, wird per Drahtbericht nach Berlin gemeldet: »Lenins Eintritt in Russland geglückt. Er arbeitet völlig nach Wunsch.«

Und das sieht folgendermaßen aus: Lenin publiziert umgehend seine zentralen Forderungen, auch als *Aprilthesen* bezeichnet. Sie lauten: Keinerlei Unterstützung für die bürgerliche Provisorische Regierung, im Gegenteil, unablässige Bekämpfung dieser; sofortige Beendigung des imperialistischen Raubkriegs im Sinne des »revolutionären Defätismus«; Übergang zur zweiten Stufe der Revolution, mit der Übernahme der Macht durch das Proletariat; Kampf um die Macht und die Mehrheit in den Sowjets (Räten), wo die Bolschewiki teilweise in der Minderheit sind; Bekämpfung der parlamentarischen Republik zugunsten einer Republik der Arbeiter-, Bauern- und Soldatenräte; Auflösung von Polizei, Armee und Bürokratie; Reduzierung der Staatsgehälter auf das Niveau der durchschnittlichen Arbeitergehälter; Beschlagnahmung und Verstaatlichung des Großgrundbesitzes, der anschließend an die bäuerliche Landbevölkerung verteilt werden soll (»Junkerland in Bauernhand« hieß das nach 1945 in Ostdeutschland, bis 1989, als auch alle Denkmäler an die DDR-Bodenreform wieder verschwanden beziehungsweise von den zurückgekehrten Großgrundbesitzern zerstört wurden, um im Sinne der *damnatio memoriae* jegliche Erinnerung an das »ungeheuerliche Geschehen« zu tilgen); Etablierung von staatlichen Modellbauernhöfen mit einer Größe von maximal 300 Desjatinen (entspricht in etwa Hektar) auf bisherigem privaten Großgrundbesitz, geführt von Bauernräten; Vereinigung der russischen Banken zu einer neuen staatlichen Bank unter Kontrolle der Arbeiter- und Bauernräte; soziale Produktion und Distribution der Erzeugnisse unter der Kontrolle der Räte (als erster Schritt hin zu einem staatlichen Sozialismus); sofortige Einberufung eines Parteikongresses zur Verabschiedung eines neuen Parteiprogramms, das die Haltung der Partei zum Krieg, zur Frage des Eigentums, zum Staat und einen neuen Parteinamen festlegt (»Kommunistische Partei« statt »RSA«), um sich von den sozialverräterischen »Sozialdemokraten« in Europa deutlich abzusetzen, sowie die sofortige Aufnahme von Waffenstillstandsverhandlungen mit Deutschland. Zusammengefasst lautet das Programm in Schlagworten: »Friede, Freiheit, Land und Brot!«

Molotow wird ins Präsidium der Petrograder Stadtversammlung der Bolschewiki gewählt, die vom 12. bis 22. April 1917 tagt. Dort verfasst er zusammen mit Lenin, Stalin, Sinowjew und Kamenew die Resolution zur künftigen Auseinandersetzung mit der Provisorischen Regierung und zur sofortigen Beendigung des Krieges. Anschließend tagt die 7. Parteikonferenz der Bolschewiki (24. bis 29. April 1917). Molotow erhält eine Führungsrolle in der örtlichen Petrograder Parteiorganisation, die ihn ins Exekutivkomitee wählt. Zudem erhält er im Mai die Berufung in ein neugeschaffenes Pressebüro des Zentralkomitees und gelangt so durch die Hintertür in die Machtzentrale. Hier kommt er in den Genuss der nun immer reichlicher fließenden deutschen Subversionsmittel, die die Bolschewiki in die Lage versetzen sollen, durch massive Pressekampagnen die öffentliche Meinung in Russland in deutschem Sinne gegen die Fortführung des Krieges zu beeinflussen.

Molotow gehört zu diesem Zeitpunkt zu den wenigen, die Lenins Linie des »revolutionären Defätismus« vorbehaltlos unterstützen. Dass dieser Krieg kein »russischer« Krieg ist, sondern ein Krieg des Establishments, auf dem Rücken der Arbeiter und Bauern ausgetragen, mit imperialistischen Kriegszielen, die den Volksinteressen diametral entgegenstehen – diese Gedanken Lenins werden innerhalb der Bolschewiki nur nach und nach rezipiert. Lenin bleibt dabei: Der Krieg muss möglichst schnell beendet werden, Russland aus dem Kreis der kriegführenden Länder ausscheiden, seine Gesellschaftsordnung gewaltsam geändert werden. Das bisherige, konservativ-nationalistische russische Establishment (Hochadel, Industrielle, Großgrundbesitzer, Nationalisten, Bankiers, Magnaten et cetera) ist naturgemäß für eine Fortführung des profitablen und mit den Eliten der Kriegskoalitionäre Großbritannien und Frankreich abgestimmten Krieges. Lenin nutzt nun die Gunst der Stunde, sprich: das Interesse Deutschlands an einer Zerschlagung des alten, zaristischen Russlands als Kriegsgegner – alles andere wäre aus seiner Sicht nicht nur ein Verbrechen, sondern (wie Napoleon einmal sagte) noch schlimmer, eine Dummheit gewesen. Dass ihm daraus von rechtskonservativer und rechtsextremer Seite später der Vorwurf erwuchs, gar kein »richtiger« Kommunist gewesen zu sein, sondern nur ein deutscher Agent, ist natürlich blanker Unsinn. Lenin war – das sei an dieser Stelle nochmals ausdrücklich betont – kein Instrument des Deutschen Reiches, kein Undercover Agent Wilhelms II., kein willfähriger Ausführungsgehilfe, kein Helfershelfer und Stiefelknecht des deutschen Kapitals und der deutschen Kriegspläne. Er akzeptiert die Millionen aus Deutschland als Mittel zum Zweck, weil sie ihn seinem Ziel, der Revolution in Russland, drastisch näher bringen. Gleichzeitig ist Lenin von Anfang an entschlossen, die Gelder, die nach erfolgreicher russischer Revolution noch übrig sein sollten, sofort zur Revolutionierung von Deutschland und anderen westlichen Industrienationen mit entsprechendem Proletariat zu nutzen, also diametral den Interessen der deutschen Finanziers entgegengesetzt zu handeln. Dass und warum es nicht dazu kam, dazu später mehr.

Die Interessen von Lenin und den deutschen Geheimdiensten decken sich, zusammenfassend gesagt, für einen bestimmten, kurzen historischen Moment, um danach gleich wieder entgegengesetzte Richtung anzunehmen. Man könnte also am ehesten dahingehend formulieren, dass Lenin die Kurzsichtigkeit seiner deutschen Finanziers strategisch klug ausnutzt, um seine eigenen Ziele zu verfolgen. Natürlich sind ihm die Deutschen zunächst dankbar, dass er Russland aus dem Kreis der Kriegsgegner herausrevolutioniert. Aber die Deutschen gehen wie alle Welt davon aus, dass sich die dahergelaufenen »Kommunistenschweine« nicht lange an der Macht halten werden. Dass es dann über sieben Jahrzehnte dauern und viele Milliarden D-Mark und Dollar kosten wird, diesen »historischen Irrweg« wieder zu bereinigen und das sozialistische Experiment auf Staatsebene im »Ostblock« vorerst zu beenden, sorgt für insgesamt deutlich mehr Ärger, als die Freude über den kurzfristigen Sieg 1917, der kaum ein Jahr später von der umfassenden deutschen Niederlage zumindest aus deutscher Sicht wertlos gemacht wird. Wurde der Sozialismus 1991 auch im größten Flächenland der Erde beerdigt, so zeigt der bevölkerungsreichste Staat, die Volksrepublik China, sehr erfolgreich, wie man mit einer staatlich gelenkten und sozialen Zielen verpflichteten Wirtschaft tatsächlich die führenden kapitalistischen Mächte überholen kann – weil man rechtzeitig die richtigen Lehren aus den geschichtlichen Erfahrungen zog und nun den Sozialismus im 21. Jahrhundert weiterentwickelt, zusammen mit Staaten wie Kuba, Venezuela, Vietnam und Nordkorea.

Doch trotz großer Popularität der zentralen Forderungen der Bolschewiki gelingt der direkte Griff nach der Macht zunächst nicht. Das Problem für Deutschland: Um Lenin gemäß seinem Potential einzusetzen, um ihn in die Lage zu versetzen, die Provisorische Regierung aus dem Amt zu jagen, müssen die ihm zur Verfügung gestellten Mittel jetzt vervielfacht werden. Die erforderlichen Strukturen sind vorhanden, Helphand hat entsprechend vorgearbeitet. Seine Petrograd-Connection besteht aus einem kommunistischen Pärchen, das in der Basken-Gasse Nr. 4/Ecke Sergejewski-Stra-

ße (heute Majakowski-Straße) Nr. 34 östlich des nur einen Steinwurf entfernten Stadtzentrums eine Wohnung bezogen hat und dort konspirativen Geschäften im Auftrag des deutschen Spitzenagenten nachgeht – es stellt eine der Merkwürdigkeiten oder Ironien der Geschichte dar, dass in eben dieser Basken-Gasse der langjährige Geheimdienstmann und heutige Präsident Wladimir Putin 1952 geboren wird und drei Häuser weiter (Basken-Gasse 12) in einer im fünften Stock gelegenen »Kommunalka« (städtischen Kleinwohnung) mit Eltern und Großeltern aufwächst. Das Haus Nr. 4 hat den Vorteil, dass es mehrere Ein- und Ausgänge hat (auch in die seitlich abbiegende Sergejewski-/Majakowski-Straße), so dass Besucher mögliche Beschatter leicht abhängen können. Das kommunistische Pärchen besteht aus Lenins Finanzberater Dr. Mięczysław Kosłówski (in Polen geboren) und dessen aus Finnland gebürtiger Freundin Jewgenia Sumenson. Sie gründen weitere Tarnfirmen, über die alle möglichen »Handelskontrakte« abgewickelt werden, denen gemeinsam ist, dass wenig Ware, aber viel Geld den Besitzer wechselt. Die Herkunft der plötzlich auftauchenden Millionen-Beträge muss natürlich sowohl vor den politischen Konkurrenten in Russland, vor der Provisorischen Regierung, als auch vor den Geheimdiensten der Entente sorgfältig verborgen werden.
Es gibt in Petrograd zwar immer wieder Gerüchte über die den Bolschewiki zufließenden deutschen Gelder, aber bis zu diesem Zeitpunkt kann niemand einen Beweis dafür erbringen. Die Bolschewiki streiten alles ab, damit ist die Sache zunächst erledigt. Dafür intensivieren die französischen und britischen Agenten vor Ort in Petrograd ihre Bemühungen, Licht ins Dunkel der mysteriösen Finanzierungsquellen der Bolschewiki zu bringen. Sie lassen auch den Telegrammverkehr zwischen Petrograd und Kopenhagen überwachen und werden schließlich fündig. Ein ganzes Bündel verdächtiger Telegramme liegt wenig später auf dem Schreibtisch des örtlichen Chefs des Regierungsgeheimdienstes. Da in den Tele-

grammen zwischen Sumenson und Helphands Firmenkonsortium in Kopenhagen unvorsichtigerweise auch die Klarnamen von Lenins Vertrauter Alexandra Kollontai und von Kosłówski genannt werden, fällt es den Alliierten nun nicht mehr schwer, eins und eins zusammenzuzählen. Es ist aber auch zu offensichtlich. Die Bolschewiki-Parteizeitung *Prawda*, jahrelang nur in einigen Hundert Exemplaren vertrieben, schraubt ihre Auflage im Verlauf des Jahres 1917 in atemberaubende Höhe. Statt einigen Hundert werden jetzt plötzlich einige Hunderttausend Exemplare täglich unter die Leute gebracht, dazu »Soldatenausgaben« für die Einheiten an der Front und Flugblätter ebenfalls in Hunderttausender-Auflage. Im Juli 1917 wird die Millionengrenze bei der Auflage der Bolschewiki-Zeitungen überschritten. Kurze Zeit später wird Sumenson festgenommen und vor Gericht gestellt. Vorwurf: landesverräterische Finanzgeschäfte mit dem Feind (Deutschland). Sumenson sagt aus, sie habe zwar vermutet, dass die Gelder aus Deutschland stammen, aber zu keinem Zeitpunkt Beweise dafür gesehen. Dennoch gelingt es der Provisorischen Regierung damit endlich, »Lenin & Co.« mit gutem Grund der landesverräterischen Zusammenarbeit mit Deutschland zu beschuldigen.

Ebendort laufen in diesen Tagen die Drähte heiß zwischen Reichskanzlei, Auswärtigem Amt, Generalstab und *Abteilung III b*. Soll die millionenschwere Förderung der Bolschewiki abgebrochen werden? Schließlich setzt sich die Fraktion um Brockdorff-Rantzau durch, die für eine unbeirrte Weiterförderung der Bolschewiki plädiert, als der einzigen Partei in Russland, die bereit ist, nach Regierungsübernahme einen sofortigen Waffenstillstand und zeitnah einen Friedensvertrag abzuschließen und so die Entente zu sprengen. »Brockdorff-Rantzau & Co.« plädieren dafür, die Förderung jetzt noch zu intensivieren, um den Umschwung in Russland zu beschleunigen. Allerdings gibt es einen Rückschlag im Sommer 1917. Die Spannungen in der russischen Gesellschaft

nehmen in dieser Phase täglich zu. Von der Front kommen nur Horrormeldungen, was die Zahlen gefallener russischer Soldaten und immer neuer Niederlagen bei gleichzeitig immer mehr ansteigenden Desertionen angeht. Im Hinterland nehmen Verelendung und Hunger unter der Bevölkerung zu, die Unruhen intensivieren sich, die noch weitgehend zaristische Bürokratie unter Führung der Provisorischen Regierung (im Streit mit dem Obersten Rat/Sowjet) bekommt die Situation nicht in den Griff. Gegen den Willen der Menschewiki und der Sozialrevolutionäre – die sich endgültig als erzreaktionär entpuppen – bildet sich eine aus desertierenden Soldaten und hungernden Industrieproletariern bestehende Allianz, die zu Revolution und zur sofortigen Beendigung des Krieges aufruft (dessen Fortsetzung seit der »Februarrevolution« von Menschewiki und erstaunlicherweise auch von den Sozialrevolutionären gebilligt und gefördert wird). Die Bolschewiki unter Lenin nutzen die Gunst der Stunde und setzen sich an die Spitze der Streik- und Demonstrationsbewegung. Großdemonstrationen mit mehreren Hunderttausend Teilnehmern und Teilnehmerinnen unterstreichen einmal mehr die Dringlichkeit der Forderungen Lenins nach sofortiger Beendigung des Krieges, Abschluss eines Friedensvertrags mit Deutschland, sowie der Enteignung und Umverteilung des Großgrundbesitzes an das bäuerliche Proletariat. Die letzte dieser Demonstrationen mit über einer halben Million Menschen wird von regierungsloyalen Truppen und Polizisten am 17. Juli 1917 zusammengeschossen. Über 700 Tote und Verletzte sind zu beklagen.
Es werden jetzt vonseiten der Provisorischen Regierung massenhafte Verhaftungen der Oppositionellen vorgenommen. Redaktion und Druckerei der Bolschewisten-Zeitung *Prawda* werden verwüstet, führende Parteimitglieder zur Fahndung ausgeschrieben. Doch die wichtigsten Köpfe sind ausgeflogen. Weder Lenin noch die anderen Anführer der Partei können gefasst werden – sie sind gewarnt und setzen sich

rechtzeitig ab. Lenin taucht bei treuen Genossen im vom Bürgerkrieg erschütterten Russisch-Finnland unter und wartet die weitere Entwicklung ab. Molotow, der bei Parteiversammlungen im Vorfeld der Juli-Unruhen – gegen Stalin, der sich für eine moderate Auseinandersetzung mit der Provisorischen Regierung aussprach – Lenins Linie unterstützt hatte, der zufolge ab sofort ein bewaffneter Umsturz konkret vorbereitet werden müsse, kann der Verhaftung entgehen. Er hält Kontakt zum untergetauchten Lenin. Beim 6. Parteikongress der RSA-Bolschewiki Ende Juli vertritt er unbeirrt die Lenin'sche Linie und plädiert für einen schnellstmöglichen bewaffneten Umsturz. Ein friedlicher Machtübergang sei nach der harten Reaktion der Provisorischen Regierung nicht mehr zu erwarten. Die Diktatur des Proletariats sei nunmehr schnellstmöglich zu errichten. Allmählich schwenkt auch der bis dahin zögerliche, kompromissbereite Stalin auf die harte Linie ein.
Die Provisorische Regierung versucht parallel dazu im Sommer 1917, mit einer neuen Offensive ihre Verhandlungsposition bei den Mittelmächten hinsichtlich eines Waffenstillstands zu verbessern. Die sogenannte Kerenski-Offensive schlägt jedoch nach wenigen Tagen fehl. Als das ganze Ausmaß des Debakels an der Front sichtbar wird, tritt die Provisorische Regierung zurück, der bisherige Kriegsminister und ehemalige Sozialrevolutionär Kerenski, Urheber der Niederlage, übernimmt das Amt des Ministerpräsidenten vom Fürsten Lwow. Kerenski beruft nun eine »Große Staatskonferenz« ein, auf der Lösungsvorschläge für die andauernde Krise diskutiert werden sollen, und ernennt gleichzeitig General Kornilow zum Nachfolger Brussilows. Als Kornilow sich im Folgenden jegliche Einmischung der Politik in die Kriegsführung verbittet und entgegen den Vereinbarungen des Befehls Nr. 1 die volle, traditionelle Befehlsgewalt innerhalb der Befehlskette wiederherstellen will, beruft ihn Kerenski am 9. September 1917 wieder ab. Die entente-

freundliche Provisorische Regierung wird nach Kräften von den Geheimdiensten Frankreichs und Großbritanniens unterstützt. Die Provisorische Regierung erhält gleichzeitig von den Entente-Mächten Millionenkredite, die die Bolschewiki nach ihrer Machtübernahme anerkennen und abzahlen als Gegenleistung für die internationale Anerkennung – die USA lassen sich trotzdem bis 1933 Zeit damit. Den Entente-Geheimdiensten ist die massive deutsche Unterstützung der Bolschewiki nicht entgangen. Sie helfen der Provisorischen Regierung, über ihr nahestehende Blätter nun Enthüllungsberichte über die deutsche Finanzierung der Bolschewiken-Bewegung zu publizieren. Dabei kommen die Angaben in diesen Artikeln der Wahrheit ziemlich nahe. Da sie aber nicht auf den echten, sondern auf von einem US-Geheimdienstmitarbeiter gefälschten Unterlagen beruhen (was bald auffliegt), haben die Bolschewiki leichtes Spiel, die angebliche Lügenpropaganda anzuprangern.

Die Oktoberrevolution, die im November stattfindet (1917)

Dass die echte Revolution, die Oktoberrevolution des Jahres 1917, im November erfolgt, ist natürlich einmal mehr dem Unterschied zwischen dem julianischen (altrussischen) und dem gregorianischen (westlichen) Kalender geschuldet, der dafür sorgt, dass der Umsturz nach altrussischer Zählung (die von den Bolschewiki im Februar 1918 abgeschafft wird) am 25. Oktober, nach westlicher Zählung am 7. November losgeht. Doch noch ist es nicht so weit. Zunächst schleppt sich die Regierung Kerenski eher schlecht als recht dahin. Die Unruhen nehmen zu, ebenso die Verelendung der Massen, immer weniger Nahrungsmittel gelangen in die Städte. Am Freitag, den 14. September 1917 (nach julianischem Kalender), zieht Kerenski seinen letzten Trumpf und ruft die Russische Republik aus. Er beendet damit die tausendjährige Adelsherrschaft in Russland. Doch der erhoffte Effekt verpufft. Am 2. Oktober 1917 lässt sich Kerenski daher als Führer einer vom Parlament unabhängigen Direktoriumsregierung ausrufen. Schon seit Februar 1917 hat die Provisorische Regierung versprochen, allgemeine, freie und geheime Wahlen unmittelbar nach Kriegsende abzuhalten. Da dies unabsehbar ist, sind es auch die versprochenen Wahlen. Anschließend an die Ausrufung der Republik kündigt Kerenski die baldige Einberufung einer verfassungsgebenden Versammlung an (ohne das Datum zu konkretisieren). Bis dahin soll die Provisorische Regierung alle Regierungsgewalt in ihren Händen halten. Die noch existierende Duma wird aufgelöst, da sie unter Kerenskis diktatorischer Direktorat-Regierung nicht mehr benötigt wird. Gleichzeitig rücken angesichts der zunehmenden Auflösungserscheinungen in der russischen

Armee deutsche Truppen mehr oder weniger kampflos auf Petrograd zu. Kerenski lässt daher die Verlegung der Hauptstadt nach Moskau vorbereiten. Ebenfalls Anfang Oktober 1917 spricht sich Molotow im Petrograder Stadtkomitee der Bolschewiki dafür aus, zum nächstmöglichen Zeitpunkt den bewaffneten Umsturz durchzuführen. Allerdings spielt er im konkreten Ablauf der nun folgenden Ereignisse nur eine untergeordnete Rolle. Die Führung übernehmen andere, wie beispielsweise Trotzki, der in Windeseile aus dem Nichts eine veritable rote Streitmacht aufbaut. Molotow wird Agitationschef der Militärrevolutionären Komitees (also der eigentlichen Führungszentrale des Umsturzes). Wenn auch nicht an führender Stelle, so ist der 27-jährige Molotow dennoch mitten im nun folgenden Geschehen.
Am 10. Oktober 1917 kehrt Lenin heimlich nach Petrograd zurück und plädiert nun gemeinsam mit Trotzki für den gewaltsamen Umsturz. Das Zentralkomitee der Bolschewiki erteilt ihm hierfür mit großer Mehrheit das Mandat. Nur Sinowjew und Kamenew stimmen dagegen. Als Zeitpunkt wird der 16. Oktober festgelegt. Doch die verbleibende Zeit ist für die Vorbereitung zu kurz, meldet zwei Tage später Trotzki. Als spätester Zeitpunkt wird nun der 25. Oktober (7. November nach neuer Zählung) festgelegt, da an diesem Tag der Kongress der Arbeiter- und Soldatenräte beginnen soll. Im Idealfall soll der Umsturz vorher stattfinden, damit er vom Kongress abgesegnet werden kann. Die Vorbereitungen gehen weiter, es bleibt die Ungewissheit, ob der Griff nach der Macht gelingen kann. Am 23. Oktober (5. November) fällt das Zentralkomitee der Bolschewiki den Entschluss, dass die gewaltsame Machtübernahme schnellstmöglich stattfinden soll. Geplant ist die Besetzung der Schaltstellen in Petrograd, in der Hoffnung, dass die übrigen großen und kleinen Städte entsprechend folgen werden. Der 38-jährige Trotzki ist zu diesem Zeitpunkt parallel Vorsitzender des Petrograder Arbeiter- und Soldatenrats und hält somit auch die

Zügel hinsichtlich der revolutionären Basisorganisationen in der Hand. Ihm stehen Tausende Soldaten zur Verfügung, die Soldkasse ist dank deutscher Hilfe gut gefüllt, die Bolschewiki sind die einzige Organisation, die zu diesem Zeitpunkt über fast grenzenlose Bargeldbestände verfügt. Aber natürlich ist ein Gutteil der Soldaten nicht nur wegen des Soldes da, sondern weil die Bolschewiki auch Frieden und Bodenreform versprechen, die beiden dringendsten Forderungen der revolutionären Massen.
Am Montag, den 22. Oktober 1917, wählt der Petrograder Sowjet ein *Militärisch-Revolutionäres Komitee* (*Петроградский военно-революционный комитет*), dem die Verteidigung der Stadt gegen die vorrückenden deutschen Truppen übertragen wird. Am Sonntag, den 4. November, fordert das *Militärisch-Revolutionäre Komitee* letztmalig die Befehlsgewalt über die Truppen des Petrograder Militärbezirks, was der dortige Truppenkommandant ablehnt. Das *Militärisch-Revolutionäre Komitee* erklärt ihn daher für abgesetzt und unterstellt sich die Petrograder Garnisonen. Der Regierungssitz Kerenskis im Winterpalais wird von Roten Truppen umstellt.
Am Mittwoch, den 25. Oktober 1917 (nach russischem Kalender, daher »Oktoberrevolution«,), besetzen Rote Truppen die strategischen Punkte in der Stadt, der kommunistische Staatsstreich beginnt. Der im Hafen liegende Panzerkreuzer *Aurora* feuert verabredungsgemäß als Signal für den Umsturz einen Schuss aus der Bordkanone ab. Gleichzeitig beginnt der 2. Allrussische Kongress der Arbeiter- und Soldatenräte. Die Regierung Kerenski versucht noch, von ihrem Sitz im Winterpalast aus militärisch gegenzusteuern. Doch ihre Appelle an regierungstreue Truppen, die Aufständischen zu vertreiben, verhallen. Der Winterpalast wird von rund 4.000 Mann der Revolutionären Garden umstellt, der Regierung Kerenski ein Ultimatum zur Übergabe des Gebäudes und zur Auflösung der Regierung gestellt. Verteidigt wird der Winterpalast von etwa 3.000 Absolventen der Militärakademie und eini-

gen Kosaken. Die Regierung Kerenski ist im Winterpalais allerdings schon bald von der Außenwelt abgeschnitten, weder können Boten das Haus verlassen, noch kann sonst wie Verbindung mit außerhalb aufgenommen werden, da die Telefonverbindungen von den Bolschewiki gekappt wurden. Kerenski versucht verzweifelt, ein fahrbereites Auto zu finden, um zu fliehen und ihm treue Truppen außerhalb Petrograds zu erreichen. Er nimmt schließlich das Angebot der US-Botschaft (!) an, ihm ein Fahrzeug zur Verfügung zu stellen, mit dem er, als US-Diplomat getarnt, den Belagerungsring rund um das Winterpalais passieren und Petrograd verlassen kann. Die Flucht Kerenskis ist zu diesem Zeitpunkt noch nicht bekannt geworden. Die revolutionären Garden zögern, das Gebäude zu stürmen, weil sie der im Gebäude installierten Artillerie der Militärschüler und ihrer Offiziere wenig entgegenzusetzen haben. Sie fordern die Kerenski treu gebliebenen Soldaten auf, nach Hause zu gehen. Gegen 18 Uhr erhält eine größere Gruppe von Militärschülern freien Abzug (samt ihrer Artillerie, die sie mitnehmen), gegen 20 Uhr eine Gruppe Kosaken. Nun sind nur noch wenige kampfbereite Truppen vorhanden, um das Gebäude gegen die Bolschewiki und ihre revolutionären Garden zu verteidigen. Gegen zwei Uhr morgens betreten die ersten revolutionären Truppenteile das Gebäude (durch nicht mehr bewachte Zugänge), es kommt zu vereinzelten Schusswechseln im Inneren des Winterpalais, wenig später ergeben sich die verbliebenen Truppenteile samt den Resten der Provisorischen Regierung. Zu den wichtigsten Eindrücken für viele revolutionäre Soldaten, die nun das Gebäude besetzen, gehört ihr fassungsloses Erstaunen über den Reichtum und Luxus im Palast, der wenige Monate zuvor noch kaiserliche Residenz gewesen ist.

Am nächsten Morgen, Donnerstag, den 26. Oktober 1917 (8. November), ist die Stadt Petrograd in der Hand der siegreichen Bolschewiken, die sich nun daran machen, die Macht im russischen Riesenreich zu übernehmen. Gleichzeitig beginnen die Sitzungen des noch von Kerenski einberufenen 2. Allrussischen Rätekongresses (Sowjetkongress), an dem die Vertreter von über 400 regionalen Räten teilnehmen. Im Kongress haben die Bolschewiki die Mehrheit. Lenin informiert den Kongress über den gelungenen Umsturz, der Kongress anerkennt die Revolution und segnet sie damit ab. Es wird eine aus Ministern – »Volkskommissare« genannt – bestehende Regierung (»Rat der Volkskommissare«) gebildet. Alle Regierungsmitglieder sind Bolschewiki. Der 47-jährige Lenin wird Vorsitzender des Rates der Volkskommissare, weitere Volkskommissare sind der 38-jährige Trotzki (Verteidigung), der fast 45-jährige Tschitscherin (Außenpolitik), der 36-jährige Rikow (Innenpolitik) und der fast 39-jährige Stalin (Nationalitätenpolitik). Letzterer hat sich mit seinem 1913 entstandenen Aufsatz zur Nationalitätenfrage im Sozialismus als »Experte« etabliert und kann davon jetzt profitieren. Gerade der Beschluss über die Rechte der Völker Russlands (Selbstbestimmung) wird innerhalb der ersten drei Beschlüsse des Kongresses verabschiedet. Die anderen beiden sind die Bodenreform (Verstaatlichung des privaten Großgrundbesitzes und Verteilung an das bäuerliche Proletariat) sowie das Dekret über den Frieden (sofortige Aufnahme von Friedensverhandlungen mit Deutschland, sofortiger Waffenstillstand, keine weiteren sinnlosen Blutopfer an der Front). Die Dekrete stoßen auf begeisterte Zustimmung in der Bevölkerung, die endlich ihre Interessen wahrgenommen sieht. Der deutlich jüngere, 27-jährige Molotow erhält – entgegen der hier und da geäußerten öffentlichen Erwartung – kein Ministeramt. Es fehlt ihm die Aura eines langen Exils. Dafür wird er Fraktionsführer der Bolschewiki im Obersten Arbeiter- und Soldatenrat, dem neuen Parlament Russlands (die Duma wurde zwischenzeitlich aufgelöst). Bei den Neuwahlen zum Exekutivkomitee der Petrograder Stadtorganisation der Bolschewiki erhält er die höchste Stimmenzahl. Zudem steht er dem Komitee vor, das die Verteidigung der Stadt gegen ausländische oder »weiße« Angriffe organisieren soll. Er bleibt auch Mitglied des *Militärisch-Revolutionären Komitees* bis zu dessen Auflösung am 5. Dezember. Die Funktionen des *Militärisch-Revolutionären Komitees* werden nun von verschiedenen Ministerien beziehungsweise Volkskommissariaten übernommen. Molotow kümmert sich darüber hinaus um die Nahrungsmittelversorgung Petrograds. Die Nachricht von der erfolgreichen Ablösung der Regierung Kerenski durch eine Volksregierung unter Lenin wird per Telegramm im gesamten russischen Reich verbreitet. Etwas mehr als eine Woche später ist – nach heftigen Straßenkämpfen – auch Moskau in der Hand der Revolutionäre. Ende November 1917 finden die Wahlen zur Verfassungsgebenden Versammlung endlich statt. Die *Partei der Sozialrevolutionäre* gewinnt 370 von 700 Sitzen, also deutlich mehr als die Hälfte, die Bolschewiki 175 Sitze, die Menschewiki 16, die Konstitutionellen Demokraten (KD/Kadetten) 17, die restlichen Stimmen verteilen sich auf kleinere Parteien und Gruppierungen. Immerhin sechzig Prozent aller Stimmberechtigten nehmen trotz Krieg und Unruhen an den Wahlen teil. Die Bolschewiki erringen die Mehrheit nur unter den Soldaten an der Westfront und in den großen Städten. Daher erklärt Lenin zwei Tage nach der Wahl, dass der Kampf gegen das Kapital und für die umgehende Einführung sozialistischer Strukturen weitergehe, mit oder ohne Verfassungsgebender Versammlung. Die Bolschewiki bilden zwischenzeitlich eine Koalitionsregierung mit der SR-Abspaltung »Linke Sozialrevolutionäre«. Die nächste Zusammenkunft der Verfassungsgebenden Versammlung wird auf Januar 1918 verschoben. Parallel verlangt Lenin Neuwahlen, da sich durch die Trennung von SR und den Linken SR eine neue Situation ergeben habe, die jetzt durch Wahlen verifiziert werden müsse. Gleichzeitig erklären sich die Ukraine und die baltischen Länder sowie Finnland, in dem eine von Deutschland vorbereitete und geförderte rechtskonservative Regierung die

Macht übernommen hat, von Russland unabhängig. Gemäß dem von Lenin propagierten Selbstbestimmungsrecht der Völker unternehmen die Revolutionäre nichts dagegen.

Lenin schließt zur Freude der gepeinigten russischen Bevölkerung und seiner Soldaten (sowie seiner deutschen Finanziers) am 15. Dezember 1917 eine Waffenstillstandsvereinbarung mit den Mittelmächten ab. Sofort beginnen die Verhandlungen, wie ein künftiger Friedensvertrag zu gestalten sei. Die Mittelmächte diktieren mehr oder weniger die Bedingungen, die russische Seite unter Trotzki stimmt notgedrungen zu, sieht man sich doch nun Bedrohungen von mehreren Seiten ausgesetzt. Die RSA (B) wird wenig später in *Kommunistische Partei Russlands (Bolschewiki)* – KPR (B) – umbenannt (erst 1952 erhält sie ihren endgültigen Namen: *Kommunistische Partei der Sowjetunion*/KPdSU). Für Helphand alias »Parvus« kommt mit der erfolgreichen russischen Oktoberrevolution das Ende seiner vorteilhaften deutschen Geschäftsbeziehung. Die Gelder werden jetzt auf direktem Weg den Bolschewiki überbracht, statt auf dem umständlichen und wegen seiner Prozente teuren Umweg über Parvus. Dieser hat alles in allem mehrere Millionen Rubel Gewinn bei den Geschäften in deutschem Auftrag und mit deutscher Finanzierung gemacht. Wie viel genau, bleibt ein Geheimnis, das er bei seinem frühen Tod 1924, 57-jährig, mit ins Grab genommen hat. Noch ist überhaupt nicht klar, ob die Bolschewiki sich auch wirklich durchsetzen beziehungsweise wie lange sie sich überhaupt an der Macht halten können. Da alle anderen russischen Parteien Friedensverhandlungen mit Deutschland ablehnen und aufseiten der Entente stehen (dafür sorgen ebenso millionenschwere Zahlungen der Entente an die Gegner Deutschlands im russischen Parteienspektrum), bleiben die Bolschewiki für Deutschland einziger Ansprechpartner und einzige Hoffnung auf ein schnelles Kriegsende im Osten, Voraussetzung für die Kriegswende im Westen und den »Endsieg«, von dem deutsche Militärs

und Politiker auch zu diesem Zeitpunkt 1917 immer noch träumen.
Auf Gedeih und Verderb ist man also darauf angewiesen, die Regierungsfähigkeit ausgerechnet jener russischen Partei sicherzustellen, die sich den Sturz aller autokratischen, imperialistischen, kapitalistischen Systeme auf die Fahne geschrieben hat – was für Deutschland nicht ohne Folgen bleiben wird, jedoch nicht im von Deutschland erhofften Sinne. Es werden nun »umgehend« weitere 15 Millionen Reichsmark »für politische Propaganda in Russland« (wie die Sache nach wie vor verbrämt wird) freigegeben. Wenige Tage später, am 11. November 1917, ein Jahr vor der »Revolution« in Deutschland, wird in einem der täglich eintreffenden geheimen Lageberichte erleichtert festgestellt, dass die neue Regierung (Bolschewiki) im Land an Boden gewinne. Weitere Revolutionäre werden per Bahn nach Russland verschickt, gleichzeitig »Wasserstandsmeldungen« für die Zentrale gesammelt. Ein Geheimtelegramm vom 26. November 1917 meldet der Berliner Zentrale: »Regierung in Petersburg hat mit großen finanziellen Schwierigkeiten zu kämpfen. Es ist daher sehr erwünscht, ihr weiteres Geld zuzuführen.« Das Problem für die Revolutionäre: Ihre Gegner in der russischen Gesellschaft sitzen – noch – an den Schaltstellen, im Beamtenapparat, im Finanzwesen, in der Industrie Russlands. Um diese Widerstände zu überwinden, brauchen sie Geld, viel Geld: um ihre eigenen Leute zu bezahlen, um den Staatsapparat am Laufen zu halten, um Handelsgüter zu bezahlen. Die Entente wirft ihrerseits größere Beträge (als Kredite) in den Ring, um die Gegner der Bolschewiki (und des Waffenstillstands) wieder ans Ruder zu bringen. Von deutscher Seite soll die möglicherweise nur kurze Regierungszeit der Bolschewiki nun dazu genutzt werden, maximale Zugeständnisse von deren Seite zu erzielen. Dazu müssen sie aber »über Wasser gehalten werden«. Die weitere Finanzierung soll als Vorschuss auf künftige Reparations- und Vertragsleistungen gewährt werden.

Die Verhandlungen von Brest-Litowsk (1917/18)

Molotow wird im Dezember 1917 in den Volksrat für Wirtschaft von Petrograd-Stadt gewählt und übernimmt dort auch den Vorsitz des Präsidiums. Er weist gleich zu Beginn darauf hin, dass eine herkulische Aufgabe vor der neuen sozialistischen Regierung Russlands und Petrograds liege – mitten in Kriegszeiten ein völlig neues Wirtschafts- und Gesellschaftsmodell von null aufzubauen. Besonderen Augenmerks bedürften zunächst einmal die Landwirtschaft (Nahrungsmittelversorgung), das Transportwesen (um unter anderem Nahrungsmittel vom Land in die Städte zu bringen) und die Versorgung mit Treibstoff. Trotz der Bemühungen der neuen Regierung sind die ersten Monate nach der Oktoberrevolution im Land insgesamt wie auch in Petrograd von ökonomischem Chaos und einer Abfolge von Krisen gekennzeichnet. Die großen Rüstungswerke Petrograds stehen nach der Kampfeinstellung an den Fronten still, die Arbeiter werden entlassen. Molotow wird nun auch in das Gremium gewählt, das für die Fabriken, die Produktion und die Verstaatlichungen zuständig ist.

Gleichzeitig wird am 15. Dezember 1917, knapp einen Monat nach der russischen Revolution, der von Lenin dem russischen Volk, aber auch seinen deutschen Förderern versprochene Waffenstillstand unterzeichnet. Die Friedensverhandlungen beginnen eine Woche später, am 22. Dezember 1917 auf der deutschen Seite der Front, im polnischen Brest-Litowsk, am Sitz des deutschen Hauptquartiers »OberOst« (Oberbefehlshaber der Ostfront). Die russische Delegation versucht, die auf ihren Wunsch öffentlich geführten Verhandlungen in die Länge zu ziehen, in der Hoffnung, dass in der Zwischenzeit die Entente die Mittelmächte militärisch besiegt. Die Mittelmächte betreiben derweil ihre Insurgierungsstrategie weiter. In der bis dato russischen Ukraine, wo sich in den östlichen Großstädten eine »Sowjetukraine« konstituiert, wird mit deutscher Waffenhilfe bereits im Juni 1917 eine »Ukrainische Volksrepublik« ausgerufen, die im Dezember 1917 Russland den Krieg erklärt und gleichzeitig separate Friedensverhandlungen mit den Mittelmächten ebenfalls in Brest-Litowsk führt. Deutschland konfrontiert seinerseits das revolutionäre Russland mit Maximalforderungen: Unabhängigkeit Polens, Finnlands und der baltischen Staaten sowie Abtretungen riesiger Gebiete innerhalb der Ukraine und des Kaukasus. Auf die russische Verzögerungstaktik reagieren die Mittelmächte mit dem Abschluss eines Friedensvertrags mit der »Ukrainischen Volksrepublik« am 9. Februar 1918. Als Gegenleistung verpflichtet sich die »Volksrepublik«, bis Ende Juli 1918 nicht weniger als eine Million Tonnen Getreide, 400 Millionen Eier, 50.000 Tonnen Rindfleisch und vieles andere mehr an die Mittelmächte zu liefern. Ein geheimes Zusatzabkommen besagt, dass das bis dahin österreichische Ostgalizien selbständiges K.-u.-k.-Kronland werden soll. Gleichzeitig teilt man der russischen Delegation mit, dass man die Waffenstillstandsvereinbarung am 17. Februar 1918 als abgelaufen betrachte, sollte zu diesem Zeitpunkt kein »belastbares« russisches Friedensangebot vorliegen, in welchem Falle man die Kampfhandlungen wieder aufnehmen werde. Trotzki hält das für eine Finte, lässt sich Zeit mit einer Antwort und ist dann etwas überrascht, als tatsächlich am 17. Februar eine neuerliche deutsche Offensive einsetzt (mit dem sprechenden Titel »Operation Faustschlag«). Da die deutschen Truppen kaum auf Widerstand stoßen, kommen sie zügig Richtung Osten voran. Am 19. Februar bittet die russische Seite daher um Wiederaufnahme der Friedensverhandlungen. Jetzt lassen sich die Deutschen Zeit mit der Antwort, da sie mit jedem Tag des Vormarsches ihre Verhandlungsposition verbessern.

Am 18. Januar 1918 tritt in Petrograd derweil die Verfassungsgebende Versammlung endlich zusammen, begleitet von Demonstrationen der »rechten« Opposition, die von den Bolschewiki loyalen Truppen auseinandergetrieben werden. Diese Truppen sind auch überall am Sitzungsort im Taurischen Palais verteilt, um auf alle Eventualitäten vorbereitet zu sein. Die Sitzung wird von einer Stimmenmehrheit der Menschewiki und der Sozialrevolutionäre dominiert, die Bolschewiki kommen mit ihren Anträgen nicht durch. Daher entschließen sich Bolschewiki und Linke SR, die Versammlung kurzerhand aufzulösen, um so Neuwahlen herbeizuführen, und verlassen den Saal. Die Debatten werden von den verbliebenen Delegierten der übrigen Parteien noch bis vier Uhr früh fortgeführt. Es werden noch einige Entschlüsse gefasst (Landreform, Änderung der Staatsform et cetera) und dann die nächste Sitzung für den Folgetag um 17 Uhr nachmittags festgelegt. Anschließend verlassen die restlichen Delegierten das Gebäude. Als die »rechten« Delegierten am nächsten Nachmittag das Gebäude zur Fortsetzung der Sitzung betreten wollen, finden sie es abgeschlossen und fest verrammelt vor. Plakate informieren darüber, dass die Bolschewiki/Linke SR-Regierung die Versammlung für aufgelöst erklärt und Neuwahlen angesetzt hat. Der anschließend einberufene 3. Kongress aller Räte (Sowjets) ergibt dann eine deutliche Mehrheit für die Bolschewiki, die damit nun »durchregieren« können. Die nächsten Monate sind gekennzeichnet durch den Überlebenskampf der Bolschewiki. Die deutschen Truppen haben einen Großteil der Ukraine besetzt, die Bolschewisten müssen sich zu umfangreichen Getreidelieferungen verpflichten, dazu gibt es »weiße« Aufstände gegen die neue bolschewistische Regierung, außerdem entsenden mehrere Entente-Länder Truppen nach Russland, um den »Weißen«, die versprochen haben, den Kampf gegen Deutschland wieder aufzunehmen, zurück an die Macht zu verhelfen. Es ist ein Mehrfrontenkrieg mit phasenweise nur

noch geringsten Siegesaussichten, sprich: Alle Welt rechnet in diesen Wochen und Monaten mit einer krachenden Niederlage der Bolschewiki. Molotow bemüht sich verzweifelt, die stillstehenden Industriebetriebe Petrograds wieder ans Laufen zu bringen. Anlässlich des 1. Allrussischen Kongresses aller regionalen Wirtschaftskomitees zieht Molotow eine bedrückende Zwischenbilanz: So stehen im April 1918 viele Fabriken still, nur noch die Hälfte aller registrierten Arbeitnehmer ist in Lohn und Brot. Als guter Bolschewist gibt er sich dennoch optimistisch, bezeichnet die Probleme als temporär und überwindbar, zumal angesichts der von Lenin nun ausgerufenen allgemeinen Elektrifizierung Russlands, die zu einer Fülle neuer Aufträge auch für die Petrograder Betriebe führen werde. Gleichzeitig werden die Betriebe, mit deren Geschäftsführung beziehungsweise Inhabern keine Einigung getroffen werden kann, verstaatlicht.
Am 25. Februar 1918 teilt Deutschland der russischen Delegation in Brest-Litowsk mit, nunmehr sei auch eine Anerkennung der unabhängigen Ukraine und eine umgehende Demobilisierung der gesamten russischen Armee erforderlich. Die russische Delegation bekommt eine Frist von 48 Stunden für eine Antwort. Angesichts der Uneinigkeit im Führungsstab der Bolschewiki entscheidet schließlich Lenin, dass man – um den Fortbestand der Revolution und des Rätesystems zu schützen – im Augenblick (in der Hoffnung auf bessere Zeiten) jegliche Bedingungen der Mittelmächte akzeptieren müsse, um sich auf die zahlreichen anderen Probleme konzentrieren zu können, welche die Zukunft des »Sowjetstaates« in diesen Tagen mehr als düster erscheinen lassen. Der Diktatfriede von Brest-Litowsk wird von der russischen Seite am 3. März 1918 unterschrieben und am 15. März in Moskau ratifiziert, wohin die Hauptstadt nach deutschen Luftbombardements auf Petrograd verlegt worden ist. Russland verliert 26 Prozent seines Territoriums, 27 Prozent des Ackerlandes, ein Viertel seines Eisenbahnnetzes,

33 Prozent seiner Textilindustrie, 73 Prozent seiner Eisenindustrie und 75 Prozent seiner Kohlenbergwerke. Der Vertrag umfasst auch einen Friedensschluss zwischen Russland und dem Osmanischen Reich, in dem sich Russland verpflichtet, Batumi, Kars und Ardahan (die in der Kampagne von 1877/78 von Russland erobert worden waren) zurückzugeben. Der Transkaukasus (Georgien) soll ebenfalls von Russland unabhängig werden. In Verhandlungen mit Sowjetrussland verlangen die deutschen Befehlshaber vor Ort gemäß Weisung aus Berlin ein Viertel der um Baku geförderten Jahresölmenge für Deutschland. Die zwischenzeitlich von der Roten Armee besetzte Ukraine geht wieder verloren, Kiew wird im Februar 1918 von deutschen Truppen besetzt, die dort wieder die »Ukrainische Volksrepublik« ausrufen. Die Hoffnungen auf umfangreiche Lebensmittellieferungen erfüllen sich für die Mittelmächte jedoch nicht. Die von Krieg und Bürgerkrieg gebeutelte Ukraine schafft gerade einmal zehn Prozent der vereinbarten Menge oder 100.000 Tonnen Getreide zu liefern. Weißrussland bleibt von deutschen Truppen besetzt, dafür verzichten die Mittelmächte auf weitere Annexionen und auf Reparationen.

Doch mit dem »Frieden« von Brest-Litowsk ist die deutsche Seite auf den Geschmack gekommen. Man zwingt die russische Seite zu Verhandlungen über ein Ergänzungsabkommen zum Friedensvertrag und verlangt (nun doch) Reparationen in Höhe von sechs Milliarden Goldmark – also ein Vielfaches von dem, was man den Bolschewiki als »Anschubfinanzierung« zur Verfügung gestellt hatte. Dafür wird die Räumung Weißrusslands durch die deutschen Truppen in Aussicht gestellt, und die deutsche Seite verspricht, auf Interventionen zugunsten antibolschewistischer Kräfte in Russland zu verzichten. Lenin ist bei seiner Entscheidung für umfassende Zugeständnisse davon ausgegangen, dass die endgültige militärische Niederlage der Mittelmächte nur noch eine Frage von Monaten ist und dass sich dann die Situation gänzlich anders darstellen und man die gemachten Zusagen leichterhand wieder einkassieren werde. Doch der erwartete Zusammenbruch Deutschlands lässt auf sich warten, und die erforderlichen Zugeständnisse an Berlin werden immer absurder. Gleichzeitig planen der deutsche Kaiser Wilhelm II. und seine Berater die weitere Zerschlagung Russlands und seine Aufteilung in vier unabhängige Teil-Zarentümer. Demnach sollen die Ukraine, ein neuzuschaffender »Südostbund«, Zentralrussland und Sibirien eigenständige Staaten unter deutscher Führung werden. Über den beherrschenden deutschen Einfluss auf diese vier Zarentümer werde dann auch der Griff nach Indien beziehungsweise die Bedrohung der britischen Vormachtstellung in Mittelasien ermöglicht. Das sind die letzten verzweifelten Luftschlösser, die zwischen dem Stadtschloss in Berlin und dem deutschen Hauptquartier im belgischen Spa gesponnen werden. Die historische Entwicklung nimmt eine andere Richtung.

Insgesamt ist das Unternehmen »Insurgierung Russlands« also sowohl ein unglaublicher *Erfolg* (Zerschlagung des russischen Kaiserreichs und der Entente, Separatfrieden im Osten) als auch ein welthistorischer *Misserfolg* (mit deutscher Hilfe wird die Sowjetunion gegründet und über das schwierige erste Jahr gebracht, damit mittelfristig als Weltmacht etabliert, und gleichzeitig das deutsche Kaiserreich zertrümmert). Wenn auch die für die »Insurgierung« aufgewendeten Millionensummen auf den ersten Blick eindrucksvoll erscheinen mögen (schriftlich nachgewiesen sind bis Ende 1917 rund 90 Millionen Mark, das war aber nur ein Teil der tatsächlich aufgewendeten Mittel), so relativieren sie sich angesichts der bis zum Kriegsende 1918 aufgenommenen Kriegskredite in Höhe von 100 Milliarden Mark (sprich: 100.000 Millionen Mark). Die Kosten für die welthistorisch bedeutsame russische Revolution betragen also nur einen Bruchteil der allgemeinen Kriegskosten und kommen damit deutlich günstiger als der Versuch, Russland rein militärisch in die

Knie zu zwingen. Umgerechnet betragen die nachgewiesenen deutschen Gesamtaufwendungen für die »Revolutionierung Russlands« in etwa so viel, wie ein halber Tag konventioneller Kriegsführung kostete. Das erklärt auch, warum Auswärtiges Amt und Reichsschatzamt so freigiebig waren mit Mitteln aus den verschiedenen »außerordentlichen« (Geheim-)Etats. Es handelte sich schlicht um »Peanuts«.

Am 28. Juni 1918 werden per Dekret alle russischen Großbetriebe in staatlichen Besitz überführt. Molotow wünscht sich Ähnliches für die Nahrungsmittelindustrie beziehungsweise die Landwirtschaft. Doch noch ist es nicht so weit. Dort hat sich ein System von selbstverantwortlichen Kooperativen gebildet, das Molotow ein Dorn im Auge ist, der die gesamte Nahrungsmittelproduktion zentralisieren und unter staatliche Aufsicht stellen möchte, um die gerechte beziehungsweise zielgerichtete Verteilung der vorhandenen Nahrungsmittel sicherzustellen. Im Spätsommer 1918 stellt Molotow für die metallverarbeitenden Betriebe Petrograds die erste lokale sozialistische Jahresproduktionsplanung auf, das erste bekannte Beispiel für »Planwirtschaft«. In den folgenden Wochen verschärft sich die Energiekrise, die Petrograder Industriebetriebe bekommen nur noch einen Bruchteil der benötigten Benzin-, Kohle- und Heizholzmengen. Zudem gehen die Arbeiter von verstaatlichten Betrieben dazu über, hergestellte Produkte, aber teilweise auch das Inventar auf eigene Rechnung zu verkaufen. Gleichzeitig gibt es einen eklatanten Mangel an Ingenieuren in den Betrieben (viele hatten das Land verlassen), während Ingenieure in anderen Betrieben zur »Strafe« als Schreibkräfte und Hilfsarbeiter eingesetzt werden.

Das Kriegsende (1918)

In der Waffenstillstandsvereinbarung zwischen der Entente und den Mittelmächten vom 11. November 1918 wird der »Friedensvertrag« von Brest-Litowsk (»Friedensdiktat« träfe eher zu) für null und nichtig erklärt und den deutschen Truppen aufgetragen, sich auf die Grenzen von 1914 zurückzuziehen. Allerdings sollen sich die auf russischem Territorium stehenden deutschen Truppen zur Verfügung der alliierten Kommandeure halten, die sich damit ein Faustpfand im Kampf gegen die bolschewistischen Revolutionäre sichern. Für Deutschland ist der Friedensvertrag von Brest-Litowsk aber auch schon zum Zeitpunkt seines Abschlusses ein Fehlschlag. Denn aufgrund der nunmehr aufgekommenen maßlosen Gier deutscherseits, maximale Kriegszielvorstellungen wenigstens im Osten durchsetzen zu können, hat man sich (zu) große Gebiete (bis in den hinteren Kaukasus hinein) als Einflusssphäre und Besatzungszone zusichern lassen, deren Okkupation so viele Divisionen der Mittelmächte bindet, dass entgegen den ursprünglichen Plänen nur ein Bruchteil der geplanten eine Million Soldaten von der Ostfront an die Westfront für den letzten Offensivversuch im Sommer 1918 verlegt werden können.
Die Entente wiederum ist in Sorge, die in den Häfen Murmansk und Archangelsk lagernden Ausrüstungs- und Munitionsvorräte, die sie der russischen Armee geschickt hatten, könnten in deutsche oder bolschewistische Hände fallen, und entsenden im September 1918 über 20.000 Soldaten, die beide Häfen besetzen. Diese Truppen sollen nach Möglichkeit auch der Roten Armee maximalen Schaden zufügen. Japan besetzt Wladiwostok, belässt es aber dabei (entgegen den angloamerikanischen Vorstellungen, die auf einen großflächigen Vormarsch Japans in Sibirien hofften, Japan

ist aber bereits in China beziehungsweise Korea gebunden und will beziehungsweise kann sich kein weiteres Riesenland aufbürden). Britische Truppen besetzen dafür Baku und schneiden das bolschewistische Russland von einem Großteil seiner Ölquellen ab. Französisch-griechische Truppen landen im Dezember 1918 in Odessa, doch nun meutern die französischen Matrosen des Flottenverbands, die sich mit der Rätedemokratie Russland solidarisieren und die Rote Fahne hissen. Der Verband muss den Rückweg nach Frankreich antreten. In Wladiwostok landen dafür zusätzliche britische und amerikanische Verbände (8.000 Soldaten), mit Erlaubnis der Japaner. Großbritannien und Frankreich geben für eigene militärische Bemühungen in Russland wie auch zur Unterstützung »weißer« (sprich: antibolschewistischer) Verbände zusammen etwa 150 Millionen Pfund aus, eine aberwitzige Summe, welche die Bedeutung unterstreicht, die der Kampf gegen den Bolschewismus für beide Länder hat. Allerdings sind diese Mittel bei den ebenso korrupten wie erfolglosen »Weißen« nicht gut angelegt und müssen komplett abgeschrieben werden, ohne auch nur ein einziges der damit verbundenen politischen Ziele erreicht zu haben.
Die deutsche Seite erhält im Sommer 1918 regelmäßig Angebote konservativer russischer Kreise, prominente Bolschewiki bei Attentaten gegen eine geringe Belohnung zu ermorden. Zum Erstaunen der Anbieter werden diese freundlichen Angebote von der deutschen Seite regelmäßig nachdrücklich abgelehnt. Es kann ja nicht in deutschem Sinne sein, die einzigen russischen Vertreter, von denen sich Deutschland Vorteile versprechen kann, aus dem Weg zu räumen. Dass Deutschland seine schärfsten politischen Feinde nach Kräften fördert und protegiert, nur weil diese den Waffenstillstand angeboten hatten, übersteigt das Vorstellungsvermögen der meisten Zeitgenossen. Der am 12. März 1918 aufgrund deutscher Bombardements Petrograds nach Moskau verlegte Regierungssitz wird nach Abschluss des »Diktatfriedens« am

15. März Sitz der neuen Kaiserlich-Deutschen Botschaft in Russland. Als erster diplomatischer Vertreter seit 1914 reist Wilhelm von Mirbach-Harff Mitte April 1918 nach Moskau und beginnt dort ab 30. April offiziell seine Amtszeit. Gleichzeitig bezieht Adolf Joffe als russischer Vertreter die ehemals Kaiserlich-Russische Botschaft in Berlin, Unter den Linden 7, auf der nun das rote Sowjetbanner mit Hammer und Sichel aufgezogen wird. Mirbach, 47 Jahre alt, war zuvor Gesandtschaftsrat in Sankt Petersburg und Botschafter in Athen und seit der Wiederaufnahme diplomatischer Beziehungen zwischen Russland und Deutschland am 16. Dezember 1917 Leiter der bisherigen Botschaft in Petrograd. Er meldet, dass eine monatliche Unterstützung von drei Millionen Mark zur Stützung der Bolschewiki notwendig sei. Schnelles Handeln sei geraten, da die Bolschewiki auch von der Entente umworben würden, den Krieg gegen Deutschland wieder aufzunehmen. Währenddessen beantragt Außenminister Kühlmann am 5. Juni 1918 beim Reichsschatzamt (Finanzministerium) einen neuen Russlandfonds mit einer Ausstattung von 40 Millionen Mark. Rödern stellt diese »ohne Angabe von Gründen beantragte« Summe am 11. Juni bereit, die am 15. Juni an die Legationskasse ausgezahlt und ab 26. Juni von Mirbach genutzt werden kann. Helphand, der zu diesem Zeitpunkt seine Felle davonschwimmen sieht, beantragt nun die Einreise nach Russland. Er will dort nunmehr ganz offiziell seinen Import-Export-Geschäften und seinen einträglichen Nebentätigkeiten nachgehen. Doch das ist »Lenin & Co.« zu riskant. Sie wollen zum einen keinesfalls direkt mit Helphand in Verbindung gebracht werden, zum anderen fürchten sie seine organisatorischen Fähigkeiten, die im Zweifelsfall auch gegen sie verwendet werden könnten. Also erklären sie ihn zur Persona non grata. Ein Attentat erschüttert nun die deutsch-sowjetischen Beziehungen. Am Samstag, den 6. Juli 1918, wird Mirbach in der deutschen Botschaft von zwei Menschewiki-Attentätern erschossen – ob

mit mehr als freundschaftlicher Unterstützung der alliierten Geheimdienste kann zum gegenwärtigen Zeitpunkt nicht belegt werden, die britischen Archivbestände zu diesem Thema sind nach wie vor gesperrt. Lenin lässt nun die am Allrussischen Kongress teilnehmende Menschewiki-Fraktion komplett verhaften und die Partei verbieten. Es halten sich seitdem Gerüchte, die Bolschewiki seien die eigentlichen Drahtzieher hinter dem Anschlag gewesen. Angeblich wollten die beiden Attentäter mit dem Anschlag gegen den »Frieden« von Brest-Litowsk protestieren. Drei Wochen später ermorden Attentäter auch den 70-jährigen deutschen Heeresgruppenkommandeur in der Ukraine mit Sitz in Kiew, Generalfeldmarschall v. Eichhorn und dessen Adjutanten v. Dreßler. In der Folge kommt es zu weiteren Attentaten, diesmal direkt gegen Führungsfiguren der Bolschewiki.

Bürgerkrieg

Auch nach dem am 11. November 1918 besiegelten Ende des Ersten Weltkriegs kommt die junge Sowjetunion nicht zur Ruhe. Marodierende weiße Haufen und jede Menge ausländischen Militärs im Land lassen die Überlebenschancen der Bolschewiki als Regierung der verbliebenen Reste des einstmaligen Riesenreichs eher ungewiss erscheinen. Zumal nun die finanzielle Unterstützung durch das deutsche Kaiserreich entfällt. Die Auseinandersetzungen zwischen Bolschewiki und den verschiedenen Feindgruppierungen läuten den Russischen Bürgerkrieg ein. Letztlich kann die Rote Armee, glänzend geführt von Trotzki, in einer Reihe spektakulärer Siege große Teile des verlorengegangenen Territoriums wieder zurückerobern. Die letzten Etappen dieses blutigen Konflikts, der rund zehn Millionen Opfer forderte, stellen der Sieg über die Reste der weißen Truppen auf der Krim im November 1920, die Einnahme von Batumi 1921 (Kaukasus) und schließlich die Rückeroberung von Wladiwostok 1922 dar. Ende 1922 wird denn auch die Sowjetunion offiziell gegründet. Unabhängig bleibt das nach 123 Jahren Teilung wiedererstandene Polen, das unter Marschall Pilsudski 1919 ein Großpolen zu erobern suchte. Doch geht der Plan schief, die Rote Armee unter Tuchatschewski schlägt die polnischen Truppen bis nach Warschau zurück. Diese werden allerdings von angloamerikanischer und deutscher Seite sowie französischen »Militärberatern« (darunter de Gaulle) unterstützt und können bei einem Großangriff auf die schwach gesicherte sowjetische Südflanke vor Warschau die Wende erzwingen (»Wunder von der Weichsel«). Die Niederlage wird wesentlich mitverursacht durch die Insubordination Budjonnys und Stalins, die Lemberg angreifen, statt der sowjetischen Hauptarmee zu Hilfe zu kommen, wie ihnen der

Oberkommandierende Tuchatschewski befohlen hatte. Große Teile Weißrusslands und der Ukraine (Galizien) kommen nun unter polnische Besatzung. Sowjetische Kriegsgefangene werden auch damals schon in polnischen Gefangenenlagern so schlecht versorgt, dass sie zu Tausenden sterben. Polnische Truppen beteiligen sich beziehungsweise fördern Pogrome in dem von ihnen besetzten Gebiet.

Unabhängig bleiben Finnland und die baltischen Staaten, die ebenfalls unter dem Protektorat der Entente beziehungsweise Deutschlands stehen. Polen schließt mit der Sowjetunion ein geheimes Zusatzabkommen zum Friedensvertrag von Riga ab, das umfangreiche sowjetische Reparationen vorsieht, im Gegenzug aber freien Güterverkehr in das russlandfreundliche Litauen gestattet. Unmittelbar nach Abzug der letzten deutschen Truppen im März 1919 rückt die Rote Armee Richtung Kiew vor und stößt dort auf wenig Widerstand. Der Ukraine-Machthaber von deutschen Gnaden Skoropadskyi flieht nach Berlin und stirbt im April 1945 bei einem alliierten Luftangriff auf Oberbayern. Die Westukraine fällt mit dem »Frieden von Riga« 1921 an Polen. Bis 1992 existierte mit westdeutscher Unterstützung eine Exilregierung der Ukraine in München (wo es auch eine ebenfalls bundesgeförderte ukrainische Exiluniversität gab und gibt), deren Protagonisten dann in die Ukraine zurückkehrten und dort zu den antirussischen Scharfmachern zählten und zählen.

Die Anfänge der Sowjetunion

Nach übereinstimmender Meinung von Beobachtern und Historikern ist es Lenins Energie und Autorität, aber auch seine Skrupellosigkeit, notfalls Terror und Schreckensherrschaft als Mittel einzusetzen, die es den Bolschewiki ermöglicht, zusammen mit dem militärischen Genie Trotzkis und Tuchatschewskis, die kritische erste Phase ihrer Herrschaft im russischen Riesenreich nach der Oktoberrevolution, sprich: dem November-Staatsstreich, zu überstehen. Dabei kommt es mehrfach zu Situationen, die das vorschnelle Aus für die Bolschewiken hätten bedeuten können. Am Freitag, den 30. August 1918, schießt Feiga Roitmann alias »Fanny Kaplan«, Angehörige der mit den Bolschewiken konkurrierenden Sozialrevolutionäre (der Partei Kerenskis) auf Lenin und trifft ihn an Hals und Schulter. Lenin überlebt den Anschlag, eine Kugel bleibt allerdings in seinem Hals stecken und kann erst 1922 entfernt werden. Bis dahin hat das sich im Körper ausbreitende Blei des Geschosses bleibende Schäden angerichtet, die der Gesundheit Lenins schwer zusetzen. Im Mai 1922 erleidet Lenin einen schweren Hirnschlag, der ihn massiv beeinträchtigt. Im November und Dezember 1922 treten weitere Hirnschläge auf, die seine Arbeitskraft und Arbeitsfähigkeit zusätzlich einschränken. Schließlich stirbt er – von der Öffentlichkeit abgeschirmt – am Montag, den 21. Januar 1924, im Alter von 53 Jahren.

Ebenfalls am 30. August 1918 wird in Petrograd der örtliche Tscheka-Kommandeur, Moissei Urizki, erschossen. Interessant an dem in Kiew geborenen Urizki ist, dass er zeitweilig mit Alexander Parvus bei der Destabilisierung des kaiserlichen Russland zusammenarbeitete. Als Gegner des »Friedens« von Brest-Litowsk tritt Urizki im März 1918 von seinem Posten als Tscheka-Leiter von Petrograd zurück.

Zusammen mit Karl Radek publiziert er nun das oppositionelle Magazin *Kommunist.* Zeitweiliges Mitglied im Zentralkomitee der Russischen Kommunistischen Partei, wird Urizki nach der Ermordung Mirbachs erneut zum Leiter der Tscheka in Petrograd berufen. Der Mordanschlag auf Urizki wird von Leonid Kannegiesser, einem ehemaligen zaristischen Kadetten, verübt. Die Anschläge auf Lenin und Urizki sind Anlass für die Phase des »Roten Terrors«, bei der die Bolschewiki viele politische Gegner ermorden. Noch erhalten die Bolschewiki deutsche Gelder. In einem Brief an den bolschewistischen Botschafter in der Schweiz kündigt Lenin an, die »Berliner« würden weiteres Geld schicken, sollten die »Halunken« es verzögern, solle sich der Botschafter direkt bei Lenin beschweren, dieser werde dann der Sache nachgehen und Druck machen. Die deutsche Seite ist natürlich darauf aus, für die bereits investierten und noch zu investierenden Millionen nun die entsprechende Rendite einzufahren in Form von geographischen Zugewinnen, Rohstoffen, Lebensmitteln. Die bolschewistische Botschaft in Berlin, ebenfalls Ende April 1918 eröffnet, verbreitet und fördert indessen linksradikale Propaganda in Deutschland. Und dies mit dem Geld der kaiserlich-deutschen Imperialisten. Nun tritt also genau das ein, was Brockdorff-Rantzau schon zu Beginn der deutsch-bolschewistischen Zusammenarbeit als Gefahr beschrieben hat: dass der Flaschengeist, einmal freigesetzt, sich auch gegen Deutschland selbst wenden könne.
Gleichzeitig stehen deutsche Bankiers, Industrielle und Konzernbosse, wie Stinnes, Ballin, Thyssen, Vertreter von Krupp, Mendelssohn vom gleichnamigen Institut und Salomonsohn von der Deutschen Bank, bei der Sowjetbotschaft Schlange, um lukrative Verträge auszuhandeln. Auch auf diese Weise soll – so der Plan – ein Teil der aus deutschen Steuergeldern investierten Revolutionsmillionen wieder als Firmenprofite nach Deutschland zurückfließen. Die deutschen Behörden beobachten die »subversiven«, sprich: politisch-agitato-

rischen, Aktivitäten der Sowjetbotschaft Unter den Linden misstrauisch. Es passt ihnen nicht, dass in einem schon ohnehin von Unruhen bedrohten Deutschland eine »auswärtige Macht« (Russland) jetzt ihrerseits »insurgiert«, sprich: über die Subventionierung von Zeitungen und die Herstellung von Flugblättern, die Organisation von Treffen und Kongressen »linksradikalen« Einfluss nimmt. Denn Lenin setzt einen Gutteil der von Deutschland ausgehändigten Mittel ein – gegen Deutschland. Bereits im Sommer 1918 fließen erhebliche Mittel aus dem deutschen Krokodilsfonds zur Revolutionierung Russlands – zurück nach Deutschland, zur Revolutionierung Deutschlands, zur Unterstützung der USPD (und später der KPD) unter Rosa Luxemburg und Karl Liebknecht. Spätestens an diesem Punkt offenbart sich, wie sehr die Interessen Deutschlands und »Sowjetrusslands« – bei minimaler Übereinstimmung für einen kurzen Moment – sich bereits wieder diametral auseinanderentwickelt haben. Anfang November 1918 wird bei einem gezielt herbeigeführten Eklat Geld und Propagandamaterial in sowjetischem Diplomatengepäck entdeckt. Deutschland beendet nun die diplomatischen Beziehungen zu Russland und auch die Finanzierung der Bolschewiken abrupt. Doch es ist zu spät. Deutschland schliddert wenige Tage später in die umfassende Kriegsniederlage vom 11. November 1918, und das Revolutionsregime der Bolschewiki hat sich nach einem Regierungsjahr bereits soweit stabilisiert, dass es auf die Alimentierung aus Deutschland nicht mehr angewiesen ist und auch ohne diese überleben kann.

Angesichts zahlloser Angriffe von allen Seiten attackiert Molotow auf dem zweiten Kongress der russischen Gebietswirtschaftskommissionen im Februar 1919 die übergeordnete allrussische Wirtschaftskommission für Mangel an Führung und Rahmensetzung. Umgehend erhält er den Vorwurf zurück, die unter seiner Jurisdiktion stehenden Petrograder Betriebe würden sich nur mit der Produktion landwirtschaftlicher Maschinen beschäftigen (naheliegend, angesichts der Nahrungsmittelknappheit) und die Industrie- beziehungsweise Maschinenbauproduktion sowie Konsumgüterproduktion sträflich vernachlässigen (was Molotow umgehend zurückweist). Es ist nur logisch, dass er als ausgewiesener Pressearbeit-Spezialist im Sommer 1919 eine neue Aufgabe erhält, die näher an seinen Kernkompetenzen dran ist: Er hat sich im ausufernden Bürgerkrieg freiwillig an die Front gemeldet, wo schon viele seiner Freunde und Bekannten gefallen sind. Da die Rote Armee unter der zielstrebigen Führung Trotzkis mittlerweile – angesichts der notorischen Zerstrittenheit und Uneinigkeit unter den »weißen« Generälen sowie ihren internationalen Unterstützern – an allen Fronten auf dem Vormarsch ist, werden allerdings jetzt weniger Soldaten als vielmehr Agitatoren zur Überzeugung der Bevölkerung der eroberten Gebiete benötigt.

Agitator Molotow (1919)

Ende Juni 1919 erhält Molotow vom *Allrussischen Zentralexekutivkomitee* (*Всероссийский Центральный Исполнительный Комитет*/ *Vserossiysky Centralny Ispolnitelny Komitet*, VTsIK), der obersten Parteibehörde zur praktischen Umsetzung der Regierungsbeschlüsse, den Auftrag, auf dem Agitationsdampfschiff *Krasnaja Swesda* (*Roter Stern*) die kürzlich von den »Weißen« befreiten Wolgaprovinzen zu agitieren. Als Vertreterin des Volkskommissariats für Bildung begleitet ihn Lenins Frau, Nadja Krupskaja. Für sie soll es nach den Anstrengungen der Revolution und ihrer Folgen eine Erholungsreise werden. Molotow soll die örtlichen Staats- und Parteiorganisationen inspizieren und auf Vordermann bringen. Die Reise beginnt Anfang Juli 1919 in Nischni Nowgorod und führt zunächst wolgaabwärts nach Kasan. Auf dem Agitationsdampfer sind verschiedene technische Hilfsmittel vorhanden, so eine Filmvorführungsausrüstung, um vor Ort per Freiluftkino vor bis zu tausend Zuschauern und Zuschauerinnen Wochenschauen mit den neuesten Nachrichten, aber auch neu entstandene Filme etwa über die Elektrifizierung vorzuführen, die die ersten Schritte der bolschewistischen Revolution zeigen. Vertreter anderer Kommissariate/ Ministerien, so für Landwirtschaft, Nahrungsmittelversorgung, Finanzen und der Wirtschaftskommission, begleiten die Unternehmung. Eine mobile Buchhandlung verkauft aktuelle bolschewistische Titel. Es wird sogar eine Druckmaschine mitgeführt, die vor Ort zusätzlich Flugblätter oder sonstige Werbemittel vervielfältigen kann. Insgesamt besteht die Besatzung aus fast 150 Instruktoren und 50 Matrosen für den Betrieb des Schiffes. Zur Besatzung gehören auch einige Soldaten und Leibwächter, in weiser Voraussicht, da das Schiff mindestens einmal auch von einer feindseligen Gruppe attackiert wird. Krupskaja wird von ihrer angeschlagenen Gesundheit beeinträchtigt und verlässt das Schiff nach 34 gehaltenen Reden vorzeitig Mitte August und reist nach Moskau zurück. Das Schiff fährt weiter wolgaabwärts bis Saratow und kehrt erst Ende Oktober 1919 nach Nischni Nowgorod zurück. Insgesamt werden laut Molotows Abschlussbericht zahlreiche Schulen und Fabriken besucht, knapp hundert Versammlungen abgehalten und in etwa 200.000 Menschen erreicht, die an den Veranstaltungen teilnahmen. Das auf dem Schiff eingerichtete Beschwerdebüro erhält insgesamt knapp 500 Eingaben unzufriedener Sowjetbürger. Im Bericht macht Molotow kritische Anmerkungen zur gesamten Aktion. So befindet er das bereiste Gebiet als zu groß für eine einzige Instruktorengruppe und die jeweils eingeplante Zeit vor Ort als zu kurz. Für die Vorträge sollen künftig Spezialisten zu den jeweiligen Problemen mitgenommen werden, da die vorhandenen Generalisten oft zu Details keine Auskunft geben konnten.

Leiter des Exekutivkomitees in Nischni Nowgorod

Molotow wird anschließend zum Vorsitzenden des Exekutivkomitees des Gouvernements Nischni Nowgorod ernannt. Die Stadt und ihre Umgebung, ein wichtiges wirtschaftliches und Handelszentrum der jungen Sowjetunion, wird von zahlreichen Streiks und Bauernunruhen erschüttert. Molotow soll hier für Ordnung sorgen. Kaganowitsch hat sich ein Jahr zuvor schon vergeblich an der Aufgabe versucht. Nach der Eroberung Kasans durch die »Weißen« im Sommer 1918 bildet Nischni Nowgorod die letzte Bastion der Bolschewiki in der Region. Im Anschluss an den Mordanschlag auf Lenin im August 1918 und die Rückeroberung Kasans beginnt in dieser Region, was später als »roter Terror« und »Kriegskommunismus« bekannt wird. Also die Verhaftung zahlloser echter und vermeintlicher Oppositioneller und die kursorische Erschießung von echten und vermeintlichen Saboteuren. Molotow selbst gibt später an, Sinowjew habe sich bei Lenin für seine Verwendung in Nischni Nowgorod eingesetzt, um ihn als unliebsamen Konkurrenten von Petrograd fernzuhalten. Sein Wirken vor Ort wird in Moskau als Erfolg angesehen, er erhält Gelegenheit, Lenin direkt über die Situation vor Ort zu berichten, und wird auch zum 9. Parteikongress der Bolschewiki im März 1920 nach Moskau eingeladen, wo er auf Vorschlag Lenins zum Kandidaten des Zentralkomitees und des Orgbüros gekürt wird, sowie zum Leiter des Parteisekretariats (Molotow ist zu diesem Zeitpunkt 30 Jahre jung). Zurück in Nischni Nowgorod organisiert er den Subbotnik, den freiwilligen Arbeitseinsatz am 1. und 2. Mai 1920, über den er in einem Artikel auf der Titelseite der *Prawda* Bericht erstatten darf. Allerdings gelingt es ihm nicht, die zahlreichen Bolschewiki in Nischni Nowgorod, die mit der »Arbeiteropposition« liebäugeln, in den Griff zu bekommen. Mikojan, der sich als nächster an der Aufgabe »Nischni Nowgorod« probieren darf, wirft ihm später vor, als Intellektueller habe es Molotow an Nähe und Verständnis für die Arbeiter gefehlt. Tatsächlich muss Molotow einige Niederlagen vor dem Bezirksparteikomitee hinnehmen, das ihn mehrfach kritisiert, und wo die »alte Riege« an Bolschewiki der ersten Stunde, die sich von dem »Reingeschmeckten« aus der Hauptstadt nicht in die Suppe spucken lassen wollten, dominiert. Auf dem nächsten, dem 10. Parteitag der KP Russlands (Bolschewiki) verlieren die Anhänger Trotzkis 1921 ihre Parteiämter, und die Gefolgsleute Stalins wie Molotow, Jaroslawski sowie Michailow werden Sekretäre des Zentralkomitees (ZK). Molotow wird dabei zum übergeordneten »verantwortlichen Sekretär« ernannt. Er bleibt von 1921 bis Ende 1930 Sekretär des ZK.

Sekretär des ZK (1921)

Molotows Rückkehr nach Moskau 1921 bedeutet allerdings nicht, dass er sich jetzt auf einen bequemen Verwaltungsposten in der Parteizentrale zurückzieht. Er meldet sich erneut für einen Fronteinsatz und erhält diesmal den Auftrag, im Donbass, also der rohstoffreichen Tiefebene (Bassin) am unteren Don (Don Bassin – Donbass), nach dem Rechten zu sehen. Die Gegend stand seit dem von den USA inszenierten Staatsstreich in der Ukraine 2013/14 für einige Zeit erneut im Rampenlicht der Weltöffentlichkeit, da sich dort rechtsextreme Freikorps aus der West-Ukraine einerseits und von Russland unterstützte örtliche Brigaden andererseits bekämpften. Bis heute dauern die Kämpfe an, gezielte Anschläge des ukrainischen (und amerikanischen?) Geheimdienstes forderten unter der Führungsschicht der örtlichen Selbstverteidigungsmilizen zahlreiche Opfer wie »Motorola«, »Giwi« und andere Protagonisten der Jahre 2014 und 2015, die den hartnäckig von rechtsextremen, mit SS-Insignien posierenden Freikorps gehaltenen Flughafen von Donezk zurückeroberten und der ukrainischen Armee (die die Freikorps kurzerhand integrierte und zu Armeeverbänden umdeklarierte) die verheerenden Niederlagen von Ilowajsk und Debalzewo beibrachten. Dieses seit dem Mittelalter und bis heute umkämpfte und umstrittene Gebiet soll nun die neue Wirkungsstätte Molotows werden. Wieder scheut er nicht vor einer gefahrvollen Aufgabe zurück. Die Ukraine im Allgemeinen und der Donbass im Speziellen werden zu diesem Zeitpunkt noch zu weiten Teilen von rechtsextremen »weißen« Korps gehalten (wie sich die Bilder gleichen). Als Vertreter des Gouvernements Donbass wird er im September 1920 beim regionalen Parteikongress ins Zentralkomitee der ukrainischen Bolschewiki gewählt.

Die ukrainische KP steht nun unter strenger Aufsicht aus Moskau. Michail Frunse, neben Trotzki größter militärischer Held der Bolschewiki im Bürgerkrieg, kommandiert zu diesem Zeitpunkt die Südfront (Ukraine) und wird auf dem Kongress zum stellvertretenden Vorsitzenden des Rates der Volkskommissare der Ukraine gewählt. Molotow ist als Parteisekretär für die Zusammenarbeit und die Versorgung von Frunses Einheiten der Roten Armee verantwortlich, die bis zum Ende des Bürgerkriegs in der Ukraine bleiben. Nachdem sich nunmehr auch Lenins Haltung zur Nationalitätenfrage gewandelt hat (Böswillige könnten sagen, dass er seine Scheinbereitschaft zur Autonomiegewährung einkassierte, als diese nicht mehr notwendig oder gewinnbringend war), sollen sich die lokalen kommunistischen Parteien in den Gliederländern des russischen Reiches der Zentralgewalt bedingungslos unterstellen. Im Februar 1921 bringt Molotow eine explizite Beschlussvorlage in die Sitzung des ukrainischen Zentralkomitees ein, in dem als Schwerpunkt künftiger Aufgaben der Kampf gegen reaktionären Nationalismus, Antisemitismus, Machnoismus (Anarchismus) und »Verständigungsparteien« als Förderer des verbreiteten Brigantentums und Banditismus genannt werden. Ebenfalls im Februar 1921 beginnt eine weitere Hungersnot in der Ukraine, wie es sie bereits während der Zarenzeit oft gab. Sie wird durch die anhaltenden Transportschwierigkeiten verschärft. Molotow ist über die Lage informiert und leitet erste Schritte zu ihrer Bekämpfung ein. Lenin verkündet in Abkehr vom »Kriegskommunismus« die Neue Ökonomische Politik, die nach Verstaatlichung und Bürokratisierung jetzt wieder vereinzelte Ansätze zu privatem Handel und Wandel gestattet, was die Wirtschaftsleistung und Versorgungslage der Sowjetunion entscheidend verbessert.

Polina

Molotow versucht, trotz seiner steilen Karriere und den zahlreichen Entsendungen auch in entlegene Regionen des Riesenreichs, den Kontakt mit seiner Familie zu halten. Zum einen im engen schriftlichen Austausch mit seiner Schwester Sinaida, zum anderen mit seinem jüngeren Bruder Sergei, der ihn öfter in Moskau besucht und zeitweise im Zimmer nebenan wohnt. Allerdings endet diese Geschichte tragisch, als Sergei im Dezember 1919 bei einem Zimmerbrand ums Leben kommt. Kurz nach seiner Wahl zum Sekretär des ZK im März 1921 wird Molotow mit der Organisation einer Internationalen Frauenkonferenz betraut. Zu den Teilnehmerinnen gehört Polina Schemtschuschina, eine 24-jährige Kommunistin aus Pologi in der Ukraine. Geboren 1897 als Perl Karpowskaja, stammt sie aus jüdischem Elternhaus, ihr Vater ist Schneider. Von ihrem dreizehnten Lebensjahr an arbeitet sie in einer Zigarettenfabrik ihrer Heimatstadt und ab 1917 als Kassiererin in einer Drogerie. Eine ihrer Schwestern emigriert nach Palästina, ein Bruder in die USA, wo er unter dem Namen Sam Carp ein Vermögen in der Schiffsbauindustrie macht. Polina gehört schon vor 1917 zum bolschewistischen Untergrund. 1919 geht sie als Partisanin der Partei nach Kiew, um die dortige reaktionäre, von Deutschland und Österreich unterstützte Unabhängigkeitsbewegung zu bekämpfen, und bleibt dort bis 1920 als Instruktorin für weibliche Agitatoren der Kommunistischen Partei der Ukraine. Sie tritt 1918 den Bolschewiken bei und nennt sich nun Schemtschuschina (kleine Perle), nach ihrem alten Vornamen, den sie jetzt in Polina ändert. Sie erkrankt während der Moskauer Konferenz 1921. Molotow besucht sie als Abgesandter des ZK im Krankenhaus. Es ist wohl Liebe auf den ersten Blick, denn die beiden heiraten schon wenige Monate später im Sommer 1921. Sie sind beide Karriere-Bolschewiki und verfolgen ihre jeweiligen Ambitionen auch nach der Eheschließung weiter. Dennoch sprechen zeitgenössische Berichte und Memoiren von Weggefährten von einer außergewöhnlich harmonischen und tiefen Beziehung zwischen beiden. Polinas Gesundheit ist fragil, ein Jahr später muss sie zur Kur in die Tschechoslowakei, wo Molotow sie besucht, der dann nach Italien weiterreist, um sich die kurz vor dem Staatsstreich stehenden Faschistenhorden des Ex-Sozialisten Mussolini aus der Nähe anzusehen.

Als Molotow Sekretär des ZK wird, tagt das Politbüro noch einmal wöchentlich, später wird der Turnus deutlich gestreckt. Das Politbüro etabliert sich zu diesem Zeitpunkt als oberste Entscheidungsinstanz, noch vor ZK und Ministerrat. Molotow und Stalin sind beide Mitglieder sowohl des Politbüros wie auch des Orgbüros. Das Sekretariat, das zum Zeitpunkt seines Entstehens nur 30 Angestellte umfasste, ist zu diesem Zeitpunkt schon auf 600 Angestellte angewachsen. Weniger ein Ausdruck grassierenden Bürokratismus als vielmehr der Riesenaufgabe geschuldet, das Land gleichzeitig zu regieren (verwalten) und die neue Gesellschaftsform zu etablieren. Eine wesentliche Aufgabe, die ihm Lenin stellt, ist, sich um die Stellenbesetzungen in den Parteiorganisationen vor Ort, etwa in Tula und Tambow (zwei vom Bürgerkrieg heftig erschütterten Regionen), zu kümmern. Mit der Ausrufung der Neuen Ökonomischen Politik auf dem 10. Parteikongress beginnt ein knappes Jahrzehnt halbwegs liberaler Wirtschaftsform (Zulassung von Klein- und Mittleren Betrieben, des privaten Handels et cetera), um auf diesem Wege zu höheren Produktionsziffern und einer besseren Versorgung der Bevölkerung mit Nahrungsmitteln und Konsumgütern zu kommen. Angesichts der in Russland und der Ukraine grassierenden Hungersnot treffen nun Hilfslieferungen aus anderen Ländern ein, auch solchen, die der Sowjetunion feindselig gesinnt waren und sind. Daher ist es nur logisch, dass eine Kommission gebildet wird, der auch Molotow angehört, deren Aufgabe es ist, die mitreisenden Staatsvertreter der Geberländer zu überwachen und auf eventuelle antirevolutionäre Umtriebe zu überprüfen.

Degradierung durch Lenin (1922)

Angesichts des sich verschlechternden Gesundheitszustands Lenins seit dem Attentat 1918 steigt die Arbeitsbelastung Molotows, der nun Hauptverbindungsmann zum immer öfter auf Kur weilenden Lenin wird. Allerdings ist Lenin trotz allem mit Molotows Arbeitsleistung unzufrieden, insbesondere mit den bisher nur rudimentären Ansätzen, die Organisation des Sekretariats effektiver zu machen. Erstes Anzeichen der Krise ist die Berufung des bereits im Ministeramt befindlichen Stalin als Helfer und Stellvertreter Molotows innerhalb der Agitations- und Propagandaabteilung (Agitprop) im Herbst 1921. Letztlich ist es nur folgerichtig, dass der 32-jährige Molotow auf dem 11. Parteikongress im Frühjahr 1922, während dessen er heftig wegen angeblicher Mängel bei der Bekämpfung der »Arbeiteropposition« angegriffen wird, durch Stalin ersetzt wird. Dieser wird allerdings nicht einfach zum Sekretär, sondern auf die neue Position des Generalsekretärs berufen. Lenin hofft damit, der Sache neuen Schwung zu verleihen, und auf Stalins Fähigkeiten, der Organisation mehr Effizienz einzuhauchen.

Molotow bleibt einfacher Sekretär, als Stellvertreter Stalins. Ihm wird als Verstärkung Kuibyschew zur Seite gestellt, der gleichzeitig als Vollmitglied ins ZK einrückt. Im Hinblick auf das Orgbüro tauschen Stalin und Molotow die Plätze, als Molotow 1923 Vorsitzender des Orgbüros wird. Zudem wird er damit beauftragt, neue Parteistatuten auszuarbeiten. Die Sprechzeiten werden auf montags bis samstags, 12 bis 15 Uhr beschränkt, jeder Sekretär hat an drei der sechs Tagen Präsenzpflicht. Nach einer weiteren Inspektionsreise in den Ural ist er im Sommer zurück in Moskau, rechtzeitig zur

12. Parteikonferenz, wo seine Anwesenheit verlangt wird. Er stellt die mittlerweile ausgearbeiteten neuen Parteistatuten vor und berichtet über die Überprüfung der Mitgliedszahlen. Nachdem er im Herbst 1921 bereits in Georgien weilte, um bei der Gründung der Transkaukasischen Volksrepublik zu helfen, kann er nun auf dieser Grundlage Stalin, neben seinem Posten des Generalsekretärs immer noch Volkskommissar für Nationalitätenfragen, bei der Bereinigung der Beziehungen unter den verschiedenen Volksrepubliken auf ehemals zaristischem Territorium helfen, im Vorfeld der Gründung der Union der Sozialistischen Sowjetrepubliken (UdSSR) im Jahr 1922. Stalin und Molotow wechseln sich beim Vorsitz der entsprechenden Kommission des Zentralkomitees ab, was angeblich Lenin verärgert. Zusätzliche Spannungen entstehen durch die Eigenmächtigkeiten Ordschonikidses, der bei einem Kontrollbesuch der georgischen KP gegenüber einem Mitglied der dortigen Führungsriege handgreiflich wurde. Stalin geht dem nicht weiter nach, sieht es als Petitesse an, im Gegensatz zu Lenin. Außerdem propagiert Stalin als Volkskommissar für Nationalitätenfragen zu diesem Zeitpunkt den Zusammenschluss der übrigen Volksrepubliken auf ehemals zaristischem Gebiet im Rahmen der Russischen Sowjetrepublik. Lenin dagegen plant einen Zusammenschluss von Gleichberechtigten im Rahmen der neuen UdSSR, die auch Russland umfassen sollte, aber eben nur als ein Mitglied unter vielen. Molotow entscheidet sich in dieser Phase für Stalin und gegen Lenin. Er verteidigt Stalin gegen Angriffe Lenins und unterstützt den Georgier bei Versuchen, die Attacken Lenins zu kontern – wie etwa auf dem 12. Parteikongress. Auch bei der 13. Parteikonferenz im Januar 1924 gehört Molotow zur Unterstützergruppe Stalins.

Lenins Tod und Aufstieg Stalins (1924)

Im selben Monat stirbt Lenin und hinterlässt zunächst ein großes Machtvakuum, da die gesamte Autoritätsstruktur innerhalb der mittlerweile Kommunistische Partei Russlands (Bolschewiki) heißenden RSA (B) auf ihn zugeschnitten und keinerlei Nachfolgeregelung etabliert worden ist. Molotow gehört zum Komitee, das die Begräbnisfeierlichkeiten für Lenin vorbereitet, und zu den acht Top-Funktionären, die an Lenins Sarg Totenwache halten. Er trägt auch die Entscheidung mit, Lenins Leichnam einzubalsamieren und für künftige Generationen von Sowjetbürgern öffentlich auszustellen. Während viele andere Revolutionäre, Aktivisten und Helden des Jahres 1917 nach dem Ende der permanenten Kämpfe mit ihren täglichen Abenteuern und Herausforderungen von den eminent bürokratischen Tätigkeiten, welche der weitere Auf- und Ausbau des sozialistischen Russland erfordert, entweder überfordert oder gelangweilt sind und daher bald wieder aus der Führungsriege ausscheiden, ist Molotow hier in seinem Element. Er bewältigt den Übergang vom Revolutionär zum Funktionär problemlos und empfiehlt sich dabei für weitere hochrangige Aufgaben. Aus Berichten von Zeitzeugen geht hervor, dass Molotow seine Aufgabe im Orgbüro ausgezeichnet versieht, er ist ein teilnehmender, aufmerksamer Zuhörer und kümmert sich um die pünktliche und korrekte Umsetzung getroffener Vereinbarungen. Bereits 1923 zieht das Sekretariat des Zentralkomitees von den Räumlichkeiten in der Wosdwischenska-Straße in ein großes ehemaliges Versicherungsgebäude am Alten Platz (Staraja Ploschtschad) um – ein herausragendes Spätwerk des berühmten Moskauer Art-nouveau-Architekten Wladimir Sherwood

(1915). Molotows und Stalins Büro liegen nun direkt nebeneinander. Zu Molotows Assistenten zählt nun auch German Tichomirnow, der jüngste der Tichomirnow-Brüder, den Molotow bereits zu vorrevolutionären Studienzeiten in Kasan unter seine Fittiche genommen hatte.

»Nebenbei« gehört Molotow zahlreichen weiteren Kommissionen an, so ist er Vorstand der wichtigen Budget-Kommission, die den einzelnen ZK-Bereichen die zur Verfügung stehenden Mittel zuweist. Er organisiert die Plenarsitzungen des ZK, die zu diesem Zeitpunkt alle zwei Monate stattfinden, und ist für die ordentliche Protokollierung der Sitzungen verantwortlich (ein weiterer wichtiger Posten, kann Molotow doch damit über den Wortlaut getroffener Vereinbarungen und Diskussionsverläufe entscheiden). Bei weiteren Inspektionsreisen drängt er die Parteifunktionäre vor Ort zur offensiven Verteidigung der Kollektivierungspolitik, bei der die Vorteile für die einfachen Landarbeiter hervorgehoben werden sollen. Allerdings dürfe man Einzelfälle nicht überbewerten, so etwa wenn anonym Zettel »Nieder mit den Kommunisten, den Ausbeutern der Landbevölkerung« verteilt würden. Solange es keine direkten Anschläge oder Sabotageakte gebe, solle man derlei ignorieren und sich um Wichtigeres und Naheliegenderes kümmern. Generell müsse die Verbindung zur Landbevölkerung verstärkt werden, müssten die örtlichen Räte (Sowjets) wiederbelebt und auch außerhalb der Parteistrukturen Unterstützerverbände aufgebaut werden, innerhalb derer die Parteimitgliedschaft keine Voraussetzung sei. In Regionen wie Tambow, wo es aufgrund meteorologischer Gegebenheiten, aber auch als Auswirkung der Bürgerkriegskämpfe dort, zu Ernteausfällen gekommen sei, plädiert er dafür, praktische Hilfe zu leisten. Dazu gehöre auch die Verbesserung der Wohnsituation auf dem Land, wo immer noch elende Hüttenunterkünfte dominieren. Die Schwäche der örtlichen Parteiorganisationen spiegele sich in den schwachen Leistungen der Kolchosen. Es sei notwendig, aber auch möglich, in den kommenden zwei bis drei Jahren entscheidende Fortschritte und Verbesserungen zu erzielen. Entsprechendes wird nun vom ZK per Dekret beschlossen. Molotow hat sich zu diesem Zeitpunkt einen Ruf als Troubleshooter erarbeitet, und es ist daher kein Wunder, dass ihn die Genossen von der ukrainischen KP, deren Gebiet von besonders heftigen Auseinandersetzungen mit Oppositionellen und Saboteuren (alte K.-u.-k.-Strukturen im Westen des Landes, dem alten Galizien) geplagt wird, als Generalsekretär anfordern, um die Partei wieder auf Vordermann zu bringen. Doch Stalin kann Molotow in Moskau nicht entbehren, so wird an seiner Stelle Kaganowitsch geschickt (wenn auch mit durchwachsenem Erfolg).

Pressesekretär des ZK (1926)

Während Stalin 1926 die Verantwortung für das Organisatorische im Politbüro erhält, wird Molotow zusätzlich die Verantwortung für die Pressearbeit des ZK übertragen, wozu auch die Aufsicht über die Archivierung von Parteidokumenten gehört (was knapp anderthalb Jahrzehnte später im Zusammenhang mit dem Hitler-Stalin-Pakt von Interesse sein wird). Molotow fordert in einem seiner Thesenpapiere aus dieser Zeit die Sowjetpresse auf, ihrer Monopolstellung gerecht zu werden, indem sie Defizite, Fehlentwicklungen und Verzerrungen im wirtschaftlichen und gesellschaftlichen Bereich schonungslos benennt, ohne Demagogie oder in Panik zu verfallen. Die Orgbüro-Sitzungen finden nun montagabends von 19 bis 23 Uhr statt, das Sekretariat trifft sich freitags um 19 Uhr zur Planung der Folgewoche. Angesichts des dichtgedrängten Terminkalenders der Spitzenfunktionäre werden viele Beschlüsse und Diskussionen im Umlaufverfahren (russisch: *opros*) ausgearbeitet. Die erhaltenen Protokolle geben einen lebhaften Eindruck von der Fülle der zu bewältigenden Anfragen und Probleme innerhalb der dichtgetakteten Sitzungsrhythmen. Dabei zeigt sich immer wieder, dass Molotow durchaus anders als sein Vorgesetzter und mittlerweile als sein Mentor fungierender Kollege Stalin stimmt. Nach dem 14. Parteikongress 1926 wird Molotow vom ZK-Plenum zum Vollmitglied des Politbüros gewählt. Der 36-Jährige gehört damit endgültig zur ersten Führungsriege im jungen Sowjetstaat und ist eines von nur neun Vollmitgliedern. Zu den übrigen zählen Stalin, Bucharin, Woroschilow, Trotzki und Sinowjew. Stalin baut damit seine Hausmacht im Politbüro aus, zu seinen Unterstützern gehören neben Molotow noch Woroschilow und Kalinin, punktuell arbeitet Stalin auch mit Bucharin, Rikow und Tomski zusammen, was ihm eine komfortable Mehrheit bei der Beschlussfassung sichert. Molotow zählt zu den Politbüromitgliedern, welche an den meisten Sitzungen teilnehmen (über achtzig Prozent aller Sitzungen), er fehlt nur während seiner jährlichen Sommerferien. Zu den Bereichen, in denen sich Molotow besonders engagiert, zählen Rüstungsindustrie, Landwirtschaft und Kollektivierung sowie Industrialisierung und Fünfjahresplan. Zusätzlich nimmt er noch an Besprechungen im Rahmen der Komintern teil und kommt auf diese Weise auch mit außenpolitischen Themen in Berührung. Molotow fungiert auch als Stellvertreter Stalins während dessen Sommerferien, die sich häufig in Sotschi am Schwarzen Meer abspielen. Er agiert dabei nicht eigenständig, sondern übermittelt Stalin die wesentlichen Fakten per Telegramm an den Urlaubsort und empfängt von dort detaillierte Instruktionen. Stalin gelangt während dieser Zeit zur Überzeugung, dass er sich auf Molotow als treuen Adepten verlassen kann. Schon seit 1923 hat Molotow schriftlich und mündlich gerade auch in der Auseinandersetzung mit Trotzki klar Stellung bezogen – gegen Trotzki. Als dieser im Jahr 1925 das Buch *Über Lenin* veröffentlicht, in dem er Lenin als Schutzpatron gegen die angeblich von Irrtümern gespickte Linie der Partei seit dem Tod Lenins anruft, gehört Molotow zu den Autoren des bald darauf erscheinenden »Gegenbuches« *Über Leninismus*, in dem ansonsten auch noch Stalin und Bucharin Stellung beziehen. Molotows Artikel trägt die Überschrift »Über die Irrtümer des Trotzkismus«. Ähnliches hat er schon in mehreren *Prawda*-Artikeln in den Monaten zuvor veröffentlicht. Zu den gegen Trotzki erhobenen Vorwürfen gehören seine langjährige Mitgliedschaft bei den Menschewiki und sein später »Frontwechsel« zu den Bolschewiki im Sommer 1917. Nächste Etappe ist die »Eastman-Affäre«. Der US-Trotzkist Max Eastman publiziert im Sommer 1925 in englischer Sprache eine stark verfälschte Fassung von *Lenins Testament*. In Eastmans Fassung sind alle in Lenins Originaltestament enthaltenen Kritikpunkte an Trotzki eliminiert, ebenso wie Lob für andere aus der Führungsebene der Partei, so dass nur das Lob für Trotzki übrig bleibt. Stalin hält sich zu diesem Zeitpunkt während den Sommerferien wieder in Sotschi auf. Molotow übernimmt es, die Verbindung zwischen Stalin und dem Politbüro sicherzustellen. Doch dabei handelt er nicht immer im Sinne Stalins. So als er mit anderen Kollegen gegen das Vorhaben stimmt, ausländischen KP-Führern kritisches Material über Eastman zukommen zu lassen. Stalin, der eine internationale Kampagne gegen Trotzki und Eastman lostreten will, kritisiert ihn dafür heftig. Schon zuvor war Stalin mit Sinowjew und Kamenew aneinandergeraten. Kamenew hatte vorgeschlagen, dass Stalin anstelle von Trotzki das Kriegskommissariat übernehmen solle. Molotow vermutet dahinter die Absicht Trotzkis, Stalin vom Amt des Generalsekretärs zu verdrängen.

Auseinandersetzungen gibt es auch um die weitere sozialistische Ausgestaltung der Landwirtschaft. Molotow plädiert in dieser Phase dafür, neben den Kolchosen auch die kleinen, selbständigen Bauernbetriebe zu fördern, um die Produktivität der Landwirtschaft zu verbessern. Ohne eine funktionierende Landwirtschaft zur Nahrungsmittelproduktion lasse sich der weitere Aufbau des Sozialismus, gepaart mit der weiteren Industrialisierung des Landes, nicht schaffen. In der nächsten Phase müsse dann das Instrument der Kooperativen gestärkt werden, bevor die Landwirtschaft dann komplett in Kolchosen überführt werde. Dadurch könne man auch die verhassten Kulaken, die sich immer wieder als Gegner der Sozialisierung der Landwirtschaft herausstellen (naturgemäß, da es ihnen die Lebensgrundlage entzieht) und die sich als besonders wirksame Widerständler erweisen, isolieren, auch wenn man sie in einer ersten Phase noch benötige, um den Produktionskreislauf und die Verteilung der landwirtschaftlichen Produkte aufrechtzuerhalten. Massive staatliche Investitionen in die Landwirtschaft seien jetzt erforderlich, um die Grundlagen für die weitere Industrialisierung der Sowjetunion zu schaffen. Bucharin publiziert gleichzeitig den Aufruf an die Kulaken, sich ihrem natürlichen Streben nach Reichtum keinen Zwang aufzuerlegen. Eine Art »Enrichissez-vous« auf Russisch – womit Bucharin bei aller Treue zum Sozialismus natürlich übers Ziel hinausschießt und wieder ausführliche ideologische Streitigkeiten provoziert.

Schwierigkeiten in der Landwirtschaft und Kampf gegen die Kulaken

Vor diesem Hintergrund verschärfen sich im Sommer 1925 die Probleme in der Landwirtschaft. Schlechte Ernten führen zu steigenden Brotpreisen und zu einer Unterbrechung des (lukrativen) Getreideexports, womit auch Staatseinnahmen wegbrechen. Sinowjew und seine Leningrader Parteiorganisation gehören zu den führenden Kritikern der »liberalen« Parteihaltung gegenüber den Großbauern (Kulaken), die nun gestärkt werden sollen, um die aktuellen Schwierigkeiten zu überwinden. Molotow warnt öffentlich vor einer voreiligen Attacke auf die Kulaken – das werde zu direkten Einbrüchen in der landwirtschaftlichen Produktion führen. Noch sei man von ihnen abhängig. Es gehe jetzt darum, die Grundlagen zu legen, auf deren Basis man die Großbauern dann aus der landwirtschaftlichen Produktion ausschließen könne. Das sei aber Zukunftsmusik, und man dürfe jetzt nicht den zweiten Schritt vor dem ersten machen. So müssen jetzt als erster Schritt (einmal mehr) die bäuerlichen Kooperationen gestärkt werden, in denen sich Kleinbauern zusammenschließen. Aus diesen Kooperativen könnten dann künftig weitere Kolchosen entstehen. Bis dahin werde auch die Besteuerung der Kleinbauern ausgesetzt. Am Ende des Jahres 1925 plädiert Molotow jedoch nun wie sein Chef Stalin für den entschiedenen Kampf gegen die Großbauern, die aus der Landwirtschaft entfernt, die ausgemerzt werden müssten als Klasse. Gleichzeitig gelingt es, die Leningrader Opposition und ihre Anführer zu isolieren und aus höheren Parteifunktionen zu entfernen. Diese Runde des Kampfes ist für Stalin und seinen Mitstreiter Molotow gewonnen, weitere werden folgen. Molotow sorgt dafür, dass Sinowjew als Parteichef in Leningrad Anfang 1926 durch Sergei Kirow ersetzt wird. Das geht allerdings zu diesem Zeitpunkt noch nicht par ordre du mufti, sondern muss auf Meetings der Parteiaktive in den einzelnen Leningrader Betrieben Stück für Stück herbeigeführt werden. Molotow gehört zu einer Gruppe von Moskauer Emissären, die nun auf Tour durch die Leningrader Großbetriebe geht. Obwohl die Sinowjew-Gruppe dort teilweise über starken Rückhalt verfügt(e), stimmen am Ende über 90 Prozent der Arbeiter für die Moskauer Linie und die Ersetzung Sinowjews durch Kirow. Auf dieser Basis lässt sich dann auch die Vollversammlung der Leningrader Räte (Sowjets) davon überzeugen, dass ein personeller Neuanfang gemacht werden muss, mit Kirow.

Trotzki beginnt die erneute Auseinandersetzung auf der 14. Parteikonferenz im April 1926 mit einem Angriff auf die von Stalin durchgesetzte Parteilinie, dass der Sozialismus – abweichend von Lenins Vorstellungen einer unmittelbar bevorstehenden Weltrevolution – auch erst einmal nur in einem Land aufgebaut werden könne. Das sei Wunschdenken, es sei schlicht unmöglich, den Sozialismus in einem einzigen Land aufzubauen, wenn die Unterstützung des Proletariats aus den anderen Ländern fehle. Molotow erwidert, die nahezu unendlichen Ressourcen der Sowjetunion seien dafür mehr als ausreichend, die Sowjetunion mehr als jedes andere Land der Erde dazu berufen und geradezu ausersehen, diesen Weg zu gehen. Kaganowitsch unterstützt Molotow bei seiner Gegenattacke, Stalin bleibt im Hintergrund. Beim ZK-Plenum im Sommer 1926 gelingt es Stalin und seinen Unterstützern, Sinowjew aus dem Politbüro abwählen zu lassen. Ende 1926 sind auch Trotzki seinen Mitgliedsstatus und Kamenew seinen Kandidatenstatus los, Sinowjew ist aus der Komintern (dem letzten offiziellen Posten, den er noch innehat) rausgeschmissen. In einer Bilanz Ende 1926 schreibt

Molotow, dass man im kommenden Jahr 1927 die Feierlichkeiten zu zehn Jahren Oktoberrevolution begehen werde, was 1917 nur wenige für möglich gehalten hätten. Die sozialistische UdSSR habe deutlich mehr Überlebenskraft bewiesen als etwa die nur drei Monate dauernde Pariser Kommune 1871. Aber man habe nicht nur überlebt, sondern das Land auch noch entschieden vorangebracht. Man habe den Sozialismus aufgebaut und gleichzeitig das Land umfassend industrialisiert, die Landwirtschaft modernisiert und die ganze Gesellschaft neu aufgebaut. Über 90 Prozent der Industrie seien mittlerweile im Besitz des Proletariats. Das Produktionsniveau liege nach der zwischenzeitlich durchschrittenen Talsohle mittlerweile über dem von 1916 (dem letzten vorrevolutionären Jahr). Bürgerliche Elemente in Partei und Gesellschaft seien noch immer am Zweifeln, ob der Aufbau des Sozialismus gelingen könne, beziehungsweise arbeiteten aktiv dagegen, aber auch das werde von der revolutionären Sowjetunion überwunden werden. Der 36-jährige Molotow formuliert abschließend sein berühmtes Bekenntnis, dass die Zukunft nur in der Einigkeit der bolschewistischen Partei liegen könne, dass es für jeden anständigen Kommunisten nur ein Ziel geben könne, die Einigkeit der Partei, verbunden mit dem unerbittlichen Kampf gegen alle jene, die sich dem entgegenstellten. Es gelte nun, der Opposition endgültig alle Möglichkeiten zu nehmen, sich dem Sieg des Sozialismus entgegenzustellen. Molotow wird sich zeitlebens an diese These halten, wird die Einigkeit der Partei immer über persönliches Wohlergehen stellen – auch wenn das viele seiner Kritiker nicht verstehen wollen oder können.

Das Jahr 1927 steht unter dem Vorzeichen der drohenden Kriegsgefahr (wie sie zumindest aus der Perspektive der Sowjetunion wahrgenommen wird), der weiteren internationalen sozialistischen Revolution und der Verteidigung der Sowjetunion vor möglichen militärischen Angriffen. Die Sowjetunion, so Molotow in einer Lagebeschreibung von Anfang 1927, sei den kapitalistischen Staaten mehr denn je ein Dorn im Auge, daher steige die Gefahr imperialistischer Angriffe. Ein Erfolg sei, dass bereits ein Drittel der Kleinbauern und der einfachen Landbevölkerung Mitglied von Agro-Kooperativen sei, was unter den Großbauern Panik hervorrufe. Die Kulaken müssten nunmehr verstärkt bekämpft werden. Trotzki reagiert, indem er Stalin und Konsorten öffentlich vorwirft, sie seien nicht die Torwächter, sondern die Totengräber der Revolution von 1917. Das Jahr 1927 kulminiert im 15. Parteikongress Ende des Jahres. Die schlechte Ernte und die unter dem Soll gebliebenen Getreideablieferungen schüren die Furcht vor einer erneuten Krise in der Landwirtschaft. Stalin propagiert nun erneute Zwangsablieferungen von Getreide und eine verstärkte Kollektivierung in den Gebieten, wo diese bisher nur ansatzweise vorgenommen wurde. Zu diesem Zeitpunkt werden noch vier Prozent aller bäuerlichen Haushalte der Kulakenklasse zugerechnet, wobei diese Zahl in den Jahren zuvor wieder leicht angestiegen war. Mit der Entwicklung des bäuerlichen Proletariats zu Agro-Arbeitern, die nicht mehr lebensbedrohlich von Ernteerträgen und Unwettern abhängig sind für ihr Überleben, soll der weitere Aufbau des Sozialismus betrieben werden. Hierfür sollen alle Formen genossenschaftlicher Zusammenschlüsse, also nicht nur die Kolchosen, sondern auch die übrigen Kooperativen staatsseitig unterstützt werden. So etwa durch Maschinengesellschaften, die Vorläufer der Maschinen-Traktoren-Stationen (MTS). Als Methode empfiehlt Molotow in seinem Kongressbeitrag Überzeugung und Ermutigung der bäuerlichen Landbevölkerung. Stalin seinerseits betont, der weitere Aufschwung der Schwerindustrie werde zur Mechanisierung der Landwirtschaft beitragen und damit die weitere Kollektivierung ermöglichen. Das Kleinbauerntum mit seinen winzigen Felderwirtschaften, die kaum zum Überleben reichen, müsse endgültig überwunden werden.

Im Anschluss an den Kongress schwärmen führende Parteimitglieder aus, um die Getreideanbauregionen der Sowjetunion zu besuchen und sich vor Ort ein Bild vom Stand der Zwangsabgabe an Getreide zu machen. Molotow reist in die Ukraine und nach Baschkirien, Stalin selbst fährt nach Sibirien, wo es nach einer Rekordernte zu einem Tiefstand der Ablieferungen gekommen ist, sich also die örtlichen Bauern am zurückgehaltenen Getreide zu bereichern versuchen. Getreide wird nun großflächig beschlagnahmt, die Kollektivierung zwangsweise vorangetrieben. Molotow berichtet, dass er persönlich die Beschlagnahmung von Getreide beaufsichtige, wobei die betroffenen Bauern zwar für das beschlagnahmte Getreide bezahlt werden, aber natürlich zu Preisen deutlich unter denen, die auf dem schwarzen oder grauen Markt zu erzielen sind. Stalin ist Molotow für seinen energischen und erfolgreichen Einsatz bei der Eintreibung des ukrainischen Getreides sehr dankbar, die eine Hungersnot in den Großstädten verhindert. In der Uralregion besucht Molotow anschließend Swerdlowsk, Tscheljabinsk und Ufa. Der bisher zuständige Sachbearbeiter Frumkin hatte geschrieben, dass die Region nicht mehr als 39 Millionen Pud (640.000 Tonnen) Getreide abliefern könne, Molotow besteht auf der von der Zentralkommission festgelegten Quote von 44 Millionen Pud (722.000 Tonnen). In Tambow hat die regionale Parteiorganisation eigenhändig die Ablieferungszahlen vermindert. Molotow nimmt sie dafür ins Gebet und erklärt, dass sie niemals eigenmächtig gegen die Partei und die Einheit der Partei handeln dürften. Man könne die Zahlen nur ändern, wenn man vorher diese Änderung beantragt und mit der Zentralbehörde eine Einigung erzielt habe. Die regionalen Parteivertreter weisen darauf hin, dass sie nur bei zusätzlicher Zuteilung landwirtschaftlicher Maschinen die geforderten Quoten liefern könnten. Molotow wischt den Einwand beiseite: Die Quoten seien zu erfüllen, unabhängig von der Zuteilung an Maschinerie. Großbauern, die sich weigerten, Steuern zu bezahlen, seien umgehend zu verhaften.

Zurück in Moskau, wird Molotow die Verantwortung für die zentrale Steuerung der Aussaat im Frühjahr 1928 übertragen, Zeichen für seine gestiegene Autorität in Sachen Landwirtschaft. Er befürwortet zu diesem Zeitpunkt auch extreme Maßnahmen, um die geforderten Abgabequoten zu erfüllen. Stalin macht gleichzeitig den Vorschlag, neben den Kolchosen mittlerer Größe auch echte agrotechnische Großbetriebe, die Sowchosen, zu schaffen, welche die nötige Steigerung der Produktivität in der Landwirtschaft herbeiführen sollen. Gleichzeitig wird ein Unions-Kolchosen-Rat (Sowjet) gebildet, der die zentrale Steuerungsinstanz für die kollektivierte Landwirtschaft bilden soll. Im Sommer 1928 veröffentlicht der von Molotow zuvor gemaßregelte Frumkin eine Philippika gegen die Landwirtschaftspolitik in der UdSSR, die dazu geführt habe, dass, mit Ausnahme der ärmsten Bevölkerungsteile, die gesamte Landbevölkerung gegen die Kommunistische Partei sei. Molotow reagiert mit einer ausführlichen Gegendarstellung, die die Erfolge der kollektivierten Landwirtschaft in Bezug auf Steigerungen der Produktivität und der Getreideproduktion herausstreicht. Der Streit setzt sich beim nächsten Plenum des ZK im Juli 1928 fort, mit Stalin und Molotow auf der einen und Bucharin, einem entschiedenen Gegner der Weiterführung der »außerordentlichen Maßnahmen« zur Sicherung der Getreideablieferungsquote, auf der anderen Seite. Molotow räumt ein, dass die außerordentlichen (Zwangs-)Maßnahmen nicht zum Dauerzustand werden dürften, auch seien Fehler in der Planung der landwirtschaftlichen Produktion vorgekommen. Er schlägt daher Preissteigerungen für landwirtschaftliche Produkte und Brot vor. Letztlich sei der Lehre Lenins zu folgen, dass nur die Einheit von Proletariat und bäuerlicher Landbevölkerung den Sieg des Sozialismus sicherstellen könne.

Die Schachty-Affäre (1928)

Molotow, das zeigt sich gerade in den immer wieder auftretenden Krisen, verfügt über Scharfsinnigkeit und Verwaltungstalent. Dabei bleibt er, von Ausnahmen abgesehen, im Hintergrund, zieht dort die Fäden und kultiviert sein Image als »farbloser Bürokrat« – als einziger Bolschewik trägt er immer Anzug und Krawatte. Die nächste Krise lässt nicht lange auf sich warten. Sie ist bis heute als »Schachty-Affäre« bekannt. Es geht dabei einmal mehr um die Rolle der »Spezialisten« in der sowjetischen Gesellschaft. Die junge Sowjetunion war gerade in ihren Anfangsjahren existentiell auf die Zuarbeit von »bürgerlichen Spezialisten« angewiesen, sprich: Kadern, die ihre Ausbildung und den ersten Teil ihrer Karriere im vorrevolutionären Russland durchlaufen hatten. Diese Spezialisten werden natürlich von einem Teil der Revolutionäre von vornherein mit Misstrauen angesehen, da man unter ihnen den höchsten Teil von Saboteuren und verkappten Antikommunisten vermutet, denen ausschließlich daran gelegen sei, der jungen Sowjetunion zu schaden, statt an ihrem Aufbau mitzuarbeiten. Diese Spezialisten sind in allen Sektoren vertreten, in der Verwaltung, in der Industrie, der Finanzwirtschaft und im Militär. Gerade in der Armee wäre es ohne das Know-how ehemals zaristischer Offiziere nicht möglich gewesen, das Überleben der Sowjetunion militärisch in den Anfangsjahren zu sichern, im Bürgerkrieg, aber auch im Krieg gegen die verschiedenen »weißen« und internationalen Interventionstruppen. Diese Spezialisten stehen zeitlebens unter Generalverdacht. Immer wieder werden echte und vermeintliche Saboteurszirkel in ihren Kreisen aufgedeckt, andererseits arbeiten aber viele dieser ehemals bürgerlichen Spitzenleute zuverlässig und erfolgreich für die neue sozialistische Gesellschaft unter Führung der Kommunistischen Partei.

Den besonders Misstrauischen unter den Führungskadern der Kommunistischen Partei sind diese bürgerlichen Spezialisten ein Dorn im Auge, da sie vermeintlich Tag und Nacht daran arbeiten, den Untergang der Sowjetunion durch eine endlose Reihe von Sabotageakte (*вредительство/wreditelstwo*, deutsch: jemandem schaden) herbeizuführen. Zu den besonders misstrauischen Führungskadern zählen Stalin und sein Adept Molotow. Stalin hat sich schon 1925 gegen die weitere Verwendung der bürgerlichen Spezialisten ausgesprochen, die nicht mehr benötigt würden und die man als ständigen Unruheherd lieber früher als später loswerden solle. Im März 1928 wird ein dreiköpfiges ZK-Team unter Leitung Molotows entsandt, um die Vorgänge rund um die angeblich entdeckte Saboteursgruppe bürgerlicher Spezialisten in der Bergbauregion rund um Schachty (Donbass) zu analysieren. Der Geheimdienst OGPU (Vorläufer des KGB) hat eine Gruppe angeblicher Saboteure in der nordkaukasischen Stadt verhaftet und wirft ihnen vor, mit den früheren, emigrierten Besitzern der Kohlegruben konspiriert und Sabotageakte ausgeführt zu haben. Hintergrund sind eine Reihe schwerer Unfälle in Industrie und Bergbau, die zu der Vermutung führen, dass zumindest ein Teil von ihnen künstlich herbeigeführt worden sein könnte. Von westlichen Medien und Historikern wird das bis heute immer pauschal als vorgeschobenes Argument abgelehnt, als vorgeschobene Entschuldigung für die allein durch sozialistische Schlamperei und kommunistische Misswirtschaft herbeigeführte Unfallserie, so als habe es weiße und internationale Interventionsarmeen nie gegeben, und als seien die kapitalistischen Staaten in den zwanziger Jahren an einer Vernichtung der Sowjetunion überhaupt nicht mehr interessiert gewesen.

Tatsächlich haben diese Staaten ihre intensive Arbeit gegen die Sowjetunion nur vom militärischen Gebiet auf jenes der Geheimdienste, der Untergrundtätigkeit und der Subversion verlegt. Zusätzlich werden wirtschaftliche und finanzpolitische Maßnahmen ergriffen, um der jungen Sowjetunion so nachhaltig wie möglich zu schaden und ihren Untergang herbeizuführen. Die Untersuchungen in Schachty sind bald abgeschlossen. Fünf der über fünfzig Angeklagten werden zum Tode verurteilt (darunter der bekannte Vorkriegs-Eisenbahnunternehmer und Berater der sozialistischen Ministerien für Bergbau und Transportwesen, Nikolai von Meck, damals 66 Jahre alt – sein »Heldenlied« wird Jahrzehnte später von Alexander Solschenizyn geschrieben, im *Archipel Gulag*). Vierundvierzig Angeklagte müssen Haftstrafen antreten. All denen, die das sowjetische Misstrauen gegenüber echten und vermeintlichen Saboteuren für »sozialistische Defekte« und für typisch angesichts der menschenverachtenden Haltung des Sozialismus in toto befinden, sei das Beispiel der erfolgreichen Gegenspionage-Operation »Trust« (*операция »Трест«*) des OGPU entgegengehalten. Dabei gelang es der OGPU über fünf Jahre hinweg, zwischen 1921 und 1926, mittels einer fiktiven antikommunistischen Organisation namens *Monarchistische Union Zentralrusslands* (*Монархическое объединение Центральной России, МОЦР*) zahlreiche wohlhabende russische Emigranten, zaristische Generäle, aber auch ausländische Geheimdienste – unter anderem den britischen *Secret Intelligence Service* beziehungsweise *MI6* sowie das französische *Deuxième Bureau* – dazu zu verleiten, dieser Organisation hohe Summen zu spenden (also für den Aufbau des Sozialismus) und ihr ihre antibolschewistischen Netzwerke zur Verfügung zu stellen, die dann in der Folge von der OGPU zerschlagen werden können.

Als Krönung werden die britischen antirussischen und antibolschewistischen Spitzel Sidney Reilly (alias Shlomo Rosenblum, angeblich das Vorbild für James Bond) und Boris Sawinkow bei einem Undercover-Einsatz auf sowjetischem Gebiet gefasst und auf Grundlage von 1918 wegen geplanter Anschläge auf »Lenin & Co.« verhängter Todesurteile exekutiert. Reilly hatte im Laufe seiner Agentenkarriere unter anderem 1904 die russischen Minenverlegungspläne von Port Arthur den Japanern zugespielt, und so diesen den – allerdings dank heroischer russischer Gegenwehr teuer erkauften – Sieg bei ihrem Überraschungsangriff verschafft, und 1924 das gefälschte »Sinowjew-Schreiben« erstellt, ein angeblicher Brief Sinowjews mit der Aufforderung an britische Kommunisten, gemeinsam mit Labour-Funktionären den Umsturz in Großbritannien herbeizuführen. Mit dieser perfiden Fälschung sollte einige Tage vor der britischen Parlamentswahl die damals erstmals regierende Labour Party geschädigt werden, die kurz zuvor die Sowjetunion diplomatisch anerkannt hatte und unmittelbar vor dem Abschluss eines Wirtschaftsabkommens mit Moskau stand. Die Labour Party verlor, wie beabsichtigt, die Wahl. Diese bei Westblock-Geheimdiensten bis heute beliebte Form der psychologischen Kriegsführung auch im eigenen Land (gegen »linke« Staatsfeinde, niemals gegen rechts) hatte den absehbaren Erfolg.

In seinem Bericht schlägt sich Molotow auf die Seite der Misstrauischen und spricht sich strikt gegen die weitere Verwendung bürgerlicher Spezialisten und für ihre Ersetzung durch im Schnellverfahren ausgebildete Proletarier aus. Stalin unterstützt ihn bei diesem Vorstoß. Neue proletarische Führungskader sollen nun schnellstmöglich ausgebildet werden, es sei schade, dass man die letzten zehn Jahre verstreichen habe lassen, ohne dies im notwendigen Maße zu gewährleisten. Molotow plädiert für ein Sonderprogramm, in dem schnellstmöglich tausend überzeugte Kommunisten und Proletarier zu Spezialisten ausgebildet werden sollen. Er wird nun mit Stalins Hilfe Nachfolger Bucharins als Chefideologe der Partei und ersetzt ihn auch in der Führung der Komintern. Molotow führt die Kampagne gegen die Spezialisten auf dem Plenum des ZK im November 1928 fort. Als Nächstes wird er damit beauftragt, die Moskauer Parteiorganisation von rechten Elementen und Trotzkisten zu säubern. Er feuert vier von sechs stellvertretenden Vorsitzenden und vier von sechs Rayonsvorsitzenden sowie 99 von 157 Stadtkomiteemitgliedern und übernimmt anschließend selbst den Sekretärsposten. Er gilt nun als Stalins rechte Hand, als sein Helfershelfer, als Mann fürs Grobe.

Molotow und die Komintern

Die Auseinandersetzung mit Bucharin ist aber noch keineswegs vorbei. Dieser nutzt das ZK-Plenum im April 1929, kurz vor der 16. Parteikonferenz, um hohnlachend die Widersprüche in Molotows (und Stalins) Position zum Kulakentum aufzuzeigen, die sich von Tolerierung innerhalb kürzester Zeit zur gnadenlosen Bekämpfung verkehrt habe. Molotow und Stalin feuern aus allen Rohren und mit der Unterstützung aller Adepten zurück. Molotow gibt dabei freimütig zu, dass er sich in seiner früheren Beurteilung des Kulakentums geirrt habe, was er bereits öffentlich eingeräumt habe. Er wirft Bucharin nun seinerseits vor, völlig außer Acht zu lassen, dass sich der Klassenkampf innerhalb der Sowjetunion gerade aufgrund der Neuen Ökonomischen Politik, die zur Entstehung beziehungsweise zum Wiederaufleben einer bürgerlichen Mittelschicht geführt habe, wieder verschärft habe. Behalte man das nicht im Blick, gerieten die Grundlagen des sozialistischen Gesellschaftsmodells in Gefahr. Noch im Sommer 1929 betont Molotow bei einer Rede, dass der Kampf gegen rechts noch keineswegs siegreich zu Ende geführt sei. Die bisher gegen die Kulaken ergriffenen Maßnahmen hätten aber dennoch bereits jetzt zu einer Senkung der notwendigen Getreideimporte geführt und die sozialistischen Elemente in der Landwirtschaft (MTS, Kolchosen und Sowchosen) weiter gestärkt. Bucharin wird vom ZK-Plenum aus dem Politbüro abgewählt, seine Mitstreiter Rikow und Tomski streng gemaßregelt. Auch in der Komintern benutzt Stalin seinen Adepten Molotow, um »Ordnung« zu schaffen. Bereits seit 1926 ist Molotow Mitglied des IKKI (*Исполнительный комитет коммунистического интернационала*/*Ispolnitelni komitet kommunistitscheskogo internazionala* – Exekutivkomitee der

Komintern) und soll damit Bucharin, der in der Komintern seine letzte verbliebene Machtbasis hat, unter Kontrolle halten. Er nutzt den 6. Komintern-Kongress im Sommer 1928, um erstmals vor den heraufziehenden Gefahren durch den in Europa immer stärker grassierenden Faschismus (vor allem in Italien und Deutschland) zu warnen. Der Kongress ist geprägt von einem Kurswechsel der Sowjetunion, die statt dem Bündnis aller linken Parteien nun die Gegnerschaft zur Sozialdemokratie propagiert, die sie als Verräter der Arbeiterklasse anprangert. Nach dem Motto: »Wer hat uns verraten? Sozialdemokraten!«

Aus heutiger Sicht, mit dem mittlerweile gesicherten Wissen um den jahrzehntelangen, unaufhörlichen, gnadenlosen Kampf der Sozialdemokratie gegen die sozialistischen Staaten und allen voran die Sowjetunion kann man das nur als hellsichtig bezeichnen. Man erinnere sich nur an die Untergrundorganisation *Ostbüro der SPD*, an die enge Zusammenarbeit der SPD mit US-Geheimdiensten wie der CIA, etwa im Falle Willy Brandts, der Gelder des US-Geheimdienstes annahm, sowie natürlich an die Entwicklung der perfidesten aller antikommunistischen Vernichtungswaffen, dem Prinzip »Wandel durch Annäherung«. Ihr Erfinder ist der US-Propagandist und langjährige SPD-Chefideologe Egon Bahr, der schon in den fünfziger Jahren (damals noch als Lautsprecher des Berliner US-Propagandasenders RIAS – *Rundfunk im amerikanischen Sektor*) prophezeite, dass bei einem gezielten Einsatz dieser Waffe (wie sie nach der Regierungsübernahme der SPD 1969 massiv eingesetzt wurde) der Untergang des Ostblocks in greifbarer Nähe liege und spätestens Anfang der achtziger Jahre eintreten werde – er hat sich nur um wenige Jahre vertan. Natürlich wurde durch die Ausrufung der Gegnerschaft zur Sozialdemokratie (diese hatte den Kommunismus von Anfang an als Feind betrachtet) – wie vielfach von apologetischer Seite beklagt – der Widerstand gegen Hitler phasenweise geschwächt. Dabei stellt sich aber doch die Frage, welchen dauerhaften Widerstand eine Ebert'sche Sozialdemokratie, die im Ersten Weltkrieg für die Kriegskredite stimmte und sich auch im Zweiten Weltkrieg nicht gerade durch massenhafte Widerstandshandlungen auszeichnete, der Hitlerei entgegengesetzt haben würde, hätten sich die Sowjetunion und in ihrem Gefolge die KPD zu einem Bündnis bereitgefunden – Ausgang durchaus zweifelhaft. Hier ist an Kurt Schumachers Diktum von 1930 zu erinnern, die Kommunisten als »rotlackierte Ausgabe der Nazis« zu bezeichnen. Spätestens nach dem Sieg über die Hitlerei wäre der Konkurrenzkampf vonseiten der SPD wie gehabt bis aufs Messer wieder losgegangen. Steht die Sozialdemokratie doch für eine letztlich restaurative prokapitalistische Gesellschaftspolitik und eine wohlwollende Begleitung der Umverteilung von unten nach oben im Westblock beziehungsweise im entwickelten Konsumismus, der letzten Stufe des Kapitalismus (Stichworte: Hartz IV, Globalisierung et cetera pp. unter munterer Beförderung durch unsägliche Gestalten wie Schröder und Fischer). Auffälligerweise fehlt der 38-jährige Molotow unter den Gratulanten, die Stalin im Dezember 1928 zu dessen 50. Geburtstag ihre Glückwünsche senden, und dies via *Prawda* und *Iswestija*. In beiden Blättern werden allerdings gleichzeitig Fotos abgebildet, auf denen Stalin und Molotow gemeinsam zu sehen sind (also eher eine Geste Stalins an Molotow: Hatte es ein Zerwürfnis gegeben? Wollte Stalin wieder Gutwetter machen?).

Molotow und die sowjetische Deutschland-Politik

Molotow betont in einer Rede Anfang 1929, dass die kapitalistischen Staaten aus Sicht der Sowjetunion dabei seien, einen neuen blutigen Krieg vorzubereiten, daher müsse man nun alle Kraft auf die schnelle Industrialisierung und die Stärkung der Verteidigungsfähigkeit der Sowjetunion konzentrieren. Wie Historiker mittlerweile bewiesen, ist Deutschland während der angeblich so pazifistischen, idealistischen Weimarer Republik kräftig dabei, Revisionismus und Revanchismus von höchster Stelle aus vorzubereiten und teilweise schon in die Tat umzusetzen. So ist die Aufrüstung der Reichswehr zum Millionenheer keineswegs ein Original-Projekt Hitlers, sondern schon seit Anfang der zwanziger Jahre von der obersten Reichswehrführung geplant, flankiert von Verträgen wie dem von Rapallo, der 1922 offiziell zur Intensivierung des Handels mit der Sowjetunion geschlossen wird, inoffiziell aber zur Sanktionierung deutscher Waffentests und militärischer Ausbildungsprojekte auf sowjetischem Gebiet dient. Deutschland stärkt damit auch seine Verhandlungsposition gegenüber den Westmächten. Moskau und Berlin räumen sich wieder die Meistbegünstigungsklausel ein, Letzteres ist für Deutschland wichtig, weil seine Waren von den ehemaligen Kriegsgegnern in Westeuropa weiterhin boykottiert werden. Des Weiteren verzichten beide Staaten auf Reparationen für Kriegsschäden, das Deutsche Reich auch auf Entschädigungen für ehemals deutsches Eigentum, das im Zuge der Revolution verstaatlicht worden war.

Die gegenseitige militärische Unterstützung versteckt sich in Artikel 5, wo es heißt, dass sich die deutsche Regierung bereit erkläre, ihr neuerdings mitgeteilte, von Privatfirmen beabsichtigte Vereinbarungen in Sowjetrussland zu unterstützen. Die Einführung privatrechtlicher Vereinbarungen soll die Reichsregierung vor Kompromittierung schützen, gleichwohl werden die laufenden Kosten des Unterhalts dieser militärischen Waffensystemtests aus dem Etat des Reichswehrministeriums beglichen. In den parallel geführten Wirtschaftsverhandlungen weigert sich die deutsche Regierung, dem sowjetischen Wunsch nach einem staatlichen Kredit nachzukommen, doch wird stattdessen mit der Gewährung einer Ausfallbürgschaft für private Banken das Kreditrisiko minimiert. Schon 1927 liegt der Wert der sowjetischen Exporte nach Deutschland bei rund einer halben Milliarde Reichsmark. Besonders das Vertragsbündel von Locarno (1926), insgesamt sieben Abkommen, ist aufschlussreich hinsichtlich der außenpolitischen Absichten Deutschlands in den »Goldenen Zwanzigerjahren«. Angeblich zur Verständigung nach Westen geschlossen, dienen sie jedoch hauptsächlich (wie von ihrem Unterzeichner Stresemann intern schriftlich gegenüber der Reichszentrale für Heimatdienst sowie separat Kronprinz Wilhelm bestätigt) der Vorbereitung notfalls militärischer Grenzkorrekturen, sprich: Gebietserweiterungen im Osten. Während man im Westen bereit ist, die bestehenden Grenzen anzuerkennen, also vorerst endgültig auf Elsaß-Lothringen und Eupen-Malmedie zu verzichten, und das Rheinland als entmilitarisierte Zone hinzunehmen, um einen Zweifrontenkrieg gegen das als Angriffsland Nummer eins feststehende Polen samt seiner Garantiemacht Frankreich zu vermeiden, wird die damalige deutsche Ostgrenze ausdrücklich nicht anerkannt. Da Großbritannien im Gegensatz zu Frankreich keine Grenzgarantie abgibt für die Staaten im Osten Deutschlands, ist künftigen Aktionen von deutscher Seite Tür und Tor geöffnet. Die Siegermächte des Ersten Weltkriegs versuchen, mit Hilfe der Verträge ihre Beziehungen zu Deutschland zu normalisieren. Dies geschieht vor dem Hintergrund, dass die einseitige Meistbegünsti-

gung, die das Deutsche Reich den Siegermächten nach dem Versailler Vertrag zu gewähren hat, am Anfang 1925 ausläuft. Exportorientierte Unternehmer in Frankreich und Großbritannien drängen daher auf eine Annäherungspolitik gegenüber Deutschland. Hinzu kommt das Unbehagen der Westmächte angesichts des 1922 zwischen der Sowjetunion und Deutschland geschlossenen Vertrags von Rapallo.
Die Sowjetunion weiß seit dem Vertragsschluss von Rapallo und der anschließenden geheimen militärtechnischen Zusammenarbeit mit Deutschland ganz genau, sozusagen aus erster Hand, dass Deutschland die Aufrüstung nicht nur vorbereitet, sondern ganz aktiv betreibt, und hat aufgrund der nach Osten gerichteten Gesamtkonzeption der deutschen Außenpolitik allen Grund, diese Aufrüstung auch als gegen sich gerichtet zu verstehen. Daher sind die bis heute andauernden Versuche westlicher Historiker, das angeblich sprichwörtliche »krankhafte sowjetische Misstrauen« gegenüber den Westblockstaaten im Allgemeinen und Deutschland im Besonderen – unter perfider Ausblendung der mittlerweile zweifelsfrei nachgewiesenen deutschen Aufrüstung seit den zwanziger Jahren – als lächerlich abzutun, absurd. Die deutsche Aufrüstung ist sehr konkret, ebenso wie die – Moskau durch informelle Kanäle nur zu gut bekannte – Gesamtkonzeption der Außenpolitik mit einer zeitnah geplanten Grenzrevision im Osten, was auf einen Krieg im Osten, unmittelbar an den Grenzen der Sowjetunion beziehungsweise auch auf die Sowjetunion ausgreifend (in der Konzeption der Nationalsozialisten unter Hitler seit 1924 in seiner Polit-Schmonzette *Mein Kampf* öffentlich schriftlich niedergelegt), hinausläuft. Die Sowjetunion hat also allen Grund zu einer teilweise überhasteten, fieberhaften Industrialisierung und Aufrüstung sowie einer Verstärkung der nach dem Bürgerkrieg von fünf Millionen Mann drastisch auf 500 000 Mann reduzierten Roten Armee, die nun wieder auf Millionenstärke gebracht wird.

Molotow widmet seine Rede der internationalen Lage, speziell im Hinblick auf die einmal mehr als »Sozialfaschisten« apostrophierten Sozialdemokraten, die für den Tod von 25 demonstrierenden Arbeitern in Berlin verantwortlich seien, nachdem der SPD-Bürgermeister die ordnungsgemäß für den 1. Mai 1929 angemeldete Demonstration kurzfristig habe verbieten wollen und diese dann von der nur allzu willigen Polizei zusammenschießen ließ. Im Hinblick auf von japanischer Seite provozierte Zusammenstöße an der chinesischen Grenze plädiert Molotow für eine bedachte Reaktion. Die Kampfkraft der Roten Armee sorgt jedoch dafür, dass man dem Gegner aus dem Reich der Mitte eine eindeutige Botschaft sendet. Nach kurzer Vorbereitung erzielt Sowjetgeneral Bljucher im November 1929 beim Gegenangriff sowjetischer und mongolischer Truppen auf die von Japan protegierte und mit »Militärberatern« unterstützte chinesische Kuomintang-Armee (also fast genau zehn Jahre vor Schukows Erfolg am unweit gelegenen Chalchin Gol in ähnlicher Konstellation gegen japanische Truppen) einen herausragenden Erfolg für die Rote Armee. Die modernsten internationalen Strategieentwicklungen folgende planmäßige Umfassung der gegnerischen Truppen durch gepanzerte Fahrzeuge bei gleichzeitiger Luftunterstützung und konzentriertem Vorbereitungsfeuer der Artillerie ist der Weg zum Erfolg.
Grundlage für die weitere Kollektivierung der Landwirtschaft ist für Molotow die Errichtung weiterer großer Traktorenwerke und die Fortsetzung der Elektrifizierung der Sowjetunion, gerade auch in den abgelegenen Landesteilen. Zur Absicherung der Ernte sollen 25.000 Industriearbeiter und große Kontingente an Soldaten der Roten Armee bereitgestellt werden – Letzteres zum Unmut der höheren Generalität (wie beispielsweise Schukow), welche durch den anstrengenden und Monate dauernden Arbeitseinsatz der Soldaten das Training und die Kampfbereitschaft der Armee untergraben sehen. Aus Sicht der Wirtschaftsplaner ist

der Arbeitseinsatz der Militärs natürlich ein probates Mittel, um die größtenteils brachliegenden direkten Produktivkräfte der Soldaten wieder in den Wirtschaftskreislauf einzubringen. Als Molotow im Dezember 1929 seinen Urlaub fern von Moskau im Kaukasus verbringt, schreibt ihm Stalin einen bemerkenswert persönlichen, freundschaftlichen Brief, der einzige dieser Art, der sich erhalten hat. Darin schreibt Stalin: »Hallo Molotöffchen, warum zum Teufel hast du dich wie ein Bär in deine Höhle verzogen, warum meldest du dich nicht? Wie geht's dir da unten, gut oder schlecht? Schreib mal wieder.« Beleg dafür, wie eng die Beziehung zwischen beiden ist, nach der jahrelangen Unterstützung Stalins durch seinen getreuen Adepten Molotow. Die politischen Ausrufezeichen setzt einmal mehr Stalin in dieser Zeit: Er ruft Ende Dezember 1929 zur »Entkulakisierung«, zur endgültigen Überwindung der Klasse der Kulaken auf, die aus der Landwirtschaft entfernt werden müssten. Erneut wird eine Verschärfung der Zwangskollektivierung angekündigt. Molotow soll auch diesmal das Heft in die Hand nehmen: Er wird zum Vorsitzenden einer Politbürokommission ernannt, die die Verhaftung der Kulaken und ihre Deportation in entlegene Gebiete am Rande der Sowjetunion planen soll. Dazu werden die Kulaken in drei Gruppen eingeteilt: Wer sich als Konterrevolutionär betätigt hat, soll erschossen, seine Familie deportiert werden; gefährliche Kulaken sollen deportiert, die ungefährlichen auf Flurstücke außerhalb der Kolchosengebiete umgesetzt werden.

Vorsitzender des Rates der Volkskommissare (1930)

Im Frühjahr 1930 schliddert die Zwangskollektivierung in eine Krise. Selbst Stalin mahnt jetzt öffentlich in einem Zeitungsartikel, das Tempo der Kollektivierung zurückzunehmen. Molotow gehört zu den Spitzenkadern, die einmal mehr aufs Land ausgeschickt werden, um vor Ort die Dinge wieder in Ordnung zu bringen beziehungsweise nach dem Rechten zu sehen. Er droht, dass bei anhaltendem Misserfolg in der Bekämpfung der Kulaken, der Überreste weißer Verbände und der negativen Einstellung einer Minderheit gegenüber der Kollektivierung die OGPU notfalls für Ordnung sorgen werde. Generell müsse die Kollektivierung besser erläutert werden, damit die Betroffenen ihrer Vorteile gewahr werden können, zudem müsse die darniederliegende Parteiarbeit auf dem flachen Land revitalisiert werden. Ein wesentlicher Punkt sei, die recht häufig vorkommenden gewalttätigen Übergriffe von Kulakenverbänden gegen für die Kolchose votierende Kleinbauern umgehend zu ahnden und hier hart durchzugreifen. Werde auf die Gewalttätigkeit nicht sofort reagiert, hinterlasse das einen fatalen Eindruck bei den umworbenen Kleinbauern, die von ihrem Staat Schutz erwarten. Zudem sollen die seit dem Bürgerkrieg drastisch gesunkenen Viehbestände wieder auf Vorkriegsniveau gebracht werden, um auch die Versorgung mit Fleisch und Milchprodukten endlich zu normalisieren. Als der Verband der sowjetischen Kolchosen protestiert, die Zahlen seien nicht zu schaffen, werden die Kolchosenquoten etwas gesenkt und dafür die Quoten für die nach wie vor bestehenden unabhängigen selbständigen Bauern etwas erhöht. Im Lauf des Jahres 1930 kümmert sich Molotow im Auftrag Stalins auch immer stärker um das Gegenstück zur Landwirtschaftspolitik, die Industrialisierungspolitik von Partei und Regierung. Das bringt das Duo Stalin-Molotow in Konflikt mit dem eher moderaten, insgeheim mit der »Vereinigten Opposition« innerhalb der Bolschewiki sympathisierenden Vorsitzenden des Rates der elf Volkskommissare (= Regierungschef), Rikow. Dieser versieht seinen Posten schon seit der Gründung des Rates der Volkskommissariate im Jahr 1920. Stalin lässt im Dezember 1930 Molotow zu dessen Nachfolger als Vorsitzenden wählen. Der nunmehr 40-Jährige übernimmt damit nach seinen vielen Parteiposten erstmals einen Regierungsposten, also in der der Partei nachgeordneten Verwaltung des Landes. Die elf Volkskommissariate sind zu diesem Zeitpunkt schon zu einer gewaltigen Behörde mit rund zehntausend Angestellten herangewachsen, was aber nicht gleichbedeutend mit Bürokratismus ist, sondern die gewaltige Aufgabe spiegelt, das Riesenland zu verwalten und im sozialistischen Aufbau voranzubringen. Trotz seines neuen Amtes überwacht er auch im Jahr 1931 die Frühjahrsaussaat und die Erntequotenbemessung. In einer Festschrift zu seinem zehnjährigen Jubiläum als Regierungschef 1939 wird folgerichtig neben seinen Erfolgen als Regierungschef auch sein vorangegangener energischer Einsatz für die Landwirtschaft in seiner Funktion als Parteisekretär während der Jahre 1927 bis 1930 hervorgehoben.

Als Regierungschef gehört Molotow nun auch zum auserwählten Kreis derjenigen, die in den Genuss der Informationen kommen, welche Geheimdienste und staatliche Stellen für die oberste Führungsspitze täglich zusammenstellen. Dazu gehören die Kennzahlen der Rüstungsindustrie, die Arbeitsleistung der Straflager (Gulag), die nicht im offiziellen monatlichen Statistikbericht auftauchen, die Berichte des Volkskommissars für Inneres, welche wirtschaftliche und soziale Daten enthalten, sowie Kennziffern zur Lage der Landwirtschaft. Dazu gehören auch die in Echtzeit gelieferten Daten über die Getreideernte, die Getreidezwangsablieferungen, sowie der Getreidekredite. Diese Letzteren erhalten nur Stalin, Molotow, Kaganowitsch und Kuibyschew. Im Vorfeld des anstehenden 16. Parteitags der KPdSU (B) 1930 hebt Molotow in mehreren Reden hervor, dass der Aufbau des Sozialismus in der Sowjetunion das internationale Kräftegleichgewicht verschoben habe und dass die Sowjetunion daher logischerweise im Fadenkreuz der kapitalistischen Länder stehe. In der Sowjetunion müssten jetzt die Grundlagen für die internationale proletarische Revolution gelegt werden, andernfalls werde diese ersatzlos ausfallen. Die Gefahr eines erneuten bewaffneten Überfalls kapitalistischer Länder auf die Sowjetunion (wie in den Jahren 1918 bis 1922) steige gerade wieder drastisch an. Daher sei jetzt verstärktes Augenmerk auf die gezielte Verbesserung der Verteidigungsfähigkeit der Sowjetunion zu legen, durch den Auf- und Ausbau der Schwer- und Rüstungsindustrie, aber auch durch den weiteren sozialistischen Umbau der Landwirtschaft als zweite Säule der Abwehrmaßnahmen. Allerdings gebe es anhaltende Schwierigkeiten mit Saboteuren und gezielten Anschlägen, aber auch der absichtlichen Erzeugung von Ausschuss in der Industrie.

Den 16. Parteitag der KPdSU (B) nutzt Molotow in seinem Statement zu einer Auseinandersetzung mit der gigantischen Wirtschaftskrise, welche die kapitalistischen Länder Ende 1929 erfasst hat (»Schwarzer Freitag« mit anschließender Weltwirtschaftskrise) und die sich durch die verminderte Abnahme sowjetischer Exportprodukte auch direkt auf die Sowjetunion auswirkt. Wie von Marx und Lenin vorhergesagt, verschärfe sich die Krise des Kapitalismus. Es sei, wie prophezeit, zu einer Überproduktion gekommen, dadurch wachse das Monopolkapital, das durch Protektionismus (wie sich die Bilder gleichen – heute heißt das »America First«/»Make America Great Again«, Marke Trump) weitere Profite zu generieren suche. Der Lebensstandard der breiten Masse in den kapitalistischen Ländern sei drastisch gesunken. Der dem Kapitalismus inhärente Imperialismus werde absehbar zu neuen Kriegen innerhalb der Monopolstaaten, aber auch gegen die Sowjetunion führen. Er nimmt dabei besonders Deutschland in den Blick, als Vaterland von Marx. Die Regierungsbeteiligung der Nazis bei den Wahlen in Thüringen vom Januar 1930 (Regierung Baum/Frick) beweise, wie stark deren Konzept auf die Arbeiterschaft wirke – dabei werde unter dem Deckmantel des »Nationalsozialismus« eine reinweg reaktionäre Politik betrieben, die darauf aus sei, den Finanzmonopolen weitere Profite zu verschaffen und gleichzeitig die Arbeiterschaft zu entrechten (durch Unterdrückungspolitik). Molotow geht davon aus, dass der Nationalsozialismus sich bei einer Machtübernahme in ganz Deutschland umgehend selbst demaskieren werde und die Arbeiterschaft dann zur proletarischen Revolution bereit sei. Dabei unterschätzt er die Perseveranz jener Mischung aus Autokratie und blankem Terror, die Deutschland immerhin zwölf Jahre im eisernen Griff haben sollte, bis zur völligen Zerstörung Mitteleuropas und des europäischen Teils der Sowjetunion. Molotow geht davon aus, dass die Nazis eine potentiell die Sowjetunion gefährdende deutsch-französische Annäherung, wie sie die SPD anstrebt, verhindern werden (da die Nazis unaufhörlich die vermeintliche Erbfeindschaft mit Frankreich herumgrölen). Doch vorerst bleibt die sowjetische Innenpolitik sein Revier. Er kümmert sich um die weitere Industrialisierung seines Vaterlands (»im Sturm«, wie er in seinem Bericht für den 16. Parteitag sagen wird). Auf seine Initiative hin beschließt das ZK, die Löhne stärker an die Produktivität zu binden, allgemeine Fortbildungsmaßnahmen anzubieten und die Mechanisierung von Industrie und Landwirtschaft in verstärktem Maße fortzusetzen. Gleichzeitig fordert er in mehreren Schreiben eine verstärkte Mechanisierung im Bergbau des Donbass. Stalin lobt ihn für seine vorbildliche, beispielhafte bolschewistische Aufbauarbeit im Donbass und der restlichen Ukraine.

Die Aufgaben Molotows innerhalb der Partei übernimmt nach seinem Amtsantritt als Vorsitzender des Rates der Volkskommissare sein Weggefährte und Mit-Stalinist Kaganowitsch. Um die enge Verbindung zur Partei weiterhin sicherzustellen, nimmt das ZK-Vollmitglied Molotow wie gehabt an den wöchentlichen Politbürositzungen teil. Ergänzt wird das Ensemble der Volkskommissariate durch verschiedene interministerielle Kommissionen, die sich bestimmten, fachübergreifenden Schwerpunktaufgaben widmen. Beispielsweise die Verteidigungskommission und die Währungskommission, beides Kernbereiche für Leben und Überleben des jungen Sowjetstaats. Als Regierungschef ist Molotow automatisch auch in die Außenpolitik eingebunden. Daher überschneiden sich seine und die Kompetenzen des eine Generation älteren, 55-jährigen Außenministers Maxim Litwinow (Geburtsname Meir Henoch Wallach-Finkelstein), der seinerseits ein Jahr zuvor den bisherigen Minister für Auswärtige Angelegenheiten, Tschitscherin, ablöste (den Gründungsvater der sowjetischen Diplomatie seit 1918, nach einer kurzen Periode Trotzkis auf diesem Amt). Neben seinen bisherigen Aufgaben übernimmt Molotow den Vorsitz der Kommission, die mit der Errichtung des neuen Sowjetpalastes in Form eines gigantischen Hochhauses samt Lenin-Statue auf der Spitze betraut ist. Molotow gerät hier ansatzweise mit Stalin aneinander, da er – im Gegensatz zu Stalin – der Auffassung ist, dass die Proportionen von Hochhaus und Lenin-Statue nicht zueinander passen, da die 75-Meter-Statue trotz gigantischer Ausmaße an der Spitze des über 400 Meter hohen Wolkenkratzers vom Erdboden aus kaum mehr zu sehen sein dürfte. Bis 1939 werden die aufwendigen Fundamente fertiggestellt, dann aufgrund des heraufziehenden Zweiten Weltkriegs die weiteren Bauarbeiten zunächst verschoben, 1941 nach dem deutschen Überfall auf die Sowjetunion gänzlich eingestellt. Zwar werden die Planungen nach 1945 noch einmal aufgenommen, 1958 jedoch endgültig eingestellt. Über die weitere Nutzung des Bauplatzes kommt zunächst kein Einvernehmen zustande. Schließlich wird auf dem Gelände eine beheizbare, ganzjährig benutzbare Badeanstalt, das nachmals berühmte Schwimmbad Moskwa, erbaut. Nach dem Untergang der Sowjetunion 1991 wird das mittlerweile marode Schwimmbad abgerissen und ab 1992 die ursprünglich an diesem Platz befindliche, im August 2000 wiedereröffnete Christus-Erlöser-Kirche rekonstruiert. Ein weiteres Großprojekt der frühen dreißiger Jahre ist die neue Moskauer Metro, welche die völlig überlasteten Nahverkehrsmittel der Millionenmetropole durch ein neuartiges, leistungsfähiges unterirdisches Verkehrssystem entlasten soll. Unter der Projektleitung Kaganowitschs wird der deutschstämmige Ingenieur Pawel Pawlowitsch Rotert mit dem Bau beauftragt, der sich zuvor durch das gigantische Gosprom- beziehungsweise Derschprom-Gebäude in Charkow und am gewaltigen Dnjepr-Staudammkraftwerk bei Saporoschje als Mann für den erfolgreichen Abschluss von Großprojekten empfohlen hat. Die erste U-Bahn-Linie wird 1935 eröffnet, mit einem Festakt, dem die gesamte Staatsspitze beiwohnt, gilt die Metro doch als Vorzeigeprojekt für die Leistungsfähigkeit und Modernität des Sowjetstaats, aber auch für den Sozialismus insgesamt, da nicht mehr für die Elite Adelspaläste, sondern für die arbeitenden Massen, die die Metro jeden Tag nutzen, die prachtvollsten und schönsten Stationen, wahre Paläste, gebaut werden, die auch heute noch die Bewunderung von Touristen, Einheimischen und Architekturhistorikern hervorrufen. Nachdem die gegen knappe Devisen beschaffte britische Tunnelbohrmaschine mittels Reverse Engineering vielfach dupliziert wurde, um den schnellen Ausbau des Moskauer Netzes, aber auch die Konstruktion von Untergrundbahnen in anderen sowjetischen Großstädten beschleunigt voranzutreiben, geht es rasch voran. Anfangs war die Moskauer Metro – einem Projektplan, den der deutsche Industriegigant *Siemens* für den jungen Sowjetstaat

ausgearbeitet hatte, folgend – im offenen Tagebau nach deutschem (Berliner) Vorbild errichtet worden, was langwierig ist und die Streckenführung an die Straßenführung bindet, da nur dort im offenen Tagebau gearbeitet werden kann, will man nicht ganze Stadtviertel für den Metrobau niederreißen (was die Sowjetführung nicht wollte).
Stalin erklärt auf der Ersten Allunionskonferenz der Beschäftigten der sozialistischen Industrie im Februar 1931, dass die Sowjetunion fünfzig bis hundert Jahre hinter den kapitalistischen Staaten hinterherhinke, diesen Rückstand aber in nur zehn Jahren aufholen müsse, um zu überleben, da sie sonst von den kapitalistischen Staaten zerstört werde. Auf dem Kongress der Allunionsräte im März 1931 warnt Molotow seinerseits vor der wachsenden Aggressivität der in die Weltwirtschaftskrise verstrickten kapitalistischen Staaten. Daher müsse das Tempo der sowjetischen Industrialisierung weiter verschärft werden, um die Sowjetunion zu einer unangreifbaren Festung und zu einer Militärmacht auf Augenhöhe mit den imperialistischen Weltmächten zu machen. Gegen die damals weitverbreitete antisowjetische Pressekampagne in den Westblockstaaten (die Bilder gleichen sich einmal mehr), in der der vermeintliche massenhafte Einsatz von Zwangsarbeitern in Industrie und Gesellschaft der Sowjetunion angeklagt wird, setzt Molotow die Fakten, die Massenarbeitslosigkeit in den kapitalistischen Westblockländern und die Vollbeschäftigung in der Sowjetunion, die Einführung des Siebenstundentages dortselbst gegen die Zwölfstundenschichten, wie sie in vielen Westblockländern noch üblich sind, und befindet abschließend, dass er nichts Verwerfliches darin sehen könne, wenn gesunde Gefangene einen Teil ihrer Tagesarbeitszeit der Gesellschaft zur Verfügung stellten und beispielsweise in Straßenbauprojekten zum Einsatz kämen, die der gesamten Sowjetgesellschaft dienen. Gleichzeitig adressiert er die damals verbreiteten Schwierigkeiten im Transportsystem und setzt sich wenig später für die Gründung einer Sonderkom-

mission ein, welche die Transportprobleme für die gesamte Sowjetunion beheben soll. Dabei soll nicht der Güterverkehr auf der Straße, sondern auf der Schiene (als der effizienteste Weg) bevorzugt ausgebaut werden. Kleine Randnotiz: Die BRD erbte von der DDR auf dem Gebiet der »neuen Bundesländer« ein perfekt ausgebautes Gütertransportsystem per Eisenbahn, das »natürlich« nach 1990 binnen weniger Jahre komplett stillgelegt und bis auf wenige Reste zerschlagen wurde, zugunsten der von der Lobby der Automobilindustrie ebenso »natürlich« bevorzugten Variante des Gütertransports per Lkw auf der Straße, was seitdem zu chronisch verstopften Autobahnen in der BRD führt, die immer weiter ausgebaut werden müssen, wofür immer größere Landstriche geopfert werden müssen, statt die einzig sinnvolle Alternative zu verfolgen, den Güterverkehr vom Straßenverkehr zu trennen und möglichst komplett (also wie zu DDR-Zeiten zu mindestens 80 Prozent) auf die Schiene zu verlagern. Ähnliches gilt für andere fortschrittliche, wegweisende Bestandteile des DDR-Gesellschaftssystems, wie das nach der Wende kurzerhand zerschlagene System der DDR-Polikliniken, die in den letzten Jahren als »Ärztehäuser« wieder mühsam aufgebaut werden, oder die Mülltrennung mittels der »Sekundärrohstoff-Annahmestellen«. Von den vorbildlichen Kinderkrippen ganz zu schweigen.

Als Regierungschef gibt Molotow gemeinsam mit dem Volkskommissar für Finanzen, Grigori Grinko, den Sparkommissar und hält seine Volkskommissare (Minister) immer wieder dazu an, ihre Budgets zu überprüfen und gegebenenfalls zu kürzen. Sparsamkeit sei das Gebot der Stunde, verkündet er, jeder entbehrliche Rubel müsse in den Aufbau der Schwer- und Rüstungsindustrie gesteckt werden sowie in die Landwirtschaft, um das Land autark und abwehrbereit zu machen. Zudem beschäftigt ihn nach wie vor die Landwirtschaft, in diesem Jahr besonders die Berichte über die Dürre in weiten Teilen der Getreideanbaugebiete. Delegierte aus der besonders betroffenen Wolga-Region sprechen bei ihm vor und berichten darüber, dass die Ernte aufgrund der Dürre drastisch niedriger als geplant ausfallen werde. Gemeinsam mit Stalin bittet er sie, das in exakten Zahlen zu präzisieren, damit dann entschieden werden kann, welche Maßnahmen zu ergreifen sind. Im Dezember wird wieder das Führungspersonal zu Inspektionen in die Getreideanbauregionen geschickt. Als die Ukraine erneut die Ablieferungszahlen kürzen will, staucht Molotow das Politbüro der ukrainischen KP bei einem Besuch zusammen, Russland sei von der Dürre heimgesucht worden, nicht die Ukraine. Jedes vereinbarte Pud Getreide müsse abgeliefert werden, ohne Ausnahme. Außerdem müsse die Organisationsstruktur in der Ukraine verbessert werden. Er schlägt vor, die Ukraine in sechs Regionen aufzuteilen, die jeweils von Sonderbeauftragten überwacht beziehungsweise administriert werden sollen, um so zur Ablieferung des vereinbarten Solls zu kommen. Die angespannte internationale Lage lasse etwas anderes gar nicht zu. Kolchosen, die unter ihrem Ablieferungssoll blieben, bezeichnet er als reaktionäre Kulakenhorte. Die entsprechenden Kolchosenleiter werden gefeuert.

Generell ist es Molotows Anliegen in dieser Zeit, die Produktivität der sowjetischen Industrie und Landwirtschaft zu steigern. Dabei sollen die Produktionsziffern steigen, bei gleichzeitigen Sparmaßnahmen auf der Investment-Seite. Ende 1931 spitzt sich die internationale Lage dann erneut zu, als Japan im September den »Landraub« in China fortsetzt, die neokolonialistische Besetzung immer weiterer Landesteile im Reich der Mitte und der Mandschurei durchführt. Seit dem Krieg 1904/05 wird das Reich der aufgehenden Sonne von Russland beziehungsweise der Sowjetunion als feindliche Macht angesehen, zumal angesichts der permanenten Expansion Japans in Südostasien. Nun rücken die japanischen Truppen erneut (wie schon 1920) bedrohlich nahe an die sowjetischen Grenzen heran, ähnlich wie

die NATO im 21. Jahrhundert. Immer größere Teile Chinas (des schwächelnden Riesen) werden im Vorfeld des Zweiten Weltkriegs von Japan besetzt, als Rohstoffbasis, Menschenreservoir und Aufmarschgebiet für weitere Annexionskriege. Wie zuvor Stalin betont Molotow, dass die Sowjetunion keinerlei Gebietsansprüche außerhalb ihrer Grenzen erhebe, aber umgekehrt nicht zuzulassen gedenke, dass auch nur ein Zentimeter des Sowjetlandes von ausländischen Truppen besetzt wird. Es beginnen Verhandlungen mit Japan, um die akuten Spannungen zu entschärfen und Japan zu einer weniger aggressiven Politik zu bringen. Molotow bietet sogar einen Nichtangriffspakt an. Nach dem altrömischen Motto »Si vis pacem para bellum« (»Willst du den Frieden, bereite den Krieg vor«) wird gleichzeitig eine Kommission für den Ausbau militärischer Infrastruktur im Fernen Osten gegründet, welche mit exorbitanten Finanzmitteln ausgestattet wird, um die Verteidigungsfähigkeit der Sowjetunion an der Grenze zu Japan zu verbessern, wo neue Truppengarnisonen, Truppenübungsplätze und Munitions- und Ausrüstungslager sowie Bahnlinien und Straßenverbindungen angelegt werden.
In seinem Redebeitrag auf der 17. Parteikonferenz 1932 feiert Molotow einmal mehr die Tatsache, dass die Ziele des ersten Fünfjahresplans bereits in vier Jahren erreicht wurden, und erläutert gleichzeitig die Rahmendaten für den zweiten Fünfjahresplan. Nach dem exzessiven Tempo der Industrialisierung im ersten Fünfjahresplan soll nun eine etwas gemäßigtere Phase der Konsolidierung eingeleitet werden. Dabei soll auch die Kollektivierung der Landwirtschaft zeitnah abgeschlossen und jegliche kapitalistische Reststrukturen beseitigt werden. Zu diesem Zeitpunkt leitet Molotow zusätzlich zu seinem Amt als Regierungschef noch die Kommissionen zur Aussaatkampagne, zur Vorbereitung des zweiten Fünfjahresplans, zu den MTS, zur Eisenbahn und zu Verbraucherkooperativen. Um die vorherrschende »Naherwartung« – analog zu den frühen Christen mit der Vorstellung eines un-

mittelbar bevorstehenden Übergangs ins Paradies erwarteten viele Menschen in der Sowjetunion zeitnah den Anbruch der wahrhaft kommunistischen, paradiesischen Phase der sozialistischen Entwicklung – abzuschwächen, ruft Molotow zu mehr Realismus auf. Auch im zweiten Fünfjahresplan sei das Erreichen des Stadiums des realen Kommunismus noch nicht zu erwarten, dazu müssten erst noch viele Voraussetzungen geschaffen werden. Ziel des nächsten Fünfjahresplans sei es im Übrigen keineswegs, die kapitalistischen Länder einzuholen oder gar zu überholen. Das sei unrealistisch. Allerdings sei es sehr wohl das Ziel, in einzelnen Bereichen aufzuschließen und insbesondere im Hinblick auf Innovation und Technologie führend zu werden, wofür die Grundlagen durch den immensen Ausbau des Hochschulbereichs samt Forschung und Lehre geschaffen worden seien. Gerade auch im Bereich der Konsumgüterindustrie sei man noch weit von den angestrebten Zielen entfernt. Generell sei das Lenin'sche Motto, dass Kommunismus mit Rätedemokratie plus Elektrifizierung gleichzusetzen sei, weiterhin gültig. Die von *Gosplan* im Fünfjahresvorhaben vorgesehene Steigerung der Stromproduktion um sechshundert Prozent sei jedoch unrealistisch.

Molotow widmet einen Gutteil seiner Zeit in dieser Phase der Produktionssteigerung in der Konsumgüterindustrie, da er davon überzeugt ist, dass bei den großen Opfern, die von der Arbeiterschaft für die immensen Aufbauleistungen gebracht wurden, jetzt auch die Lebensverhältnisse sich spürbar bessern müssen, damit die Menschen die Sinnhaftigkeit ihrer Anstrengungen konkret erleben. Er koordiniert die Abfassung des Entwurfs für ein neues Statut über die Leitung der Industrie, dessen erste Fassung von Stalin in Grund und Boden kritisiert wird. Molotow zieht den Entwurf daraufhin zurück und lässt ihn mehrere Monate lang überarbeiten. Die Landwirtschaft bleibt das gesamte Jahr 1932 über im Fokus von Molotows Aufmerksamkeit. Im Osten der UdSSR zieht im Frühjahr des Jahres eine erneute Dürre herauf, es droht eine weitere Hungersnot. Durch die Verlegung großer Truppenkontingente der Roten Armee in den dortigen Grenzbereich zu China beziehungsweise an die Pazifikküste mit ihrem immensen Lebensmittelverbrauch verschärft sich die Situation weiter. Stalin und Molotow beschließen daher, erhebliche Finanzmittel für den Ankauf von Getreide auf dem internationalen Markt bereitzustellen. Im Juni wird eine Sonderkommission des Politbüros für Erntefragen gegründet, deren Vorsitz Molotow übernimmt. Anfragen aus der Ukraine bezüglich zusätzlicher Getreidelieferungen wegen der sich auch dort ausbreitenden Hungersnot werden vom Politbüro abgelehnt. Stalin schickt Molotow und Kaganowitsch als Troubleshooter in die Ukraine. Einmal mehr wird dort beklagt, die Hungersnot greife um sich, die von Moskau angeordneten Ablieferungsquoten seien vor diesem Hintergrund absurd. Molotow macht in seiner Antwort Organisationsmängel und Sabotage durch Kulakenhorden für die dramatische Lage verantwortlich. Es sei eine machtvolle bolschewistische Kampagne notwendig, um hier unter Mobilisation aller Reserven das Ruder herumzureißen. Im Herbst 1932 besucht er erneut die Ukraine, um sich über den Stand der Dinge selbst ein Bild zu machen. Nunmehr schwenkt er um und schreibt an Stalin, die im August bereits gesenkten Ablieferungsquoten für die Ukraine müssten erneut gesenkt werden, da die grassierende Hungersnot deren Erfüllung nach der Sommerdürre nicht zulasse. Zudem sollen etwa hundert landwirtschaftliche Experten aus Moskau in die Region entsandt werden, um vor Ort die gröbsten Rückständigkeiten möglichst zeitnah zu beseitigen. Gleichzeitig spricht er sich dagegen aus, den Bauern auch noch das letzte Getreidekorn wegzunehmen, das seien unbolschewistische Exzesse und opportunistische Verzerrungen dessen, was jetzt Gebot der Stunde sei.

Im Oktober 1932 besuchen Stalin und Molotow den gefeierten Sowjetschriftsteller Gorki. Beim gemeinsamen Abendessen kommt es zu Stalins berühmtem Diktum von den Schriftstellern als den Ingenieuren der menschlichen Seele, das seitdem Eingang in die Literaturgeschichte gefunden hat – sei es als besonders gelungenes, sei es als besonders menschenverachtendes Zitat. Anfang November ereignet sich eine Tragödie innerhalb des engsten Führungspersonals. Stalins Frau Nadjeschda stirbt. Offizielle Todesursache ist Selbstmord. Vorangegangen war ein gemeinsames Abendessen des Führungszirkels bei Woroschilow. Nadjeschda hatte das Abendessen vorzeitig beendet und war mit Polina Molotowa gegangen. Worüber sie aufgebracht war, dazu gibt es verschiedene Versionen. Sei es, dass Stalin sie grob angefahren habe, sei es, dass er mit verschiedenen anwesenden Gattinnen von Führungspolitikern flirtete. Die Extremvariante schiebt Stalin direkt die Schuld am Tod seiner Gattin zu: Es sei später, nach Stalins Rückkehr in den Kreml, zu einem erneuten Streit gekommen, und Stalin habe sie erschossen. Bis heute sind die genauen Todesursachen umstritten beziehungsweise unklar. Zum Jahresauftakt 1933 macht sich Molotow beim ZK-Plenum im Januar über einen Artikel des mittlerweile im Exil weilenden Trotzki lustig, der gefordert hatte, die in hohem Tempo vorangetriebene Industrialisierung im zweiten Fünfjahresplan für ein Jahr zu unterbrechen und sich stattdessen im Jahr 1933 auf die notwendigen Korrekturen und Infrastrukturreparaturen zu konzentrieren. Molotow dekretiert, es werde keine Abweichung vom Kurs geben, es sei für die Sowjetunion überlebenswichtig, die Industrialisierung im bisherigen Tempo fortzusetzen, um alles andere werde man sich zu gegebener Zeit kümmern. Der Vortrag findet das besondere Wohlwollen Stalins, der Molotow schreibt, die Rede sei ausgezeichnet gewesen, gerade hinsichtlich der selbstbewussten Charakterisierung der Position der Sowjetunion im Vergleich zu den führenden kapitalistischen Ländern und der Aggressivität, mit der Molotow imperialistische Auswüchse gegeißelt habe.

Die andauernde Auseinandersetzung mit Ordschonikidses Schwerindustriekommissariat geht auch in diesem Jahr weiter. Anlass sind diesmal aus allen Teilen der Sowjetunion eintreffende Beschwerden, dass das Saporoschjer Traktorenkombinat »Kommunarde« unbrauchbare Mähdrescher ausliefere, bei denen wichtige Teile fehlen. Molotow erlässt einen Beschluss der Sowjetregierung hinsichtlich krimineller Machenschaften des Kombinats, mit der Aufforderung, diese sofort abzustellen. Außerdem wird das Werk verpflichtet, für alle ausgelieferten Mähdrescher die fehlenden Teile umgehend nachzuliefern. Die verantwortlichen Betriebsleiter werden verhaftet. Wyschinski, damals als stellvertretender Generalstaatsanwalt noch am Anfang seiner Karriere, weist bei der Untersuchung der Vorgänge im Kombinat den zuständigen Kommissariaten für Schwerindustrie und Landwirtschaft eine Mitverantwortung für die Produktionsausfälle zu. Molotow ordnet an, dass dies auch in den entsprechenden Presseartikeln herausgestellt werden soll. Ordschonikidse beantragt daraufhin bei einer Politbürositzung im August, dass Wyschinski zur Ordnung gerufen werden und er seine Vorwürfe zurückziehen soll. Das Politbüro stimmt diesem Antrag zu. Als der in den Ferien weilende Stalin davon erfährt, ist er verständnislos. Er schickt ein Telegramm an Molotow, Kaganowitsch und Ordschonikidse, in dem er die Entscheidung des Politbüros als völlig fehl am Platz, falsch und schädlich verurteilt. Selbstverständlich liege die letzte Verantwortung für die Produktionsmängel beim zuständigen Kommissariat Ordschonikidses, das hierfür verantwortlich gemacht werden müsse. Drei Tage später revidiert das Politbüro seinen Beschluss. Doch Stalin ist damit noch nicht besänftigt. Er wirft Ordschonikidse sträfliche Vernachlässigung seiner Amtspflichten vor, wodurch er das oberste Anliegen der Sowjetregierung, zu einer möglichst geringen Fehlerquote in der Industrie zu kommen, die Qualität zu maximieren und den Ausstoß an Ausschuss möglichst zu minimieren, unter-

grabe. Kaganowitsch habe sich aus der Verantwortung gestohlen. Molotow anerkennt selbstkritisch, dass die notwendigen Lehren aus den unklaren Vorgängen schnellstmöglich gezogen werden müssen.
Einmal mehr propagiert Molotow in seinen Reden den Grundsatz, mit einer Steigerung der Investitionen müsse notwendigerweise auch eine Steigerung der Produktivität einhergehen. Molotows Stellvertreter Kuibyschew, der während dessen Sommerferien 1934 die Stellung in Moskau hält (und den Stalin und Molotow im Verdacht haben, bei Stress oder erhöhtem Arbeitsaufkommen auch den Alkoholkonsum zu steigern), wird von ihm angewiesen, für das dritte Quartal Vorsicht beziehungsweise Zurückhaltung bei der Genehmigung neuer Investitionen walten zu lassen, da dies angesichts einer erneut drohenden Missernte wegen Dürre dringend geboten sei, um notfalls freie Mittel zur Bekämpfung der Dürre und ihrer Auswirkungen zu haben. Molotow kann sich dabei auf Kuibyschew verlassen, der – von Ausnahmen wie oben erwähnt abgesehen – wie Molotow zu industriepolitischer Zurückhaltung neigt, um Exzesse zu vermeiden. Molotow führt nun vierteljährliche und jährliche Zwischenberichte von *Gosplan* für die Volkskommissariate ein, um gegebenenfalls kurzfristig auf Planabweichungen und aktuelle Entwicklungen frühzeitig reagieren zu können. Molotow und Kuibyschew schlagen Stalin gemeinsam vor, die Investmentplanungen an die begrenzten Möglichkeiten der Sowjetunion anzupassen. Einer der Höhepunkte des Jahres 1934 kommt im November: Molotow kann öffentlich vor dem Plenum des ZK verkünden, dass Brot nicht länger rationiert ist, sondern ab sofort frei verkauft wird. Damit einhergehen soll die schrittweise Aufhebung aller weiteren Rationierungen im Nahrungsmittel- und sonstigen Bereichen. Als Kuibyschew Anfang 1935 im Alter von 47 Jahren an den Folgen jahrelangen hohen Alkoholkonsums stirbt, verliert Molotow einen wichtigen Mitstreiter an der entscheiden-

den Schaltstelle *Gosplan*. Stalin nutzt die Gelegenheit, seine Vorstellungen einer Ausweitung der Investitionen beim Nachfolger Kuibyschews, Meschlauk, durchzudrücken. Die Investitionssumme für 1936 wird kurzfristig von 19 auf 22 Milliarden Rubel angehoben. Molotow warnt vor weiteren Erhöhungen. Das würde die Möglichkeiten der Sowjetunion übersteigen und den Wechselkurs des Rubels in den Keller schicken. Im Frühjahr 1936 wird deutlich, dass das gestiegene Investitionsniveau keineswegs zur erwarteten und eingeplanten Produktionssteigerung führt. Molotow versucht, gegenzusteuern, aber das Jahr 1936 wird unter einem anderen Vorzeichen stehen.

Die großen Säuberungen (1936–1939)

Molotow ist zeitlebens ein guter »Leninist«, als der er im Zweifelsfall Gewalt beziehungsweise Repressionen als Mittel der bolschewistischen Politik immer nachdrücklich und ausnahmslos befürwortet. Noch kurz vor seinem Tod 1986 äußert er in einem Interview, dass er daran in den dreißiger Jahren nichts Falsches fand und bis zum gegenwärtigen Zeitpunkt nicht finden könne. Dass die Sowjetunion den Zweiten Weltkrieg und die anschließenden Jahrzehnte überstanden habe, führt er darauf zurück, dass rechtzeitig alle Abweichler, Zweifler und Gegner beseitigt oder in Lagerhaft genommen worden waren. Schon in der Auseinandersetzung mit den Kulaken, den sonstigen Bauernunruhen beziehungsweise den Resten kapitalistischer Umtriebe in der Landwirtschaft setzt er vorbehaltlos auf Attacke, auf den Einsatz von Polizei und Innenministerium, auf scharfe Repression, um der Situation Herr zu werden. Daher nimmt es nicht wunder, dass er die großen Säuberungen in der zweiten Hälfte der dreißiger Jahre ebenfalls zeitlebens vorbehaltlos unterstützt. Nicht vergessen werden darf, dass die selbstgefälligen Protagonisten der »Tauwetterperiode« und »Entstalinisierung« nach dem 20. Parteitag 1956, Chruschtschow und Mikojan, in der zweiten Hälfte der 1930er Jahre ebenfalls zu den lautstarken Befürwortern und Profiteuren der Säuberungen gehörten, auch wenn sie später nicht mehr daran erinnert werden wollen.

Es beginnt mit dem 17. Parteitag Anfang 1934. Er verläuft in guter Stimmung, die ausgezeichnete Ernte 1933 hat die angespannte Situation hinsichtlich der Versorgung mit Nahrungsmitteln verbessert, auch in der Wirtschaft zeigen sich immer mehr Erfolge der jungen sozialistischen Gesellschaftsordnung. Kirow preist in seiner Rede Stalin und die Erfolge von Partei und Regierung. Später wird behauptet, Kirow habe bei den turnusmäßigen Wahlen mehr Stimmen als Stalin bekommen, er sei sogar gerüchteweise als Nachfolger Stalins als Generalsekretär gehandelt worden und habe somit den Zorn Stalins auf sich gezogen. Die erhaltenen Dokumente belegen das nicht, auch die Aussagen der meisten Beteiligten sind sich einig, dass das in den Bereich westlicher Propagandakonstrukte gehört. Im Sommer 1934 gibt es dagegen Meinungsverschiedenheiten zwischen der von Kirow geführten örtlichen Parteiorganisation und der Zentrale in Moskau. Kirow baut nach wie vor auf Elemente der »Neuen ökonomischen Politik« der zwanziger Jahre, die allerdings 1929 offiziell beendet worden war. Er möchte, dass Bauern weiterhin einen Teil ihrer Ernte auf dem freien Markt verkaufen können, zu den von ihnen selbst festgelegten Preisen. Molotow widerspricht heftig und fordert Kirow dazu auf, sich stattdessen um die Weiterführung der Kollektivierung in der Oblast Leningrad zu kümmern, diese hinke gewaltig hinter dem Rest des Landes her. Im Spätherbst kommt es dann zu einem rätselhaften, bis heute nicht in allen Facetten aufgeklärten Anschlag. Der 48-jährige Kirow wird am 1. Dezember 1934 nachmittags in seinem Büro erschossen. Die Nachricht von der Ermordung Kirows trifft 90 Minuten später in Moskau ein. Noch am selben Tag wird auf Anstoß Stalins ein neues Gesetz erlassen, das bei terroristischen Akten ein abgekürztes Gerichtsverfahren und Todesstrafe vorsieht. Stalin, Molotow, Woroschilow, Schdanow und Jagoda reisen per Zug nach Leningrad, begleitet vom stellvertretenden Generalstaatsanwalt Wyschinski und weiteren Staatsanwälten der obersten Anklagebehörde. Zwei Tage später, nach Verhören und Unterredungen, geht es zurück nach Moskau, wo Kirow am 7. Dezember 1934 feierlich an der Kreml-Mauer beigesetzt wird. In Leningrad kommt es in den folgenden

Wochen zu Massenverhaftungen, der unmittelbar nach der Tat verhaftete Attentäter Nikolajew gibt allerdings weiterhin an, allein gehandelt zu haben. Am 27. Dezember 1934 wird offiziell Anklage gegen die »Kamenew-Sinowjew-Gruppe« erhoben, der vorgeworfen wird, Anschläge auf das Leben von Stalin, Molotow und Kaganowitsch geplant sowie den Anschlag auf Kirow ausgeführt zu haben, Nikolajew gleichzeitig nach kurzem Prozess erschossen. Dreißigtausend »Sozialabweichler« werden des Landes verwiesen, darunter Intellektuelle, Altadlige, Kleriker, Beamte aus der Zeit des Zarismus sowie deren Familien. Die Gerichtsverhandlungen gegen die »Kamenew-Sinowjew-Gruppe« ziehen sich in die Länge, als im Herbst 1935 die »Kreml-Affäre« aufgedeckt wird. Über hundert Angestellten des Kreml wird vorgeworfen, zu einer Gruppe zu gehören, die Anschläge auf das Leben der Sowjetführung geplant haben soll. Jenukidse, der Chef des Kreml-Stabs, wird entlassen, ihm wird mangelnde Wachsamkeit vorgeworfen.

Anfang 1936 sollen die verschärften Maßnahmen gegen Oppositionelle eigentlich wieder eingestellt, die Gesamtsituation entspannt werden. Im Juni 1936 spricht sich Stalin gegen die undifferenzierte Massenkündigung von Parteimitgliedschaften aus, vielmehr sollen endlich die Ermittlungen gegen führende Oppositionelle vorangetrieben und zum Abschluss gebracht werden – der Prozess gegen Kamenew und Sinowjew dauert zu diesem Zeitpunkt noch an. Molotow gibt im März 1937 der französischen Zeitung *Le Temps* ein Interview, in dem es auch um das Verhältnis zu Nazi-Deutschland geht. Auf eine entsprechende Frage erklärt Molotow, trotz der unaufhörlichen antikommunistischen Reden, die von der Führungsschicht Deutschlands gehalten würden, sei eine Verbesserung des Verhältnisses möglich unter der Voraussetzung, dass Deutschland in den Völkerbund zurückkehre (den es bereits im Oktober 1933 unter gleichzeitiger Beendigung der Mitwirkung an der ständigen Genfer Abrüstungskonferenz verlassen hatte) und Beweis dafür ablege, dass es gewillt sei, sich an internationale Verträge und Abmachungen zu halten. Diese Stellungnahme erfolgt kurz nachdem Stalin seinerseits Hitlers antikommunistische Drohungen verurteilt hatte und Hitler gleichzeitig das Rheinland besetzt hatte. Die Eingliederung des Saarlands 1935, im selben Jahr die Aufrüstung des 100.000-Mann-Heeres der Reichswehr zur Millionenstreitkraft Wehrmacht samt Einführung der bislang von den Versailler Verträgen verbotenen Luftwaffe (die Versailler Verträge, das »Schanddiktat von Versailles«, sind damit endgültig gebrochen und obsolet, eines der wenigen »Wahlversprechen«, die Hitler hält), im März 1936 der Einmarsch ins bis dato entmilitarisierte Rheinland, im Sommer die gigantische Propagandaaktion der Olympischen Sommerspiele unter dem Hakenkreuz in Berlin, all dies zeigt, in welche Richtung Hitler Deutschland führt – unweigerlich in einen großen Krieg. Die Sowjetunion unter Stalin und Molotow beobachtet das Geschehen an Rhein und Ruhr genau, verhält sich aber zunächst neutral. Gleichzeitig gehen die Säuberungen in die nächste Runde. Molotow erinnert sich viele Jahrzehnte später, dass er in dieser Phase Angst um sein Leben hatte. Erst wird sein zweiter Sekretär verhaftet, dann sein erster Sekretär. Dann wird sogar das Kindermädchen seiner Tochter, eine Wolgadeutsche, verhaftet. Trotzki beobachtet die Dinge genüsslich aus sicherer Entfernung und unterstreicht in Artikeln, dass Molotows Name schon seit Wochen nicht genannt worden sei, er nicht in der Presse erscheine, kein einziges Foto vom Regierungschef veröffentlicht werde. Als Stalin Ende Oktober aus den Ferien wieder in Moskau Einzug hält, wird die übliche Korrespondenz, die übliche Frequenz der Treffen wieder aufgenommen. Falls es also ein Zerwürfnis gegeben haben sollte, ist es im Herbst 1936 schon wieder beigelegt.

Im September wird Jagoda als Volkskommissar für Inneres durch Jeschow ersetzt – Jagoda wird zunächst nur auf den unwichtigeren Posten als Volkskommissar für Kommunikation versetzt. Als Molotow selbst im November 1936 in einer anonymen Anzeige des »ungebührlichen Verhaltens« bezichtigt wird, schickt ihm Jeschow den Vorgang zur Stellungnahme, geht ihm aber nicht weiter nach. Auf dem ZK-Plenum im Dezember 1936 klagt Jeschow nunmehr Bucharin, Rikow und Tomski des Abweichlertums an. Molotow seinerseits wirft Bucharin vor, ein politischer Heuchler zu sein und seine bolschewistischen Überzeugungen nur vorgespielt zu haben. Er habe immer wieder gezeigt, wes Geistes Kind er wirklich sei, etwa in seiner Opposition zur Kollektivierung in der Landwirtschaft. Das für 19. Februar 1937 geplante ZK-Plenum wird um einige Tage verschoben, als am 18. Februar der Tod Ordschonikidses bekannt wird. Offiziell wird als Todesursache Herzversagen verkündet, intern festgestellt, dass er Selbstmord begangen hat. Die Gründe für den Selbstmord werden nie zweifelsfrei festgestellt. Aus westlicher Sicht war es ein Protest gegen die Stalinschen Säuberungen, aus sowjetischer Sicht nach Aussagen einiger prominenter Zeitgenossen ein Zeichen für psychische Instabilität. Als das Plenum dann am 23. Februar eröffnet wird, beginnt Jeschow mit der Verlesung der Anklagepunkte gegen Bucharin und Rikow. Bucharin wird Gelegenheit gegeben, Stellung zu nehmen. Allerdings werden seine Ausführungen wiederholt von feindseligen Zwischenrufen unterbrochen, die ihm faschistische Gesinnung und anderes vorwerfen. Auch Molotow betätigt sich als Zwischenrufer, ebenso bei der anschließenden Stellungnahme Rikows einen Tag später. Am 28. Februar 1937 fasst Molotow vor dem Plenum einen Bericht über Sabotage- und Wühltätigkeit japanisch-deutsch-trotzkistisch finanzierter Feinde der Sowjetunion zusammen. Zwar habe man die meisten Planvorgaben erfüllt, dennoch habe die Sabotagetätigkeit der genannten Gruppen erheblichen Schaden in der sowjetischen Wirtschaft und Gesellschaft angerichtet. Es sei unerlässlich, der auf dem Gebiet der Sowjetunion agierenden Saboteure Herr zu werden, wolle man die Sowjetunion in die Lage versetzen, gegenüber ihren internationalen Feinden zu bestehen. In den letzten Wochen und Monaten seien über zweitausend Saboteure allein innerhalb der Volkskommissariate entdeckt worden, davon ein Viertel allein im Volkskommissariat für Schwerindustrie – für das Ordschonikidse verantwortlich war bis zu seinem Tod. Auch im Bereich der Armee müsse verstärkt nach Saboteuren gefahndet werden.

Bei gleichzeitigen Geheimgesprächen zwischen der Tschechoslowakei und Deutschland lässt der deutsche Verhandlungsführer Trauttmannsdorff Anfang Februar 1937 beiläufig fallen, dass Hitler befohlen habe, die Sondierungsgespräche »mit dem Hradschin« zu unterbrechen, da er aktuelle Hinweise erhalten habe, in der Sowjetunion stehe ein Militärputsch bevor, der Stalin beseitigen und eine Militärdiktatur unter Tuchatschewski nach sich ziehen werde, mit der möglicherweise ganz neue Verhandlungsoptionen sich auftäten. Der tschechische Staatschef Beneš informiert sofort Stalin mittels diplomatischer Kanäle über diese Hinweise samt den zwischenzeitlich von Heydrichs Untergebenen gefälschten Dokumenten, kurz vor der Verhaftung der obersten Militärführung der Sowjetunion. Die entsprechenden Prozesse beginnen im Juni 1937 später mit der Verhaftung der Marschälle Tuchatschewski, Bljucher und Jegorow sowie zahlreicher Generäle, darunter so prominente Namen wie Iona Jakir, Jeronim Uborewitsch, Robert Eideman, August Kork, Witowt Putna, Boris Feldman und Witali Primakow. Insgesamt werden fast 40.000 Offiziere im Zuge dieser Säuberungen aus der Armee ausgestoßen, davon zehntausend verhaftet und angeklagt, von denen dann rund zwei Drittel verurteilt werden. Allerdings werden nur knapp vier Prozent hingerichtet (im Gegensatz zu sensationsheischenden Berichten in den Westblockmedien, die teilweise bis heute behaupten, mehr als die Hälfte aller Offiziere der Roten Armee seien damals ermordet worden). Dreißig Prozent der Ausgestoßenen werden später wieder begnadigt und in die Armee aufgenommen (das wäre ja kaum möglich, wenn alle Ausgestoßenen erschossen worden wären).

Es ist ebenso bekannt wie unumstritten, dass nazideutsche Geheimdienste in die Anschwärzung sowjetischer Generäle mittels Dokumentenfälschung involviert waren. Die Frage ist allerdings, wie weit die Eliminierung eines Großteils der obersten Führung der Roten Armee während der Säuberungen als Erfolg der deutschen Geheimdienste unter »Heydrich & Co.« anzusehen ist oder nicht. Galt es früher als gesichert, dass Stalin und das Innenministerium unter Jeschow auf der Basis der ihnen untergeschobenen gefälschten deutschen Dokumente handelten, so drehte sich die wissenschaftliche Mehrheitsmeinung dahingehend, dass Stalin selbst die Vernichtung von Tuchatschewski und anderen beschlossen habe und über Doppel- und Dreifachagenten wie Skoblin diese bei Heydrich quasi bestellt habe. Warum diese Dokumente, die es nachweislich gab, bis heute in keinem sowjetischen beziehungsweise russischen Archiv aufgetaucht sind, wird allerdings nicht problematisiert. Es wäre doch zu fragen, warum Stalin diese vernichtet haben sollte. Die glaubhafteste Interpretation stellt die frühere Variante wieder her, der zufolge es Stalin überaus peinlich gewesen sei, dass es den deutschen Geheimdiensten gelungen sein könnte, ihm gefälschte Unterlagen unterzuschieben, so dass er die Dokumente in toto vernichten ließ. Anders ist nicht zu erklären, warum er die – »wie gewünscht« – vom SD unter Heydrich gelieferten Dokumente nicht in den Archiven belassen haben sollte. Zu berücksichtigen ist auch, dass die Prozesse gegen »Tuchatschewski & Co.« keine Schauprozesse waren (wie die übrigen Säuberungsprozesse), sondern in Geheimverhandlungen stattfanden, unter Ausschluss der Öffentlichkeit (die nur über die Verhaftung der Offiziere informiert wurde, aber nicht über deren weiteres Schicksal).

Auf demselben Plenum vom Februar 1937 liefert Jeschow seinen Bericht über angebliche Saboteure im Innenministerium (NKWD) ab und eröffnet damit die Kampagne gegen den vormaligen Amtsinhaber Jagoda. Insgesamt werden 25.000 Angestellte des Innenministeriums entlassen, viele davon angeklagt und erschossen (das geht in den westlichen Darstellungen der Säuberungen meist unter, dass es auch auf dieser Seite eine erhebliche Zahl an Opfern gab). Molotow profitiert direkt vom Fall Jagodas, der während einer Sitzung des Rates der Volkskommissare Anfang April 1937 verhaftet wird, da ihm nun die bisher von Jagoda genutzte Datscha zur Verfügung gestellt wird. Im Mai wird Molotows enger Mitarbeiter Ruzutak verhaftet, die Gefahr auch für Molotow selbst scheint noch nicht vorüber. Noch kurz vor seinem Tod besteht Molotow darauf, Tuchatschewski habe tatsächlich einen Staatsstreich gegen Hitler geplant, um sich selbst an die Macht zu bringen. Im August 1937 wird Molotow an der Spitze einer größeren Delegation in die Ukraine geschickt, um die Führungsschicht der örtlichen Bolschewiken zu überprüfen. Bei einem Treffen mit dem Zentralkomitee der KP der Ukraine beklagt Molotow die anhaltenden Sabotagen in der ukrainischen Landwirtschaft und kündigt den Parteiausschluss für die bisherigen Führungskader Kossior (immerhin Politbüromitglied der KPdSU, Generalsekretär der KP der Ukraine und Vorsitzender von deren Politbüro) und zweier weiterer Spitzenfunktionäre an. Die Nachfolge Kossiors tritt 1938 Chruschtschow an. Bei den Feierlichkeiten zum 20. Jubiläum der Gründung des sowjetischen Innenministeriums im Dezember 1937 nimmt Molotow teil, während Stalin ihnen auffälligerweise fernbleibt.

Mit dem Erlass des Politbüros Nr. 447 im Sommer 1937 treten die Säuberungen in eine neue Phase ein. Nunmehr sind vorgegebene Quoten für die Verhaftung einer bestimmten Anzahl von »Sowjetfeinden« für jede Stadt, jede Region, jede Teilrepublik zu erfüllen. Auch der Rat der Volkskommissare selbst gerät jetzt ins Fadenkreuz der Säuberungen. Von den bisher 28 Volkskommissaren und zwei Vorsitzenden ständiger Kommissionen werden 20 Volkskommissare und 2.000 weitere Angestellte in der zweiten Jahreshälfte 1937 ausgetauscht. Nunmehr scheint die Gefahr für Molotow selbst endgültig vorüber, macht seine Frau Polina doch im Herbst 1937 Karriere: Sie wird stellvertretende Leiterin des Volkskommissariats für die Lebensmittelindustrie, Anfang 1939 Volkskommissarin für die Fischindustrie. Als der Prozess gegen Bucharin im März 1938 endlich eröffnet wird, ist die Welle der Säuberungen schon wieder am Abklingen. Im November 1938 wird Jeschow durch Berija ersetzt, und die Säuberungen werden von Stalin und Molotow endgültig für beendet erklärt. Im Zuge der letzten Säuberungen wird Molotow mit dem Schicksal eines persönlichen Freundes konfrontiert. Arossew hatte bis 1932 im diplomatischen Dienst der Sowjetunion Karriere gemacht, bevor er aufgrund einer Denunziation entlassen worden war. Ab 1934 Chef der Auslandskulturabteilung, wird er 1938 verhaftet und hingerichtet, ohne dass Molotow dagegen protestiert oder sich sonst wie für seinen alten Freund eingesetzt hätte.

Außenminister (1939)

Bereits seit den zwanziger Jahren ist der junge Spitzenfunktionär Molotow immer wieder mit außenpolitischen Fragen konfrontiert, wenn auch zunächst noch längere Zeit nur in beratender Funktion. Dabei interessiert Molotow, wie gesehen, besonders das Verhältnis der Sowjetunion zu Deutschland. Die kontinuierliche Zusammenarbeit beider Länder zum gegenseitigen Vorteil während der zwanziger Jahre wird nach der Machtergreifung Hitlers 1933 zunächst unterbrochen. Hitler lässt sämtliche Geheimvorhaben der Reichswehr auf sowjetischem Boden stoppen. Die vorhandenen Geräte und Einrichtungen werden nach Deutschland zurückgebracht, allerdings haben die sowjetischen Rüstungsspezialisten während der Jahre zuvor ziemlich genaue Vorstellungen gewinnen können, auf welchen Gebieten und wie die deutsche Rüstung sich seit 1918 weiterentwickelte. Am Ende dienen die noch in der Sowjetunion verbliebenen deutschen Spezialisten als Geiseln, welche gegen die im »Reichstagsbrandprozess« 1933 mittels Justizbetrug verurteilten bulgarischen »Reichstagsbrandstifter« Dimitrow, Popow und Tanew ausgetauscht werden.

Der Abschluss eines Nichtangriffspakts zwischen Deutschland und Polen 1934 verschlechtert die Situation weiter, da die Sowjetunion diesen Vertrag (zu Recht) als gegen sich gerichtet empfindet (ebenso wie bereits die antisowjetischen Verträge von Locarno 1926). Doch schon 1935 wird ein neues deutsch-sowjetisches Handelsabkommen geschlossen, zwangsläufig, da nur die Sowjetunion in der Lage und willens ist, Deutschland mit strategischen Rohstoffen wie Kautschuk, Edelmetallen, aber auch Rohöl in größeren Mengen zu versorgen. Die Sowjetführung verspricht sich davon eine zumindest ansatzweise Neutralisierung der außenpolitischen

Aggressivität des Hakenkreuz-Molochs Richtung Osten. Molotow fungiert in dieser Phase als Vertreter einer Annäherungspolitik zu Deutschland, trotz der ungebrochen aggressiven Staatsrhetorik Hitler-Deutschlands gegen die Sowjetunion, und damit als Gegengewicht zur prowesteuropäischen Fraktion unter dem bisherigen Volkskommissar für Auswärtige Angelegenheiten, Litwinow. Stalin lässt beide Fraktionen lange Zeit parallel agieren, um so auf alle Eventualitäten vorbereitet zu sein. Neben den andauernden Versuchen einer Verständigungspolitik mit Deutschland, trotz der antibolschewistischen Rhetorik Hitlers, treibt die Sowjetunion in den 1930er Jahren daher auch Verhandlungen mit Großbritannien und Frankreich voran, mit dem Ziel eines kollektiven antideutschen europäischen Sicherheitsabkommens. Molotow versucht als Vorsitzender des Rates der Volkskommissare, bei einem Treffen mit dem deutschen Botschafter Herbert von Dirksen im Frühjahr 1933 den Gesprächsfaden wieder aufzunehmen, und betont, dass sich die Sowjetunion weiter an den Vertrag von Rapallo zu halten gedenke. Die Zukunft der Zusammenarbeit beider Länder hänge von der deutschen Seite ab. Im November 1933 hält Molotow die Rede zum Jubiläum der Oktoberrevolution, bei der er demonstrativ antideutsch auftritt, wohl um der deutschen Seite zu verdeutlichen, was die Alternative zu einer Zusammenarbeit mit der Sowjetunion wäre. Er betont, die reaktionären Kräfte des Faschismus seien in den letzten Monaten deutlich stärker geworden. Die negativen Kräfte des Nationalismus und des Antisemitismus würden von Deutschland nach Kräften geschürt. Die Sowjetunion, so führt Molotow weiter aus, befürchte spätestens für 1935 den Ausbruch kriegerischer Handlungen an seiner Ostgrenze. Das Politbüro beschließt im Dezember 1933, angesichts der permanenten Aggressionen Deutschlands (und Japans), die Bemühungen um einen kollektiven Sicherheitsvertrag mit Großbritannien und Frankreich weiter voranzutreiben und unter gewissen

Bedingungen auch dem Völkerbund beizutreten, um so dieses Gremium der internationalen Verständigung zu stärken. Molotow beklagt die Aggressivität des faschistischen Lagers, geht aber nicht so weit wie (der in seinen Augen etwas naive) Litwinow, die friedliebenden Kräfte unter den kapitalistischen Ländern zu preisen (was für Molotow rechterdings ein Widerspruch in sich ist: Kapitalismus und Pazifismus). Molotow trennt dabei zwischen dem »großartigen« deutschen Volk einerseits und seiner reaktionären Führung samt ihren aggressiven imperialistischen Plänen andererseits, welche die Zukunft Deutschlands gefährdeten. Noch Anfang 1935 bringt er seinen Respekt vor dem deutschen Volk zum Ausdruck, einem der großen Völker der Gegenwart, und hält so die Tür für eine weitere Verständigung offen. Gleichzeitig zitiert er die einschlägigen Stellen aus Hitlers *Mein Kampf,* in dem dieser von neuem Lebensraum faselt, der nur »im Osten«, sprich: auf dem Gebiet der vernichtungswürdigen jüdisch-bolschewistischen Sowjetunion, zu holen sei. Litwinow gelingt es nach langen Verhandlungen, im Mai 1935 einen Beistandsvertrag mit Frankreich abzuschließen. Da sich Paris aber mit der Implementierung der militärischen Vereinbarungen (Austausch von Expertenkommissionen, Stationierung von Truppen, Lieferung von Rüstungsgütern et cetera) auffallend beziehungsweise beleidigend lange Zeit lässt, wird schnell klar, dass das keinen wirklichen Fortschritt für die politisch-militärische Absicherung der Sowjetunion darstellt. Daher ist es nur folgerichtig, dass Molotow als Vorsitzender des Rates der Volkskommissare Anfang 1936 in Ausführung eines entsprechenden Politbürobeschlusses die drastische Erhöhung des sowjetischen Verteidigungshaushalts verkündet. Deutschland habe sich unter der Nazi-Führung innerhalb von zwei Jahren in ein hochgerüstetes Truppenlager verwandelt. Dennoch bleibe die sowjetische Führung bei ihrer Politik, unabhängig von den temporär in manchen Ländern herrschenden politischen Kräften international die wirtschaftlichen und politischen Beziehungen voranzutreiben. Es sei an der Führung Deutschlands, daraus die notwendigen Schlüsse zu ziehen. Aber auch wenn jede sich bietende politische Möglichkeit zur Friedenssicherung von der Sowjetunion genutzt werde, letztlich liege die Sicherheit und die Zukunft des Landes in der Fähigkeit der Sowjetunion, sich selbst zu verteidigen, und damit in den Händen der heldenhaften Roten Armee.

Stalin äußert in einem Interview Anfang März 1936, Hitler versuche immer wieder, friedliche Dinge zu äußern, garniere diese dann aber automatisch so überstark mit Drohungen gegen Frankreich und die Sowjetunion, dass von der »Friedlichkeit der deutschen Absichten« nichts übrig bleibe. Nach dem deutschen Einmarsch im Rheinland (und der Angliederung des Saarlands ein Jahr zuvor, garniert mit der öffentlich verkündeten Aufrüstung der Wehrmacht) unterstreicht Molotow Ende März 1936, zwar sei das auch für die Länder östlich Deutschlands bedenklich, aber zunächst einmal und vor allem für die westlichen Nachbarn Deutschlands, Frankreich, Belgien und die Niederlande. Es breche die Verträge von Locarno, aber (noch) nicht Versailles (trotz der Aufrüstung). Litwinow und der sowjetische Botschafter in London, Maiski, warnen gleichzeitig die westlichen Länder (Frankreich und Großbritannien), keine neuen Abkommen mit Hitler zu schließen und die weitere Behandlung der deutschen Frage im Völkerbund zu betreiben. Der von Deutschland und Italien geschlossene, antisowjetische Antikominternpakt vom Sommer 1936 verschlechtert die Beziehungen zwischen Berlin und Moskau drastisch. Molotow versucht nicht länger, eine Verständigung mit Deutschland herbeizuführen, sondern beklagt öffentlich die in Deutschland seit 1933 unter dem Zeichen des Hakenkreuzes begangenen Verbrechen, die mit dem staatlich propagierten deutschen Antisemitismus und der Einrichtung von Konzentrationslagern für Andersdenkende (zu diesem Zeitpunkt hauptsächlich Kommunisten) einhergehen.

Ende Dezember 1936 trifft er sich mit dem neuen deutschen Botschafter v. d. Schulenburg auf dessen Verlangen hin. Schulenburg übergibt eine Note seiner Regierung, die um Prüfung und Beendigung der Verhaftung deutscher Staatsbürger bittet – was natürlich einigermaßen zynisch von »Hitler & Co.« ist, da es ausschließlich deutsche Kommunisten betrifft, die man gern in Deutschland einsperren und misshandeln würde, wenn auch aus anderen Gründen. Litwinow ist zwar bei dem Treffen anwesend, doch Schulenburg wendet sich im Gespräch direkt an Molotow, statt an den Außenminister. Schulenburg berichtet nach Berlin, er habe den von ihm gewünschten Termin bei Molotow außergewöhnlich schnell erhalten, was er als Zeichen dafür nimmt, dass der sowjetischen Regierung nach wie vor an einer gedeihlichen Zusammenarbeit mit Deutschland gelegen sei. Derweil wird in den gleichzeitigen Schauprozessen vielen Angeklagten öffentlich vorgeworfen, sich als Agenten und Ausführungsgehilfen der aggressiven deutschen Faschisten und ihrer unaufhörlichen Wühlarbeit betätigt zu haben. Ab 1937 schaltet sich Stalin angesichts der sich zuspitzenden internationalen Lage immer stärker in die Außenpolitik ein. Deutschland hat im Juli 1936 in Spanien den Bürgerkrieg in Gang gesetzt, indem es die rechtsextremen spanischen Putschisten unter Franco logistisch und mit Kampfeinsätzen der deutschen Luftwaffe (»Legion Condor«) unterstützt, welche die linke Volksfrontregierung in Madrid aus dem Amt fegen wollen und das Land mit einem erbarmungslos geführten Bürgerkrieg überziehen, der 1939 mit dem Sieg der profaschistischen Franco-Bande endet. Geopolitisch hofft Hitler, damit im westlichen Mittelmeer die Vorherrschaft zu erringen, allerdings wird ihm Franco nicht den Gefallen tun, den britischen Flottenstützpunkt Gibraltar anzugreifen und an der Seite Deutschlands offiziell in den Zweiten Weltkrieg einzutreten. Die Sowjetunion versucht, im Rahmen ihrer Kräfte die Gegenseite, die gewählte spanische Regierung und die freiwilligen Interbrigadisten, militärisch zu unterstützen, muss 1939 jedoch die Aussichtslosigkeit einer Fortführung des Kampfes anerkennen. Die Franco-Horden rächen sich mit Massenmorden für den vehementen militärischen und zivilen Widerstand, den sie bei ihrem Putschversuch erfahren haben.

Anfang 1937 wird innerhalb des Politbüros zusätzlich eine Ständige Kommission für außenpolitische Fragen etabliert, welche die Reaktionsgeschwindigkeit der Sowjetunion im Hinblick auf internationale Probleme erhöhen soll. Sie besteht aus Stalin, Molotow, Woroschilow, Kaganowitsch und Jeschow. Wer ihr nicht angehört, ist der damalige Amtsinhaber Litwinow. Dieser wird zum Ausführungsgehilfen degradiert. Hatte sich Molotow im Jahr 1930 ungefähr hundertmal pro Jahr mit Stalin getroffen (ausweislich von Stalins Dienstkalender), so verdoppelt sich die Zahl der Treffen nahezu bis 1938. Molotow ist damit der häufigste Gast in Stalins Kreml-Dienstzimmern. Molotow nimmt an rund drei Viertel aller offiziellen Termine Stalins teil, was seine zentrale Stellung in Stalins Machtapparat unterstreicht. Die Entscheidungsebene hat sich damit endgültig von den Partei- und Staatsgremien hin zu Stalins Büro verlagert. Anfang 1939 wird Molotow mit der Organisation der Begräbnisfeierlichkeiten für Lenins Ehefrau Nadjeschda Krupskaja beauftragt, er zählt auch zur Ehrenwache an ihrem Sarg. Anschließend steht der 18. Parteikongress auf dem Programm. Molotow warnt in seinem Eröffnungsstatement am 10. März 1939, dass trotz der getroffenen Säuberungsmaßnahmen weiterhin die Gefahr ausländischer Sabotage und feindseliger Akte bestehe. Mittlerweile hat sich das aggressive Nazi-Deutschland ein Jahr zuvor Österreich einverleibt, den westlichen Alliierten die Tschechoslowakei als Beute im Münchner Abkommen aus den Rippen geleiert, das Sudetenland besetzt, in der Slowakei ein unter deutscher Patronage stehendes Regime installiert und ist dabei, im März 1939 auch die »Resttsche-

chei zu zerschlagen«. Einmal mehr ist die UdSSR gut beraten, die internationale Lage genau zu beobachten und alle Mittel zur Informationsgewinnung zu nutzen. Innenpolitisch betont der 49-jährige Molotow, der dritte Fünfjahresplan werde trotz der internationalen Spannungen zentral der Verbesserung der Lebensqualität in der UdSSR dienen. Er schließt mit der Feststellung, dass es keiner Macht der Welt gelingen werde, die Sowjetunion zu besiegen, und jeder Aggressor sich einen blutigen Kopf holen werde. Zuletzt macht er noch einen Scherz über den von Hitler für Deutschland 1936 verkündeten Vierjahresplan – auch die Kopie sozialistischer Wirtschaftslenkung werde Deutschland nicht helfen, seine aggressiven außenpolitischen Ziele zu erreichen beziehungsweise zu konsolidieren.
Die sowjetische Außenpolitik versucht zu diesem Zeitpunkt, angesichts der militärischen Drohungen Deutschlands Richtung Polen und der seit 1933 unveränderten aggressiven Rhetorik Deutschlands gegenüber der Sowjetunion (»Hort des Bösen« – was ja dann Jahrzehnte später ein Ronald Reagan wieder aufgreifen sollte –, Teil der »jüdisch-bolschewistischen Weltverschwörung«, einzige Möglichkeit, »Lebensraum im Osten« zu gewinnen et cetera pp.), mit Großbritannien und Frankreich zu einem Verteidigungsbündnis beziehungsweise zu einer gemeinsamen Garantie der polnischen Außengrenzen zu kommen. Entsprechende Verhandlungen werden Anfang 1939 aufgenommen. Doch Briten und Franzosen fahren eine Hinhaltetaktik, da sie sich nicht vorschnell festlegen wollen, die Rote Armee nach den Säuberungen für ziemlich wertlos halten und ein Krieg Deutschlands gegen die Sowjetunion – wie von Hitler seit 1924 unermüdlich angekündigt und zwischenzeitlich mit der massiven Aufrüstung Deutschlands sowie den außenpolitischen »Zugewinnen« unübersehbar vorangetrieben – ganz in ihrem Sinne wäre, da damit zwei außenpolitische »Ärgernisse«, ein präpotentes Hitler-Deutschland in Mitteleuropa und eine starke

Sowjetunion im Osten, sich quasi gegenseitig von selbst erledigen würden. Litwinows schrittweise Entmachtung sorgt für zunehmende Aggressionen gegenüber Molotow. Während Molotow seinen Außenminister für naiv und einseitig prowestlich hält, bezeichnet ihn dieser in vertraulichen Gesprächen als Durak (Trottel). Im November 1938 fasst Molotow in der Rede zum Jubiläum der Oktoberrevolution die aktuelle Lage dahingehend zusammen, dass die westlichen Staaten Hitler zum offenen Krieg gegen die Sowjetunion geradezu ermunterten, dass die Sowjetunion aber auf alle Eventualitäten vorbereitet sei und über die notwendigen Kräfte verfüge, um sich nicht nur zu verteidigen, sondern siegreich aus einer möglichen militärischen Auseinandersetzung mit wem auch immer hervorzugehen. Tatsächlich sei das Münchner Abkommen vom Herbst 1938 aus sowjetischer Sicht eine direkte Aufforderung an Hitler, endlich den lange herbeischwadronierten Krieg gegen die Sowjetunion zu beginnen (in dem man ihm trotz der bereits bekannten antikommunistischen und antisemitischen Verbrechen der Nazis mit der Tschechoslowakei das neben Polen wichtigste Aufmarschgebiet quasi geschenkt und dessen Volk schutzlos dem deutschen »Herrenmenschentum« ausgeliefert habe). Die kapitalistischen Länder hätten sich mit dem faschistischen Deutschland verbündet, um es zum Kampf gegen die beziehungsweise zur Vernichtung der in beiden Lagern aus ähnlichen Gründen verhassten Sowjetunion zu bringen.

Auf dem 18. Parteitag 1939 erklärt Stalin, die UdSSR werde sich keineswegs von den kapitalistischen Ländern in einen Krieg gegen Deutschland hineinziehen lassen, um für Westeuropa die Kastanien aus dem Feuer zu holen, sprich: Deutschland zu erledigen. Molotow, der schon seit 1937 Litwinow bei jedem von dessen Treffen mit Stalin begleitete und 1938 die Verhandlungen mit den USA über die von der Kerenski-Regierung in den wenigen Monaten ihrer Amtszeit 1917 aufgehäuften Schulden bei den USA an sich gezogen hatte (die USA versuchten 1917, das Überleben der »bürgerlichen« Regierung Russlands mit Millionenkrediten zu sichern, die die siegreichen Bolschewiki nun abbezahlen müssen, als Preis für ihre politische Anerkennung), übernimmt immer deutlicher die außenpolitische Führung der Sowjetunion. Im Februar 1939 verdichten sich unter westlichen Botschaftern in Moskau Gerüchte um eine bevorstehende Ablösung Litwinows. Die Verhandlungen mit Großbritannien und Frankreich sind angesichts deren Blockadehaltung festgefahren – zu den notwendigen Verhandlungen über militärischen Beistand lassen die beiden westlichen Länder nur subalterne Offiziere fahren, die keinerlei Verhandlungsvollmacht haben. Deutlicher kann man seine Absicht, eine Einigung möglichst ad infinitum hinauszuschieben, nicht demonstrieren. Also ziehen Stalin und Molotow nun konsequent die zweite im Spiel verbliebene Karte: eine wenn auch noch so absurd erscheinende »Verständigung« auf Zeit mit dem höchstaggressiven, höchstantibolschewistischen Hitler-Deutschland. Die beiden zentralen Figuren innerhalb der Sowjetführung versuchen somit, das *»great game«* der Westmächte herumzudrehen und Hitler gegen die westlichen Länder von der Leine zu lassen. Hat der »Führer« doch seinen Wählern beziehungsweise Untertanen und Sklaven versprochen, auch das »Schanddiktat« von Versailles aufzubrechen und die »schändliche« Niederlage von 1918 gegen »Erbfeind« Frankreich (möglich geworden angeblich nur durch einen »Dolchstoß« der jüdisch-bolschewistischen Weltverschwörer in den Rücken der »siegreich kämpfenden Truppe«) bei einem neuen Waffengang durch einen Sieg über Frankreich vergessen zu machen.

Die dahinterstehende Überlegung ist denkbar einfach. Wenn eine Verständigung beziehungsweise Absicherung der Sowjetunion mit Großbritannien und Frankreich nicht möglich ist (weil diese Länder Hitler gegen die Sowjetunion instrumentalisieren wollen), wird die Sowjetunion Hitler gegen

diese Länder instrumentalisieren, sprich: durch Rohstofflieferungen und einen Nichtangriffsvertrag in die Lage versetzen, Großbritannien und Frankreich anzugreifen. Stalin und Molotow gehen davon aus, dass Hitler, dessen grundsätzliche kriegerische Absichten gegen die Sowjetunion keineswegs in Vergessenheit geraten sind, auf Jahre hinaus mit diesem Unterfangen (Krieg gegen die Westmächte) beschäftigt sein dürfte – analog zum Ersten Weltkrieg mit einem bald im Stellungskrieg festgefahrenen Verschleißkonflikt, der die deutschen Kräfte so weit schwächen dürfte, dass Berlin zu dem seit 1924 angekündigten Waffengang gegen die Sowjetunion nicht mehr in der Lage sein würde. Molotow installiert zu diesem Zeitpunkt bereits Vertraute im Außenministerium, die direkt an ihn berichten, und lässt in der Sowjetpresse außenpolitische Artikel abdrucken, ohne Litwinow dazu zu befragen. Allerdings belegen Dokumente, die nach dem Zusammenbruch der Sowjetunion in den Archiven gefunden wurden, dass das entscheidende erste Treffen des sowjetischen Botschafters in Berlin, Merekalow, mit dem Staatssekretär im Auswärtigen Amt, Weizsäcker, am 17. April 1939, welches die Entwicklung hin zum »Hitler-Stalin-Pakt« einleitet, auf Litwinows Initiative zurückgeht, und nicht auf Molotow. Die Verhandlungen drehen sich allerdings aus sowjetischer Sicht zunächst hauptsächlich um eine Fortsetzung der wirtschaftlichen Zusammenarbeit, während von deutscher Seite aus von Anfang an nachdrücklich eine umfassendere politische Vereinbarung angestrebt wird.
Die beiden Westmächte Frankreich und Großbritannien, beunruhigt durch die sich abzeichnende deutsch-sowjetische Verständigung, schließen nun kurzfristig Beistandsverträge mit Polen (gegen Deutschland) und Rumänien (gegen die Sowjetunion) ab. Gleichzeitig bieten sie der Sowjetunion an, diesem Vertragspaket beizutreten (und damit die Sowjetunion in eine Gegnerschaft mit Deutschland hineinzuzwingen). Trotz Bedenken über die Ernsthaftigkeit des alliierten Unterfangens

stimmen Stalin und Molotow der Aufnahme von Verhandlungen zu. Aus sowjetischer Sicht müssen dabei zwangsläufig auch Verhandlungen mit der Türkei über einen freien Zugang zum Mittelmeer für die sowjetische Schwarzmeerflotte und über die Sicherheit auf dem Balkan (wo Serbien zu den mit der Sowjetunion verbündeten Ländern gehört) inkludiert werden. Nach dem Berliner Treffen zwischen Merekalow und Weizsäcker beraten sich die Mitglieder der außenpolitischen Kommission mit Stalin und Litwinow. Die sowjetischen Botschafter in Paris, London und Berlin werden ebenfalls zu diesem Treffen geladen. Litwinow versucht nach wie vor, die Vorteile einer Verständigung mit den westlichen Alliierten zu verdeutlichen, und beharrt darauf, dass es keinen Sinn mache, sich mit der offen feindseligen, antibolschewistischen Führungsmacht Deutschland vertraglich zu binden. Er übersieht dabei, dass es Stalin und Molotow nur um Zeitgewinn geht, darum, eine Gnadenfrist herauszuschinden, bevor es zu dem von Deutschland unvermeidlich angestrebten Krieg gegen die Sowjetunion kommen wird. Und diese Zeit dafür zu nutzen, die eigenen Verteidigungsvorbereitungen noch möglichst lange zu vervollständigen und auszubauen, um aus einer möglichst abgesicherten Lage heraus die absehbare, unvermeidliche deutsche Aggression abzuwehren.

Litwinow wird schließlich am frühen Morgen des 3. Mai 1939 in den Kreml bestellt, wo Stalin ihm mitteilt, dass er nicht länger Volkskommissar für Auswärtige Angelegenheiten ist, sondern als Botschafter in die USA gehen soll. Molotow wird vom Politbüro zum Nachfolger Litwinows nominiert. Er soll das Amt zusätzlich zu seinem Posten als Vorsitzender des Rates der Volkskommissare führen. Als erste Amtshandlung lässt Molotow einen Großteil des Führungspersonals des Ministeriums austauschen und durch loyale Gefolgsleute ersetzen. Das Ministerium soll damit enger an die Staatsführung gebunden werden und verliert einen Großteil seiner unter Tschitscherin und Litwinow errungenen Eigenständigkeit. Mit Molotow ist erstmals seit 1918 ein Politbüromitglied für die Außenpolitik zuständig. Die Entlassung des eher prowestlichen eingestellten, aus jüdischer Familie stammenden Litwinow (dem intern auch seine englische Ehefrau zum Vorwurf gemacht wird) ist ein doppeltes Signal: zum einen an Deutschland, zum anderen an die westlichen Länder, ihre Blockadehaltung gegenüber der Sowjetunion beziehungsweise gegenüber dem Abschluss eines kollektiven Sicherheitsvertrags (gegen Deutschland) aufzugeben. Der weitere Frühsommer 1939 gehört zunächst den Verhandlungen mit den Westmächten. Molotow trifft sich wenige Tage nach Amtsantritt mit dem französischen und dem britischen Botschafter und versichert ihnen, seine Berufung sei kein Schlussstrich unter die Verhandlungen mit London und Paris. Er kritisiert aber nochmals die schleppende Verhandlungsführung der Westalliierten. Während Moskau jeweils nach drei Tagen auf westliche Vorschläge antworte, lasse die Rückmeldung aus den westlichen Hauptstädten Wochen und Monate auf sich warten. Der 49-jährige Molotow zeigt sich von Anfang an als »harter Hund«, als ein in den Jahren und Jahrzehnten als Partei- und Staatsfunktionär gereifter, selbstbewusster Verhandlungspartner, der sich nicht die Butter vom Brot nehmen lässt. Das verwundert und verunsichert die bisher Litwinows konziliante Höflichkeit gewohnten westlichen Außenpolitiker. Molotow lässt am 11. Mai 1939 einen geharnischten Grundsatzartikel in der *Iswestija* veröffentlichen, der damit schließt, dass es ohne valide gegenseitige Hilfsvereinbarungen keine Zusammenarbeit geben könne – das ist an beide Seiten, an Berlin, aber auch an die Westalliierten gerichtet. Gleichzeitig spricht sich Molotow gegen die von westlicher Seite gewünschte Verknüpfung der trilateralen Vereinbarungen zwischen Moskau, Paris und London mit dem Völkerbund in Genf aus, da die dortigen Abstimmungsprozeduren bekanntlich ebenfalls Monate oder Jahre dauerten, Zeiträume, in denen Kriege bereits entschieden sein könnten, bevor eine Antwort unter den Mitgliedsländern gefunden werde. Es dürfe hier nur um die drei Verhandlungspartner gehen und um niemanden sonst. In den weiteren Treffen gibt sich Molotow unnachgiebig, was die direkte Verknüpfung von politischen Vereinbarungen und militärischen Abkommen angeht. Das eine gebe es nicht ohne das andere. Anders ausgedrückt: Das eine sei ohne das andere wertlos. Die Situation verschärft sich, als Deutschland am 7. Juni 1939 einen Nichtangriffsvertrag mit Estland und Lettland abschließt. Beim nächsten Treffen mit dem britischen Botschafter hält Molotow diesem vor, dass er schon mehrfach um den Besuch des britischen Außenministers gebeten habe, um die Dinge endlich voranzubringen. Chamberlain habe das kürzlich erneut abgelehnt, sei aber für das Münchner Abkommen höchstpersönlich dreimal zu Hitler gefahren, um mit diesem direkt zu verhandeln. Die sowjetische Seite könne nicht verstehen, was hier für ein Unterschied gemacht werde. Das britische Verhalten lasse nur den Schluss zu, dass das Land letztlich nicht an einem Abkommen mit der Sowjetunion interessiert sei.

Die trilateralen Verhandlungen ziehen sich noch den ganzen Juni und Juli über hin, während die Spannungen in Mitteleuropa täglich zunehmen. Molotow wird zunehmend ungehalten über die weiter dilatorische Verhandlungsführung der Westalliierten. Hitler ist zu diesem Zeitpunkt sehr daran interessiert, sein erstes Angriffsziel Polen möglichst zu isolieren. Polen soll schnell fallen, anschließend die 1918 okkupierten deutschen Reichsteile umgehend wieder abtreten und im Übrigen als Aufmarschgebiet für den seit 1937 konkret geplanten Überfall auf die Sowjetunion dienen (gemeinsam mit Tschechien, der Slowakei, Rumänien und Ungarn). Danach sind zunächst schnelle »Feldzüge« in Frankreich und gegen Großbritannien geplant, um die westliche Front abzusichern und schließlich von dieser gesicherten Machtbasis aus – das oberste Ziel, die Hauptsache, das Sahnehäubchen in Hitlers großmannssüchtiger Weltherrschaftsfantasie – die Sowjetunion zu Fall und unter die deutsche Knute zu bringen. Was dann wiederum, gestützt auf die unendlichen Ressourcen der Sowjetunion, das Fernziel USA in greifbare Nähe bringen würde sowie die mit Japan abgestimmte Aufteilung des britischen Empires (Indien und alle Staaten östlich Indiens an Japan, alle Staaten westlich Indiens an das »Großdeutsche Reich«), was ab 1942 von Rommel und seinem »Afrika-Korps« versucht wird: der Durchmarsch durch Ägypten, Saudi-Arabien und Persien bis an die indische Grenze, also wahrhaft »alexandrinische« Dimensionen in der Planung Hitlers, der das Weltreich des Makedonen neu errichten will, mit Unterstützung der »gelben« Brudernation, den »Ariern des Ostens«, Japan. Die Sowjetunion soll zuvor zerschlagen und gemäß der deutschen Randstaatentheorie von 1912 aller ihrer Teilrepubliken entledigt (vor allem die Ukraine ist 1939 wie auch 2013 beziehungsweise bis heute das Ziel westlicher Begehrlichkeiten), bis zum Ural besetzt (»ungefähr auf einer Linie von Archangelsk bis Astrachan«) und der Rest hinter dem Ural als loser Zusammenschluss von unterworfenen, versklavten Regionen in Schach gehalten werden.

Am 23. Juli 1939 signalisieren die Regierungen in London und Paris plötzlich, wie von sowjetischer Seite gewünscht, ihre Bereitschaft, die politischen und militärischen Bestandteile des geplanten trilateralen Abkommens gleichzeitig zu verhandeln und zu implementieren. Aber erneut spielen die Westmächte auf Zeit. Die nun nötigen militärischen Verhandlungsdelegationen müssten erst zusammengestellt, instruiert und bevollmächtigt werden, das dauere leider. Erst am 11. August treffen erste Vorauskommandos der militärischen Verhandlungsdelegationen, wiederum nur mit niedrigen Offizierschargen in Moskau ein. Zuvor findet am 2. August 1939 die letzte politische Verhandlungsrunde mit dem britischen und dem französischen Botschafter statt. Als auch dieses unbefriedigend verläuft, beraumt Molotow für den nächsten Tag ein Treffen mit dem deutschen Botschafter Schulenburg an, um so den am 17. April 1939 in Berlin aufgenommenen Gesprächsfaden fortzusetzen. Einem gemeinsamen Diner mit den britisch-französischen Offizieren am 11. August bleibt Molotow ebenso fern wie Stalin. Pro forma versichert Molotow den westlichen Botschaftern auch in den nächsten Tagen noch, wie sehr ihm am schnellen Fortgang der Verhandlungen gelegen sei, führt aber gleichzeitig auf höchster Intensitätsstufe die Verhandlungen mit Deutschland weiter. Paris und London gehen davon aus, dass es beim Abschluss eines deutsch-sowjetischen Abkommens darauf hinauslaufen werde, dass Berlin von Moskau die Erlaubnis erhalte, über Polen herzufallen. Die deutsch-sowjetischen Verhandlungen machen nun schnelle Fortschritte, da Hitler Ribbentrop mit umfangreichen Verhandlungsvollmachten ausgestattet und diesen ermächtigt hat, maximale Zugeständnisse zu machen (im Bewusstsein, dass die »Zusammenarbeit« mit der Sowjetunion ohnehin nur temporär ist und bald durch Verhandlungen vor dem Gewehrlauf ersetzt würde).

Das deutsch-sowjetische Abkommen (1939)

Während es bei den trilateralen Verhandlungen mit den Westmächten die sowjetische Seite war, die auf einer Verknüpfung der politischen mit den militärischen Verhandlungen bestand, ist es nun Hitler-Deutschland, welches die von sowjetischer Seite vornehmlich hinsichtlich wirtschaftlicher Zusammenarbeit geführten Verhandlungen nachdrücklich um eine umfassendere politische Vereinbarung beziehungsweise Neutralitätserklärung ergänzen möchte, dabei aber von der sowjetischen Seite – wegen der trilateralen Verhandlungen – hingehalten wird. Molotow trifft sich mit dem deutschen Botschafter Schulenburg erstmals am 20. Mai 1939, vier Wochen nach den pompösen Feierlichkeiten zu Hitlers 50. Geburtstag samt gigantischer Militärparade in Berlin. Gleichzeitig verhandelt Ribbentrop mit Japan über den Beitritt zum »Stahlpakt«, dem Bündnisvertrag zwischen Deutschland und Italien, den beide Länder am 22. Mai 1939 abschließen (ersetzt durch den Dreimächtepakt, den Deutschland, Italien und Japan am 27. September 1940 abschließen) – der Antikominternpakt war 1936 mit Japan ausgehandelt worden, Italien trat 1937 bei, 1939 folgen Ungarn und Spanien. 1941 unterzeichnen nach dem Überfall auf die Sowjetunion noch Rumänien, Finnland, Kroatien, Slowakei, Bulgarien und das besetzte Dänemark.

Die Situation ändert sich am 30. Mai 1939. Hitler beauftragt das Auswärtige Amt an diesem Tag, nachdrückliche Verhandlungen mit der Sowjetunion aufzunehmen und diese nicht auf die wirtschaftliche Sphäre zu beschränken. Am 31. Mai 1939 erwähnt Molotow in einer Rede vor dem Obersten Rat (Sowjet), dass es Überlegungen gebe, die mit Deutschland

1938 geführten wirtschaftlichen Verhandlungen wieder aufzunehmen. Den Juni über streiten sich die deutsche und die sowjetische Delegation über Details der Wirtschaftsfragen. Die Frage eines Nichtangriffsvertrags zwischen beiden Ländern steht im Raum, wird aber noch nicht konkret verhandelt. Schulenburg versichert Molotow bei einem weiteren Treffen, Deutschland sei sehr an einer völligen Normalisierung der Beziehungen zwischen beiden Ländern interessiert. Da Deutschland nun wegen des für Spätsommer geplanten Angriffsbeginns auf Polen zunehmend in Zeitnot gerät, steigt Ribbentrop selbst in den Ring und betont in einem Schreiben an Molotow vom 2. August 1939, dass man in allen territorialen Fragen vom Baltikum bis zum Schwarzen Meer kurzfristig zu einer Einigung kommen könne. Molotow weist Schulenburg darauf hin, dass es Deutschland gewesen sei, welches die Sowjetunion explizit von den Verhandlungen um das »Münchner Abkommen« von 1938 ausgeschlossen habe, um die UdSSR zu isolieren. Am 7. August berichtet Wirtschaftsattaché Astachow nach Moskau, Deutschland sei bereit, die Verträge von Rapallo und andere Abkommen wiederzubeleben, selbst wenn Moskau ein trilaterales Abkommen mit Großbritannien und Frankreich unterzeichne. Molotow hält die deutsche Delegation, die von Hitler täglich stärker unter Druck gesetzt wird, einen Abschluss mit Moskau zu erreichen, der ihm Handlungsfreiheit gegen Polen verschafft, weiter genüsslich hin. Hitler sieht den von ihm geplanten Angriffszeitpunkt (spätestens Ende August, um den zu diesem Zeitpunkt noch keineswegs als »Blitzkrieg« geplanten, sondern auf mehrere Monate angelegten »Feldzug« nicht bis in den polnischen Winter hinein führen zu müssen) gefährdet und will nun um jeden Preis die Rückversicherung von Moskau. Das wird dort natürlich bemerkt, und da es sonst immer andersherum war, dass Moskau geradezu um Vertragsabschlüsse mit Deutschland betteln musste, denkt man dort jetzt keineswegs daran, vorschnell einzuwil-

ligen, sondern ist darauf bedacht, den höchstmöglichen Gewinn in den Verhandlungen zu erzielen.
Am 14. August 1939 teilt Schulenburg seinem Vorgesetzten Weizsäcker mit, dass er nicht zum alljährlichen Nürnberger NSDAP-Parteitag anreisen werde, da seine Anwesenheit in Moskau vonnöten sei – die sowjetische Seite sei offenbar gerade dabei, sich auf Deutschland zuzubewegen. Molotow verlangt wenige Tage später beim nächsten Treffen als Bedingung eine gemeinsame Garantie für die baltischen Länder (die bisher in die deutsche Sphäre zählen) sowie deutsche Vermittlung hinsichtlich einer Verbesserung der japanisch-sowjetischen Beziehungen. Schulenburg schlägt nun vor, die Verhandlungen auf die Ministerebene zu verlagern, und stellt einen Besuch Ribbentrops in Moskau in Aussicht. Molotow gibt einmal mehr den Pokerspieler und erwidert, das müsse von sowjetischer Seite intern abgestimmt werden, bevor man sich zu diesem überraschenden deutschen Vorstoß äußern könne. Zu diesem Zeitpunkt ist klar, dass die trilateralen Verhandlungen mit London und Paris gescheitert sind. Das Angebot des deutschen Ministers, in Moskau vorzusprechen, schmeichelt der sowjetischen Führung, die sich lange Zeit vergeblich um den Besuch des französischen und des britischen Außenministers bemüht hatte. Schulenburg teilt Molotow am Donnerstag, den 17. August, mit, dass Ribbentrop ab Freitag, 18. August, Zeit für eine Reise nach Moskau habe. Beide Seiten kommen überein, auf Grundlage des Vertrags von Rapallo einen neuen Vertrag zu schließen, der in einem nichtöffentlichen Protokollanhang die Interessensphären beider Mächte definieren soll. Trotz Schulenburgs wiederholter Nachfragen lässt sich Molotow einige Tage Zeit mit der Nennung eines Moskau genehmen Besuchszeitpunktes. Er ignoriert die immer größere Terminnot der deutschen Seite souverän und lässt Schulenburg zappeln. Zuerst müssten die entsprechenden Vertragsentwürfe samt Protokollanhängen ausgearbeitet und abgestimmt wer-

den, danach könne der endgültige Besuchstermin festgelegt werden. Noch am Samstag, den 19. August, weigert sich Molotow, zu Schulenburgs sich steigernder Verzweiflung, einen Besuchstermin anzuberaumen. Erst am späten Nachmittag lässt er Schulenburg mitteilen, dass man sich einen Besuch Ende August vorstellen könne. Dazu müsse aber das vorgeschaltete Wirtschaftsabkommen zu sowjetischen Bedingungen am nächsten Tag, Sonntag, den 20. August, abgeschlossen werden. Er übergibt Schulenburg gleichzeitig einen ersten Vertragsentwurf, worin steht, dass der Vertrag nur Gültigkeit erlange, wenn ein noch zu definierendes Zusatzprotokoll zu außenpolitischen Fragen von bilateralem Interesse ebenfalls ratifiziert werde.

Am Montag, den 21. August, erhält Schulenburg um 15 Uhr eine Audienz bei Molotow. Er überbringt eine persönliche Botschaft Hitlers für Stalin. Darin akzeptiert Hitler den sowjetischen Vertragsentwurf, bittet aber um Klärung der Punkte für das Zusatzprotokoll. Ribbentrop könne am Dienstag, 22. August, oder Mittwoch, den 23. August, nach Moskau kommen, um hier gemeinsam Klarheit zu schaffen. Allerdings nur für einen oder maximal zwei Tage, aufgrund der angespannten internationalen Lage. Man geht wieder auseinander. Um 17 Uhr antwortet Molotow, dass man Ribbentrops Besuch für Mittwoch, den 23. August, erwarte. Als Ribbentrop an diesem Tag in Moskau eintrifft, wird innerhalb weniger Stunden Einigkeit über die Ausgestaltung von Vertrag und Zusatzprotokoll erzielt. Dieses tritt sofort mit Unterzeichnung in Kraft, auf eine formelle Ratifizierung beider Seiten verzichten die Vertragsparteien – ein weiteres Anzeichen für Hitlers Zeitnot und seine Ungeduld, endlich Polen überfallen zu können. Stalin beharrt in den Verhandlungen darauf, dass die lettischen Häfen Liepaja (Libau) und Ventspils (Windau) zur sowjetischen Einflusssphäre zählen. Dafür soll Litauen insgesamt der deutschen Einflusssphäre zugeordnet werden. Ribbentrop muss dazu in der deutschen

Botschaft Rücksprache mit Hitler nehmen. Insgesamt gehen die Verhandlungen so schnell vor sich, dass man hinterher mehrere Tage damit zubringt, die in den Minister-Verhandlungen übersehenen Details zu regeln. Deutschland erhält in dem Vertrag die westlichen zwei Drittel der Landesfläche Polens zugesprochen. Die Sowjetunion erhält freie Hand gegen Finnland, das sich seit seiner von Deutschland militärisch und finanziell geförderten Gründung als unabhängiger Staat 1918 (es gehörte vorher zum russischen Zarenreich) ununterbrochen als »deutschfreundlich« gezeigt hat und durch die nur wenige Kilometer von dem sowjetischen politischen und ökonomischen Zentrum Leningrad verlaufende Landesgrenze in Karelien von der sowjetischen Seite als permanente Bedrohung wahrgenommen wird.
Beim gemeinsamen Abendessen werden Toaste ausgebracht, unter anderem von Stalin auf Hitler (die sanfte Ironie in der Textfassung entgeht der deutschen Seite oder wird geflissentlich überhört), Molotow bringt einen Toast auf Stalin aus. Die deutsche Seite notiert, dass Molotow mit Stalin wie von Gleich zu Gleich rede. In den sowjetischen Archiven konnte bis heute kein Vorentwurf für das geheime Zusatzprotokoll gefunden werden, nur die unterzeichnete Schlussfassung. Offenbar war das Protokoll von deutscher Seite zugeliefert worden. Nach der Abreise Ribbentrops ziehen Stalin und Molotow Resümee. Die sowjetische Seite kann mit dem Ertrag der Verhandlungen zufrieden sein, ihre Interessensphäre wird auf Finnland, das Baltikum (ohne Litauen) und Teile von Südosteuropa ausgeweitet. Molotow lässt sich drei Tage Zeit, bevor er das Abkommen dem Obersten Rat (Sowjet) zur Beschlussfassung und Genehmigung vorlegt. Das ist nur Formsache, aber in den drei Tagen, die bis zur »parlamentarischen« Beratung vergehen, hat die sowjetische Führung Zeit, die Auswirkungen des Abkommens auf die internationale Lage zu evaluieren. In einer Rede am 31. August 1939 betont Molotow, die UdSSR sei nach wie vor an einer Sta-

bilisierung der internationalen Lage und an der Aufrechterhaltung des Friedens in Europa interessiert. Man werde sich aus eventuellen kriegerischen Auseinandersetzungen, soweit möglich, heraushalten. Die Konflikte mit Deutschland seien in den Verhandlungen umfassend ausgeräumt worden. Die unterschiedlichen politischen Systeme beider Länder seien kein Hindernis auf dem Weg zur friedlichen Koexistenz. Deutschland habe sich verständigungsbereit gezeigt. Wichtig sei, dass es sich um eine Neutralitätsvereinbarung handle und nicht um einen Bündnisvertrag. Sie enthalte keine Klausel, wie im Falle von Aggressionen der Vertragsparteien gegen Drittländer vorzugehen sei. Das geheime Zusatzprotokoll ist zu keinem Zeitpunkt Gegenstand der Ratifizierung im Obersten Sowjet, es wird überhaupt nicht erwähnt.
Von westlicher Seite aus wird die damalige Situation gern so dargestellt, als hätte Hitler es geschafft, den etwas naiven Stalin zu hintergehen, der an den ernsthaften Verhandlungswillen und die Beteuerungen des deutschen »Führers« zur Vertragstreue geglaubt und sich daher nach dem deutschen Überfall 1941 darüber echauffiert habe, dass Hitler ihn reinlegte. Dafür gibt es – natürlich – keinerlei archivalische Bestätigung, es widerspricht auch dem gesunden Menschenverstand. In anderen Zusammenhängen wird in Westblockmedien gern auf das angeblich »krankhafte Misstrauen« Stalins selbst gegenüber engsten Vertrauten wie Molotow oder dem Chef seiner Leibgarde hingewiesen. Und gleichzeitig soll er einem deutschen Popanz, der seit Jahrzehnten ankündigte, er werde die Sowjetunion zertrümmern, Glauben geschenkt und diesem vertraut haben? Das ist doch ziemlich absurd. Stalin wusste genau, dass Hitler an der Spitze der entwickelten Industrienation Deutschland mit seiner Aufrüstung seit 1933 schneller vorangekommen war als die nach wie vor vergleichsweise rückständige Sowjetunion, die erst die schwerindustriellen Grundlagen einer Aufrüstung hatte schaffen müssen. Die »Wehrmacht«

ist zu diesem Zeitpunkt der Roten Armee an schierer Feuerkraft, aber auch in Sachen strategischer Führung überlegen. Für Stalin und Molotow verbessert jeder Tag, den der von Deutschland angestrebte Krieg gegen die Sowjetunion hinausgezögert werden kann, die Chancen Moskaus, in diesem Krieg nicht nur zu bestehen, sondern ihn zu gewinnen. Stalin und Molotow sind entgegen verbreiteten westlichen Darstellungen in der Lage, Statistiken zu lesen, kennen die Schwächen Deutschlands im Hinblick auf dessen Rohstoffsituation genau (unter anderem aus den sowjetisch-deutschen Handelsvereinbarungen) und wissen, dass die ausschlaggebenden Vorteile letztlich auf sowjetischer Seite liegen, von der unermesslichen Größe des Landes bis hin zu seinen nahezu unerschöpflichen Ressourcen. Hitlers einzige Chance besteht darin, im »Sturmlauf« die Strukturen der UdSSR binnen kurzer Zeit so ins Wanken zu bringen, dass das kommunistische Reich als Folge davon ohne weiteres deutsches Zutun zusammenbricht. Darauf baut Hitler, auf einen weiteren »Blitzsieg« wie gegen Polen, Frankreich und die übrigen überfallenen europäischen Länder von Norwegen bis Griechenland. Und genau das zu verhindern, sind Stalin und Molotow fest entschlossen. Es kommt darauf an, Hitler bei seiner geplanten Attacke auf Moskau möglichst viele Hindernisse in den Weg zu legen, den Krieg möglichst schnell auf feindliches Territorium zurückzubringen (so die sowjetische Doktrin), oder notfalls sogar Moskau zu räumen und aus der Tiefe des sowjetischen Raumes die entsprechenden Gegenangriffe zu führen. Man darf nicht vergessen, dass Hitler selbst auf dem Höhepunkt des »Unternehmens Barbarossa«, wie der Überfall auf die Sowjetunion entlarvend in den deutschen Dokumenten heißt, nie mehr als knapp zehn Prozent der sowjetischen Landesfläche in seinen Besitz brachte. Und die restlichen neunzig Prozent reichten locker aus, um ihn zu Fall zu bringen, mit eisernem Besen wieder hinauszukehren und ihn bis in sein

letztes Berliner Bunkerverlies zu verfolgen, wo der »Führer« dann jämmerlichen Selbstmord begehen wird.
Jeder Tag, den der unvermeidliche Angriff Deutschlands auf die Sowjetunion im Jahr 1939 hinausgezögert werden kann, versetzt Moskau in die Lage, mehr Panzer, Flugzeuge und Kriegsschiffe zu bauen, die den Deutschen entgegengeworfen werden können, massenhaft hergestellte, perfekt motorisierte, im Alltagsbetrieb (und das im Gegensatz zu den hochtechnisierten deutschen Produkten) unverwüstliche, durchschlagend bewaffnete Panzer wie den T-34, ausgezeichnete Kampfflugzeuge wie die P-2 und Kriegsschiffe, die die deutsche Marine im Schwarzen Meer und auf der Ostsee das Fürchten lehren. Außerdem kann in der so gewonnenen »Gnadenfrist« die Ausbildung seiner Millionen Soldaten unter Leitung fähiger junger Generäle wie Schukow, Tschuikow, Wassilewski und Rokossowski intensiviert und das Land und seine Strukturen noch besser auf eine weitere gewaltsame Auseinandersetzung vorbereitet werden (nach dem weniger als zwei Jahrzehnte zurückliegenden Ersten Weltkrieg, dem Bürgerkrieg sowie dem Kampf gegen die Interventionsarmeen). Es geht also für die Sowjetunion, die unter Stalin schon Anfang der 1920er Jahre der Weltrevolution abgeschworen und sich stattdessen dem »Aufbau des Sozialismus in einem Land« gewidmet hatte, nie um einen wirklichen Kompromiss mit Hitler, um den Versuch, zu einer dauerhaften friedlichen Koexistenz zu kommen. Dass das grundsätzlich nicht möglich ist, darüber besteht in der sowjetischen Führung zu keinem Zeitpunkt auch nur der geringste Zweifel. Es gehört nun einmal unabweisbar zu den Grundüberzeugungen Hitlers, zu den Fundamenten seines Denkens und Handelns, zu seinen »Herzensangelegenheiten«, die Sowjetunion vom Erdboden zu tilgen und sich die gigantische Erbmasse einzuverleiben. Der »Führer« muss also im Vorfeld möglichst stark abgelenkt, muss bestmöglich ausgekontert und in seinen außenpolitischen beziehungsweise militärischen Möglich-

keiten eingeschränkt beziehungsweise umgelenkt werden. Österreich und das Sudetenland hatte er sich mit Hilfe der passiv verharrenden, ihre antideutschen Bündnispflichten missachtenden Westalliierten schon gegriffen. Polen, das der Sowjetunion seit dem Ende des Ersten Weltkriegs äußerst feindlich gegenübersteht und nach wie vor von den Zeiten eines großpolnisch-litauischen »Weltreiches« wie im späten Mittelalter träumt, ja, sogar mit Deutschland Nichtangriffsverträge schloss (1934), ist daher eines der Lockmittel, um Hitler dazu zu bringen, seine Armee in möglichst vielen Auseinandersetzungen vor dem Überfall auf die Sowjetunion abzunutzen, bevor er die deutsche Militärmaschinerie auf die UdSSR loslässt. Für die Sowjetunion besteht andererseits keinerlei Veranlassung, ein ihr gegenüber feindselig eingestelltes und nach antisowjetischen Bündnispartnern suchendes Polen vor dem deutschen Angriff zu schützen. Dagegen hat die Sowjetunion ein existentielles Interesse an jedem Kilometer Landstreifen, der als zusätzlicher Cordon sanitaire zwischen die sowjetischen und die deutschen Grenzen gebracht werden kann. Das der UdSSR im geheimen Zusatzprotokoll zugesprochene Ostpolen ist daher ein willkommener zusätzlicher Puffer, den die Nazi-Truppen überwinden müssen, bevor sie auf sowjetisches Kernterritorium vorstoßen können. Gleiches gilt für das Baltikum, Bessarabien und Finnland.

Doch zurück zu den letzten Stunden vor Ausbruch des Zweiten Weltkriegs. Hitler lässt das erbärmliche, leicht zu durchschauende Täuschungsmanöver vorbereiten, polnische Aggression als Grund für den deutschen Angriff zu suggerieren (»Überfall auf den Sender Gleiwitz«). Die Sowjetunion dagegen unternimmt alles, um das Abkommen nicht als einen »Schulterschluss« mit Hitler-Deutschland aussehen zu lassen, was Deutschland wiederum versucht, um so die Westalliierten von einem Angriff auf die »unbesiegbaren Bündnismächte« Deutschland und UdSSR abzuhalten. Es ist eine für die Sowjetunion äußerst vorteilhafte Situation. Man kann sich den Gang der nächsten Auseinandersetzungen quasi aus der Loge betrachten und dabei noch *»windfall profit«* in Form von Ostpolen einstreichen. Die westlichen Bündnispartner Polens sind jetzt gefordert, Deutschland von dem Angriff auf Warschau abzubringen beziehungsweise unmittelbar in militärische Auseinandersetzungen mit Deutschland einzutreten. Nichts von alledem geschieht – wie von Stalin und Molotow richtig vorausgesehen. Hitlers Sturmhorden überrollen ab 1. September 1939 Polen. Großbritannien und Frankreich erklären zwar pflichtschuldig Deutschland den Krieg, lassen den Worten aber lange Zeit keine Taten folgen (*»drôle de guerre«* oder auch »Sitzkrieg«). Polen, das in den Jahren zuvor zwar eine ziemlich selbstbewusste bis überhebliche Haltung an den Tag gelegt hat, verfügt militärisch nicht über die Mittel, Deutschland standzuhalten. Schon nach zwei Wochen ist die Sache – auch zur deutschen Überraschung, wo man mit einem längeren Feldzug gerechnet hatte – entschieden.

Deutschland möchte, dass die Sowjetunion nun möglichst schnell den ihr zugesprochenen Teil Polens besetzt, um den »Feldzug« abzuschließen und Polen die letzten Rückzugsmöglichkeiten zu verlegen. Molotow lässt sich auch hiermit Zeit, und erst am 17. September beginnen die sowjetischen Truppen, von Osten her nach Polen einzurücken – ins alte russische Kernland Weißrussland sowie in die westliche Ukraine, die damals zum polnischen Staatsgebiet gehören (als Teil der Beute, die Pilsudski mit westlicher Unterstützung im Kampf mit der jungen Sowjetunion 1920 gemacht hatte). Öffentlich lässt Stalin verkünden, die Sowjetunion rücke nach Westen vor, um ihre weißrussischen und ukrainischen Brudervölker vor den Deutschen zu schützen. Dass das Deutschland diplomatisch desavouiert, ist Stalin und Molotow egal, es wird sie sogar amüsiert haben. Den in Moskau akkreditierten Diplomaten lässt Molotow mitteilen, die Sowjetunion werde in dieser und künftigen Auseinandersetzungen neutral bleiben. Im Zuge der Besetzung Ostpolens

lässt die Sowjetunion die dort verbliebenen oder geflüchteten Reste der polnischen Armee beziehungsweise ihr Offizierskorps in Lagern unterbringen. Dabei kommt es im März 1940 zum Massaker von Katyn, als die sowjetische Führung beschließt, einen Großteil der gefangenen polnischen Offiziere erschießen zu lassen, um im Falle künftiger Auseinandersetzungen mit Nazi-Deutschland keine fünfte Kolonne im Land zu haben. Ein Kriegsverbrechen historischen Ausmaßes, an dem die weiteren Entwicklungen im Zweiten Weltkrieg so niederschmetternd reich sein sollten. Aber eben auch ein politisches Handlungsmittel, das Polen im Krieg gegen die junge Sowjetunion 1920 ebenfalls massenhaft einsetzte (gefangene Rotarmisten wurden umgehend ermordet), was in Moskau nicht vergessen ist.
Am Mittwoch, den 27. September 1939, kommt Ribbentrop erneut nach Moskau, um letzte Unstimmigkeiten in der Frage des genauen Verlaufs der Demarkationslinie zwischen beiden Besatzungszonen zu klären. Die Sowjetunion macht dabei Deutschland das verlockende Angebot, auf die eigentlich in ihrer Besatzungszone liegende Region rund um Warschau und Lublin zu verzichten, sollte Deutschland im Gegenzug auf Litauen verzichten und so die gegenseitigen Territorien arrondieren. Ribbentrop ist einverstanden und unterzeichnet entsprechende geheime Vereinbarungen einen Tag später, am Donnerstag, den 28. September 1939. Die Grenze zwischen beiden Besatzungszonen soll demgemäß nun entlang der »Vier-Flüsse-Linie«, gebildet von Narew, San, Weichsel und Pissa, verlaufen. Die deutsche Einladung zum Gegenbesuch in Berlin samt Vertiefung der gegenseitigen Zusammenarbeit lehnt Molotow im Oktober 1939 mit Hinweis auf die drängenden wirtschaftlichen Probleme der Sowjetunion ab. Dabei handelt es sich um ein weiteres Täuschungsmanöver gegenüber Hitler, da die wirtschaftlichen Kennzahlen der Sowjetunion zu diesem Zeitpunkt nicht schlecht sind, Hitler aber im Glauben gelassen werden soll, der Sowjetunion gehe

es schlecht, um ihn zu leichtfertigen Fehlern und einer möglicherweise mangelhaften Vorbereitung des »Feldzugs« zu bringen. Auch weitere deutsche Einladungen lehnt Molotow ab und reist erst mehr als ein Jahr später, im November 1940, zu seinem ersten und letzten Besuch nach Berlin.

Im Herbst 1939 schließt Molotow mit den baltischen Staaten Estland, Lettland und Litauen, vom deutsch-sowjetischen Vertrag der sowjetischen Seite zugeschlagen, gegenseitige Beistandsabkommen, die aufgrund der sowjetischen Sicherheitsinteressen notwendig seien, und zum Schutz der Unabhängigkeit der baltischen Staaten. Die sowjetischen Versuche, Bulgarien ebenfalls zur Unterzeichnung eines Beistandspakts zu bewegen, scheitern an deutsch motiviertem Widerstand in Sofia. Als Nächstes gerät das unter deutschem Einfluss stehende Finnland in den Fokus der sowjetischen Bemühungen, im Vorfeld einer absehbaren Auseinandersetzung mit Deutschland das Vorfeld weiter zu arrondieren. Seit dem Ende des Ersten Weltkriegs und der Unabhängigkeit des zuvor russischen Finnlands verläuft die Staatsgrenze zwischen der Sowjetunion und Finnland nur wenige Kilometer von der Leningrader Stadtgrenze entfernt. Damit liegt die zweitwichtigste Stadt der UdSSR in der Reichweite finnischer Artillerie. Schon die Unabhängigkeit Finnlands wurde, wie gesehen, nur mit deutscher Waffenhilfe und Tausenden von in Deutschland trainierten »finnischen Freiheitskämpfern« sowie einer deutschen Interventionsarmee erreicht. Das Offizierskorps der mittlerweile aufgebauten finnischen Armee wird von ehemaligen »Freiheitskämpfern« gebildet (wie sich die Bilder vom Kosovo bis zur Ukraine gleichen). Und Finnland nutzt die kampferfahrenen Truppen direkt nach der Unabhängigkeit während der Heimosodat (Krieg verwandter Völker) genannten Invasion im Baltikum, um Russland noch weitere Landesteile gemäß der deutschen Vorkriegs-Orangenschalendoktrin zu entreißen. Die von Anfang an engen Verbindungen zur deutschen Reichswehr werden in den nächsten beiden Jahrzehnten noch ausgebaut, die Armee mit deutschen Waffensystemen ausgestattet. Daher ist es kein Wunder, dass die Sowjetunion Finnland als deutsche Marionette und absehbares Aufmarschgebiet deutscher Truppen gegen die Sowjetunion (wie es 1941 dann auch passiert) neutralisieren möchte.

Versuche Molotows, im Oktober 1939 den finnischen Außenminister auf friedlichem Wege zu Zugeständnissen hinsichtlich der Landesgrenze auf der karelischen Landenge zu bewegen, scheitern an dessen (von Berlin unterstützter) obstinater Haltung. Statt einer Kriegserklärung anerkennt die Sowjetunion eine von finnischen Emigranten in der Sowjetunion gebildete Exilregierung unter Otto Kuusinen, die wiederum um eine bewaffnete Intervention gegen die reaktionäre Regierung in Helsinki bittet. Die Sowjetunion kommt dieser Bitte umgehend nach. Am 30. November 1939 beginnen die Kampfhandlungen. Die numerisch überlegene Rote Armee vermag in den ersten Wochen aber nicht, die gut positionierten, verproviantierten und trainierten, deutsch beratenen finnischen Soldaten aus ihren befestigten Stellungen entlang der »Mannerheim-Linie« zu vertreiben. Dieser Befestigungswall war seit 1920 errichtet und in den dreißiger Jahren noch deutlich ausgebaut worden. Erst im zweiten Anlauf gelingt den Sowjets Anfang 1940 der Durchbruch. Außermilitärische Einflüsse, wie etwa das extrem schlechte Wetter während der ersten Offensive, die das geplante Zusammenwirken der Roten Armee mit der Roten Luftwaffe verhinderte, sowie Temperaturen bis minus 46 Grad Celsius, hatten den Erfolg zunächst verhindert. Nach Umgruppierung und besserer Vorbereitung (Aufklärung, Training, Dislozierung von Bunkerbekämpfungstrupps mit Flammenwerfern et cetera) durch den neuen Oberbefehlshaber der Armeegruppe (Front), Wassilewski, kann die Rote Armee ab 1. Februar 1940 eine Wende zu ihren Gunsten herbeiführen. Die finnische Regierung bittet nun um Waffenstillstand und Friedensverhandlungen, da die sowjetische Armee den Vormarsch auf Helsinki beginnt. Im anschließend ausgehandelten Friedensvertrag macht die rechtskonservative Finnenregierung nun die Zugeständnisse, die sie zuvor verweigert hatte. Sofort wird die Grenze von der Stadtgrenze Leningrads weg und über 300 Kilometer nach Westen verlegt, was der sowjetischen Kapitale größere Sicherheit vor feindlichen Überraschungsangriffen verschafft. Auch den überaus lästigen finnischen Scharfschützen Simo Häyhä, der während der Kampagne angeblich eigenhändig 500 Rotarmisten tötet, können die sowjetischen Streitkräfte durch den Einsatz von Counter-Snipern am 6. März 1940 stellen und neutralisieren (Durchschuss im Gesicht). Er überlebt die schwere Verletzung und betätigt sich nach dem Zweiten Weltkrieg als Elchzüchter.

Im Friedensvertrag vom 12. März 1940 überlässt Finnland also einen großen Teil Kareliens wie gewünscht der Sowjetunion. Speziell das hinzugewonnene Gebiet östlich des Ladoga-Sees wird sich während der deutschen Belagerung Leningrads als entscheidend für die Verteidigung und die Befreiung der Stadt erweisen. In einer Rede vor dem Obersten Rat (Sowjet) beziffert Molotow die sowjetischen Verluste aus dem »Winterkrieg« 1939/40 auf rund 50.000 Gefallene und 160.000 Verwundete. Westliche Historiker setzen die Zahlen mit 130.000 Toten und über 300.000 Verwundeten an. Die finnischen Verluste betragen offiziell 26.000 Tote und 44.000 Verwundete, wobei die Verluste von verteidigenden Armeen logischerweise immer etwas geringer sind als die des Angreifers. Der mit Finnland nun abgeschlossene Neutralitätsvertrag steht im Gegensatz zu den Beistandsverträgen, welche die Sowjetunion mit den baltischen Staaten abschloss. Daraus macht die westliche Historiographie eine diplomatische Niederlage Molotows. Allerdings ist hier die sowjetische Interessenlage komplett anders. Eine sowjetische Besetzung Restfinnlands hätte auf unabsehbare Zeit zu einem von Deutschland und Schweden gesteuerten Untergrund- und Guerillakrieg gegen die sowjetischen Truppen geführt. Stalin und Molotow sind nicht bereit, dadurch größere militärische Ressourcen zu binden, die sie anderswo dringender benötigen. Beispielsweise entlang der absehbaren Haupteinfallsroute für westliche Invasoren seit dem Mittelalter, der auch Napoleon folgte und der auch Hitler folgen wird: der Straße von Warschau über Minsk und Smolensk nach Moskau, zu diesem Zeitpunkt bereits teilweise befestigt und ausgebaut (»Rollbahn«), teilweise aber auch noch kopfsteingepflastert beziehungsweise überhaupt nicht befestigt (zur Überraschung der deutschen Generäle, in deren Händen die Feldzugsplanung lag – soviel zum Thema der »soliden Vorbereitung« eines solchen Überfalls). Zu den Fixpunkten dieser Angriffsroute gehört traditionell auch die Landbrücke, die »Engstelle« zwischen den großen Flüssen Düna und Dnjepr, also zwischen den rund 80 Kilometern voneinander entfernten Städten Witebsk im Norden und Orscha im Süden. Durch diese »hohle Gasse«, durch diesen Flaschenhals muss gehen, wer auf dem schnellsten Weg Richtung Moskau marschieren will. Andernfalls müssten Invasionsarmeen aufwendige Überbrückungen der hier schon breiten Flüsse unternehmen, samt den bekannten Nachteilen für den Angreifer, die offene Wasserfläche unter feindlichem Feuer zu überqueren (wobei eigene Luftüberlegenheit unerlässlich ist, wie sie die deutsche Luftwaffe in den ersten Kriegsmonaten behaupten kann, bevor die Rote Luftwaffe das Heft umdreht). Allerdings ist ebenfalls folgerichtig, dass die russische wie die sowjetische Generalität einen Großteil ihrer Truppen auf diesen Abschnitt konzentriert, was schon Napoleon 1812 feststellen muss, der mit seiner »Grande Armée« zum selben Datum, nur 129 Jahre früher aufbrach als Hitler, auf derselben Route.

Doch noch ist es nicht so weit. Noch zeigt sich Molotow zufrieden über den mit Finnland Anfang 1940 erreichten

Friedensschluss samt den großen Vorteilen für die sowjetische Seite. Hitler seinerseits sieht sich durch die anfänglichen Schwierigkeiten der Roten Armee, die numerisch deutlich unterlegenen, deutsch trainierten und instruierten finnischen Kräfte zu überwinden, in seiner Meinung bestätigt, dass »Sowjetrussland« kein ernstzunehmender Gegner für die deutschen Truppen ist. Dass dieselbe Rote Armee wenige Monate zuvor einen unter der Führung von Bljucher, Schtern und Schukow glänzenden Sieg gegen die japanischen Streitkräfte am Chalchin Gol errungen hat, ist ihm wie den meisten westlichen Beobachtern entgangen. Hitler nimmt die aus seiner Sicht unübersehbare »Unfähigkeit« des sowjetischen Militärs befriedigt zur Kenntnis und verfolgt seine eigene militärische Eskalationsplanung mit hohem Tempo weiter. Nur knapp drei Wochen nach dem finnisch-sowjetischen Friedensschluss überfallen deutsche Truppen am 9. April 1940 Dänemark und Norwegen. Die Besetzung Dänemarks dient deutscherseits der Arrondierung des strategischen Vorfelds (um eine britische Besetzung beziehungsweise Nutzung als Invasionseinfallstor zu verhindern), von Norwegen aus will Hitler die strategisch überlebenswichtigen (und nach 1945 kurze Zeit inkriminierten) schwedischen Eisenerzlieferungen vor britischen Störmanövern sichern. Im März 1940 wird Molotows 50. Geburtstag festlich begangen. Über mehrere Tage hinweg erscheinen Lobeshymnen in der *Iswestija*, er erhält den Lenin-Orden, es werden mehrere Ortschaften sowie die Stadt Perm nach ihm benannt, sein Geburtshaus wird Museum.

Knapp einen Monat später wird die Hauptmasse der deutschen Angriffsmaschinerie – diesmal nach Westen – in Bewegung gesetzt. Am 10. Mai 1940 beginnt der von Hitler befohlene, von vielen seiner Generäle befürchtete Angriff auf Frankreich, mit Angriffsbewegungen durch Belgien, die Niederlande und Luxemburg, die man bei der Gelegenheit mitbesetzt. Gleichzeitig wird der Luftkrieg gegen Großbritannien beziehungsweise die britische Insel im Vorfeld einer geplanten Invasion der Insel intensiviert. Befürchteten die deutschen Generäle eine Wiederholung des Traumas von 1914, den schnellen Übergang vom Vormarsch zum Stellungskrieg, der dann in einen Abnützungskrieg führt, den Deutschland nur verlieren kann, so entwickelt sich der Überfall auf Frankreich aus Hitlers Sicht ganz im Gegenteil »prächtig«. Strategische Fehler auf französischer Seite – die Masse des Heeres ist in der Bunkerlinie »Maginot« konzentriert, die von deutschen Divisionen einfach umgangen wird; die Masse der französischen Panzertruppen unter de Gaulle wird für einen niemals zustande kommenden Gegenangriff zurückgehalten; die französische Luftwaffe greift nur verhalten die deutsche Luftunterstützung der Offensivoperationen an – und sträflicher Leichtsinn auf deutscher Seite (Vormarsch der Panzertruppen über alle vereinbarten Angriffsziele hinaus bis ins Herz Frankreichs und nach Dünkirchen, die Masse der noch vorhandenen französischen und der britischen Expeditionsstreitkräfte vor sich hertreibend, die in wilde Fluchtbewegung verfallen), der aus einer Laune des Schicksals heraus nicht bestraft wird, sorgen für einen schnellen Erfolg. Paris wird schon vor dem Fall Frankreichs erobert, die deutschen Truppen inszenieren eine opulente Siegesparade auf den Champs-Élysées am 14. Juni 1940. Frankreich kapituliert eine Woche später, nach nur sechs Wochen Kampfhandlungen, am 22. Juni 1940 (genau ein Jahr vor dem Überfall auf die Sowjetunion), und alle Befürchtungen der deutschen Generalität lösen sich in Luft auf. Hitler, der gegen den Rat seiner hohen Generäle den Angriff befohlen hat, steht als »genialer Feldherr« da, wie er sich auch selbst sieht. Er hat alle militärischen Fachleute düpiert und entgegen deren düsteren Prognosen recht behalten, dass Frankreich in kurzer Zeit »niedergeworfen« werden kann.

Der schnelle Erfolg Deutschlands in Frankreich stellt die Sowjetunion vor Probleme. Stalin und Molotow gingen davon

aus, dass Hitler nach dem Sieg über Polen länger mit dem avisierten Krieg gegen Frankreich und Großbritannien beschäftigt sein würde, welcher der Sowjetunion weitere Zeit für eigene Defensivbemühungen verschaffen und Deutschland militärisch entscheidend schwächen würde. Das Gegenteil davon ist eingetreten. Vergleichsweise moderate Verluste auf deutscher Seite (50.000 Tote und Vermisste sowie 100.000 Verwundete, allerdings einhergehend mit einem heftigen Verschleiß an Verbrauchsstoffen und Munition) lassen die deutsche Kriegsmaschinerie weitgehend intakt und weiterhin kampf- und angriffsbereit. Hitler hat nun ein Luxusproblem, da er unschlüssig ist, welches seiner vielen Ziele er als nächstes angreifen soll. Gleich aufs Ganze gehen und die Sowjetunion attackieren? Oder doch die äußerst riskante Landung auf der britischen Insel versuchen? Vielleicht eher in Südosteuropa, auf dem Balkan, wo der italienische Vormarsch liegenbleibt, aushelfen, und gleich noch das Gesamtgebiet arrondieren, auch im Hinblick auf den geplanten Überfall auf die Sowjetunion? Andererseits verbraucht eine auf maximale Kampfstärke gebrachte Wehrmacht auch enorme Ressourcen, welche Deutschland nicht über längere Zeit aufbringen kann. Also bleibt als Alternative zu weiteren Kämpfen nur, die Armee wieder drastisch zu verkleinern.
Ribbentrop versucht im Frühjahr 1940, Molotow zum avisierten Gegenbesuch in Berlin zu veranlassen. Molotow sagt immer wieder ab, schützt innere Angelegenheiten vor, die keines Aufschubs bedürften, möchte aber eigentlich die nach wie vor neutrale Haltung der Sowjetunion zum Ausdruck bringen und gerade international den Eindruck eines wie auch immer gearteten Schulterschlusses mit Nazi-Deutschland, Freundschaftsvertrag hin oder her, vermeiden. Mittlerweile hatte Hitler sein berühmtes Treffen mit Mussolini am Brenner (18. März 1940), wo er mit dem italienischen Diktator keine Einigung über das weitere Vorgehen auf dem Balkan zu treffen vermochte. Gleichzeitig startet Molotow

einen diplomatischen Vorstoß, um das sowjetische Glacis nach Südosten abzurunden. Er nimmt Verhandlungen mit Rumänien bezüglich sowjetischer Gebietsansprüche in Bessarabien, Moldawien und der Bukowina auf. Hier seien nach 1918 von rumänischer Seite Fakten geschaffen worden, die den Interessen und den Hoheitsansprüchen der Sowjetunion zuwiderliefen, zumal es sich um ursprünglich russisches Staatsgebiet handle. Nach Rücksprache mit Berlin stimmt Rumänien dem sowjetischen Ansinnen am 28. Juni 1940 zu, sowjetische Verbände unter Leitung von General Schukow rücken in die zur Abtretung vereinbarten Gebiete vor. Eine weitere Gebietsabtretung Rumäniens, diesmal zugunsten Ungarns, führt im Herbst 1940 zur Kompensation durch eine Garantie Deutschlands für das restliche Staatsgebiet Rumäniens. Dies ruft wiederum die Sowjetunion auf den Plan, die dadurch deutsche Hoheitsansprüche innerhalb der sowjetischen Interessensphäre entstehen sieht, was dem Geist der bisher geschlossenen bilateralen Verträge zuwiderlaufe, so Molotow in einer Stellungnahme. Er stimmt nun einem Gegenbesuch in Berlin zu, um auf dem Verhandlungsweg eine Lösung für die verfahrene Situation zu finden. Allerdings erst nach den Feierlichkeiten zur Oktoberrevolution, die am 7. November abgehalten würden.

Molotows erster und letzter Besuch in Berlin (1940)

Doch bevor es so weit ist, verschlechtern sich im Herbst 1940 die Beziehungen zwischen Deutschland und der Sowjetunion weiter. Am 1. Oktober 1940 erhält Finnland von Deutschland die Zusage umfangreicher Waffenlieferungen, Deutschland im Gegenzug Konzessionen der finnischen Nickelgruben im nordfinnischen Petsamo. In Rumänien trifft am 12. Oktober eine größere deutsche Militärdelegation ein, welche die Aufgabe hat, die rumänische Armee in die Aufmarschplanung gegen die Sowjetunion einzugliedern und vor Ort als verlängerter Arm des deutschen Generalstabs zu agieren. Frankreich fällt nach der Niederlage gegen Deutschland als Gegengewicht auf dem europäischen Festland aus. Großbritannien steht angesichts des wechselhaften Verlaufs der Luftschlacht um England am Rande einer Niederlage beziehungsweise einer deutschen Besetzung der Insel. Die strategische Lage hat sich also drastisch zuungunsten der Sowjetunion entwickelt, die nun absehbar Gefahr läuft, nächstes Opfer der Hitlerschen Hyperaktivität, seiner ungezügelten Aggressionen zu werden. Im September 1940 wird der militärische Beistandspakt (in Erweiterung des »Antikomintern-Abkommens« von 1936) zwischen Deutschland, Italien und Japan unterschrieben, im Oktober reist Hitler zum Staatsbesuch nach Frankreich, wo er den französischen Staatschef Pétain trifft sowie an der französisch-spanischen Grenze den rechtsextremen, mit deutscher Hilfe ins Amt gehievten spanischen Diktator Franco. Doch von beiden erhält er im Hinblick auf den geplanten Krieg gegen die Sowjetunion beziehungsweise gegen Großbritannien und die USA nur ausweichende Antworten, keiner von beiden will sich zu einem

offiziellen Schulterschluss mit Deutschland drängen lassen. Hitler steht mit leeren Händen da.
Molotow soll im Auftrag Stalins in Berlin sondieren, wie die aktuelle Stimmung in Berlin gegenüber der Sowjetunion aussieht. Er reist mit einem fast sechzig Mann starken Gefolge (zu dem der stellvertretende Außenminister Dekanossow und der Volkskommissar für die Eisenindustrie Tewosian gehören sowie seine Leibwächter und ein Arzt) per Bahn nach Berlin und wird am Dienstag, den 12. November 1940, bei regnerischem Wetter am Potsdamer Bahnhof, dem Staatsgäste-Bahnhof, am frühen Nachmittag mit militärischen Ehren empfangen. Die Wehrmachtskapelle spielt *Die Internationale*, als er den Zug verlässt (man stelle sich vor!). Goebbels hat es allerdings empört abgelehnt, auf den Vorschlag des Auswärtigen Amtes einzugehen, die Stadt mit Sowjetflaggen zu schmücken, das geht ihm bei aller Liebe zur Diplomatie doch zu weit. Zunächst hat Molotow ein Gespräch mit Ribbentrop, bei dem dieser ihn von den verlockenden Perspektiven für die Sowjetunion im britisch besetzten Persischen Golf zu überzeugen versucht. Großbritannien sei geschlagen, jetzt könne man sich ans Verteilen der Beute machen. Molotow möchte lieber Details hören zu den Vereinbarungen im Dreimächtepakt mit Japan, was die genaue Definition der japanischen Interessensphäre angeht. Immerhin habe die Sowjetunion mit Japan gemeinsame Seegrenzen, die respektiert werden müssten, ebenso wie sowjetische Interessensphären im Fernen Osten. Ähnliches gelte für die genaue Abgrenzung der deutschen und der sowjetischen Interessensphären, gerade jetzt nach der geänderten Situation durch die deutschen Siege über Frankreich, die Niederlande, Belgien, Dänemark und Norwegen. Anschließend trifft Molotow mit Hitler und Ribbentrop im damaligen Staatsgästehaus *Schloss Bellevue* zusammen (seit 1990 Sitz des Bundespräsidenten), das Hitlers Leibarchitekt Speer im Auftrag des »Führers« zuvor aufwendig umgebaut hat. Das Protokoll der Unterhaltung zwischen

beiden sei an dieser Stelle etwas ausführlicher wiedergegeben, weil es wie nur selten ein diplomatisches Dokument aus dieser Zeit offen zutage treten lässt, wie der hochintelligente, gewiefte Diplomat Molotow den etwas tumben Hitler und den noch tumberen Ribbentrop immer wieder auflaufen lässt.
Die Unterredung beginnt wie üblich mit Hitlerschem Monologisieren. Er schwadroniert, die deutsche und die »russische« Nation hätten an ihrer Spitze Männer, die genügend Autorität besäßen, um die Entwicklung ihrer Länder festzulegen. Bei »Russland« und Deutschland handele es sich um zwei sehr große Nationen, die von Natur aus keine Interessengegensätze hätten. Außerdem hätten beide Länder Regierungssysteme, die nicht den Krieg um des Krieges willen führten, sondern den Frieden nötiger hätten als den Krieg, um ihre inneren Aufgaben durchführen zu können. Unter Berücksichtigung der Lebensnotwendigkeiten, besonders auch auf wirtschaftlichem Gebiete, müsse es möglich sein, eine Regelung zwischen ihnen zustande zu bringen, die über die Lebensdauer der augenblicklichen Führer hinaus eine friedliche Zusammenarbeit zwischen den beiden Ländern ermögliche. Molotow äußert sich zu diesen Gedankengängen verhalten zustimmend. Hitler fährt fort, die Situation, in der die heutige Unterhaltung stattfinde, sei gekennzeichnet durch die Tatsache, dass Deutschland Krieg führe, »Sowjetrussland« aber nicht. Viele der von Deutschland ergriffenen Maßnahmen seien durch die Tatsache seiner Kriegführung beeinflusst worden. Dabei habe nicht nur Deutschland, sondern auch »Russland« beträchtliche Vorteile realisiert. Näher betrachtet sei für beide Länder die politische Zusammenarbeit während ihrer einjährigen Dauer von erheblichem Nutzen gewesen. Hitler erläutert, dass vielleicht nicht jedes der beiden Völker seine Wünsche hundertprozentig erfüllt bekommen habe. Im politischen Leben sei jedoch eine 20- oder 25-prozentige Realisierung von Forderungen schon sehr viel wert. Er glaube, dass auch in Zukunft nicht

jeder Wunschtraum in Erfüllung gehen werde, dass aber die beiden größten Völker Europas, wenn sie miteinander gingen, auf jeden Fall größeren Gewinn hätten, als wenn sie gegeneinander arbeiteten. England besitze nun keinen »Festlandsdegen« mehr (sprich: nach der Niederlage Frankreichs keinen kontinentalen Verbündeten). Die englischen Luftangriffe auf Deutschland seien lächerlich, und von der Fantasie angeblicher Zerstörungen in Berlin könnten sich die russischen Besucher selbst durch Augenschein überzeugen. Sobald das Wetter sich bessere, werde Deutschland zum großen Endschlag gegen England ausholen.
Wichtig sei nun: 1. Deutschland werbe nicht um militärische Hilfe bei »Russland« (das ist Hitler besonders wichtig, dass er nicht wie ein Bittsteller dasteht, sondern als jemand, der ein vermeintlich großzügiges Angebot macht). 2. Durch die ungeheure Ausweitung des Krieges sei Deutschland gezwungen, um England entgegenzutreten, in Gebiete vorzudringen, die ihm fernlägen und an denen es primär politisch und wirtschaftlich nicht interessiert sei. 3. Es bestünden indes gewisse Erfordernisse, deren ganze Bedeutung sich erst im Laufe des Krieges herausgestellt hätte, die aber unbedingt lebensnotwendig für Deutschland seien. Dazu gehörten gewisse Rohstoffvorkommen, die von Deutschland als lebenswichtigste Elemente für absolut unentbehrlich angesehen würden. In ruhiger Abwägung der deutschen und der russischen Interessen sei er (Hitler) in einer Reihe von Fällen nicht nur zu Konzessionen bereit, sondern habe eingesehen, dass es zweckmäßig sei, den Bedürfnissen »Russlands« entgegenzukommen, so zum Beispiel im Falle Litauen. In einem anderen Fall, nämlich der Frage Südtirols, habe Deutschland gegenüber seinem Verbündeten Italien eine ähnliche Stellung eingenommen. Für Deutschland seien folgende Gesichtspunkte von Bedeutung: 1. Im Verlaufe des Krieges habe Deutschland bereits jetzt so große Gebiete in seine Hand bekommen, dass es 100 Jahre benötige, um sie voll nutzbar zu

machen. 2. Es sei eine gewisse koloniale Ergänzung in Zentralafrika notwendig. 3. Deutschland habe einen Bedarf an verschiedenen strategisch wichtigen Rohstoffen, deren Bezug es unter allen Umständen sicherstellen müsse. In keinem Falle jedoch würden die Interessen »Russlands« (wie Hitler die Sowjetunion immer wieder provozierend oder gedankenlos bezeichnet) berührt. Das »Russische Reich« könne sich ohne die geringste Beeinträchtigung durch deutsche Interessen entwickeln. Molotow dankt ihm dafür (möglicherweise sogar mit leichter Ironie, zu der Molotow bekanntlich durchaus fähig ist).

Hitler fährt fort, es sei vollständig klar, dass Deutschland und »Russland« nie eine Welt werden würden. Jeder von ihnen könne sich seine Zukunft jedoch nach eigenem Gutdünken gestalten, wenn er die Interessen des anderen dabei berücksichtige. In Europa gebe es zwischen Deutschland, Russland und Italien (hinsichtlich der Bestrebungen Mussolinis, sein Mini-Imperium angesichts der deutschen militärischen Erfolge nun ab 1940 auf dem Balkan zu »arrondieren«) eine ganze Reihe von Berührungsmomenten. Die führenden Staatsmänner Europas müssten nun verhindern, dass dieser Krieg der Vater eines neuen Krieges werde. Die zu regelnden Fragen müssten so gelöst werden, dass, wenigstens auf absehbare Zeit, nicht wieder ein neuer Konflikt entstehe. Molotow erwidert, dass die Erklärungen Hitlers allgemeiner Natur gewesen seien und er im Allgemeinen diesen Gedankengängen zustimmen könne. Er sei auch seinerseits der Ansicht, dass es im Interesse Deutschlands und der Sowjetunion liege, wenn beide Länder zusammenarbeiteten und nicht gegeneinander kämpften. Er stimme der Meinung Hitlers zu, dass für beide Partner mit dem deutsch-sowjetischen Abkommen 1939 erhebliche Vorteile verbunden seien. Deutschland habe ein sicheres Hinterland erhalten, das, wie allgemein bekannt sei, von großer Bedeutung für den weiteren Verlauf der Ereignisse während des Kriegsjahres gewesen sei. Deutschland habe auch in Polen erhebliche wirtschaftliche Vorteile erhalten. Durch den Tausch Litauens gegen die Woiwodschaft Lublin seien mögliche Reibungen zwischen der Sowjetunion und Deutschland vermieden worden. Dann kommt er auf den aus Moskauer Sicht entscheidenden Punkt zu sprechen: Das deutsch-sowjetische Abkommen vom vorigen Jahre könne bis auf einen Punkt, nämlich Finnland, als erfüllt angesehen werden. Die Finnlandfrage sei noch ungelöst, und er bitte Hitler, ihm zu sagen, ob das deutsch-sowjetische Abkommen, soweit es sich auf Finnland beziehe, noch in Kraft sei. Nach Ansicht der Sowjetregierung stelle das deutsch-sowjetische Abkommen vom vorigen Jahr allerdings nur eine Teillösung dar. Inzwischen seien andere Fragen herangereift, die ebenfalls gelöst werden müssten. Laut westlicher Historiographie kommt es in diesem Augenblick angeblich zu einem britischen Luftangriff auf Berlin, so dass die Unterredung unterbrochen werden muss. Doch gibt es hierüber in den Nachkriegsmemoiren vieler Beteiligter widersprüchliche Angaben. In den offiziellen Listen britischer Luftangriffe auf Berlin ist kein Einflug für den 12./13. November 1940 verzeichnet, daher dürften diese Angaben dem Reich der Märchen angehören und die Unterbrechung einfach der vorgerückten Stunde geschuldet sein. Molotow fährt in die sowjetische Botschaft und gibt dort ein Festbankett für deutsche Vertreter wie Ribbentrop.

Am nächsten Tag (Mittwoch, 13. November 1940) werden die Konsultationen angesichts der Molotowschen Fähigkeit, von Hitlers Monologen offensichtlich unbeeindruckt zu bleiben, vom »Führer« in deutlich gereizterem Ton fortgesetzt. Hitler will von der Sowjetunion die Zusage, dass sie Finnland nicht besetzen werde, von dessen Rohstoffen (Nickel und Holz) Deutschland strategisch abhängig sei. Molotow wiederum will von Hitler die Bestätigung, dass Finnland zur sowjetischen Interessensphäre gehöre und die Sowjetunion daher in Finnland generell freie Hand habe, was auch immer sie vorhabe. Das will Hitler nun natürlich auf gar keinen Fall, da die finnischen Nickellieferungen 98 Prozent des deutschen Bedarfs im Rüstungsbereich decken. Deutschland habe in Finnland kein politisches Interesse. Das sei der »russischen« Regierung bekannt. Während des »russisch«-finnischen Krieges habe Deutschland peinlichst alle seine Verpflichtungen hinsichtlich Neutralität eingehalten. Molotow stimmt zu, dass die sowjetische Regierung an der Haltung Deutschlands in diesem Konflikt nichts auszusetzen gehabt habe. Hitler fährt fort, gemäß den deutsch-russischen Abmachungen erkenne Deutschland an, dass Finnland in der russischen Interessenzone liege. Jedoch ergäben sich für Deutschland zwei Gesichtspunkte: 1. sei es für die Dauer des Krieges sehr stark an den Nickel- und Holzlieferungen aus Finnland interessiert, und 2. wünsche es keinen neuen Konflikt in der Ostsee, der seine Bewegungsfreiheit in einem der wenigen Handelsmeere, die es noch besäße, einenge. Wenn behauptet werde, dass Finnland von deutschen Truppen besetzt sei, so sei dies völlig unzutreffend. Allerdings würden durch Finnland Truppen ins nordnorwegische Kirkenes transportiert, worüber »Russland« offiziell von Deutschland unterrichtet worden sei. Wegen der Länge der Reiseroute müssten die Züge unterwegs zwei- bis dreimal auf finnischem Gebiet halten. Hinzu komme noch ein rein psychologischer Faktor, der außerordentlich belastend sei. Die Finnen hätten sich tapfer verteidigt und die Sympathie der Welt und insbesondere Skandinaviens gewonnen. Auch in Deutschland habe während des russisch-finnischen Krieges im Volk eine gewisse Gereiztheit über die offizielle deutsche Haltung geherrscht, die Deutschland aufgrund der Abmachungen mit »Russland« eingenommen habe. Aus den vorstehenden Erwägungen heraus wünsche Deutschland keinen neuen finnischen Krieg »Russlands«. Aber die rechtmäßigen Ansprüche »Russlands« würden dadurch nicht berührt. Für die Dauer des Krieges jedoch seien seine wirtschaftlichen Interessen in Finnland genauso bedeutend wie in Rumänien. Deutschland erwarte die Rücksichtnahme auf diese Interessen, umso mehr als es selbst auch seinerzeit in der Frage Litauen und Bukowina Verständnis für die russischen Wünsche gezeigt habe.

In seiner Erwiderung weist Molotow darauf hin, dass sich das Abkommen von 1939 auf eine bestimmte Etappe der Entwicklung bezogen habe, die mit der Beendigung des Polenkrieges abgeschlossen sei, während die nächste Etappe mit der Niederlage Frankreichs endete und man sich jetzt in einer dritten Etappe befinde. Er erinnert daran, dass durch das Geheimprotokoll die gemeinsame deutsch-russische Grenze festgelegt und Fragen hinsichtlich der baltischen Anliegerstaaten, Rumäniens, Finnlands und Polens geregelt worden seien. Er stimme im Übrigen den Bemerkungen Hitlers über die vorgenommenen Korrekturen zu. Wenn er jedoch eine Bilanz der sich nach der Niederlage Frankreichs ergebenden Situation zöge, so müsse er erklären, dass das deutsch-russische Abkommen nicht ohne Einfluss auf die großen deutschen Siege in Polen, Dänemark, Norwegen und Frankreich gewesen sei. Zur Frage der Korrektur der ursprünglichen Abmachung hinsichtlich Litauens und der Woiwodschaft Lublin erwidert Molotow, dass die Sowjetunion nicht auf dieser Korrektur bestanden hätte, wenn Deutschland es nicht gewollt habe. Er glaube, dass die neue Lösung im beiderseitigen Interesse liege. Jetzt mischt sich Ribbentrop ein und sagt, dass »Russland« diese Korrektur zwar nicht zu einer absoluten Bedingung gemacht, sich immerhin aber dafür sehr stark eingesetzt habe. Molotow bleibt dabei, dass Deutschland für das Entgegenkommen in Litauen auf dem Gebiet in Polen einen Ausgleich erhalten habe. Hitler entgegnet, dass man wirtschaftlich gesehen bei diesem Tausch nicht von einem Ausgleich sprechen könne. Molotow erwidert, die Sowjetunion habe ihre Forderungen zunächst auf die Nordbukowina beschränkt. Unter den gegenwärtigen Umständen müsse jedoch Deutschland Verständnis für das sowjetische Interesse an der Südbukowina haben. Auch hier habe die Sowjetunion auf ihre diesbezügliche Anfrage keine Antwort erhalten. Stattdessen habe Deutschland ein Garantieabkommen mit Rumänien abgeschlossen und hierbei die sowjetischen Wünsche bezüglich Südbukowina völlig übergangen. Hitler erwidert, dass es ein erhebliches Entgegenkommen von deutscher Seite dargestellt habe, dass überhaupt ein Teil der Bukowina von »Russland« besetzt werden konnte. Nach einer mündlichen Absprache sollten die ehemals österreichischen Gebiete eigentlich komplett in die deutsche Interessensphäre fallen. Auf den Einwand Molotows, dass die Korrekturen bezüglich des litauischen Gebietszipfels und der Bukowina im Vergleich zu den Korrekturen, die Deutschland anderswo durch die Waffen vorgenommen habe, keine sehr große Bedeutung hätten, erwidert Hitler, dass die sogenannten »Waffenkorrekturen« kein Gegenstand des Abkommens seien. Molotow beharrt jedoch auf seiner vorher geäußerten Meinung, dass die beiden von Russland gewünschten Korrekturen von höchst untergeordneter Bedeutung seien. Hitler beharrt, dass, wenn die deutsch-russische Zusammenarbeit in der Zukunft positive Ergebnisse zeitigen solle, die Sowjetregierung begreifen müsse, dass sich Deutschland in einem Kampf auf Leben und Tod befinde, den es unter allen Umständen erfolgreich beenden wolle. Wenn die Sowjetunion in eine ähnliche Lage käme, müsse und werde Deutschland auch seinerseits Verständnis für die russischen Erfordernisse aufbringen. Die auf Wunsch und Ersuchen der rumänischen Regierung gegebene Garantie sei kein Verstoß gegen die Abmachungen bezüglich Bessarabiens. Die Sowjetunion müsse sich darüber klar sein, dass im Rahmen einer erweiterten Zusammenarbeit der beiden Länder Vorteile ganz anderen Ausmaßes als die unbedeutenden Korrekturen, die jetzt zur Debatte stünden, zu erreichen seien. Die künftigen Erfolge würden umso größer sein, je mehr es Deutschland und »Russland« gelinge, Rücken an Rücken nach außen zu kämpfen, und würden umso kleiner werden, je mehr die beiden Länder Brust an Brust gegeneinander stünden. Im ersteren Fall gebe es keine Macht der Welt, die sich den beiden Ländern entgegenstellen könne.

Molotow unterstreicht den Standpunkt der Sowjetführung, dass es möglich und zweckmäßig sei, die Beziehungen zwischen beiden Ländern zu vertiefen und zu intensivieren. Um diesen Beziehungen jedoch eine dauerhafte Grundlage zu geben, müssten auch Fragen bereinigt werden, die zwar von nebensächlicher Bedeutung seien, jedoch die Atmosphäre des deutsch-sowjetischen Verhältnisses trübten. Zu diesen Fragen gehöre Finnland. Bei gutem Einvernehmen zwischen der Sowjetunion und Deutschland lasse sich diese Frage ohne Krieg lösen, jedoch dürften weder deutsche Truppen in Finnland sein, noch politische Demonstrationen gegen die sowjetrussische Regierung in diesem Lande stattfinden. Hitler führt aus, dass der zweite Punkt auf keinen Fall zur Debatte stehe, da Deutschland mit diesen Dingen nicht das Geringste zu tun habe. Bezüglich der deutschen Truppen könne er versichern, dass, wenn eine allgemeine Regelung zustande komme, keine deutschen Truppen mehr in Finnland aufträten. Molotow erwidert, dass er unter Demonstrationen auch Entsendung finnischer Delegationen nach Deutschland oder Empfänge finnischer Persönlichkeiten in Deutschland verstehe. Die Tatsache der Anwesenheit deutscher Truppen habe zu einer zweideutigen Haltung Finnlands geführt. So würden zum Beispiel Parolen ausgegeben, dass »niemand ein Finne sei, der sich mit dem letzten russisch-finnischen Friedensvertrag einverstanden erkläre«, und dergleichen. Hitler erwidert, Deutschland habe immer nur mäßigend eingewirkt und sowohl Finnland als auch vor allen Dingen Rumänien zur Annahme der russischen Forderungen geraten. Die entscheidende Frage für Deutschland sei, ob »Russland«

die Absicht habe, mit Finnland erneut Krieg zu führen. Molotow antwortet ausweichend mit der Erklärung, dass alles glatt gehen werde, wenn die finnische Regierung die zweideutige Haltung gegenüber der UdSSR aufgebe und wenn in der Bevölkerung die Hetze gegen die Sowjetunion aufhöre. Die Sowjetunion sei in der Lage, den Frieden in diesem Gebiet sicherzustellen. Hitler erwidert, die finnische Regierung habe soeben eine Note geschickt, in der sie die engste und freundschaftlichste Zusammenarbeit mit »Russland« zusichere. Molotow ergänzt, dass Worte nicht immer Taten entsprächen, und bleibt bei seiner vorher geäußerten Ansicht, dass der Friede im Ostseeraum absolut gesichert werden könne, wenn zwischen Deutschland und der Sowjetunion in der finnischen Angelegenheit volle Klarheit geschaffen werde. Als Hitler darauf erwidert, dass er nur wiederholen könne, dass es keinen Krieg mit Finnland geben dürfe, weil ein solcher Konflikt tiefgehende Auswirkungen haben könnte, erklärt Molotow, dass durch diese Stellungnahme ein neues, im vorjährigen Vertrag nicht zum Ausdruck gekommenes Moment in die Erörterung hineingetragen werde. Hitler führt weiter aus, dass genauso wie »Russland« seinerzeit darauf hingewiesen habe, dass ein Krieg gegen Polen zu einer Belastung des deutsch-»russischen« Verhältnisses führen könne, er jetzt mit derselben Offenheit erkläre, dass ein Krieg in Finnland eine solche Belastung der deutsch-»russischen« Beziehungen darstellen werde, und er bitte die »Russen«, in diesem Fall genau dasselbe Verständnis zu zeigen, wie er es vor Jahresfrist in der Polenfrage an den Tag gelegt habe. Bei der »Genialität der russischen Diplomatie« ließen sich sicherlich Mittel und Wege finden, um einen solchen Krieg zu vermeiden. Molotow erwidert, ihm sei die deutsche Befürchtung, es könne möglicherweise in der Ostsee ein Krieg ausbrechen, unverständlich. Im Vorjahr, als die internationale Lage für Deutschland schlechter war als jetzt, habe das »Reich« diese Frage nicht aufgeworfen. Ganz abgesehen

davon, dass Deutschland Dänemark, Norwegen, Holland und Belgien besetzt halte, habe es Frankreich geschlagen und glaube auch, England bereits besiegt zu haben. Er (Molotow) sehe nicht, woher unter diesen Umständen die Gefahr eines Krieges in der Ostsee kommen solle. In Erwiderung der Ausführungen Molotows betont Hitler, dass auch er von militärischen Dingen einiges verstehe. Er wolle den europäischen Krieg beenden und könne nur wiederholen, dass ein neuer Krieg in der Ostsee eine Belastung des deutsch-»russischen« Verhältnisses darstelle mit Konsequenzen, die angesichts der ungeklärten Haltung Schwedens nicht abzusehen seien. Sei »Russland« denn bereit, Amerika den Krieg zu erklären, falls dieses im Zusammenhang mit dem finnischen Konflikt intervenieren würde? Als Molotow darauf entgegnet, dass diese Frage nicht aktuell sei, sagt Hitler, dass es zu einer Stellungnahme zu spät sei, wenn dies eintrete.
Als Molotow abschließend erklärt, dass er kein Anzeichen für den Ausbruch eines Krieges in der Ostsee sehe, antwortet Hitler, dass in diesem Fall alles in Ordnung sei und die ganze Diskussion rein theoretischen Charakters sei. Ribbentrop weist zusammenfassend darauf hin, dass 1. Hitler erklärt habe, Finnland bleibe in der Interessensphäre Russlands, und Deutschland werde dort keine Truppen unterhalten; 2. Deutschland nichts mit den Demonstrationen Finnlands gegen »Russland« zu tun habe, sondern seinen Einfluss in entgegengesetzter Richtung geltend mache, und 3. das entscheidende Problem von säkularer Bedeutung in der Zusammenarbeit beider Länder liege, die ja in der Vergangenheit schon für »Russland« große Vorteile mit sich gebracht habe, in der Zukunft aber Vorteile zeitigen würde, neben denen die Dinge, die jetzt erörtert worden seien, völlig unbedeutend erschienen. Wenn man daher die Dinge real betrachte, so bestünden keine Divergenzen zwischen Deutschland und Russland. An diesem Punkt der Unterhaltung macht Hitler auf die vorgerückte Zeit aufmerksam und erklärt, es sei ange-

sichts der Möglichkeit englischer Luftangriffe besser, die Besprechung jetzt abzubrechen, da die Hauptpunkte wohl genügend erörtert seien. Zusammenfassend sagt er, dass in der Folge die Möglichkeiten, »Russlands« Interessen im Schwarzen Meer zu sichern, weiter untersucht werden und überhaupt die weiteren Wünsche »Russlands« in Bezug auf seine künftige Stellung in der Welt in Betracht gezogen werden. Molotow erwidert, dass sich aus dem Verlauf der Besprechung für die Sowjetunion eine ganze Reihe großer und neuer Fragen ergeben habe. Die Sowjetunion könne als mächtiger Staat nicht abseits der großen Fragen in Europa und Asien stehen. Er kommt dann noch auf die sowjetisch-japanischen Beziehungen zu sprechen, die sich vor kurzem gebessert hätten. Er sehe voraus, dass die Verbesserung in einem noch schnelleren Tempo weitergehen werde, und danke der Reichsregierung für ihre Bemühungen in dieser Richtung. Hinsichtlich der japanisch-chinesischen Beziehungen sei es sicherlich die Aufgabe der Sowjetunion und Deutschlands, für ihre Regelung zu sorgen. Es müsse aber dabei ein ehrenvoller Ausgang für China gesichert werden, umso mehr als Japan jetzt Aussicht auf »Indonesien« habe.

Hitler hadert (1940)

Nach einem weiteren Festbankett in der sowjetischen Botschaft am Abend reist Molotow am Donnerstag, den 14. November 1940, mit dem Sonderzug wieder nach Moskau zurück. Er reist mit der sicheren Erkenntnis, dass Deutschland im Hinblick auf eine stärkere innenpolitische Einflussnahme der Sowjetunion in Finnland nicht nachgeben wird, weil es die dortigen Rohstoffe nicht aus der Hand geben will, und dass alle Versuche, die Sowjetunion auf andere Interessensgebiete zu lenken wie in Asien, durchschaubare Winkelzüge gewesen sind. Schon am Vorabend gab Hitler mit der Weisung Nr. 18 intern den klaren Befehl, unabhängig vom Ausgang der Gespräche mit Molotow die Vorbereitungen für einen Überfall auf die Sowjetunion mit Nachdruck voranzutreiben und für Mai 1941 konkret vorzubereiten. Molotow weist im Abschlussgespräch Ribbentrop darauf hin, dass gegenüber möglichen Beutestücken aus den Überresten des Empires die konkrete Frage der ungehinderten Passage des Bosporus für sowjetische Kriegsschiffe von weitaus existentiellerer Bedeutung für die Sowjetunion sei, als mögliches Einfallstor für angloamerikanische Angriffe auf den Süden der Sowjetunion. Während des Besuchs trifft Molotow auch noch andere Hakenkreuz-Granden wie Hess, Göring und Bormann. Speziell die Unterhaltung mit Hess bleibt Molotow in Erinnerung, wie er gegen Ende seines Lebens erzählt. Der Stellvertreter des Führers habe keinen einzigen klaren Gedanken zu äußern vermocht, im Laufe der Unterhaltung habe ihn Molotow daher nur noch aufgezogen, ohne dass dieser es gemerkt habe. Mit Göring habe er dagegen Handelsthemen besprochen. Stalin soll abschließend (treffend) gesagt haben, das Grundprinzip der Nazi-Politik sei Perfidie.

Stalin beauftragt Molotow dennoch damit, den Entwurf zu

einem neuen, weitaus umfassenderen Abkommen zu Papier zu bringen und nach Berlin zu schicken. Die Nazi-Diplomatie muss dringend abgelenkt werden. Europa, Asien und Afrika sollen vorschlagsweise unter den vier Mächten Deutschland, Sowjetunion, Italien und Japan aufgeteilt werden. Am 25. November 1940, dem Tag, an dem die Sowjetunion Bulgarien gegen die Zusage einer Durchmarscherlaubnis zusagt, dem deutsch-italienisch-japanischen Drei-Mächte-Pakt beitreten zu können, da man selbst auch beizutreten beabsichtige, schickt Molotow den Gegenentwurf zu Ribbentrops Vorschlag nach Berlin. Die sowjetische Regierung erklärt sich darin bereit, den Entwurf für einen Vierbund zur politischen Zusammenarbeit und gegenseitiger wirtschaftlicher Unterstützung zu unterzeichnen. Allerdings solle der Anhang statt der von Ribbentrop vorgesehenen zwei Geheimabkommen deren fünf enthalten: 1. Dass Deutschland seine Truppen aus Finnland abziehe, im Gegenzug werde die Sowjetunion die Fortdauer der finnischen Lieferungen an Nickel und Holz nach Deutschland garantieren sowie einen Friedensvertrag mit Finnland abschließen; 2. Dass die Sowjetunion einen gegenseitigen Beistandspakt mit Bulgarien unterzeichnen werde, der die Einrichtung sowjetischer Militärbasen auf bulgarischem Boden zulasse; 3. Dass das Zentrum der sowjetischen Territorialforderungen südlich Baku und Batumi liegen werde (also mit Stoßrichtung Iran und Irak, damals unter britischer Besatzung); 4. Dass Japan seine Ansprüche auf die Öl- und Kohlekonzessionen in Nord-Sachalin aufgebe und dafür von der Sowjetunion eine angemessene Entschädigung erhalten werde; 5. Dass ein sowjetisch-bulgarischer Beistandsvertrag politisch unumgänglich sei.
Dieser Vertragsentwurf wird von einem umfassenden Wirtschaftsangebot der Sowjetunion ergänzt, die sich dazu verpflichten will, zusätzlich bis Mai 1941 eine weitere Million Tonnen Getreide zu liefern, und – erstmals – auch die of-

fenen Forderungen ausgebürgerter Volksdeutscher aus dem Baltikum zu begleichen. Doch das alles interessiert Hitler schon nicht mehr. Wie üblich hat er sich in seiner bekannt wetterwendischen Art angesichts der frustrierenden beziehungsweise verlorenen Luftschlacht um England und der daraus folgenden Unmöglichkeit, die britische Insel mit Aussicht auf Erfolg zu besetzen, sowie seinen frustrierenden Gesprächen mit Pétain und Franco kurzfristig dazu entschlossen, die zweite Option ziehen, die er sich in seinem geisteskranken »Planspiel« für 1941 vorbehalten hat: wenn schon nicht die Britische Insel, dann wenigstens die »bolschewistische Insel« im politischen Weltmeer, das einzige kommunistische Land der Erde, die Sowjetunion anzugreifen und binnen Wochenfrist als Triumphator in Moskau einzuziehen. Mit der Sowjetunion als europäischer Kolonie will er dann jedem denkbaren Feind widerstehen, also auch der vereinten Wirtschafts- und Militärmacht von Großbritannien und den Vereinigten Staaten von Amerika. Drei Wochen später erlässt er am 18. Dezember 1940 die »Weisung Nr. 21: ›Fall Barbarossa‹«. Darin heißt es: »Die deutsche Wehrmacht muss darauf vorbereitet sein, auch vor Beendigung des Krieges gegen England Sowjetrussland in einem schnellen Feldzug niederzuwerfen. (…) Die Angriffshandlungen gegen England, insbesondere seine Zufuhr [also gegen den britischen Nachschub, Anm. d. Verf.], dürfen nicht zum Erliegen kommen. (…) Vorbereitungen, die eine längere Anlaufzeit benötigen, sind – soweit noch nicht geschehen – schon jetzt in Angriff zu nehmen und bis zum 15.5.1941 abzuschließen. Entscheidender Wert ist jedoch darauf zu legen, dass die Absicht eines Angriffes nicht erkennbar wird.«

Hitler äußert sich auch zu den strategischen Absichten: »Die im westlichen Russland stehende Masse des russischen Heeres soll in kühnen Operationen unter weitem Vortreiben von Panzerkeilen vernichtet, der Abzug kampfkräftiger Teile in die Weite des russischen Raumes verhindert werden.

(…) Das Endziel der Operation ist die Abschirmung gegen das asiatische Russland auf der allgemeinen Linie Wolga–Archangelsk. So kann erforderlichenfalls das letzte Russland verbleibende Industriegebiet am Ural durch die Luftwaffe ausgeschaltet werden.« Auch Finnland spielt natürlich eine Rolle, selbst wenn das gegenüber Molotow immer abgestritten worden war: »Finnland wird den Aufmarsch der aus Norwegen kommenden, abgesetzten deutschen Nordgruppe (…) zu decken und mit ihr gemeinsam zu operieren haben.« Im Hinblick auf die Prioritäten hat sich Hitler nun endlich entschieden: »In dem durch die Pripjetsümpfe in eine südliche und eine nördliche Hälfte getrennten Operationsraum ist der Schwerpunkt *nördlich* dieses Gebietes zu bilden. (…) Nach der Besetzung von Leningrad und Kronstadt sind die Angriffsoperationen zur Besitznahme des wichtigen Verkehrs- und Rüstungszentrums Moskau fortzuführen.« Hier ist die Voraussetzung dafür geschaffen, dass viele der überlebenden Nazi-Generäle Hitler die Schuld für den verlorenen Krieg zuschieben konnten: weil er nicht auf ihren Rat hörte, vordringlich Moskau zu besetzen – allerdings ist dabei auch seitens der Generalität eine gewisse Geschichtsblindheit zu verzeichnen: Napoleon hatte Moskau besetzt und dennoch nicht den Krieg gewonnen. Die sowjetischen Planungen für die Führung des Landes von einem alternativen Regierungsstandort in Kuibyschew aus stehen ja bereits fest. Der Fall Moskaus hätte an der sowjetischen Kampfführung nichts geändert.
Nach Hitlers Erfolg über Frankreich fühlt sich Italiens Diktator Mussolini animiert, seinerseits das Kriegsglück herauszufordern. Er lässt im September 1940 den britischen Marine- und Luftwaffenstützpunkt auf der Mittelmeerinsel Malta bombardieren (allerdings ohne größere Folgen, da die britischen Streitkräfte umfangreiche, bombensichere Bunkeranlagen angelegt haben). Außerdem marschieren italienische Truppen in die bisherige britische Kolonie Somalia ein, und

greifen das britisch besetzte Ägypten an. Im Oktober 1940 beginnt Italien zudem aus dem zuvor besetzten Albanien heraus den Krieg gegen Griechenland, der allerdings schon bald verlorenzugehen droht, da sich die griechische Armee der italienischen Angreifer durchaus zu wehren versteht. Hatte das faschistische Italien jahrelang seine angebliche militärische Stärke herausposaunt, so zeigt sich jetzt, dass Ausrüstung und Training der Armee für eine moderne Kriegsführung selbst gegen wenig entwickelte Staaten wie Griechenland zu schlecht sind. Auf Bitten Griechenlands startet Großbritannien eine Unterstützungsaktion, mit Waffenlieferungen, mit der Entsendung von Truppenkontingenten aufs griechische Festland, aber auch auf die strategisch wichtige Insel Kreta. Hitler sieht sich gezwungen, dem italienischen Bündnisgenossen Waffenhilfe zu leisten, will dafür aber das Ende des Winterwetters abwarten, sprich: den Frühling. Er möchte auf alle Fälle verhindern, dass sich die Briten auf dem Balkan festsetzen, und gleichzeitig die Ölquellen von Rumänien für Deutschland sichern.

Im Dezember 1940 beginnt Großbritannien eine großangelegte Gegenoffensive gegen die italienischen Streitkräfte in Libyen und in Ostafrika. Sie haben dabei durchschlagenden Erfolg und können den Italienern die gesamte Osthälfte Libyens abnehmen und eine große Zahl italienischer Soldaten gefangen nehmen. Die italienische Marine, mit aufwendigen Nachschuboperationen für die in Nordafrika stehenden Truppen befasst, wird leichte Beute für die Jagdbomber und Schnellboote der Briten, die von Malta aus jeden italienischen Geleitzug angreifen und viele Schiffe beschädigen oder versenken. Hitler entscheidet jetzt, mitten in der Vorbereitung des Überfalls auf die Sowjetunion, deutsche Truppen zu entsenden, um den Italienern zu Hilfe zu kommen. Deutsche Truppenkontingente werden im Februar 1941 nach Libyen geschickt, die es bis Ende März schaffen, die britischen Streitkräfte hinter die ägyptische Grenze zurückzutreiben.

Die britischen Streitkräfte in Ägypten hatten Truppen zur Unterstützung der Griechen abgeben müssen, und waren daher zahlenmäßig stark vermindert worden. Einzig noch gehaltener Vorposten ist der Hafen von Tobruk. Die deutschen Angriffspläne gegen Griechenland müssen in letzter Minute aufgrund der Entwicklungen in Jugoslawien geändert werden. Die bisherige jugoslawische Regierung ist am 25. März 1941 ebenfalls dem Dreimächtepakt beigetreten, nur um zwei Tage später in einem von britischer Seite unterstützten Staatsstreich gestürzt zu werden. Hitler befürchtet die Einrichtung britischer Stützpunkte in Jugoslawien, und befiehlt daher, kurzfristig auch noch Jugoslawien zu besetzen. Im April 1941 marschieren deutsche Truppen daher simultan in Jugosalwien und in Griechenland ein, und zwingen beide Länder binnen Monatsfrist zur Kapitulation. Die britischen Kontingente werden vom Balkan vertrieben, ebenso von der im Mai 1941 von deutschen Truppen eroberten Insel Kreta. Doch in Jugoslawien und Griechenland wird sich ein intensiver Partisanenkrieg entwickeln, der eine große Anzahl deutscher Truppen bindet, die dann anderswo fehlen.

Angriffsziel: Sowjetunion

Die Lage verschlechtert sich Anfang 1941 also für die Sowjetunion geradezu stündlich. Stalin geht trotz allem (Wunschdenken auch auf dieser Seite) davon aus, Hitler noch eine Weile ruhigstellen zu können, so lange, bis die Sowjetunion und die Rote Armee stark genug sein werden, einen deutschen Angriff mit Aussicht auf Erfolg abzuwehren. Die rein statistische Wahrscheinlichkeit, dass Deutschland einen Krieg gegen die Sowjetunion gewinnen kann, liegt bei nahezu null. Doch da Statistik und genaue Auswertung der vorhandenen Daten die Sache Hitlers und seiner Generalität nicht sind (soviel zum Thema professionelle Vorbereitung des gefährlichsten militärischen Abenteuers aller Zeiten), bleiben diese Dinge unberücksichtigt und der Angriff auf die Sowjetunion auf dem deutschen Tapet. Für den Moment sind Stalin und Molotow der Überzeugung, dass ein Krieg mit Deutschland noch in ziemlicher Entfernung liege und erst nach einem wirklichen deutschen Sieg über Großbritannien wahrscheinlich sei. Dennoch trifft Stalin Vorbereitungen für den Fall, dass dem nicht so sein sollte. Am 23. Dezember 1940 beginnt in Moskau eine Konferenz zu den aktuellen Entwicklungen auf dem Gebiet der Kampfführung aufgrund der deutschen Offensiven 1939 und 1940, an der 270 hohe Offiziere der Roten Armee teilnehmen. General Schukows Referat dreht sich um das Thema »Geschwindigkeit bei Offensivoperationen«. Das Zusammenspiel moderner Waffensysteme wie der Luftwaffe, der Panzerwaffe, der motorisierten Artillerie sowie der motorisierten Schützenregimenter erlaube ein bisher ungekanntes Tempo bei der Entwicklung von Offensivstrategien. Neben der Schlacht am Chalchin Gol bezieht sich Schukow in seinem Beitrag hauptsächlich auf die Vorbereitung und Durchführung des deutschen Angriffs auf Frankreich und speziell mit dem Tempo des deutschen Vormarsches. Dieser hatte sich, begünstigt jeweils durch das Überraschungsmoment, in einem atemberaubenden Tempo und nahezu unbeeinträchtigt von gegnerischen Abwehroperationen abgespielt: 18 Tage in Polen, 20 Tage für Holland, Belgien und Nordfrankreich sowie weitere 18 Tage für Südfrankreich. Timoschenko tritt dem Eindruck entgegen, es gebe eine Krise der modernen Defensivstrategie. Die Beispiele Polen und Frankreich mit ihren schnellen Niederlagen belegten gerade nicht, dass es keinerlei Abwehrmöglichkeiten gegen massierte Panzervorstöße innerhalb einer Verbundkampfführung gebe, sondern man erkenne aus den dort gemachten Fehlern, dass es grundsätzlich sehr wohl aussichtsreiche Defensivstrategien gegen solche Vorstöße gebe, die allerdings gut vorbereitet und koordiniert ausgeführt werden müssten und die eine angemessene Tiefenstaffelung der Verteidigungskräfte voraussetzen würden (was im Westen der Sowjetunion zu diesem Zeitpunkt nicht der Fall war, da man auf Vorneverteidigung setzte).

Defensiv-Optionen (1941)

Am 2. Januar 1941 beginnen im Sowjetischen Generalstab zwei Kriegsübungen, bei denen in Planspielen verschiedene Szenarien von Angriffen auf die Sowjetunion analysiert werden sollen. Die erste Übung – vom 2. bis 6. Januar – geht von einer Invasion Russlands durch feindliche Kräfte aus dem Raum Ostpreußen mit Stoßrichtung Weißrussland und Baltikum (*nördlich* der Pripjetsümpfe, wie es von Hitler auch geplant wird) aus. Die blaue, »westliche« Seite wird von Kirponos, Schtern, Tolbuchin und Schukow vertreten, während Pawlow mit seinem (roten) Team (unter anderem Koniew) die verteidigende sowjetische Seite repräsentiert. »Blau« stößt bis zu hundert Kilometer auf sowjetisches Gebiet vor, Pawlow gelingt es jedoch, den feindlichen Vormarsch durch Angriffe auf die Flanken relativ schnell zu stoppen und zur Gegenoffensive auf seiner linken (südlichen) Flanke anzutreten, mit der die Angreifer eingekesselt werden sollten. Der Ausgang wird als unentschieden gewertet. Die zweite Übung – vom 8. bis 11. Januar – ist im südwestlichen Frontabschnitt (*südlich* der Pripjetsümpfe) angesiedelt. Angenommen wird wieder ein blauer Angriff. Das Team, dem Schukow angehört, betreut diesmal die sowjetische Position, kann die blauen Angreifer auf der Höhe Lembergs stoppen, und entwickelt eine erfolgreiche Gegenoffensive mit tiefem Eindringen ins deutsch besetzte Polen bis vor Krakau und der Zerschlagung vieler Feinddivisionen. Pawlow, Kusnezow und Koniew spielen diesmal die blauen Angreifer. Keine der beiden Übungen wird bis zu einem formellen Ende durchgespielt. Drei Aspekte dieser Kriegsübungen verdienen eine nähere Betrachtung. Die sowjetische Seite gelangt zum einen zu der (leider unrealistischen) Auffassung, dass ein deutscher Angriff südlich der Pripjetsümpfe anzunehmen ist, der durch grenznahe Defensivoperationen innerhalb von zwei Wochen aufgehalten werden könne. Das Gros der sowjetischen Defensivkräfte soll daher zum anderen in diesem Raum konzentriert werden. Drittens bewegen sich die Annahmen bezüglich sowjetischer Verluste mit rund 120.000 Mann pro Monat deutlich zu niedrig, wie sich zeigen wird. Die von westlicher Seite bequem im Nachhinein geäußerte Kritik an der sowjetischen »Vorneverteidigungsstrategie« lässt außer acht, dass das Land gerade mal anderthalb Jahrzehnte zuvor einen verheerenden Bürgerkrieg überstanden hat, mit großräumigen Zerstörungen im ganzen westlichen Russland, aber auch großen Teilen Sibiriens (von den Verheerungen, die der Erste Weltkrieg und der deutsche Vormarsch bis zum Kaukasus samt Raubzug nach dem »Frieden« von Brest-Litowsk 1918 anrichtete, ganz zu schweigen). Die sowjetische Strategie ist daher zwangsläufig darauf angelegt, das gerade halbwegs wieder aufgebaute Hinterland, die sowjetischen Städte und Dörfer von erneuten Kriegshandlungen möglichst zu verschonen, und dafür den Krieg mit allen Kräften und so früh wie möglich ins Territorium des Gegners zu verlagern – ein durchaus nachvollziehbarer Gedanke, wie ich meine.

Stalin ernennt Schukow noch im Januar 1941 als Nachfolger des in Ungnade gefallenen Merezkow zum Generalstabschef. Stalin will einen Militär mit offensiver Gesinnung auf dem Posten, keinen reinen Verteidigungskünstler. Merezkow ist als hartnäckiger Anhänger der These bekannt, die Deutschen würden *nördlich* der Pripjetsümpfe mit der Masse ihrer Truppen losschlagen (er sollte recht behalten), Schukow hatte sich (mit Stalin) auf die Variante *südlich* der Pripjetsümpfe festgelegt. Nach den katastrophalen Verlusten und Niederlagen der ersten Tage nach dem deutschen Überfall am 22. Juni 1941 wird absurderweise Merezkow zusammen mit den Generälen Pawlow und Schtern verhaftet. Während Pawlow, Schtern und Ritschagow hingerichtet werden, lautet die Strafe für Merezkow »nur« auf Gefängnis. Schon zwei

Monate später wird er entlassen und als Repräsentant der *Stawka* ins bedrohte Leningrad versetzt. Ebenfalls im Januar 1941 besucht der britische Außenminister Anthony Eden die Türkei in einem Versuch, das Land an der Seite der westlichen Alliierten in den Krieg gegen Deutschland hineinzuziehen. Molotow äußert sich hierüber gegenüber dem italienischen Botschafter in der Sowjetunion besorgt, befürchtet er doch (wie 1853) eine anglo-türkische Invasion der Krim. Erstaunlicherweise vertraut Hitler, der selbst Verträge bei der erstbesten Gelegenheit ohne jegliche Skrupel bricht, auf die Vertragstreue der ihm so verhassten Sowjetunion. Da Stalin nicht daran gelegen ist, den deutschen Diktator von sich aus zu einem Angriff auf die Sowjetunion zu provozieren (Stalin weiß, dass die Sowjetunion 1939 noch nicht bereit ist für einen Waffengang gegen die bereits seit 1933 wieder gut geölte und mächtig ausgebaute deutsche Kriegsmaschinerie), hält er sich tatsächlich bis zum 22. Juni 1941 buchstabengetreu an die Verträge: noch am Tag des Kriegsbeginns, dem 22. Juni 1941, rollen lange sowjetische Güterzüge voller Öl, Rohstoffe und Manganerze über die Grenzen nach Deutschland hinein, während links und rechts der Bahntrassen schon die deutschen Panzer gen Osten röhren.
Im Rahmen des Wirtschaftsabkommens liefert die Sowjetunion die in Deutschland so dringend für die weitere Aufrüstung benötigten Rohstoffe (darunter Erdöl zur Treibstoffherstellung, aber auch Wolfram et cetera für die Munitions- und Panzerstahlherstellung et cetera) sowie fast zwei Millionen Tonnen Getreide. Deutschland hat (wie schon 1812 Napoleon) das Problem, dass Großbritannien durch die Kontinentalblockade das Hakenkreuzreich vom Handel mit den für Aufrüstung und Kriegsführung benötigten Rohstoffen fast komplett abschneidet. Deutschland ist, so aberwitzig es im Nachhinein erscheint, für die weitere Kriegsführung in Westeuropa, auf dem Balkan und natürlich gegen die Sowjetunion selbst, essenziell auf die sowjetischen Lieferungen sowie die

sowjetischen Tarnkäufe von Kautschuk für Deutschland angewiesen. Hitler hofft, dies schon vorweg, nach dem Überfall auf die Sowjetunion kostenlos zu bekommen, wofür er jetzt noch, laut Vertrag, die vereinbarten (allerdings sehr günstige) Preise bezahlen soll. Warnungen wie die von Marine-Chef Admiral Raeder und dem für den Nachschub zuständigen General Thomas, dass man in den geplanten Besatzungsgebieten (Ukraine et cetera) nach Kriegszerstörungen auf Jahre hinaus Nettoverluste hinnehmen müsse, dass man also mehr investieren muss als man als Beute herauspressen kann, dass die besetzten Teile der Sowjetunion also zu einer zusätzlichen ökonomischen Belastung werden (wie es dann auch kam), ignoriert Hitler geflissentlich. Sie passen nicht in sein Wunschdenken. Die Sowjetunion hat als Gegenleistung für die Rohstofflieferungen – sehr zum Ärger der deutschen Generalität, ein hervorragendes Verhandlungsergebnis Molotows und seines Teams – neueste deutsche Militärtechnologie in Testexemplaren zu Studienzwecken angefordert, so die neuesten Jagdflugzeuge und Panzertypen. Außerdem den halbfertigen Kreuzer *Lützow* (Hipper-Klasse), der im April 1940 an die Sowjetunion übergeben wird, die kompletten Baupläne für das Schlachtschiff *Bismarck*, Informationen über deutsche Marine-Waffentests, die komplette Ausstattung für einen großen Zerstörer, drei 38,1-Zentimeter-Zwillingsgeschütze zur Verteidigung von Hafenanlagen, Entwurfszeichnungen für ein 40,6-Zentimeter-Drillingsgeschütz, Konstruktionszeichnungen für einen 28-Zentimeter-Geschützturm, andere Marineausrüstungen sowie Testexemplare von dreißig der neuesten deutschen Luftwaffen-Flugzeuge, darunter einen Me-109-Jäger, einen Me-110-Schlachtflieger und einen Ju-88 Bomber. Allerdings verzögert die deutsche Seite die Ablieferung der vereinbarten Gegenleistungen nach Kräften, so dass bis 22. Juni 1941 nicht alle vereinbarten Bestellungen ausgeführt werden. Die Sowjets haben des Weiteren Ausrüstungen für die Ölverarbeitung und die Stromerzeugung, Lokomotiven, Turbinen, Generatoren, Dieselmotoren, weitere Schiffe, Maschinenteile und Musterexemplare deutscher Artilleriegeschütze, Panzer, Sprengstoffe, Ausrüstung zur Abwehr chemischer Kampfstoffe und andere Dinge mehr geordert.

Wann greift Hitler an?

Bereits seit Mitte 1940 sind trotz der strengen Geheimhaltung deutscherseits über eine Vielzahl von Kanälen Nachrichten hinsichtlich möglicher deutscher Angriffsabsichten gegen die Sowjetunion nach Moskau gelangt. Dazu gehört jedoch auch hervorragend gefälschtes Material von alliierter Seite, mit dem die Sowjetunion zu einem Angriffs-, einem Präventivkrieg gegen Deutschland provoziert werden soll. Das macht es für die sowjetischen Aufklärer und Auswerter schwer, Spreu vom Weizen zu trennen. Anfang 1941 verdichtet sich jedoch der Strom entsprechender Mitteilungen an die Moskauer Zentrale rapide. Speziell der Militärgeheimdienst GRU (*Главное разведывательное управление Генерального штаба Вооружённых Сил, ГРУ*/Glawnoje Raswedywatelnoje Uprawlenije Wooruschennych Sil, *GRU – Hauptverwaltung für Aufklärung beim Generalstab*), Teil des Generalstabs unter Führung des stellvertretenden Generalstabschefs, General Golikow, trägt eine ständig steigende Zahl entsprechender Informationen zusammen. Im September 1940 geht der sowjetische Militärnachrichtendienst noch davon aus, dass die Wehrmacht insgesamt über 228 Divisionen verfügt, davon 15 bis 17 Panzerdivisionen und 8 bis 10 motorisierte Divisionen. Golikow schickt am 10. März 1941 einen neuen, ausführlichen Report an Stalin. Jetzt geht der GRU davon aus, dass die Wehrmacht mittlerweile auf 263 Divisionen kommt, mit 20 Panzer- und 20 motorisierten Divisionen. Zudem habe die Wehrmacht in der Zwischenzeit mehr als zehn Prozent ihrer Gesamtstärke nach Osten verschoben, wo rund die Hälfte aller Kampfkräfte versammelt sei. Zudem seien diese umgruppiert und jetzt in der Masse im südlichen Frontabschnitt, also im Vorfeld der Ukraine, konzentriert (bis hierhin funktioniert das deutsche Ablenkungsmanöver).

Am 20. März 1941 übersendet Golikow eine aktualisierte Fassung, der zufolge konkrete Anhaltspunkte für einen deutschen Angriff im Frühjahr 1941 vorliegen. Der Angriff werde nach einem Sieg über Großbritannien beziehungsweise nach einem Waffenstillstand dort beginnen. Golikows nächster Report, vom 4. April 1941, berichtet, dass die Verlagerung deutscher Divisionen von der West- in die Osthälfte des von Deutschland besetzten Gebietes (Polen) fortschreite, so seien sechs weitere Infanterie- und drei zusätzliche Panzerdivisionen nach Osten verlegt worden. Zudem werde das Straßen- und Schienennetz dort ständig ausgebaut. Am 16. April 1941 informiert Golikow, dass nunmehr 78 deutsche Divisionen im Raum Ostpreußen/Polen massiert worden seien, zudem würden die Familien deutscher Offiziere aus Warschau evakuiert. Am 26. April 1941 referiert Golikow, dass inzwischen 95 bis 100 deutsche Divisionen vor der Westgrenze der UdSSR stehen. Am 5. Mai 1941 sind es schon 107, am 15. Mai bereits 119, von denen 24 Divisionen gegenüber der Grenze zum sowjetisch besetzten Baltikum aufgestellt seien, 30 gegen den westlichen Sondermilitärbezirk (Minsk) und 36 gegen den Sondermilitärbezirk Kiew. Knapp drei Wochen vor Beginn des deutschen Überfalls zählt Golikow am 31. Mai 1941 nicht weniger als 122 deutsche Divisionen vor der sowjetischen Westgrenze, zudem werde speziell die rechte Flanke der deutschen Truppen (gegenüber Ukraine) verstärkt, und zwar mit Einheiten, die nach dem Sieg über Jugoslawien und Griechenland freigeworden seien. Zur Beruhigung Stalins wird hinzugefügt, noch immer ständen 122 deutsche Divisionen gegen britische Truppen in Frankreich, Nordafrika und im Mittelmeer – diese Zahl ist falsch, ebenfalls ein Erfolg der deutschen Desinformationsbemühungen, es sind nur noch 38 Divisionen im Westen, Hitler hat mehr als 75 Prozent seiner Streitkräfte für den Überfall auf die Sowjetunion nach Osten verlegt.

Doch die Anzeichen mehren sich auch auf anderem Gebiet:

Die Zahl der illegalen deutschen Einflüge in den sowjetischen Luftraum nimmt Anfang Juni 1941 exponential zu – immer mehr Spionageflugzeuge (Ju-86 Höhenaufklärer mit einer Dienstgipfelhöhe von 12.000 Metern der Aufklärungsstaffel Rowehl) überfliegen die Grenze zu Überwachungs- und Kartographierungsflügen, um neueste Luftbilder der sowjetischen Truppendislozierungen zu machen. Stalin verbietet, auf diese Maschinen zu feuern, um Deutschland nicht zu provozieren. Mitte Juni rücken die deutschen Panzerdivisionen in grenznahe Stellungen vor, die Luftwaffe verlegt 2.000 Jagdflugzeuge auf vorgeschobene Fliegerhorste im Grenzgebiet. Die Sowjets sind nach 23 Jahren Dauerkampf gegen westliche Insurgierungsbemühungen trotz möglicher Desinformationskampagnen vorsichtig genug, gegen die unübersehbaren Verstärkungen der deutschen Seite vor ihrer Grenze auch von sowjetischer Seite aus Verstärkungen in den grenznahen Raum zu verlegen. Stalins Bedingung ist, dass dies in einer Art und Weise erfolgt, die von deutscher Seite aus nicht als Provokation ausgelegt werden kann. Insgesamt sollen nach sowjetischen Plänen in der zweiten Jahreshälfte 1941 an der Westgrenze 6,5 Millionen Soldaten zusammengezogen werden, um Deutschland von einem Angriff nachhaltig abzuschrecken. Die Maßnahme kommt zu spät. Im März 1941 erhält Schukow von Stalin nur die Erlaubnis, 800.000 Reservisten einzuziehen und 20 neue motorisierte Korps aufzustellen. Diese werden zwar erst Ende 1942 einsatzbereit sein, dann aber 1943 zu den fulminanten Siegen der Roten Armee beitragen.
In seinen *Memoiren* übt Schukow Selbstkritik: dass er selbst unvorsichtigerweise die Vorratslager für Treibstoff, Munition und Ersatzteile zu nah an die vordersten Linien verlegen habe lassen, wo sie in den ersten Tagen nach Kriegsbeginn leichte Beute der vorwärtsstürmenden »Wehrmacht« wurden. Zudem sei die Führung der Roten Armee wie auch der Sowjetunion (Stalin) davon ausgegangen, dass ein Krieg zwi-

schen »Supermächten« wie Deutschland und der Sowjetunion nicht einfach so vom Zaun gebrochen werden könne wie die deutschen Überfälle auf Polen, Frankreich, Jugoslawien, Griechenland, Belgien, Holland, Dänemark, Norwegen et cetera. Konnten die Deutschen in diesen Fällen gegen kleinere Gegner bedenkenlos ohne Kriegserklärung losschlagen, so sei beim Kriegsbeginn gegen die Sowjetunion vom üblichen Ablauf: Kriegserklärung, Mobilisierung, erste Gefechte, erste tastende Vormarschversuche, dann Durchbruchsversuche, auszugehen, also von einem Zeitraum von mehreren Wochen zumindest, in denen man Zeit haben würde, zu reagieren und notfalls umzugruppieren. Welche rätselhafte Überlegung dem zugrunde lag, ist bislang nicht bekannt. Denn wieso sollte Hitler genau gegen den »Haupt- und Erzfeind« Sowjetunion auf eines seiner stärksten militärischen Mittel, das Überraschungsmoment, verzichten? Der Kriegsbeginn kommt dann bekanntlich tatsächlich – für die Sowjetführung – sehr überraschend, ohne jegliche Kriegserklärung, ohne Vorlauf, aus dem Stand. Darauf wird weiter unten noch einzugehen sein. In der Westblockpresse und von rechtskonservativen Westblock-Historikern werden immer wieder angebliche Präventivkriegsvorbereitungen der Sowjetunion thematisiert, etwa der sogenannte »Schukow-Plan« vom 15. Mai 1941. Allerdings sieht – bei objektiver Betrachtungsweise – auch dieser Plan einen Präventivschlag gegen die deutschen Truppenansammlungen im Westen der UdSSR *nicht* aufgrund von Eroberungsabsichten Stalins vor, sondern – und das ist der wichtige Unterschied zu den deutschen Planungen, die ja zum Ziel hatten, das Judentum und den Bolschewismus in einem Zuge auszuradieren – um den konkreten deutschen Angriffsvorbereitungen zuvorzukommen. Der »Schukow-Plan« taugt also gerade *nicht* als Beleg dafür, dass Hitler recht hatte, als er unmittelbar nach dem Überfall auf die Sowjetunion verkünden ließ, man sei einem beabsichtigten Angriff der »bolschewistischen Untermenschen-Horden« buchstäblich nur um Stunden zuvorgekommen. Dennoch wird diese These bis in jüngster Zeit immer wieder von verschiedenen, meist deutlich rechts angesiedelten Seiten zum Vortrag gebracht. Damit wird allerdings nur eins zu eins die Goebbels-Propaganda vom Juni 1941 reproduziert, was sie aber keinen Deut wahrhaftiger oder realer macht. Lüge bleibt nun einmal Lüge.

Die Rote Armee setzt ihren dezenten Gegen-Aufmarsch parallel zu den massiven deutschen Truppenverstärkungen in Grenznähe fort. Aber zu keinem Zeitpunkt werden beispielsweise die Reserve-Armeen reaktiviert oder Ähnliches, was auf eine unmittelbare Angriffsabsicht hätte schließen lassen. Am 20. Mai 1941 erhalten die Grenzmilitärbezirke lediglich den Befehl, die eigene Verteidigungsbereitschaft zu erhöhen und detaillierte Pläne zur Verteidigung der Grenzlinien auszuarbeiten. Dazu sollen auch Feldkommandoposten eingerichtet werden. Am 12. Juni 1941 werden die Grenzmilitärbezirke endlich aufgefordert, die Verteidigungsstellungen an den Staatsgrenzen zu bemannen. Außerdem sollen mögliche Ziele deutscher Luftangriffe getarnt und vorhandene Flugzeuge auf Hinterlandflugfelder verteilt werden (um deutsche Überraschungsschläge zu verhindern). Im Juni 1941 werden die Hinweise auf einen bevorstehenden deutschen Angriff immer zahlreicher, immer detaillierter. Zudem wird bekannt, dass auch Rumänien und Finnland dabei sind, ihre Streitkräfte zu mobilisieren, dass also das angenommene Szenario eines gemeinsamen Angriffs deutscher, rumänischer und finnischer Truppen (an drei Fronten) immer wahrscheinlicher wird. Die sowjetische Presseagentur TASS bringt am 13. Juni 1941 die Meldung, dass die Sowjetunion am deutsch-sowjetischen Nichtangriffspakt festhalte und alles unterlassen werde, was als Bruch dieses Abkommens ausgelegt werden könnte. Alles andere seien Lügen und gezielt gestreute Provokationen. Ein interessanter Vorstoß, der in viele Richtungen interpretierbar ist. An dieser Stelle soll nur auf den Aspekt

hingewiesen werden, dass es darum gegangen sein könnte, Deutschland damit einzulullen, dass jeglicher Anschein von Abwehrvorbereitungen zerstreut und Deutschland der Eindruck vermittelt werden soll, dass der Plan eines Überraschungsangriffs aufgeht.
Golikow berichtet in seiner letzten Vorkriegs-Analyse vom 15. Juni 1941, dass sich der deutsche Truppenaufmarsch weiter fortsetzt, dass 122 deutsche Divisionen nun unmittelbar an der sowjetischen Westgrenze stünden, ein Großteil davon im Südwesten (dieser Teil der Meldung war wie gesagt falsch). Alle deutschen Überfälle seit dem 1. September 1939 sind nach dem gleichen Schema abgelaufen: Völlig überraschend, zumindest für die Öffentlichkeit, schlägt die Wehrmacht von der ersten Minute an mit der gesamten zur Verfügung stehenden Kampfkraft los, inklusive Luftwaffe, Panzer, Artillerie, Infanterie, bis hin zu Spezialeinheiten, die hinter der feindlichen Front Sabotageakte ausführen. Und genau diese deutschen Angriffsoperationen sind von der sowjetischen Führung sehr genau registriert und analysiert worden. Aber Stalin zweifelt bis zuletzt daran, dass Deutschland unter Hitler tatsächlich derartig irrational handeln werde. Stalin geht davon aus, dass Hitler über die tatsächlichen Kräfteverhältnisse informiert ist, also über die geographische Größe der Sowjetunion, deren demographische Reserven, die bereits eingetretene Verlagerung von Industrie hinter den Ural, die fast unendlichen Bodenschätze et cetera – was bekanntlich *nicht* der Fall ist. Schuld in diesem Fall ist einmal Hitlers katastrophaler Mangel an gesundem Menschenverstand, und zum anderen die unfähigen deutschen Geheimdienste, die diese wichtigen Informationen nicht beizubringen in der Lage sind.
Hitler geht dagegen wie die meisten seiner ebenfalls vom Polen- und Frankreichsieg sowie der Serie leichter Siege gegen unterklassige Gegner wie Dänemark, Norwegen, Jugoslawien, Griechenland, Albanien et cetera verblendeten Generä-

le davon aus, dass ein einziger massiver Angriffsschlag gegen das »marode Kartenhaus« Sowjetunion genüge, um alle bisherige staatliche Organisation des »Bolschewiken-Haufens« zusammenfallen zu lassen, und dann in einem »Eisenbahn-Vormarsch« wie 1918 (als man schon einmal unter deutschem Krukenkreuz tief in die Ukraine beziehungsweise den Kaukasus und zu den Ölquellen von Baku vorgedrungen war) bequem die Ernte in die Scheune zu fahren, ohne größere Anstrengungen oder Verluste. Hitler ist nach dem Frankreich-Sieg in eine selbstgestellte Falle gelaufen. Die hochgerüstete Armee ist nun zunächst ohne Aufgabe, da Hitler sich nicht entscheiden kann zwischen den Optionen, die Briten auf ihrer eigenen Insel anzugreifen mittels eines großen, wenn auch sehr riskanten Landungsunternehmens (und dann Gefahr zu laufen, von der Sowjetunion im Moment der Schwäche an der Ostfront angegriffen zu werden), oder die Sowjetunion in das bestehende Dreierbündnis mit Italien und Japan hineinzuziehen, und somit einen anti-angloamerikanischen Block zu schmieden, der dem britischen Empire zumindest tatsächlich hätte gefährlich werden können – eine solche Blockbildung war von Churchill nicht zu Unrecht als »Alptraum« bezeichnet worden. Andererseits war ein Bündnis der Sowjetunion mit Großbritannien und den USA gegen den von Deutschland beherrschten europäischen Kontinent wiederum für Hitler der schlimmste Alptraum.

Da Pétain und Franco nicht so wie Hitler wollen, findet der fest eingeplante Angriff auf Gibraltar (»Fall Felix«) samt Sperrung des Mittelmeers für die britische Flotte und Handelsschifffahrt, der Angriff auf den »unsinkbaren Flugzeugträger« Malta (von dem aus die Royal Airforce trotz Nachschubschwierigkeiten dem Afrikakorps das Leben schwer macht und es schließlich gemeinsam mit den britischen Bodentruppen aus Ägypten zur Kapitulation zwingt) bekanntlich nicht statt. Spanien befürchtet für den Fall einer Kampfhandlung gegen Gibraltar den unmittelbaren Verlust aller Inseln (sowohl der Kanaren wie auch der portugiesischen Kapverden, Madeira, Azoren et cetera) und aller sonstigen überseeischen Besitzungen, von denen aus die westlichen Alliierten dann den Luftkrieg auf die neuen Bündnispartner Hakenkreuz-Deutschlands, die ohnehin unter wirtschaftlichen Schwierigkeiten litten (Spanien und Frankreich), intensivieren würden. Frankreich will und kann sich nicht an die Seite der Siegermacht Deutschland stellen und damit zum einen dem »Erbfeind« die Genugtuung geben, die Führungsrolle in Europa einzunehmen, zum anderen sich auf einen nach dem verlorenen Krieg gegen Deutschland höchst unpopulären neuen Waffengang ungewissen Ausgangs einzulassen. Hitler wählt in seiner bekannt selektiven Wahrnehmung der Wirklichkeit den falschen Ausschnitt. Sowohl der Sieg über Frankreich wie auch das nur knapp vermiedene Scheitern der Sowjetunion gegen Finnland sind keine zuverlässigen Indikatoren für deutsche Stärke und sowjetische Schwäche. Der Sieg über Frankreich ist nur durch eine absolut unwahrscheinliche, und daher als Wiederholung Richtung Sowjetunion undenkbare Kette glücklicher Umstände so vergleichsweise mühelos errungen worden. Und andererseits ist die nur knapp vermiedene Niederlage der sowjetischen Truppen im Herbst 1939 vor der Mannerheim-Linie in erster Linie auf unzureichende Vorbereitung und Ausrüstung sowie suboptimale Dislozierung der zu gering bemessenen sowjetischen Truppen und externe Faktoren (Wetter) zurückzuführen, und daher kein Beleg für die generelle Schwäche der Roten Armee, schließlich hatte dieselbe Rote Armee kurz zuvor im Sommer 1939 einen glänzenden Sieg über eine kampferprobte japanische Armee in der Mongolei am Chalchin Gol errungen. Hitler und seine Generäle wähnen sich der Roten Armee, ihrer Führung wie dem Sowjetstaat überhaupt (bis hin zum »minderwertigen russischen Menschenmaterial«) so grenzenlos überlegen, dass selbst die wenigen, vagen Andeutungen eines möglicherweise sehr ungünstigen Zahlenverhältnisses einfach beiseitegeschoben werden. Man sonnt sich schon im Glanze des nächsten, unmittelbar bevorstehenden Sieges und spricht davon, auch im Fall Sowjetunion nach sechs Wochen wieder zu Hause zu sein, in vier oder längstens acht Wochen den entscheidenden Sieg errungen und damit den »tönernen Koloss« zum Einsturz gebracht zu haben. Hochmut, der bekanntlich vor dem Fall kommt. Das zeigt auch die Zahl der für den Überfall gegen Frankreich und der für den Überfall auf die Sowjetunion bereitgestellten deutschen Divisionen: gegen Frankreich – 144 Divisionen, gegen die Sowjetunion – 145 Divisionen, dabei ist die Sowjetunion bekanntlich von der Fläche her 40 mal größer als Frankreich, von der Einwohnerzahl immer noch mehr als fünfmal so groß. Der weitere Lauf der Geschichte wird schonungslos zeigen, wer hier der tönerne Koloss war von beiden Mächten. Stalin gelingt im Vorfeld der verheerendsten militärischen Auseinandersetzung des 20. Jahrhunderts noch ein letzter diplomatischer Coup. Am 13. April 1941 unterzeichnet er ein Nichtangriffsabkommen mit Japan. Das Reich der aufgehenden Sonne ist vom eilends ausgehandelten deutsch-sowjetischen Vertrag Ende August 1939 völlig überrascht worden und trotz deutscher Beschwichtigungssignale indigniert über den Vertrauensbruch unter Vertragspartnern des Antikominternpakts (die sich Treue bis in den Tod bei der geplanten Vernichtung der kommunistischen Brut geschworen haben), da vorher keine entsprechende Konsultation zwischen Berlin und Tokio erfolgte. Zusammen mit dem Scheitern am Chalchin Gol hat sich in Tokio die Stimmungslage gedreht. Die Fraktion, die für ein Zusammengehen mit Deutschland gegen die Sowjetunion ist (es locken die unendlichen Weiten Sibiriens als Beute, sowie ein unbeeinträchtigtes Ausschlachten Chinas) gerät in die Minderheit, die Fraktion, die im Gegenteil nach den Niederlagen der Kolonialmächte (Frankreich, Niederlande, in gewisser Weise auch Großbritannien) in Europa jetzt das herrenlose Erbe europäischer Verblendung in Südostasien antreten, und dabei im Fall Philippinen auch noch gleich die Kolonialmacht USA aus dem Weg schaffen will, erhält Oberwasser und kann die politisch-militärische Willensbildung in Tokio im Frühjahr 1941 für sich entscheiden. Japan gibt der Sowjetunion also freie Hand gegen Deutschland, Stalin muss seinerseits keinen Zweifrontenkrieg mehr befürchten. Zwar misstraut auch er der Vertragstreue der »Samurai«, aber sein dichtes Kundschafternetzwerk in Japan schickt ihm beruhigende Signale, dass die einmal getroffene Entscheidung (schon mangels militärischer Mittel, den nun von Japan eingeschlagenen antiamerikanischen Weg wieder zu verlassen) von Tokio nicht mehr in Frage gestellt wird, unabhängig vom Geschehen auf dem europäischen Schauplatz. Molotow seinerseits gibt sich im Frühjahr 1941 gegenüber westlichen Botschaftern in Moskau betont sorglos. Nur ein Vollidiot könne daran denken, die Sowjetunion anzugreifen, sagt er beispielsweise dem britischen Botschafter. Und macht so die damals heißlaufenden westlichen Desinformationskampagnen, die im Wochentakt neue Angriffszeiträume für den angeblichen deutschen Angriff »vertraulich« weitergeben, lächerlich. Um Molotow angesichts seiner allzu vielen Verpflichtungen wenigstens etwas zu entlasten, und gleichzeitig die enge Verbindung von Staat und Partei in diesen Krisenzeiten sicherzustellen, übernimmt Stalin Anfang Mai 1941 von ihm das Amt des Vorsitzenden des Rates der Volkskommissare. Erstmals seit 1917 sind damit Partei- und Staatsführung in einer Hand vereint.

»Fall Barbarossa« – Der deutsche Überfall auf die Sowjetunion

Die letzten Friedensstunden

Am Mittwoch, 18. Juni 1941, reisen fast alle Angestellten der deutschen Botschaft in Moskau überstürzt ab. Der sowjetischen Führung bleibt das nicht verborgen. Allerdings soll die Schuldfrage nach den Erfahrungen des Ersten Weltkriegs eindeutig vor der Weltöffentlichkeit dargelegt werden. Daher verbleibt Moskau, verbleibt die Sowjetunion in einem fast friedensähnlichen Zustand. Seit dem 10. Juni versuchen die Deutschen gleichzeitig, immer mehr Saboteure und Fernaufklärer durch die sowjetischen Linien ins sowjetische Hinterland zu schmuggeln, um dort den bevorstehenden Angriff durch Sabotageakte vorzubereiten. Innerhalb weniger Tage gelingt es den auf der Lauer liegenden Greiftrupps des sowjetischen Innenministeriums und des Militärnachrichtendienstes, fast 500 dieser Diversanten zu schnappen. Es kommen aber auch immer mehr Überläufer, die vor einem Angriff ohne Vorwarnung am kommenden Sonntag, dem 22. Juni, warnen. Wie schon Schukow am Chalchin Gol, so haben sich auch die Deutschen für einen Sonntag als Angriffstag entschieden, mit ähnlichen Hintergedanken, dass das Offizierskorps am Sonntag fern der Front beziehungsweise der Haupt- und Stabsquartiere weilt und die feindliche Armee so noch besser überrascht werden kann.

Der Vortag, Samstag, der 21. Juni 1941, verläuft für die sowjetische Führung in gespannter Erwartung des fühlbar näherrückenden deutschen Angriffsbeginns. Zu massiv ist der

Zustrom solcher Meldungen aus den verschiedensten nachrichtendienstlichen und diplomatischen Kanälen, die den ganzen Tag über eingehen. Molotow bestellt den noch verbliebenen deutschen Botschafter Schulenburg ein, und fragt ihn nach den Gründen für die Abreise des Botschaftspersonals. Schulenburg gibt sich unwissend. Um 21 Uhr abends ruft Stalin Schukow und Watutin zu sich in den Kreml, wo schon Timoschenko, Berija und Marinechef Admiral Kusnezow versammelt sind. Schon Anfang 1941 hatte Stalin zusammen mit dem *Mobilisierungsplan 1941* auch den *Verteidigungsplan 1941* genehmigt, der als frontnahe Heeresabteilung 186 Divisionen vorsieht, disloziert in den vier Militärdistrikten der westlichen Sowjetunion, die an deutsches beziehungsweise deutsch besetztes beziehungsweise mit Deutschland verbündetes Territorium grenzen. Weitere 51 Divisionen werden entlang von Düna und Dnjepr platziert, als zweite Widerstandslinie, unter dem direkten Befehl des Feldoberkommandos der *Stawka*. Dieses soll im Fall eines deutschen Angriffs die geplanten Gegenoffensiven einleiten, gemeinsam mit den verbliebenen Kräften der frontnahen Armeen (die beim tatsächlichen Angriff dann allerdings fast restlos aufgerieben beziehungsweise eingekesselt werden). Bei Beginn des deutschen Überfalls sind von den 186 geplanten allerdings erst 171 Divisionen gerade dabei, ihre frontnahen Bereitstellungsräume zu beziehen, mit insgesamt 2,6 Millionen Soldaten. Die zweite Widerstandslinie ist überhaupt noch nicht kampfbereit. Immerhin werden zuvor noch – in letzter Minute – 800.000 Reservisten zusätzlich eingezogen, und damit der Personalbestand der Roten Armee um ein Drittel erhöht. Die vier Armeen auf der Linie Dnjepr–Düna, die zweite Verteidigungslinie gegen Angriffe aus dem Westen, werden sich tapfer schlagen und nach den Kesselschlachten der ersten drei Wochen die Deutschen vom ungehinderten Durchbruch in die Tiefe der Sowjetunion abhalten. Diese vier Armeen sind der deutschen Feindaufklärung komplett entgangen, ihre Anwesenheit wird für die deutsche Seite erst Tage nach dem Beginn des Überfalls offenbar, als die deutschen Sturmspitzen, die vermeintlich offenes Terrain vor sich haben, plötzlich auf feindliche Kräfte in Divisionsstärke stoßen. Das Treffen bei Stalin endet nach 90 Minuten. Die ersten konkreten Maßnahmen zur Abwehr möglicher deutscher Angriffshandlungen sind beschlossen. Die Militärbezirke von Kiew, Leningrad, Minsk und Riga erhalten die Warnung, dass ein deutscher Angriff am 22. oder 23. Juni erfolgen könne. Alle provozierenden Handlungen sollen in den Militärbezirken unterbleiben, dennoch die Truppen in volle Gefechtsbereitschaft versetzt werden. Diese Anweisung wird kurz nach Mitternacht, also in den ersten Minuten des 22. Juni 1941 verschickt, zusammen mit dem Befehl, höchste Alarmstufe auszulösen, den Stalin genehmigt und Timoschenko unterschrieben hat, wenige Stunden vor dem tatsächlichen Beginn des deutschen Überfalls.

Der Überfall beginnt (22. Juni 1941)

Die deutsche Kriegsmaschinerie schlägt dreieinhalb Stunden später los, am frühen Sonntagmorgen, den 22. Juni 1941, um 3.30 Uhr, kurz vor der Morgendämmerung. Es beginnt mit einem Artillerietrommelfeuer. Gleichzeitig überfliegen alle verfügbaren deutschen Luftwaffen-Maschinen die Grenze Richtung Osten, greifen sowjetische Feldflughäfen in Frontnähe und im Hinterland aus der Luft an, bombardieren sowjetische Bereitstellungsräume und marschierende Kolonnen, Hauptquartiere und Nachschublager, Bahnhöfe und Transportzüge. Ein gigantischer, mordlüsterner Lindwurm, gebildet von fast vier Millionen Mann, walzt nun auf das verabredete Zeichen hin unter dem Hakenkreuz-Banner Richtung Osten los und begräbt die sowjeti-

schen Grenzsicherungstruppen unter sich, die angesichts der zu spät kommenden Vorwarnung aus Moskau nicht mehr in der Lage sind, nennenswerten Widerstand zu leisten. Zu den 154 deutschen kommen noch 14 finnische und ebenso viele rumänische Divisionen, bald folgen noch italienische, spanische, kroatische und slowakische Verbände, sowie Freiwilligenverbände aus vielen anderen europäischen Ländern. Insgesamt fast fünf Millionen Mann sind schließlich versammelt, der Existenz der Sowjetunion, des Kommunismus auf der Erde ein Ende zu bereiten. Die deutschen Truppen sind in drei Heeresgruppen aufgeteilt. Die nördliche greift aus Ostpreußen heraus an mit Stoßrichtung Leningrad, die mittlere, größte, *nördlich* der Pripjetsümpfe aus dem Raum Warschau Richtung Minsk, Smolensk und Moskau, und die südliche Richtung Ukraine und Kiew. Der Hauptstoß erfolgt somit entgegen den sowjetischen Erwartungen *nördlich* der Pripjetsümpfe, mit Stoßrichtung Moskau und Leningrad. Der Namensgeber der Unternehmung, Mittelalter-Kaiser Barbarossa, hatte seinerzeit ebenfalls einen »Kreuzzug« gen Osten geleitet. Allerdings sind die Geschichtskenntnisse von »Hitler & Co.« offenbar mangelhaft, sonst hätten sie keinen Namenspatron gewählt, dessen eigener »Kreuzzug« ein Fiasko war, und der, statt wie erhofft in Jerusalem (vulgo Moskau) einzuziehen, auf halbem Weg jämmerlich in einem türkischen Tümpel ersoff.
Hitlers Plan sieht vor, die Masse der sowjetischen Truppen grenznah in riesigen Umzingelungsangriffen einzukesseln und zu vernichten. Das entblößte sowjetische Kernland soll dann problemlos besetzt und möglichst schnell der maximalen Ausbeutung durch deutsche Armee und Industrie zugeführt werden. Soweit der äußerst anspruchsvolle, durchdachte Plan (*Ironie aus*). Die deutschen Operationen auf sowjetischem Gebiet laufen zunächst wie im Manöver ab. Das für die Panzerwaffe ideale Gelände im russischen Kernland, weite Ebenen, sanfte Hügel, kaum natürliche Hindernisse

(außer den Pripjetsümpfen und den großen Flüssen), erlaubt weit ausgreifende Angriffsunternehmen zur Umzingelung der im grenznahen Gebiet massierten sowjetischen Truppen, denen jeglicher Rückzug verboten wurde und die daher in den einmal gebildeten Kesselräumen verharren, auch wenn die Chance auf Ausbruch oder Rückzug noch gegeben ist. Die in Polen und Frankreich erfolgreich erprobte »Wehrmachtstaktik« des Zusammenspiels von Panzern, Luftwaffe, Artillerie und Infanterie in verbundenen Angriffsoperationen ist auch hier zunächst der Schlüssel zum deutschen Erfolg. Allerdings ist es kein »normaler« Krieg (sofern Krieg überhaupt als »normal« bezeichnet werden kann), der hier geführt wird. Hitler und seine Generäle haben für die militärischen Auseinandersetzungen im Osten anderes im Sinn. Was, das ist so entsetzlich, dass es kaum mit menschlichem Verstand zu begreifen ist. Bereits 1963 wurde der Überfall auf die Sowjetunion und die dort deutscherseits an den Tag gelegte Art der »Kampfführung« rückblickend zu Recht als »ungeheuerlichster Versklavungs- und Vernichtungskrieg, den die moderne Geschichte kennt«, bezeichnet (Ernst Nolte). Ziel Hitlers ist nichts anderes als die vollständige »Vernichtung« (!) der angeblich »jüdisch-bolschewistischen« Elite der Sowjetunion und der jüdischen Bevölkerungsgruppe dortselbst, die Eroberung von »Kolonial- und Lebensraum« für Deutschland und die Versklavung der slawischen Sowjet-Bevölkerung samt ihrer gezielten Dezimierung durch bewusst herbeigeführte Hungersnöte (also das, was von rechter Seite immer der UdSSR unter dem Stichwort »Holodomor« vorgeworfen wird).

Das alles wird den deutschen »Heerführern« von Hitler am 30. März 1941 offen angekündigt, und stößt auf begeisterte Zustimmung, da man dort seine Denkart größtenteils teilt. Der »Bolschewismus« sei »asoziales Verbrechertum«, der »Kommunismus eine ungeheure Gefahr für die deutsche Zukunft«. »Der Kommunist ist vorher kein Kamerad und nachher kein Kamerad.« Es handle sich »um einen Vernichtungskampf«. Der Kampf werde sich total vom Kampf im Westen (Frankreich et cetera) unterscheiden. Die Generäle müssten von sich »das Opfer verlangen, wo noch vorhanden, ihre Bedenken zu überwinden«. Das alles wird mit deutscher Gründlichkeit und einem ausgeprägten Verbrecherjargon in verschiedenen Erlassen und Anweisungen präzisiert. So im *Erlaß über die Ausübung der Kriegsgerichtsbarkeit im Gebiet »Barbarossa«* vom 13. Mai 1941. Hitler lässt darin verkünden, wer alles im »Feindgebiet« *rücksichtlos zu erledigen* sei. Die Truppe soll sich *gegen jede Bedrohung durch die feindliche Zivilbevölkerung schonungslos zur Wehr* setzen. *Freischärler sind durch die Truppe im Kampf oder auf der Flucht schonungslos zu erledigen. Auch alle anderen Angriffe feindlicher Zivilpersonen gegen die Wehrmacht, ihre Angehörigen und das Gefolge sind von der Truppe auf der Stelle mit den äussersten Mitteln bis zur Vernichtung des Angreifers niederzukämpfen. (...)* Dann wird es noch deutlicher (für diejenigen Offiziere, die es bis zu diesem Punkt noch nicht verstanden haben): *Für Handlungen, die Angehörige der Wehrmacht und ihres Gefolges gegen feindliche Zivilpersonen begehen, besteht kein Verfolgungszwang, auch dann nicht, wenn die Tat zugleich ein militärisches Verbrechen oder Vergehen ist.* Das muss man sich noch einmal klarmachen, hier wird schwarz auf weiß von einem deutschen »Staatschef« gesagt, auch das, was als Verbrechen anzusehen sei, werde straffrei bleiben. Und natürlich sind die Sowjets beziehungsweise die Einwohner der Sowjetunion selbst schuld (die Absurdität des hier künstlich hergestellten Zusammenhangs ist aberwitzig): Zu berücksichtigen sei, *dass der Zusammenbruch im Jahre 1918, die spätere Leidenszeit des deutschen Volkes und der Kampf gegen den Nationalsozialismus mit den zahllosen Blutopfern der Bewegung entscheidend auf bolschewistischen Einfluss zurückzuführen war und dass kein Deutscher dies vergessen hat.* Die Nachkriegsberichte vieler Soldaten (allerdings nur der verschwiegenen Runden in westlichen Gefangenenlagern, die von alliierten Geheimdiensten abgehört und protokolliert wurden) sind denn auch voll von lustvollen, detaillierten Schilderungen zügelloser Vergewaltigungen, Folterungen, Ermordungen.

Entsprechendes halten die *Richtlinien für das Verhalten der Truppe in Russland* vom 19. Mai 1941 fest. Der Bolschewismus sei *der Todfeind des nationalsozialistischen deutschen Volkes. Dieser zersetzenden Weltanschauung und ihren Trägern gilt Deutschlands Kampf. Dieser Kampf verlangt rücksichtsloses und energisches Durchgreifen gegen bolschewistische Hetzer, Freischärler, Saboteure, Juden und restlose Beseitigung jeden aktiven oder passiven Widerstands.* Einzelnen Generälen ist das noch nicht deutlich genug. Erich von Manstein (alias Lewinski) formuliert in vorauseilender Radikalität: *Das Judentum bildet den Mittelsmann zwischen dem Feind im Rücken und den noch kämpfenden Resten der Roten Wehrmacht und der Roten Führung. Für die Notwendigkeit der harten Sühne am Judentum, dem geistigen Träger des bolschewistischen Terrors, muss der Soldat Verständnis aufbringen* [wenn er also Zeuge wird, wie SS-Einsatzgruppen und ihre Helfer von Wehrmacht, Landespolizei und örtlichen Kollaborateuren, vor allem im Baltikum und der Ukraine, Zehntausende Juden, Männer, Frauen, Kinder, Alte umbringen]. *Sie ist notwendig, um alle Erhebungen, die meist von Juden angezettelt werden, im Keim zu ersticken.* Abgerundet wurden diese verbrecherischen Befehle noch durch die *Richtlinien für die Behandlung politischer Kommissare* vom 6. Juni 1941. Darin hieß es: *In diesem Kampfe ist Schonung und völkerrechtliche Rücksichtnahme diesen Elementen gegenüber falsch. (…) Die Urheber barbarisch asiatischer Kampfmethoden sind die politischen Kommissare. Sie sind daher, wenn im Kampf oder Widerstand ergriffen, grundsätzlich sofort mit der Waffe zu erledigen. Kommissare, die im rückwärtigen Heeresgebiet ergriffen werden, sind an die Einsatzgruppe bezw. Einsatzkommandos der Sicherheitspolizei (SD) abzugeben.* Von denen sie dann ausnahmslos ermordet werden.

Die zusätzlich ausgearbeiteten, mit deutscher Gründlichkeit durchdachten *Richtlinien für die Agrarpolitik in den zu erobernden sowjetischen Gebieten* sind eine der extremsten Hervorbringungen im Rahmen der geplanten Raub- und Vernichtungsstrategie. In einer Besprechung deutscher Staatssekretäre vom 2. Mai 1941 wird nichts weniger als die planmäßige Ermordung eines Großteils der Bevölkerung durch bewusst herbeigeführte Hungersnöte beschlossen: *Hierbei werden zweifellos zig Millionen Menschen verhungern.* Und bei all den geplanten Verbrechen setzt Hitler auch noch auf höheren Beistand, denn im Tagesbefehl vom 22. Juni 1941 heißt es im letzten Satz wörtlich: »Möge uns allen in diesem Kampf der Herrgott helfen!« Das sind also die Maßgaben, die die Soldaten der Wehrmacht und die SS-Chargen mit auf den Weg bekommen beim Vormarsch in die Sowjetunion. Und entsprechend fällt das Ergebnis bekanntlich aus, man denke nur an die entsetzlichen Massaker wie die von Babi Jar – 33.000 Tote innerhalb weniger Stunden – oder andernorts im Rahmen des Holocausts (Vernichtungslager), an die planmäßige Ermordung von Millionen sowjetischer Kriegsgefangener durch Verhungernlassen in den deutschen Lagern, an das Erschießen der Einheimischen und das Niederbrennen der Dörfer – über 6.000 allein in Weißrussland – et cetera pp. Am Ende stehen vermutlich 40 oder gar 50 Millionen tote Sowjetbürger auf der deutschen Rechnung – diesem Umstand wird bis heute von der BRD-Politik in keiner Weise Rechnung getragen.
Doch zurück zum Beginn des »Feldzugs«. Molotow empfängt am 22. Juni 1941 um 5.30 Uhr morgens auf dessen Bitten hin den deutschen Botschafter Schulenburg im Außenministerium. Dieser sagt, er habe Molotow eine Mitteilung der deutschen Regierung zu übergeben. Darin steht, Deutschland könne die permanent anwachsenden sowjetischen Truppenkonzentrationen an seinen Grenzen nicht länger tolerieren. Daher leite man jetzt militärische Gegenmaß-

nahmen ein. Molotow protestiert gegen diese absurde Darstellung. Er möchte wissen, was das heißen soll. Schulenburg erwidert pflichtschuldig (angeblich den Tränen nahe), das sei wohl eine Art Kriegserklärung. Kurz vor sechs Uhr morgens an diesem Sonntag stehen Timoschenko und Schukow zusammen mit Molotow, Berija, Malenkow und weiteren Politbüromitgliedern wieder vor Stalin. Um kurz nach sieben Uhr morgens wird ein allgemeiner Erlass an die Soldaten der Roten Armee verschickt, diese sollen jetzt – Provokationen sind nicht mehr zu befürchten, der deutsche Krieg, der seit zwei Jahrtausenden im Abendland gefürchtete *Furor teutonicus*, ist mit voller Wucht über die Sowjetunion hereingebrochen –, dürfen jetzt, müssen jetzt vordringende feindliche Kolonnen mit allen zur Verfügung stehenden Mitteln bekämpfen. Allerdings sollen die sowjetischen Truppen ihrerseits für den Fall fliehender Feindkräfte bei deren Verfolgung nach wie vor keinesfalls die deutsche Reichsgrenze überschreiten. Dazu ist eine gesonderte Erlaubnis des Oberkommandos notwendig. Um neun Uhr morgens geht eine dritte Meldung hinaus, der zufolge der Feind zwar örtliche erste Erfolge erzielt habe, aber an den meisten Grenzabschnitten unter schweren Verlusten zurückgeschlagen worden sei. Bis 24. Juni seien die feindlichen Truppen einzukesseln und gefangen zu nehmen, sowie im Gegenstoß bis in den Raum Lublin vorzudringen, um die dort stehenden feindlichen Reserven zu neutralisieren. Soweit dieser weltfremde Befehl. Hintergrund ist, dass Tausende von deutschen Saboteuren und einheimischen Kollaborateuren die Kommunikationslinien des sowjetischen Militärs im frontnahen Bereich nahezu komplett lahmgelegt haben und bis zum Mittag keine klaren Lagebefunde nach Moskau gelangen.

Molotow erhält den Auftrag, die Bevölkerung der Sowjetunion noch am selben Tag in einer Radioansprache über den deutschen Überfall zu informieren. Stalin kümmert sich derweil um die Organisation der Verteidigungsmaßnahmen zusammen mit den Militärs. Im Gegensatz zu der in westlicher Literatur gern und unermüdlich wiederholten Darstellung, der Kriegsausbruch habe Stalin schockiert, er sei tage- oder wochenlang arbeitsunfähig gewesen, abgetaucht, blockiert, entsprechen wenig überraschend nicht der Wahrheit. Warum sollte ein in langen Jahren des Bürgerkriegs gehärteter Stalin von dem Überfall des seit Jahrzehnten feindseligen Nazitums überrascht und schockiert gewesen sein? Sein Dienstkalender weist ganz im Gegenteil eine ungebrochene, intensive Führungstätigkeit Stalins in diesen Tage und im gesamten weiteren Krieg nach, der in zahllosen Terminen die Verteidigungsanstrengungen und erste Gegenmaßnahmen koordiniert. Er hilft Molotow auch bei der Abfassung des Ansprachetextes, den andere Politbüromitglieder noch gegenlesen. Molotow erklärt der sowjetischen Bevölkerung, der deutsche Überfall sei ein in der Geschichte zivilisierter Nationen nie dagewesener Akt der Perfidie, und stelle einen eklatanten Bruch des Nichtangriffsvertrages dar, den die Sowjetunion buchstabengetreu eingehalten habe. Im Gegensatz zur Darstellung im rumänischen Staatsrundfunk habe die Sowjetunion auch keineswegs dortige Ölquellen bombardiert. Die sowjetischen Streitkräfte seien jetzt angetreten, die deutschen Angriffe zurückzuschlagen. Es handle sich aber keineswegs um einen Angriff des deutschen Volkes auf die Sowjetunion. Vielmehr gehe dieser Angriff von einer kleinen, blutdürstigen Faschistenclique aus, die Deutschland beherrsche und viele weitere Länder Europas versklavt habe. Er hege keinen Zweifel daran, dass es den sowjetischen Soldaten gelingen werde, die Angreifer zu vernichten, wie schon Napoleons Angriff zum Scheitern verurteilt gewesen sei. Dasselbe Schicksal stehe auch Hitler bevor. Er habe das gesamte sowjetische Volk gegen sich. Es gelte jetzt, durch harte Arbeit, Disziplin, Organisation, Selbstlosigkeit, Einigkeit die Voraussetzungen für den Sieg zu schaffen. Die Rote Armee und die gesamte Nation müssten jetzt in diesem großen, vaterländischen Krieg zusammenstehen, für die Heimat, die Ehre, die Freiheit. Die Sowjetbürger sollen sich vertrauensvoll um die bolschewistischen Parteikader scharen, und die sowjetischen Regierung sowie Staats- und Parteichef Stalin unterstützen. Er beendet die Rede mit dem nachmals berühmt gewordenen Satz: »Unsere Sache ist gerecht, der Feind wird vernichtet, der Sieg wird unser sein.«

Die Zuhörer reagieren darauf begeistert. *Patriotischer Krieg* und *unsere Sache ist gerecht* werden zu geflügelten Worten. Am selben Tag wird Molotow zum Mitglied des Feldoberkommandos der sowjetischen Streitkräfte ernannt, seit zaristischen Tagen als *Stawka* bekannt (*Ставка Главного Командования Вооруженных Сил Союза ССР*), unter Vorsitz von Verteidigungskommissar Timoschenko. Der vorhandene Generalstab soll der *Stawka* zuarbeiten, welcher die Führung der Truppen im Felde obliegt. Am 19. Juli 1941 übernimmt Stalin zusätzlich zu seinen Ämtern als Staats- und Parteichef auch noch den Posten des Verteidigungskommissars und des Oberkommandierenden. Die ersten Kriegstage verbringt Molotow zumeist in Stalins Büro im Kreml und hilft mit, die ersten Gegenaktionen zu koordinieren. Stalin selbst arbeitet die ersten Kriegstage mehr oder weniger durch, nach einer Woche gönnt er sich eine kurze Erholungspause von wenigen Stunden auf seiner Datscha, bevor er in den Kreml zurückkehrt. In dieser ersten Kriegswoche stoßen die deutschen Angriffstruppen tief auf sowjetisches Territorium vor. Den gefangenen Rotarmisten steht ein grauenhaftes Schicksal bevor. Die Mehrzahl von ihnen wird in deutschen Sterbelagern elend verhungern – ihnen wird jegliche Nahrung von den deutschen Bewachern auf höchsten Befehl vorenthalten, sie sollen »vernichtet« werden. Allerdings gibt es örtlich auch heftigen Widerstand. Die deutschen Truppen, die 1939 die Festung von Brest-Litowsk (damals in polnischer Hand) innerhalb von drei Tagen (14.–17. September 1939) eroberten, greifen am 22. Juni 1941 erneut die Fes-

tung an, die direkt an der deutsch-sowjetischen Demarkationslinie liegt. Ihnen stehen nun entschlossene sowjetische Verteidiger gegenüber, die den zahlenmäßig weit überlegenen deutschen Angreifern über vier Wochen, bis zum 23. Juli 1941 in der einige Quadratkilometer großen Anlage hartnäckigen Widerstand entgegensetzen und den Angreifern große Verluste zufügen. Allein am ersten Tag fallen bei den Kämpfen 300 deutsche Soldaten. Bei den weiteren Kämpfen wird eine große Zahl deutscher Soldaten gebunden, die für den weiteren Vormarsch in der Region zunächst nicht zur Verfügung stehen.
Am nördlichen Frontabschnitt stehen die deutschen Invasionstruppen nach zwei Wochen und einem Vormarsch über fast 500 Kilometer tief im Baltikum. Am mittleren Frontabschnitt wird das frontnah gelegene Wilna einen Tag nach Beginn des Überfalls erreicht, die zweihundert Kilometer bis Minsk innerhalb einer Woche überwunden, die Stadt eingekesselt. Im Süden kommen die deutschen und rumänischen Truppen innerhalb von 14 Tagen bis zu den Flüssen Pruth und Dnjestr, wo der Vormarsch zunächst aufgrund heftiger sowjetischer Gegenwehr liegenbleibt. Hunderttausende Rotarmisten werden eingekesselt und gefangen genommen, tausende sowjetischer Panzer zerstört, ebenso viele Geschütze und Flugzeuge. Im südlichen Frontabschnitt gelingt es dennoch, den deutschen Vormarsch durch improvisierte Gegenstöße eine Zeitlang aufzuhalten. Das ist auch nicht verwunderlich, stehen hier doch einerseits die meisten sowjetischen Truppen, und handelt es sich andererseits von deutscher Seite aus beim Südabschnitt um den weniger wichtigen Frontabschnitt, wo nur schwächere Angriffskräfte vorgesehen sind. Im mittleren, westlichen Frontabschnitt, wo General Pawlow sich mit deutlich weniger eigenen Truppen der Hauptmasse des deutschen Angriffs zu erwehren hat, sieht es schon anders aus. Dabei hat sich Pawlow nur an die aus Moskau eintreffenden (und aus Schukows Feder stammenden) Be-

fehle gehalten, sofort zusätzliche Truppen an die Front zu verlegen. Diese besteht hier aus dem nach Westen vorspringenden Frontbogen von Bialystok, der sich mit zusätzlichen sowjetischen Truppen füllt, während er beiderseits von starken deutschen Stoßkeilen umgangen und dann umgehend eingekesselt wird. Die Sowjetsoldaten werden also direkt in die Falle geschickt, die ihnen die deutsche Armee – ziemlich vorhersehbar – stellt. Die deutschen Angriffskeile treffen sich kurz vor Minsk. Damit ist die gigantische Einkesselung von nicht weniger als 30 Divisionen der Roten Armee gelungen, samt Gefangennahme von 400.000 Soldaten. Als Minsk Ende Juni 1941 kapituliert, hört Pawlows Westfront auf zu existieren.
Stalin lässt den unglücklichen General am 1. Juli 1941 seines Amtes entheben und verhaften. Timoschenko übernimmt die Führung der Truppen im westlichen Frontabschnitt. Am 22. Juli 1941 wird Pawlow in einem Kriegsgerichtsverfahren wegen Feigheit, Unfähigkeit, Panikverbreitung, sträflicher Leichtfertigkeit und ungenehmigter Rückzüge (das einzig Sinnvolle angesichts der anbrandenden deutschen Soldatenmassen) zum Tode verurteilt und wenig später hingerichtet. Weitere Verfahren richten sich gegen sowjetische Luftwaffen- und Luftabwehrkommandeure. Darunter ist auch Schukows Chef während der Schlacht am Chalchin Gol, General Schtern, der im Oktober 1941 ohne Gerichtsverfahren erschossen wird, weil er es als Kommandeur der Luftabwehr-Streitkräfte versäumt habe, wirksame Abwehrmaßnahmen zu ergreifen (was Stalin ja bis 21. Juni 1941 ausdrücklich verboten hatte). Acht Tage nach Kriegsbeginn, am Montag, den 30. Juni 1941 – Minsk ist bereits in deutscher Hand –, schlägt Berija bei einem Treffen mit Molotow vor, ein *Staatliches Verteidigungskomitee* einzurichten, GKO genannt (*Государственный комитет обороны/Gossudarstwenny komitet oborony* – GKO), das die gesamten staatlichen, ministeriellen Verteidigungsbemühungen organisie-

ren soll. Stalin übernimmt den Vorsitz, Molotow wird stellvertretender Vorsitzender. Militärisch wird die Gesamtfront jetzt in drei Abschnitte aufgeteilt und je einem Kommandeur zugeordnet. Diese sind Woroschilow (Nordwesten), Timoschenko (Westen) und Budjonny (Süden). Drei Wochen nach Kriegsbeginn, am 12. Juli 1941, unterzeichnen Molotow und der britische Botschafter Cripps eine Vereinbarung zur gegenseitigen Unterstützung, die auch eine Klausel enthält, der zufolge beide Vertragsparteien jeweils keinen Separatfrieden mit Deutschland abschließen dürfen. Damit sind die größten beiderseitigen Bedenken ausgeräumt. Denn das ist der Alptraum schlechthin auf beiden Seiten: dass der jeweils Andere mit Deutschland zu einer Einigung zulasten des Dritten kommen könnte. Das schreckt als Vorstellung die Briten genauso wie die Sowjets. Beide Länder haben zu diesem Zeitpunkt ihre blutigen Erfahrungen mit der deutschen Angriffsmaschinerie gemacht. Die Briten ächzen unter der fast zehn Monate dauernden Luftschlacht um England samt Bombardements der großen Städte und Häfen sowie andauernden Luftkämpfen über der Insel (die schließlich zugunsten der britischen Jagdfliegerasse in ihren Spitfires und Mosquitos ausgeht). Die Sowjets müssen in den drei ersten Kriegswochen die schlimmsten Niederlagen ihrer Geschichte hinnehmen (weitere werden noch bis zur Kriegswende Ende 1942 folgen), die westliche Sowjetunion ist samt Vorfeld (Baltikum, polnische Besatzungszone) von Nazitruppen besetzt, mittlerweile stehen die Deutschen vor Smolensk, und auch Kiew nähern sie sich bedrohlich. Die USA dehnen nun das Leih- und Pachtgesetz auf die Sowjetunion aus. Um den anlaufenden Transport der Hilfslieferungen über die Südroute zu erleichtern, besetzen sowjetische und britische Truppen am 24. August 1941 den Iran und bauen die Versorgungswege vom Persischen Golf bis zum Kaspischen Meer aus (»Persischer Korridor«). Weitere alliierte Lieferungen erfolgen ab August 1941 mit größeren Geleitzügen über das Nordmeer

von Großbritannien zum Hafen Murmansk (der nördlichste eisfreie Hafen der Sowjetunion), der während des gesamten Krieges von den sowjetischen Seestreitkräften brillant gegen die deutsche Kriegsmarine verteidigt wird.
Weitere drei Wochen später wird ein britisch-sowjetisches Handels- und Kreditabkommen unterzeichnet, mit dem der bedrohlich unter den Militärschlägen Deutschlands und seiner entmenschten Soldateska wankenden Sowjetunion zu Hilfe gekommen werden soll. Schon am 18. Juli 1941 hatten Stalin und Molotow gegenüber britischen Verhandlungspartnern die dringliche Frage nach der Eröffnung einer Entlastungsfront im Westen Europas gestellt. Doch die Antwort ist nur Schulterzucken. Man habe derzeit nicht die Mittel, eine solche Invasion, eine Landung an der französischen Kanalküste vorzunehmen, zumal nach dem Debakel von Dünkirchen, wobei zwar die Rettung von 400.000 britischen und französischen Soldaten gelingt, jedoch zahlreiche britische Schiffe von deutscher Artillerie und Luftwaffe versenkt werden. Außenminister Eden kommt zwar im Dezember 1941 nach Moskau, doch die Verhandlungen bleiben letztlich ergebnislos. Man ist in Großbritannien zu diesem Zeitpunkt nicht gewillt, für das kommunistische Riesenreich eine größere Menschenzahl zu opfern. Man unternimmt zwar am 19. August 1942 den bescheidenen Landungsversuch bei Dieppe, dieser dient aber hauptsächlich dazu, den Sowjets zu »beweisen«, dass man noch nicht die Kräfte zusammen hat, um eine zweite Front zu errichten, die Deutschen seien noch zu stark. Umgekehrt sind die alliierten Landungstruppen (weniger als 10.000 Mann) zu schwach, um eine tiefenwirksame militärische Aktion an der deutsch besetzten Küste in Gang zu setzen. Am Abend des 19. August 1942 sind die meisten Angreifer tot oder schon wieder zu Hause.
Die sowjetische Führung hat erkannt, dass die motorisierten Korps zu groß und zu unbeweglich sind, um die schnellen deutschen Vorstöße zu kontern; statt ihrer sollen ein-

zelne Panzerdivisionen nach deutschem Vorbild aufgestellt werden, die flexibel einsetzbar sind und entsprechend reagieren können; Armeen mit vielen Divisionen erweisen sich als schlecht steuerbar; sie sollen auf kleinere Feldarmeen mit nicht mehr als sechs Divisionen aufgeteilt werden; Schützendivisionen haben Schwierigkeiten, feindliche Panzerdivisionen mangels eigener schwerer Abwehrgeschütze zu bekämpfen; daher sollen ihnen nun eigene kleine Panzereinheiten beigegeben werden, um in solchen Fällen Gegenstöße durchführen zu können; die Kavallerie ist bisher nur unzulänglich eingesetzt worden, gerade gegen die nachrückende deutsche Infanterie bei Einkesselungsaktionen scheint sie das geeignete Mittel; große Luftwaffeneinheiten haben sich ebenfalls als ineffizient erwiesen und werden in Luft-Regimenter aufgeteilt zu je 30 Flugzeugen. Molotow lässt gleichzeitig in sowjetischen Limonadenfabriken in großer Zahl die seinerzeit von den Finnen mit so großem Erfolg angewendeten »Molotow-Cocktails« herstellen und an die Fronttruppen verteilen. Schukow wird zur Reservefront versetzt, was keineswegs eine Strafe oder Rückstufung darstellt. Es ist eine wichtige Aufgabe, die Stalin ihm nun überträgt, eine die Schukow gern übernimmt und mit großem Erfolg ausführt, wie wir noch sehen werden. Am 16. August 1941 erlässt Stalin einen Befehl, in dem allen Feiglingen, Deserteuren und Panikmachern die Todesstrafe angedroht wird. Schukow dirigiert die ihm von Stalin anvertrauten Reserve-Truppen im September 1941 in einer der ersten wirklichen Gegenoffensiven der Roten Armee im Raum Jelnja, die von dem während der Säuberungen verurteilten und kurz zuvor wieder in Gnaden aufgenommenen Rokossowski kommandiert wird. Der deutsche Vormarsch auf Moskau wird um entscheidende Wochen aufgehalten, und Hitler in seiner Überzeugung bestärkt, dass man das vom deutschen Generalstab so dringlich ins Zentrum gestellte Angriffsziel Moskau seitlich liegenlassen beziehungsweise diesem Ziel nicht die besten deutschen Truppen

der »Heeresgruppe Mitte« opfern solle, die jetzt ihre Panzer abgeben muss, zum einen an den Nordflügel (mit Ziel Leningrad), zum anderen an den Südflügel, der Kiew und die restliche Ukraine mit den reichen Lebensmittelvorräten und Bodenschätzen einsacken sollte. Der mittlere Frontabschnitt soll ohne Panzerunterstützung, nur mit Infanteriedivisionen weiter Richtung Moskau vorgehen.
Im August 1941 besetzen finnische Einheiten im Zuge des »Fortsetzungskrieges« die Karelische Landenge. Artillerie der über das Baltikum vordringenden Heeresgruppe Nord beschießt ab dem 4. September 1941 Leningrad; am 6. September beginnt eine Serie deutscher Luftangriffe auf die Stadt. Östlich Leningrads wird Schlüsselburg am Ufer des Ladogasees am 8. September erobert, damit die letzte Landverbindung nach Leningrad unterbrochen. So beginnt die rund 900 Tage, bis 18. Januar 1944 dauernde Belagerung Leningrads. Zur besseren Organisation der Verteidigung der Metropole beruft Stalin den bisherigen Kommandeur Woroschilow ab und ersetzt ihn durch Schukow. Bis Ende September stabilisiert dieser die Front hier wieder. Schukow soll sich nun um die Verteidigung Moskaus kümmern, und reist daher am 5. Oktober ab. Erst ab 22. November 1941 können Lastwagen über den zugefrorenen Ladogasee, über die so genannte »Straße des Lebens«, erstmals Vorräte in die eingeschlossene Stadt bringen und Flüchtlinge evakuieren. Dennoch sterben über eine Million Menschen an den Folgen des Hungers und der Kälte während der Belagerung; manche versuchen, durch Kannibalismus dem Hungertod zu entgehen. Im Fall Kiews werden Ende August die Einheiten der Roten Armee nördlich und südlich der Stadt auf die östliche Seite des Dnjepr zurückgedrängt, nur die Stadt selbst wird noch als Brückenkopf von der Roten Armee auf dem Westufer gehalten. Erst am 17. September 1941 erteilt die *Stawka* die Erlaubnis zur Räumung Kiews, zu diesem Zeitpunkt haben sich die deutschen Angriffsspitzen allerdings schon

östlich Kiews getroffen, der Befehl kommt für die Truppen der Roten Armee zu spät, die Stadt samt großen Truppenansammlungen ist eingekesselt. Insgesamt handelt es sich um nicht weniger als vier Sowjet-Armeen mit 43 Divisionen, die Verluste steigen auf 750.000 Tote, Verletzte oder Gefangene. Zu den Gefallenen gehören der Kommandeur des Frontabschnitts, der junge, äußerst begabte General Kirponos und sein Stabchef Tupikow; der Chef der dortigen Operationsabteilung, Bagramjan, entkommt dem Kessel in letzter Minute. Molotow ist derweil am 26. August als Leiter einer Delegation von Spitzenbeamten in Leningrad, um die Verteidigung der Stadt zu reorganisieren, wozu der hierfür abgestellte Woroschilow nicht in der Lage ist. Molotow soll sich auch um die Evakuierung wichtiger Industriebetriebe samt den dafür notwendigen Arbeitern und ihrer Familien kümmern. Innerhalb von zehn Tagen werden acht Betriebe mit rund 90.000 Arbeitern und ihren Angehörigen evakuiert. Zudem schlagen Molotow und Berija vor, rund 100.000 Einwohner Leningrads, die deutschen oder finnischen Ursprungs sind, ebenfalls aus der Stadt zu evakuieren und sicherheitshalber in entfernte Landesteile der Sowjetunion zu bringen. Vorbereitet seit Juli 1941, findet Ende September 1941 eine Dreimächtekonferenz zwischen der Sowjetunion, den USA und Großbritannien statt. Der britische Gesandte Lord Beaverbrook und der amerikanische Unterhändler Averell Harriman kommen hierfür nach Moskau. Es werden konkrete weitere Hilfslieferungen der Westalliierten an die Sowjetunion vereinbart, auch wenn deren Lieferung auf sich warten lässt (die Westalliierten wollen erst einmal sehen, ob die Sowjetunion dem ersten Ansturm der Hakenkreuztruppen widerstehen kann, man möchte ungern wertvolle Waffen auf den Weg bringen, deren Empfänger bei Ankunft der Lieferung schon nicht mehr zu Hause ist). Am 10. Oktober erzielen die deutschen Truppen einen Frontdurchbruch bei Wiasma und bedrohen die letzte Verteidigungslinie vor

Moskau zwischen Gschazk und Moschaisk. Fünf Tage später durchbrechen deutsche Truppen auch die Moskauer Verteidigungslinie bei Moschaisk, die sowjetische Regierungsverwaltung wird zu großen Teilen nach Kuibyschew evakuiert. Auch das diplomatische Korps wird dorthin evakuiert. Molotow selbst trifft am 22. Oktober für kurze Zeit in Kuibyschew ein.

Da sich Stalin zwischenzeitlich entschlossen hat, trotz des scheinbar unaufhaltsamen deutschen Vormarschs in Moskau zu bleiben und die Kämpfe gegen die deutschen Invasoren weiterhin von dort zu führen (auch wenn er damit in direkter Bedrohung durch die deutschen Truppen gerät, die bis Dezember nur noch wenige Kilometer vor der Stadt stehen), bleibt auch Molotow in Moskau, und fährt nur zu kurzen Stippvisiten immer wieder nach Kuibyschew. Am 19. Oktober wird offiziell die Entscheidung getroffen, Moskau keinesfalls zu räumen, sondern bis zuletzt zu verteidigen. Ausländische Beobachter schreiben, dass Molotow in diesen Tagen und Wochen unglaublich erschöpft aussieht, kein Wunder, hat er doch – wie Stalin – seit dem 22. Juni 1941 quasi ununterbrochen durchgearbeitet. Wie dieser muss er eine unendliche Fülle von Katastrophenmeldungen ertragen, den Fall immer weiterer sowjetischer Städte, die Eroberung immer größerer sowjetischer Gebiete durch die Invasoren, den Tod und die Gefangenschaft einer immer höheren Zahl von Rotarmisten. Zusammen mit Stalin und Molotow bleiben auch Malenkow und Berija in Moskau, sowie eine kleine Gruppe von Generalstabsoffizieren um Wassilewski. Molotow übernimmt für kurze Zeit den Vorsitz des GKO für die westliche Front. In diesem Zusammenhang warnt er Schukow, wenn er die dortige Front nicht stabilisiert bekomme, werde er erschossen. Stalin, Generalsekretär der Partei, Vorsitzender des Ministerrats der Volkskommissare, Vorsitzender des GKO, Verteidigungskommissar, Oberkommandierender der Streitkräfte sowie Vorsitzender der *Stawka*, und Molotow als Mit-

glied des Politbüro, Außenminister, Mitglied der GKO, der *Stawka* und des Rates der Volkskommissare halten zu diesem Zeitpunkt nahezu die gesamte staatliche und militärische Macht in ihren Händen, damit aber auch die Gesamtverantwortung für das weitere Schicksal des Landes, der Menschen, und der Partei. Zusammen mit drei oder vier anderen Spitzenfunktionären wie Malenkow, Berija und Mikojan sorgten sie für die eigentliche Führungsarbeit in Staat und Partei. Dazu trifft man sich täglich in Stalins Büro. Sind für das Restjahr 1941 rund 100 solcher Treffen in Stalins Büro verzeichnet, so sind es 1942 und 1943 je rund 200 Treffen. Gegen Kriegsende verringert sich die Frequenz dann deutlich, man ist auf der Siegerstraße und muss nicht mehr jeden Tag ums Überleben kämpfen.
Molotow setzt sich für die Gründung spezialisierter Komitees innerhalb der GKO ein, und übernimmt selbst den Vorsitz im Komitee für die Evakuierungen, welches für die Verlagerung der Industriebetriebe, ihrer Arbeitnehmer und deren Familien zuständig ist. Ein weiteres Komitee ist für die Evakuierung der Bevölkerung zuständig. Molotow unterzeichnet eigenhändig rund die Hälfte der knapp 10.000 Dekrete, welche die GKO im Laufe ihrer Tätigkeit bis 1945 erlässt. Ab 1942 sind die einzelnen GKO-Mitglieder jeweils für bestimmte Rüstungsbereiche zuständig. Molotow übernimmt den Sektor Panzerproduktion, Metallurgie und Sprengstoffchemie. Damit ist er auch für die Vorarbeiten der Entwicklung einer sowjetischen Atombombe zuständig. Seine Arbeitsgruppe umfasst insgesamt fast 75 Mann, die zentral die sowjetische Panzerherstellung steuern – und das mit weit größerem Erfolg als der Laie Speer, seit 1942 Rüstungsminister Hitlers, der seine »Erfolgsstatistiken« immer zusammenlügt. Im Juli 1943 gibt Molotow die Verantwortung für die Panzerproduktion an Berija ab. Als Dank für seine zwei Jahre umspannende, aufopferungsvolle Tätigkeit erhält Molotow den Orden »Held der Sozialistischen Arbeit«. Molotow

bleibt aber bis Sommer 1945 für die Atombombenforschung zuständig und tritt die analog zu den Wissenschaftler-Massen im amerikanischen Forschungszentrum Los Alamos (zeitweise über 100.000 Wissenschaftler und Mitarbeiter) immer gigantischer werdenden sowjetischen Arbeitsgruppen dann an Berija ab.
Vermutlich auf Vermittlung seiner Frau Polina nimmt Molotow 1942 mit dem kurz zuvor gegründeten *Jüdischen Antifaschistischen Komitee* der Sowjetunion Kontakt auf, welches Unterstützung für die UdSSR innerhalb der jüdischen Bevölkerungsgruppen der westlichen Alliierten erzeugen soll. Das Komitee leitet der 1939 berufene stellvertretende sowjetische Außenminister Salomon Losowski. Molotow übernimmt es 1943 eigenhändig, die prominenten Aushängeschilder des Komitees, den Schauspieler Solomon Michoels und den Dichter Israel Feffer, auf ihre Reise in die USA und nach Großbritannien vorzubereiten. Weniger Glück hat Molotow bei den Bemühungen, das Anliegen des Komitees, eine eigene jüdische Sowjetrepublik, etwa auf dem Gebiet der ehemaligen Wolgadeutschen Sowjetrepublik oder der Krim einzurichten. Stalin steht diesem Vorhaben strikt ablehnend gegenüber, und Molotow muss seine Bemühungen schließlich einstellen. Die Alliierten unternehmen noch eine zweite Pro-forma-Landung, um der dringenden sowjetischen Bitte nach militärischer Entlastung durch Beschäftigung der Deutschen im Westen zumindest nominell zu entsprechen. Zunächst *Unternehmen Turner* (Operation Gymnast) genannt, später mit dem etwas martialisch-volltönenderen Namen *Unternehmen Fackel* (Operation Torch) betitelt, einigen sich die USA und Großbritannien, eine material- und truppenschonende Landung im nominell vichyfranzösischen Nordafrika vorzunehmen. Gerade einmal 100.000 Soldaten werden angelandet, und das auch noch im äußersten Westen Nordafrikas, was bedeutete, dass sich diese Truppen erst einmal tausend Kilometer weit nach Osten durchzukämpfen

beziehungsweise zu marschieren haben, bevor sie in Kämpfe gegen das »Afrikakorps« Rommels und die noch vorhandenen italienischen Streitkräfte dort eingreifen können. Die Landung erfolgt am 8. November 1942, anfänglicher Widerstand des vichyfranzösischen Militärs wird rasch niedergekämpft beziehungsweise auf dem Verhandlungswege zerstreut, dann rollt man gemächlich nach Osten, um dort zum Jahreswechsel 1942/43 auf die im Rückzug befindlichen Rommel-Streitkräfte zu stoßen, die am 13. Mai 1943 schließlich kapitulieren, nachdem Hitler einen geordneten Rückzug der damals noch kampffähigen 250.000 Mann verboten hat. Die alliierten Verluste halten sich in engen Grenzen, gerade mal 1.000 Tote kostet der »Spaziergang« durch Nordafrika. Das untergeordnete Volumen der Invasion zeigt sich im Vergleich mit der alliierten Landung in der Normandie im Juni 1944, als nicht weniger als zwei Millionen Mann aufgeboten werden, um Frankreich aufzurollen und den sowjetischen Vormarsch nach Kerneuropa möglichst weit im Osten zu stoppen – was dann nicht ganz gelingt. Das nächste Landungsunternehmen wird im Juli 1943 im südlichen Sizilien unternommen, das dann zur ersten tatsächlichen Entlastung der sowjetischen Westfront führt, da Hitler die Entscheidungsschlacht um Kursk abbricht, um wichtige Teile der Angriffstruppen nach Italien zu verlegen. Churchill hatte ursprünglich eine Landung in Jugoslawien vorgeschlagen, um den sowjetischen Vormarsch nach Kerneuropa möglichst weit östlich zu stoppen, war damit jedoch bei seinen US-Partnern nicht durchgedrungen.

Doch noch ist es nicht so weit. Noch trägt die Sowjetunion (wie die meiste Zeit des Zweiten Weltkriegs über) die Hauptlast der Kämpfe in Europa. Die deutsche Offensive 1941 kommt nach dem Stillstand während der Herbst-Schlammperiode (Rasputiza) beim ersten Frost wieder in Gang, und schon bald stehen deutsche Truppen unmittelbar an der Stadtgrenze Moskaus.

Mitten auf dem Höhepunkt der verzweifelten sowjetischen Abwehrkämpfe gegen die trotz Kälte und Gegenwehr unaufhörlich vorwärtsrückenden deutschen Truppen entschließt sich Stalin zu einem in der Geschichte einmaligen Akt der Bravour. Er trifft die Entscheidung, im Angesicht der nur noch wenige Kilometer entfernten deutschen Invasoren auch am 7. November 1941 die alljährliche Parade auf dem Roten Platz anlässlich des Jubiläums der Oktoberrevolution abzuhalten. Vorbereitet in strengster Geheimhaltung und um zwei Stunden auf acht Uhr morgens vorverlegt, treten zehntausend Mann zur Parade an. Stalin hält eine kurze Rede, in der er die unerschütterliche Siegeszuversicht der sowjetischen Völker bekräftigt. Die Zahl der Flak-Kanonen und der sowjetischen Jagdflieger rund um die Hauptstadt ist zuvor drastisch verstärkt worden. Und tatsächlich gelingt es den kurz nach acht Uhr (Überläufer hatten den Nazi-Diensten in letzter Minute von den anstehenden Feierlichkeiten berichtet) wütend angreifenden deutschen Jagdflugzeugen nicht, die in leichtem Schneetreiben stattfindende Parade zu stören. Stalin geht dabei ein hohes persönliches Risiko ein, während der Parade besteht akute Lebensgefahr. Eine wohlgezielte Stuka-Bombe auf das Lenin-Mausoleum hätte der sowjetischen Führung den Garaus bereitet. Propagandistisch ist dieser Coup unüberbietbar. Die deutschen Angreifer sind blamiert. Ihre Unfähigkeit, die sowjetische Parade zu stören, stärkt die Kampfbereitschaft der sowjetischen Soldaten und verunsichert die deutschen Invasoren und ihre Verbündeten. Es ist ein Schlag ins Gesicht der Hakenkreuz-Kamarilla. Die Paradierenden marschieren vom Roten Platz direkt an die Front und verstärken dort die Reihen der Abwehrkräfte.
Die Wende kommt nach den dramatischen britischen Niederlagen im Fernen Osten gegen Japan. Die sowjetischen Kundschafter sind in der Lage, sicher zu bestätigen, dass Tokio sämtliche Pläne, die Sowjetunion anzugreifen, zugunsten des Kampfes gegen die Westalliierten in Südostasien einge-

stellt hat. Damit können sowjetische Truppen aus dem Fernen Osten nach Moskau verlegt werden und tragen dort ab 5. Dezember 1941 zur ersten Kriegswende, zur ersten Niederlage der deutschen Wehrmacht im Zweiten Weltkrieg bei. Die deutschen Truppen werden dabei um mehrere hundert Kilometer nach Westen zurückgeworfen, Moskau vor der Gefahr einer schon sicher geglaubten deutschen Eroberung gerettet.
Hintergrund der Wende im Fernen Osten: Nachdem die USA Japan im Frühsommer 1941 vor die Alternative gestellt hatten, entweder sich auf einen totalen Öllieferboykott der USA und ihrer Verbündeten (Großbritannien, Niederlande) einzustellen (die nahezu hundert Prozent des japanischen Bedarfs decken), oder auf alle in China gemachten Eroberungen zu verzichten und einen Nichtangriffsvertrag mit allen angrenzenden Ländern zu unterschreiben, bereiten die japanischen Streitkräfte eine umfassende, weitreichende Gesamtoffensive gegen britische und amerikanische Stützpunkte in der Region vor und geben dafür sämtliche Pläne, parallel zu Deutschland die Sowjetunion anzugreifen, auf.
Die japanische Gesamtoffensive gegen britisch-amerikanische Besitzungen in Südostasien beginnt am 7. Dezember 1941. Dazu gehört der Angriff auf die US-Pazifikflotte in Pearl Harbor, auf die Philippinen sowie Landungen in Thailand und Malaysia bis hin zur Schlacht um Hongkong. Ende April 1942 befinden sich Japan und sein Verbündeter Thailand nahezu komplett im Besitz der bisherigen europäischen Kolonialbesitztümer Burma, Malaysia, Niederländisch-Ostindien, Singapur und Rabaul (Papua-Neuguinea). Selbst die amerikanische Kolonie (beziehungsweise das Protektorat) der Philippinen kommt nach heftigem Widerstand im Mai 1942 unter japanische Herrschaft. Der japanischen Marine gelingen einige glänzende Siege bei Seeschlachten im südchinesischen Meer, dem Java-Meer und dem Indischen Ozean. Schließlich wird sogar die allierte Marinebasis im australischen Darwin bombardiert. Diese relativ leicht errun-

genen Siege über die unvorbereiteten amerikanischen und europäischen Streitkräfte führen in Japan zu überschießendem Selbstbewußtsein, gleichzeitig aber auch zu einer territorialen Überdehnung. Großbritannien entscheidet sich in dieser Situation – bei drohendem Verlust aller asiatischen Kolonien –, wieder Verhandlungen mit der Sowjetunion zur gemeinsamen Bekämpfung der deutschen Aggressoren aufzunehmen.

An den sowjetischen Fronten hat sich die Lage im Winter 1941/42 erstmals ansatzweise stabilisiert. Während die Rote Armee in mehreren verlustreichen Winterschlachten den kleinen Vorteil, den der Gegenangriff vor Moskau gebracht hat, auszubauen versucht, arbeiten Stalin und Molotow fieberhaft an den Vorbereitungen zur Abwehr der nächsten deutschen Großoffensive, die für den Frühsommer, nach der Frühjahrsschlammperiode, erwartet wird, und die den Vormarsch auf Stalingrad und den Kaukasus (Ölquellen) bringen wird. Churchill und Roosevelt laden Molotow jetzt gleichzeitig zu Besuchen in London beziehungsweise Washington ein, um per Vertrag die künftige gemeinsame Strategie hinsichtlich der militärischen Zusammenarbeit, der Hilfslieferungen und der zweiten Front zu verabschieden. Am 20. April 1942 stimmt Stalin zu. Unter strengster Geheimhaltung wird die Reise vorbereitet, Molotow erhält den Tarnnamen »Mr. Brown«. Dass diese Geheimnistuerei nur zu gerechtfertigt ist, zeigt sich, als das britische Flugzeug, in dem das sowjetische Vorauskommando, das den Besuch logistisch vorbereiten soll, die Flugreise über die deutschbesetzten Gebiete antritt, und dabei Ende April 1942 von deutschen Jagdflugzeugen abgeschossen wird, wobei alle Insassen ums Leben kommen. Es besteht also reale Lebensgefahr. Dennoch wird die Reise weiter vorbereitet, weitere Vorsichtsmaßnahmen getroffen. Der Flug wird mit einem sowjetischen Tupolew TB-5 Bomber, der zu Flügen in großer Höhe fähig ist, durchgeführt. Der zehnstündige nächtliche

Flug 12.000 Meter über dem Zentrum des deutschbesetzten Europas beginnt am 19. Mai 1942. Und er gelingt, weder deutsche Jagdflieger noch die deutsche Flak vermögen es, das Flugzeug abzuschießen. Die Maschine landet wohlbehalten in Glasgow, wo Eden Molotow abholt. Gemeinsam fahren beide mit dem Zug nach London, um die Verhandlungen mit der britischen Regierung fortzusetzen.
Molotow kommt am frühen Morgen des 20. Mai 1942 in London an. Er wirkt auf die britischen Beobachter aufgekratzt und guter Dinge, nur zu verständlich, nach einem solchen Flug höchst ungewissen Ausgangs. Er wird im britischen Regierungsgästehaus in Chequers außerhalb Londons untergebracht. Die Verhandlungen über die Nachkriegsgrenzen gestalten sich schwierig, die Briten sind zu keinen Konzessionen bereit, bestehen auf den Grenzen von 1938 (ohne die sowjetischen Gebietsgewinne aus dem deutsch-sowjetischen Vertrag). Im zuletzt vorgelegten britischen Vertragsentwurf ist denn auch gar keine Rede mehr von der konkreten Grenzziehung. Nach kurzer Rücksprache mit Stalin unterschreibt Molotow den Vertrag zur Überraschung der Briten. Diese haben jedoch nicht einkalkuliert, dass wenn kein konkreter Grenzverlauf genannt wird, der Sowjetunion geradezu freie Hand zur Grenzgestaltung gelassen wird. Molotow besteht weiterhin auf der zweiten Front, es müssten dringend mindestens vierzig deutsche Divisionen anderweitig beschäftigt werden, um den sowjetischen Streitkräften eine Atempause und die Chance, Landgewinne zu erzielen zu verschaffen. Churchill hält ihn hin, verweist auf bis dato fehlende alliierte Ressourcen an Schiffsraum, Flugzeugen, Soldaten und Nachschub, um eine solche Landung erfolgversprechend durchzuführen. An Roosevelt schreibt Churchill, man habe Molotow einen großen Erfolg für die Westalliierten abgerungen, dieser habe der Offenhaltung der Grenzen zu gestimmt – ein Beleg dafür, dass den Briten zu diesem Zeitpunkt nicht bewusst ist, dass sie der Sowjetunion einen großen Gefallen getan haben.

Bei seinem anschließenden Treffen mit dem US-Präsidenten in Washington sagt Roosevelt, er arbeite daran, die Briten davon zu überzeugen, noch im Sommer 1942 bis zu zehn alliierten Divisionen (150.000 Mann) an der französischen Küste anzulanden. Gleichzeitig läuft auf dem Gebiet der Sowjetunion die deutsche Sommeroffensive 1942 an, die auf Stalingrad und die Ölfelder des Kaukasus zielt. Angesichts der unerwartet hohen Verluste im ersten Kriegsjahr gegen die Sowjetunion (rund eine Million Mann an Toten und Verwundeten sowie nicht weniger als 100.000 Fahrzeuge) ist Deutschland schon zu diesem frühen Zeitpunkt nicht mehr in der Lage, eine Gesamtoffensive an allen Frontabschnitten zu starten. Hitler entscheidet sich für den Südwesten als Schwerpunkt der erneuten Angriffsversuche. Obwohl somit nur an einem von drei Frontabschnitten größere Kampfhandlungen entstehen, sind diese dennoch geeignet, die Sowjetunion bei einem deutschen Etappensieg in größere Schwierigkeiten zu bringen. So ist das Herz der sowjetischen Ölförderung im östlichen Kaukasus in Gefahr, dazu mit Stalingrad an der Wolga der Korridor, über den der Großteil der alliierten Hilfslieferungen die Sowjetunion (via Persien) erreicht. Die Verhandlungen enden vorerst ergebnislos, und Molotow fliegt am 5. Juni 1942 nach London zurück. Dort unterzeichnet er ein weiteres Kommuniqué und fliegt dann am 9. Juni 1942 zurück nach Moskau. In der Frage der zweiten Front ist er zwar nicht weitergekommen, dafür hat er aber die wichtige Frage der Nachkriegsgrenzen in Europa offenhalten können – ein großer Erfolg für die sowjetische Diplomatie.

Das weitere Jahr 1942 vergeht mit den blutigen Abwehrschlachten in Stalingrad und im Kaukasus. In Stalingrad kommt der deutsche Vormarsch nach Osten endgültig zum Stehen, die verzettelten deutschen Kräfte reichen nicht mehr aus, um die Stadt im Sturm zu nehmen, es entwickelt sich ein blutiger Häuserkampf um einzelne Wohnblocks, trotz aller deutschen Angriffe gelingt es der Roten Armee unter hohen Verlusten, den Uferbereich der Stadtfläche an der Wolga zu halten. Gleichzeitig bereitet der sowjetische Generalstab eine gigantische Operation vor, die das Ende der deutschen Truppen in Stalingrad besiegeln soll: die Operation Uranus, die Einkesselung einer ganzen deutschen Armee. Unter meisterhafter Tarnung vorbereitet, von den deutschen Geheimdiensten unbemerkt, die noch kurz vor Beginn der Operation in ihrem Tagesbericht vermerken, zu größeren Angriffsaktionen sei »der Russe« an diesem Frontabschnitt nicht mehr in der Lage, machen sich am 19. November 1942 zwei Millionen sowjetische Soldaten daran, den Kessel von Stalingrad zu schließen. Dessen Besatzung, von ursprünglich 250.000 Soldaten der Heeresgruppe sind nur noch knapp 130.000 übrig, kapituliert Anfang Februar 1943 angesichts von Hungersnöten unter den seit zwei Monaten von Nachschub abgeschnittenen Soldaten und zu Ende gehenden Munitionsvorräten. Auch im Kaukasus kommt der deutsche Vormarsch nach Anfangserfolgen dank erbitterter sowjetischer Gegenangriffe im Schneetreiben vor Wladikawkas zum Stehen, am 5. Dezember 1942 muss Hitler den Rückzugsbefehl erteilen, da auch hier die Einkesselung einer deutschen Armee droht. War 1942 noch eine Offensive an einem Teilabschnitt der Front über immerhin tausend Kilometer möglich, so reichen die deutlich dezimierten deutschen Kräfte ein Jahr später, im Sommer 1943 nur noch für eine einzige, lokal begrenzte Offensivoperation, mit der Hitler das Ruder herumzureißen und das Kriegsglück wieder auf seine Seiten zu zwingen beabsichtigt – er hat noch nicht realisiert, dass er diesen Krieg schon verloren hat. So wird mit hohem Aufwand die Eroberung des Frontbogens bei Kursk vorbereitet, und alle noch vorhandenen kampffähigen Divisionen, die nicht an anderen Frontabschnitten benötigt werden, hierher verlegt, dazu die modernsten schweren Panzer (Modell Königstiger), die sich einmal mehr als hohe Ingenieurskunst, aber nicht für den Kriegseinsatz geeignet erweisen. Ob es eine gute Idee war, genau im Raum der Kursker Magnetanomalie den letzten Versuch zu machen, die Sowjetunion zu besiegen, bleibt fraglich. Da die sowjetischen Aufklärer von den Vorbereitungen Wind bekommen haben, kann die Rote Armee das Frühjahr 1943 über den Frontabschnitt nach allen Regeln der Kunst befestigen und zu einem nahezu unüberwindlichen Bollwerk ausbauen. Als der deutsche Vormarsch dann Anfang Juli 1943 beginnt, kommt der Zangenangriff bei extrem hohen Verlusten für die deutsche Seite im Norden des Frontabschnitts gerade einmal zehn Kilometer, im Süden dreißig Kilometer voran, bevor er stecken bleibt und Hitler angesichts der alliierten Landung auf Sizilien den Befehl gibt, den Angriff abzubrechen und die wenigen noch einsatzfähigen deutschen Panzerdivisionen nach Italien zu verlegen.

Kriegswende (1943)

Im Oktober 1943 ist die Stimmung auf sowjetischer Seite schon deutlich besser als noch ein Jahr zuvor. Mit den Siegen von Stalingrad, im Kaukasus und bei Kursk hat die rote Armee die Kriegswende herbeigeführt, und den deutschen Angreifern so hohe und völlig unerwartete Verluste beigebracht, dass ein deutscher Sieg mittlerweile ausgeschlossen, und eine deutsche Niederlage sehr wahrscheinlich ist. Nun treffen sich in Moskau erstmals die Außenminister der Großen Drei, also der Sowjetunion, der USA und Großbritanniens zu einer gemeinsamen Tagung, in deren Verlauf die weitere Kriegsführung und die Rahmendaten für die Gestaltung der Nachkriegsgrenzen in Europa vereinbart werden sollen. Dass hierfür die beiden Außenminister der Westalliierten nach Moskau kommen, ist ein großer psychologischer Erfolg für die Sowjetunion. Angesichts der sowjetischen Siegesserie ist das sowjetische Interesse an einer möglichst frühzeitigen alliierten Landung in Westeuropa deutlich gesunken, um nicht zu sagen, es hat sich ins Gegenteil verkehrt. Eigentlich besteht zu diesem Zeitpunkt gar kein Interesse mehr an einer alliierten Landung vonseiten Moskaus, da ohne eine solche Landung völlige Handlungsfreiheit in Mitteleuropa in Aussicht steht, angesichts der absehbaren Niederlage Nazi-Deutschlands. Die Landung wird jetzt geradezu als Störfaktor für die sowjetische Gestaltung Nachkriegseuropas empfunden. Allerdings ist das gegenseitige Misstrauen hinsichtlich der Frage eines Separatfriedens mit Deutschland noch keineswegs ausgeräumt. Molotow erklärt auf alliierte Nachfrage, deutsche Friedensunterhändler würden von den sowjetischen Truppen sofort verhaftet und interniert.

Der absehbare Vormarsch der Roten Armee nach Mitteleuropa, mit der möglichen Folge einer drastischen Vergrößerung des sowjetischen Machtbereichs bis ins Herz Europas hinein, erschreckt die Westalliierten und motiviert sie, jetzt die Landung auf dem europäischen Kontinent, an der französischen Kanalküste schnellstmöglich vorzubereiten. Spielte man bis dato auf Zeitgewinn, so soll jetzt baldmöglichst ein Treffen der drei Staatschefs erfolgen. Dessen Vorbereitung dient das Außenministertreffen. Bereits im Januar 1942 hat das Politbüro eine »Kommission zur Planung der staatlichen Strukturen im Nachkriegseuropa, in Asien und anderen Teilen der Welt« eingesetzt. Im September 1943 werden zwei weitere Komitees gegründet, eines unter dem Vorsitz Litwinows für »Friedensverträge und Nachkriegsstrukturen« und eines für laufende diplomatische Planungen. Dort werden konkrete Vorschläge etwa für permanente Konsultationen unter den Verbündeten entwickelt. Litwinow plädiert zu diesem Zeitpunkt für eine Aufteilung der Welt in eine sowjetische, eine britische und eine amerikanische Einflusssphäre, was aber zunächst noch nicht öffentlich gemacht werden soll. Hinsichtlich der Sicherheit im Nachkriegseuropa vor künftigen deutschen Angriffen entwickeln die diplomatischen Spezialisten den Plan einer dauerhaften Teilung Deutschlands, das entwaffnet und entnazifiziert werden soll, und das Reparationen in empfindlicher Höhe für die angerichteten unermesslichen Schäden bezahlen soll. Deutschland soll für alle Zeiten außerstande gesetzt werden, ein drittes Mal nach Erstem und Zweitem Weltkrieg die Welt in kriegerische Auseinandersetzungen zu stürzen. Die Kommissionen machen auch konkrete Vorschläge hinsichtlich der anzuwendenden Verhandlungsstrategien.

Das Treffen findet ab 19. Oktober 1943 im Gästehaus des sowjetischen Außenministeriums, der luxuriösen Villa Morosow in der Uliza Spiridonowka 17 statt (nordwestliches Stadtzentrum, Ecke Twersker Boulevard/Kleine Nikizkaja-Straße). Molotow hat extra seine neue Regierungsuniform angelegt, die kurz zuvor allen Führungskadern zur Verfügung gestellt worden ist. Er übernimmt den Vorsitz über die Gesamtkonferenz und alle Tagungsteile. Die sowjetischen Forderungen umfassen auch Wünsche hinsichtlich des Kriegseintritts der Türkei auf alliierter Seite, um die angespannte Frontlage im Kampf gegen die Nazi-Invasoren zusätzlich zu entspannen (auch dazu sollte es nicht kommen). Ein festliches Abendessen schließt sich an. Doch statt sich über die aufgebotenen Delikatessen zu freuen, mäkeln die westlichen Diplomaten an der angeblich zu hohen Raumtemperatur herum. Einige Stunden zuvor hatten sie sich noch über die zu niedrigen Temperaturen in den Sitzungsräumen beschwert und sich die Mäntel reichen lassen. Diskutiert wird ein US-Vorschlag für eine übernationale Organisation, die den Frieden sichern soll, sowie über Einzelheiten der Friedensbedingungen in Europa, wie etwa die von den westlichen Alliierten bereits in der Konferenz von Casablanca Anfang 1943 vereinbarte Forderung nach einer bedingungslosen Kapitulation Deutschlands.

Der faschistische »Großrat« kündigt Mussolini am 23. Juli 1943 die Gefolgschaft, anschließend wird der »Duce« vom italienischen König für abgesetzt erklärt und von Polizeieinheiten verhaftet. Mittlerweile beginnen geheime Waffenstillstandsverhandlungen zwischen italienischen Abgesandten und den Alliierten, die am 8. September zur offiziellen Erklärung führen, dass Italien aus den Kämpfen des Zweiten Weltkriegs ausscheide und die Waffen niederlege. Am selben Tag beginnen die vorsorglich nach Italien verlegten, zusätzlichen deutschen Truppen, die italienischen Einheiten in ihrer Nähe zu entwaffnen (in Italien, in Südfrankreich, auf dem Balkan und dem Peloppones, dabei kommt es wiederholt zu Massakern deutscher Soldaten an italienischen Einheiten, denen mehrere Tausend italienische Soldaten zum Opfer fallen) und die Macht im noch nicht alliiert besetzten Teil des Landes zu übernehmen. Die verbliebenen Teile der italienischen Marine folgen der alliierten Anweisung, auszulaufen

und Häfen in alliierter Hand anzulaufen. Deutsche Bomber attackieren die auslaufenden Schiffe und versenken das Schlachtschiff *Roma*, 1.400 italienische Seeleute sterben.
Im Hinblick auf Deutschland vereinbaren Molotow und seine westlichen Gegenstücke als Hauptkondition einmal mehr die bedingungslose Kapitulation, völlige Entwaffnung und Besetzung Deutschlands durch die drei Signatarstaaten UdSSR, USA und Großbritannien. Die weiteren Verhandlungstage sind dem Verhältnis der drei Bündnispartner zu den neu oder wieder entstehenden Staaten in Mittel- und Osteuropa gewidmet – es geht ganz klar und unverhüllt um Einflusszonen und deren Absicherung, sowohl von westlicher Seite, wo jegliche sowjetische Einmischung in die Verhandlungen mit Italien und der Übernahme ehemals italienischen Kolonialbesitzes auf vehementen Widerstand stößt, während die Sowjetunion westliche Einmischungsversuche in die Verhandlungen mit und Behandlung von der Tschechoslowakei, Polen, Rumänien, Bulgarien, Ungarn und Jugoslawien ablehnt. Außerdem werden die Deutschland aufzuerlegenden Bußen verhandelt. Die Sowjetunion besteht gegenüber Deutschland wie auch gegenüber Italien und Finnland auf Bezahlung von Reparationen in Millionenhöhe für die angerichteten Milliardenschäden im Land. Über die Wiederherstellung eines von einem wie auch immer gearteten Nachkriegsdeutschland unabhängigen Österreichs herrscht Einigkeit. Die von den westlichen Mächten so gern und lautstark propagierten und geforderten Prinzipien von Selbstbestimmung und Freiheit sollen nun gemäß Molotows Willen in die Grundsatzerklärung der drei Mächte aufgenommen werden, sehr zum Unwillen von den USA (die um ihre Monroe-Doktrin fürchten, sprich: jenen Unterdrückungsmechanismus, der es ihnen gestattet, jegliche Regierung in ihrer Einflusssphäre, die sich nicht amerikanischem Willen gemäß verhält, gewaltsam zu vertreiben) und Großbritanniens (das dieses Prinzip natürlich nicht auf den eigenen Common-

wealth angewendet sehen möchte, da man im Gefolge dessen rasche Selbstauflösung befürchtet – wie es im Falle Indiens 1947 auch bekanntlich eintritt).

Die Sowjetunion nimmt laut Verhandlungsführer Molotow für sich selbstverständlich das Recht in Anspruch, in Osteuropa, in den von ihr befreiten Ländern, analog zu den Westalliierten in ihrer Einflusszone ihr genehme Regimes zu installieren und eine eigene Einflusssphäre zu schaffen. Zudem legt Molotow einen Plan vor, die Strukturen einer künftigen internationalen Organisation zur Sicherung von Frieden und Zusammenarbeit (der nachmaligen UNO) auf einer gemeinsamen Sitzung der drei Staatschefs festzulegen. Molotow kann also mit Fug und Recht Gründungsvater der UNO genannt werden. Es gelingt ihm, Erklärungen hinsichtlich Freiheit und Selbstbestimmung auf die Nachkriegsordnungen von Frankreich, Deutschland, Italien, Norwegen, Belgien und den Niederlanden zu beschränken, die Länder Osteuropas werden nicht erwähnt – ein großer Sieg Molotows, der damit der Sowjetunion die Handlungsfreiheit in Osteuropa sichert, was das Überleben der Sowjetunion im nächsten halben Jahrhundert deutlich einfacher macht. Dennoch bedanken sich der britische und der amerikanische Außenminister (Eden und Hull) bei Molotow am Ende der zehntägigen Verhandlungsrunden für seine umsichtige und konstruktive Verhandlungsführung. Dies trotz der – von westalliierter Seite zunächst nicht realisierten – großen Erfolge der sowjetischen Verhandlungsführung für möglichst großen Freiraum bei der Gestaltung des Nachkriegsosteuropas.

Die immer weiter hinausgezögerte Landung der Alliierten in Frankreich hat für die Sowjetunion nun keine hohe Priorität mehr, die Kriegswende ist erreicht, für die Deutschen gibt es in der Sowjetunion nur noch eine Richtung – Rückzug Richtung Deutschland. Mit der ausbleibenden Landung kann die sowjetische Propaganda die westlichen Alliierten immer wieder bestens blamieren, auf der anderen Seite ist der Sowjetunion zunehmend daran gelegen, diese so spät wie möglich starten zu lassen, um in der verbleibenden Zeit umso weiter Richtung Westen nach Mitteleuropa vormarschieren zu können. Nach den Außenministern sollen sich jetzt die drei Staatschefs treffen, um die getroffenen Vereinbarung zu verabschieden. Stalin besteht auf Teheran als Verhandlungsort, da er diesen Ort auf dem Landweg erreichen kann – er weigert sich zeitlebens, per Flugzeug ins Ausland zu reisen. Ob dabei neben Sicherheitsaspekten auch Flugangst eine Rolle spielt, ist bis heute nicht mit letzter Sicherheit geklärt worden. Ein Vorbereitungstreffen wird in Kairo angesetzt, allerdings sagt Stalin die Teilnahme eines sowjetischen Vertreters in letzter Minute ab, als er erfährt, dass dort auch eine nationalchinesische Delegation unter Tschiang Kai Scheck empfangen werden soll – es steht für die Sowjetunion außer Frage, dass sie im Hinblick auf China nur mit den immer deutlichere Erfolge erzielenden kommunistischen Kräften Mao Tse Tungs verhandeln wird. Molotow erzielt bei der Vorbereitung einen weiteren großen Erfolg, als es um die Frage der Unterbringung der US-Delegation in Teheran geht. Da die US-Botschaft außerhalb der Stadt liegt, liefern sich Großbritannien und die Sowjetunion einen Wettstreit darum, wer die Delegation in ihren jeweils riesigen Botschaftsgebäuden unterbringen darf. Es geht das Gerücht um, dass deutsche Agenten in der Stadt seien mit dem Ziel, Roosevelt zu ermorden. Die Sowjetunion macht schließlich das Rennen, die USA entscheiden sich, für die Dauer der Konferenz in der sowjetischen Botschaft Unterkunft zu nehmen. Eine Blamage für Großbritannien (das Verhältnis der beiden anglophonen Bündnismächte ist immer mal wieder auch von Spannungen gekennzeichnet), und ein großer Erfolg für die Sowjetunion, nicht zuletzt deswegen, weil es die nachrichtendienstliche Überwachung der US-Delegation deutlich vereinfacht.

Auch über die Tagesordnung gibt es Streitigkeiten zwischen der US- und der britischen Delegation. Die Amerikaner möchten ohne Agenda verhandeln, die Briten bestehen auf einer detaillierten Tagesordnung. Auch hier setzt sich die US-Delegation durch, was im Sinne der Sowjetunion ist. Die Konferenz startet am 27. November 1943 und dauert bis 1. Dezember 1943. Stalin provoziert einen kleinen Eklat, als er bei einem der abendlichen Diners erklärt, für ihre Kriegsverbrechen sollten bis zu 100.000 deutsche Offiziere erschossen werden. Churchill, der zu diesem Zeitpunkt allerdings bereits genau über die deutschen Kriegsverbrechen von Molotow informiert wurde (siehe die berühmte Molotow-Liste von 1942), springt empört auf angesichts dieser »menschenverachtenden Haltung«. Die Historiker haben sich mittlerweile darauf geeinigt, dass angesichts der im Westen erst nach und nach bekannt gewordenen, massiven und massenweisen Kriegsverbrechen der »Wehrmacht« im Osten (in Westdeutschland beispielsweise erst mit der Ausstellung »Verbrechen der Wehrmacht« in den 1990er Jahren zur allgemeinen Kenntnis gelangt) nur zu gerechtfertigt gewesen wäre, diese oder eine noch höhere Zahl an verantwortlichen Offizieren hinzurichten. Roosevelt versucht die Situation zu retten, indem er scherzhaft äußert, man könne sich notfalls auch mit 90.000 Hingerichteten zufriedengeben. Keine Einigkeit erzielt werden kann in Teheran über die Behandlung Frankreichs und Italiens. Während die westlichen Alliierten für ein freundschaftliches Verhältnis zu beiden Ländern eintreten, angesichts ihres Engagements im Kampf gegen die Nazi-Herrschaft in Europa, stehen Stalin und Molotow auf dem Standpunkt, dass Frankreich massiv mit Deutschland kollaboriert habe seit 1940, und dass Italien ohnehin als Aggressorstaat zu behandeln sei, angesichts der faschistischen Herrschaft dort seit 1922. Auch im Hinblick auf Finnland benötigen die westlichen Alliierten sowjetische Nachhilfe, da es ihnen nicht mehr erinnerlich war, dass Finnland seit 1941 kriegführende Partei gegen die Sowjetunion ist, und daher selbstverständlich zu den Ländern gezählt werden müsse, de-

nen empfindliche, spürbare Reparationen auferlegt werden sollen. Die britische Delegation macht es den Sowjets wiederum leicht, als sie im Auftrag der bürgerlichen Exilregierung Polens gegen die »Molotow-Ribbentrop-Linie« als Nachkriegsostgrenze Polen protestiert, und Molotow nonchalant darauf hinweisen kann, dass es sich exakt um dieselbe Grenzziehung handelt, wie sie der britische Beauftragte Curzon nach dem Ersten Weltkrieg vorgeschlagen hat.
Die der Nachkriegsordnung in Europa gewidmete Arbeitsgruppe im sowjetischen Außenministerium definiert künftige sowjetischen Interessensphären und den gewünschten Cordon sanitaire, um gegen eventuelle künftige deutsche Aggressionen besser geschützt zu sein. Sie bereitet auch die berühmten »Prozent-Verhandlungen« vor, bei denen Stalin und Churchill im Herbst 1944 über den jeweiligen Einfluss im betreffenden Land verhandeln. Westlicher und östlicher Einfluss soll sich dabei insgesamt die Waage halten. Unstrittig sind für Rumänien 90 Prozent sowjetischer Einfluss zu 10 Prozent westlichem Einfluss, und umgekehrt 90 Prozent zu 10 Prozent zugunsten des westlichen Einflusses in Griechenland. Der Vorschlag der westlichen Alliierten zu Bulgarien (75 Prozent zu 25 Prozent zugunsten der Sowjetunion) stößt auf Stalins entschiedenen Widerstand. Er besteht auf 90 zu 10 zugunsten der Sowjetunion. Molotow schlägt hinsichtlich Ungarn 75 zu 25 zugunsten der Sowjetunion vor, angesichts der Tatsache, dass das Land aktiv am deutschen Überfall 1941 teilnahm, und angesichts der hohen sowjetischen Verluste bei den aktuellen Kämpfen im Land. Für Jugoslawien einigt man sich auf 50 zu 50. Im Fall Ungarn und Bulgarien trifft man schließlich bei 80 zu 20 zugunsten der Sowjetunion. Diese Prozentaufteilungen sind natürlich höchst irreal angesichts der Schwierigkeit, diese dann in konkrete politische Verhältnisse umzusetzen. Es geht letztlich nur um die verbrämte Frage, wer in welchem Land das Sagen hat. Am 19. September 1944 unterzeichnet Finnland in Moskau ei-

nen Waffenstillstandsvertrag, mit dem die finnischen Streitkräfte aus den Kämpfen des Zweiten Weltkriegs ausscheiden, auch hier gefolgt von deutschen Repressalien gegen die ehemaligen »Waffenbrüder« und heftigen deutschen Rückzugskämpfen in Finnland und Norwegen, die ganze Landesteile wie Lappland kompletter Zerstörung und Vernichtung aller landwirtschaftlichen und sonstigen Produktivstätten anheim fallen lassen. Mit der Operation *Panzerfaust* übernimmt die Nazi-Wehrmacht am 15. Oktober 1944 die Macht in Ungarn, da auch hier Geheimverhandlungen mit den Alliierten bezüglich eines Seitenwechsels stattfinden. Molotow nimmt sich derweil noch Zeit, gemeinsam mit Kliment Woroschilow zu Musik und Text der neuen sowjetischen Nationalhymne von 1944 beizutragen – Molotow legt wert darauf, dass im Text auch von Frieden die Rede ist, nicht nur von Kampf und Sieg.

Die nächste große interalliierte Konferenz findet in der letzten Kriegsphase, Anfang Februar 1945 im sowjetischen Badeort Jalta statt. Einmal mehr geht es um die polnischen Nachkriegsgrenzen, die Aufteilung Deutschlands und die Reparationsfrage. Für Polen besteht Molotow wie gehabt auf der Curzon-Linie als Ostgrenze und der Oder-Neiße-Linie als Westgrenze. Er hätte mit Fug und Recht auch auf Magdeburg und der Elbe als polnischer Westgrenze bestehen können, betrachtet man sich die polnisch-deutsche Geschichte der letzten tausend Jahre. Angesichts der Tatsache, dass neben Großbritannien auch die von den Briten abhängigen Länder des Commonwealth jeweils einzelne Sitze in der nun schon deutlich konturierten künftigen UNO bekommen sollen, beantragt Molotow Gleiches für die einzelnen Sowjetrepubliken, von denen immerhin die Ukraine und Weißrussland separate Sitze erhalten. Im April 1945, während in Berlin Hitlers letzte Stunde schlägt, nimmt Molotow an der Gründungssitzung der von ihm wegweisend mit auf den Weg gebrachten Vereinten Nationen (UNO) in San

Francisco teil. Es gibt Streit über die Weigerung der westlichen Alliierten, einen sowjetischen Repräsentanten an den Waffenstillstandsverhandlungen zwischen den USA und deutschen Militärs bezüglich Italiens teilnehmen zu lassen. Schon die Verhandlungen an sich stellen einen Bruch der interalliierten Vereinbarungen dar, keinen Separatfrieden abzuschließen und nichts außer einer bedingungslosen Kapitulation zu akzeptieren. Aber da die USA ihre – ohnehin geringen – Verluste noch weiter minimieren wollen, gehen sie den bequemen Weg, unter Bruch aller bisherigen Vereinbarungen zwischen den Alliierten nun plötzlich einen separaten Waffenstillstandsvertrag mit den noch in Italien kämpfenden deutschen Einheiten abzuschließen.

Mitten hinein in die Verhandlungen platzt die Nachricht vom Tod des US-Präsidenten Roosevelt. Dieser hatte sich in der Vergangenheit als ansatzweise verständnisvoller Verhandlungspartner gezeigt. Stalin und Molotow ist klar, dass ein Nachfolger höchst wahrscheinlich weniger konziliant sein wird, und dass das Pendel in den USA Richtung härtere Konfrontation hin ausschlagen wird. Molotow trifft sich mit Nachfolger Truman am 22. und 23. April 1945, und sieht seine Befürchtungen bestätigt. Von westlicher Seite werden damals wie heute gern wiedergekäute Berichte lanciert, wie harsch Truman mit Molotow umgesprungen sei, dass der US-Präsident Molotow gezeigt habe, wo der Hammer hängt, et cetera. Studiert man die überlieferten Protokolle der Unterredungen (sowohl in amerikanischen wie in russischen Archiven) bleibt von dieser Räuberpistole nichts übrig. Beide Seiten gehen höflich miteinander um, auch wenn schnell klar ist, dass die Standpunkte unvereinbar sind. Generell bekennt sich Truman zwar dazu, Roosevelts erfolgreiche Politik fortzusetzen, zeigt sich aber entschlossen, den Primat der USA deutlicher als bisher in den Vordergrund zu stellen. Molotow und die sowjetische Delegation sind im luxuriösen *St.-Francis*-Hotel im Stadtzentrum San Franciscos untergebracht (am

Union Square, Ecke Geary Street/Powell Street) und werden von den Passanten neugierig bestaunt, wie Außerirdische, nach all der antikommunistischen Gräuelpropaganda, die in den USA über ihren Kriegsalliierten, die kommunistische Sowjetunion, in Umlauf sind. Die Menschen hatten erwartet, Bestien zu Gesicht zu bekommen, und stattdessen zeigt sich ihnen ein jovialer, gern auch Autogramme gebender und für Fotos posierender, anzugtragender Molotow, der eher einem soliden Geschäftsmann gleicht als dem Klischee eines kommunistischen Scharfmachers. Molotow stimmt dem US-Vorschlag für eine UN-Charta zu und macht damit den Weg frei zum Start der neuen internationalen Friedensorganisation. Um ihren guten Willen zu zeigen, unterstützt die Sowjetunion sogar den Wunsch der USA, die neue Organisation in einer ihrer Großstädte anzusiedeln, und stimmt für New York. Stalin und Molotow ist das immer noch lieber als eine westeuropäische Großstadt. Bald danach reist Molotow wieder nach Moskau zurück.

Kriegsende (1945)

In Berlin begeht Hitler am 30. April 1945 angesichts seiner ausweglosen Lage und seiner Angst, sich für seine unermesslichen Verbrechen einem internationalen Tribunal (möglicherweise sogar in Moskau!) stellen zu müssen, Selbstmord. Die Reichshauptstadt kapituliert am 2. Mai 1945, am 9. Mai folgt das restliche Deutschland – eine Vorab-Kapitulation wird am 7. Mai 1945 im US-Hauptquartier in Reims unterzeichnet; da dort nur ein sowjetischer Offizier beteiligt ist, besteht Stalin auf einer weiteren, eigentlichen Unterzeichnungszeremonie in Berlin gegenüber einer hochrangigen sowjetischen Delegation unter Leitung von Schukow. Dort trifft die deutsche Delegation unter Keitel am Abend des 8. Mai 1945 ein, die entsprechenden Dokumente werden kurz nach Mitternacht, also in den ersten Minuten des 9. Mai, unterzeichnet – daher werden die Siegesfeiern in Moskau seitdem alljährlich am 9. Mai begangen, in westlichen Ländern am 8. Mai.
In Moskau findet am 24. Juni 1945 die große sowjetische Siegesparade statt, in deren Rahmen Schukow als berühmtester Sowjetgeneral auf einem Schimmel an den Tausenden aufmarschierten Soldaten vorbei über den Roten Platz sprengt. Abends ist der Kreml festlich erleuchtet zum ersten diplomatischen Empfang seit Beginn des deutschen Überfalls 1941. Versammelt sind die hohen Würdenträger des Staates und die hohe Generalität, deren Vertretern zahlreiche Auszeichnungen verliehen werden, nebst den akkreditierten Botschaftern. Als Nächstes wird die Potsdamer Konferenz vorbereitet, das Treffen der alliierten Staatsführer, um endgültig über das weitere Schicksal Deutschlands und Europas zu entscheiden, nachdem der große Krieg nun siegreich hatte beendet werden können. Die Konferenz findet von 17. Juli bis 2. August

1945 in Potsdam statt, im Cäcilienhof, bis Kriegsende Sitz der in Deutschland verbliebenen Teile (Kronprinz) der ehemals regierenden Familie Hohenzollern. Nunmehr beschlagnahmt, dient es als Tagungsort für das bisher größte interalliierte diplomatische Treffen. Stalin, Truman und Churchill nehmen daran teil, sowie Vertreter Frankreichs und Chinas. Berija übernimmt die Vorbereitungen für die Konferenz und lässt 60 Potsdamer Villen räumen, in denen die Delegationen untergebracht werden. Für Stalin steht eine 15-Zimmer-Villa mit 400 Quadratmetern Wohnfläche bereit (für Molotow eine etwas kleinere mit 11 Zimmern). Stalins Unterkunft und die gesamte Konferenzgegend werden von 1.500 Soldaten des sowjetischen Innenministeriums bewacht. Stalin reist in einem Sonderzug an, der von sechs Panzerzügen begleitet wird. Entlang der Strecke wachen weitere 15.000 Mann der Truppen des Innenministeriums, pro Streckenkilometer bis zu fünfzehn Soldaten. Auch dies hat wenig mit »übertriebenem, krankhaften Misstrauen« des Sowjetführers zu tun, sondern mit handfesten Tatsachen, wie der Ermordung von Sowjetgeneral Nikolai Fjodorowitsch Watutin (1901–1944) durch ukrainische rechtsradikale Terroristen im Hinterland der Front. Bei Reisen durch die Ukraine bestand seit dem deutschen Rückzug 1943/44 hohe Gefahr durch spezielle, von Deutschland mit Waffen und Proviant versorgte, hinter der sowjetischen Front agierende rechtsradikale ukrainische Terroristen, die noch bis in die fünfziger Jahre hinein für blutige Schlachten, besonders im Grenzgebiet zu Polen, sorgen sollten, bevor die sowjetischen Kräfte ihrer Herr wurden und sie bis zum letzten Mann festnahmen oder töteten (die Enkel-Generation solcher rechtsradikaler ukrainischer Terroristen feierte dann 2013/14 auf dem Maidan fröhliche Urständ beim EU-Staatsstreich).
Molotow unternimmt einen Vorstoß, die Westalliierten zur gemeinsamen Absetzung des faschistischen Franco-Regimes in Spanien zu bewegen, stößt dabei aber auf heftigen Wi-

derstand der USA, die sich mit Spanien schon über die Aufnahme militärischer Beziehungen geeinigt haben, und so ein Standbein im westlichen Mittelmeer bekommen – und dies trotz der Teilnahme spanischer Truppen am Überfall auf die Sowjetunion sowie der ohnehin unrechtmäßigen Machtübernahme des Franco-Regimes im Gefolge des von Nazi-Deutschland unterstützten Putsches der Falangisten (wie die Faschisten in Spanien sich nennen) 1936 bis 1939 im blutigen Spanischen Bürgerkrieg. Zudem erhebt Molotow für die Sowjetunion Anspruch auf einen Teil der bisher italienischen Kolonien in Nordafrika. Im Übrigen dreht sich die Tagung um das weitere Schicksal Deutschlands beziehungsweise die konkrete Ausgestaltung der alliierten Nachkriegspolitik in Deutschland, die sich schon bald von einem Miteinander zum scharfen Gegeneinander entwickelt.
Die USA informieren Stalin und Molotow bei der Gelegenheit über ihren ersten erfolgreichen Atombombentest, und sind ganz gespannt, ob an den Reaktionen der Sowjets etwas abzulesen ist über deren Kenntnis dieser Vorgänge beziehungsweise über deren eigenen Forschungsstand. Aber Stalin und Molotow lassen die westalliierten Tölpel ins Leere laufen und reagieren scheinbar völlig gleichgültig auf diese Mitteilung, so dass der erhoffte westliche Informationsgewinn ausbleibt. Molotow sagt Stalin bei einer internen Unterredung, er sehe das als Erpressungsversuch an – was es bekanntlich auch war. Truman versucht, die Sowjetunion mit dem dezenten Hinweis auf die alles bisher Dagewesene übertreffende neue Waffe in US-Besitz zu Wohlverhalten zu bewegen. Stalin erteilt Befehl, nunmehr die Arbeiten an der sowjetischen Atombombe, die durch Erkenntnisse der sowjetischen Kundschafter im US-Atomforschungsbetrieb gut vorangekommen sind, zu intensivieren. Dennoch wird es noch vier Jahre dauern, bis die UdSSR atomar nachziehen und somit das Erpressungspotential der USA weitgehend neutralisieren kann. Über die Wahlniederlage Churchills wenig später in

den Unterhauswahlen 1945 gibt sich Molotow überrascht. Er macht Churchills schlechten Wahlkampf dafür verantwortlich, dieser habe nicht verstanden, seine Rolle als Mitsieger des Zweiten Weltkriegs ausreichend in den Vordergrund zu stellen. Einmal mehr sei er ein Opfer seiner Hochnäsigkeit geworden, er habe mit einem »automatischen« Wahlsieg gerechnet und es für unter seiner Würde empfunden, einen wirklichen Wahlkampf zu betreiben.

Konfrontation statt Kooperation – Der Westen ändert seine Haltung

Die Außenministerkonferenz in London im Herbst 1945 und die Friedenskonferenz von Paris 1946 sind die nächsten Gelegenheiten für Molotow, die veränderte Haltung der Westalliierten gegenüber der Sowjetunion, die nun zu offener Konfrontation übergeht, zu testen. Aufgabe der Londoner Außenministerkonferenz ist es, Friedensverträge mit ehemaligen deutschen Verbündeten vorzubereiten, sowie über das Schicksal der ehemals italienischen Kolonien zu entscheiden. Aus sowjetischer Sicht sind einmal mehr die Reparationen, aber auch die beschleunigte Repatriierung der noch in westalliiertem Gewahrsam befindlichen Sowjetbürger vorrangig. Im Hinblick auf die ehemals italienischen Kolonien geht es um die Treuhänderschaft für Libyen. Molotow erklärt, dass die Sowjetunion in diese Treuhänderschaft miteinbezogen werden beziehungsweise diese allein ausüben möchte, kann damit aber kein Einvernehmen mit den Westalliierten erzielen. Nachdem die USA mit Spanien ihren Verbündeten am Mittelmeer gefunden hat, wo schon bald erste US-Garnisonen und US-Marinestützpunkte eingerichtet werden (die bis heute bestehen), soll gleiches den Sowjets verwehrt werden. Das Mittelmeer soll ein westlich, angloamerikanisch dominiertes Gewässer bleiben, zumal angesichts der wichtigen westlichen Handelsroute durch den Suezkanal nach Asien. Die Sowjets sollen sich auf das Schwarze Meer beschränken in dieser Region. Molotow erinnert den neuen US-Außenminister Byrnes an die Zusage seines Vorgängers Stettinius gegenüber Gromyko vom April 1945, dass die Sowjetunion die Treuhänderschaft für Libyen bekommen soll. Doch der Neue fühlt sich nicht an die Zusage des alten US-Außenministers gebunden, zumal diese nie schriftlich niedergelegt wurde. Und so bleibt letztlich aus US-Sicht nur festzustellen, dass mündliche Absprachen keine bindende Kraft haben. Die USA und Großbritannien verweigern auf der Konferenz ihre Zustimmung zu den von der Sowjetunion ausgehandelten Friedensverträgen mit Rumänien und Bulgarien. Deren kommunistische Regierungen seien kein Abbild eines breiten Spektrums der Gesellschaft, man wünscht sich repräsentativere Regierungen. Molotow kündigt daher an, dass die Sowjetunion nun ihrerseits eine Zustimmung zum von den USA ausgehandelten Friedensvertrag mit Italien beziehungsweise mit einer westlich genehmen konservativen Regierung in Italien überprüfen müsse. Byrnes legt einen Plan für die Entmilitarisierung Deutschlands für 25 Jahre vor, danach soll es Deutschland wieder gestattet werden, eine Armee aufzustellen. Das stößt naturgemäß auf sowjetischen Widerspruch, welche die Entmilitarisierung Deutschlands für alle Zeiten festschreiben möchte. Trotz sechzehn weiterer Sitzungen während der Konferenz können keine weiteren Fortschritte erzielt werden, zu intensiv ist der Wunsch der Westalliierten nach Konfrontation statt Kooperation. Dies gilt auch für die Frage eines interalliierten Kontrollrats für Japan. Immerhin hatte die Sowjetunion ihre Zusage eingehalten, unmittelbar nach dem Sieg über Nazi-Deutschland in den Krieg gegen Japan an der Seite der USA einzutreten, zählt somit also eindeutig zu den Siegermächten auf diesem Kriegsschauplatz. Doch den USA ist an einer Zusammenarbeit auch hier nicht mehr gelegen, das eroberte Japan soll in den alleinigen wirtschaftlichen, militärischen und geostrategischen Dienst der USA gestellt werden.

Ein weiterer Punkt, an dem die neue Nonchalance der USA gegenüber der Sowjetunion zutage tritt: Moskau wird im Herbst 1945 über seine Nachrichtendienste, aber auch über diplomatische Kanäle von Dritten darüber in Kenntnis gesetzt, dass Spezialeinheiten der Amerikaner und Briten, die das Land nach Wertvollem durchkämmen, die versteckten Goldbestände der Japanischen Nationalbank gefunden hätten. Als Molotow den US-Außenminister darauf anspricht (und den sowjetischen Teil an der Beute reklamiert), streitet dieser es rundheraus ab, dass das japanische Gold gefunden worden sei (obwohl dies in der Tat so war). Generell gibt es auf der Konferenz keine Bereitschaft mehr vonseiten der westlichen Alliierten, auf Wünsche oder Vorschläge der Sowjetunion einzugehen. Da die Sowjetunion nicht gewillt ist, die von ihr in einem blutigen Krieg errungenen Vorteile wieder aufzugeben, muss die Konferenz als gescheitert angesehen werden. Am Ende können sich die Vertragsparteien nicht einmal mehr auf das sonst übliche Protokoll der Verhandlungen einigen. Byrnes möchte den Gesprächsfaden nicht ganz abreißen lassen und schlägt ein weiteres Treffen in Moskau im Dezember 1945 als nächste Runde vor. Man sitzt denn auch in Moskau von 15. bis 27. Dezember ein weiteres Mal zusammen, aber erneut ohne Ergebnis. Zwar ist die Sowjetunion bereit, an der Zusammensetzung der Regierungen in Rumänien und Bulgarien kleinere Veränderungen vorzunehmen, und auf diesem Weg die Anerkennung der westlichen Alliierten zu den beiden Friedensverträgen zu erhalten. Ebenso wird eine Fernöstliche Kommission, ein gemeinsamer Kontrollrat für Japan, die Vorbereitungen für eine Friedenskonferenz und der Bildung einer UN-Kommission für Atomenergie vereinbart. Doch erneut kann über das Protokoll des ansonsten fruchtlosen Treffens keine Einigung erzielt werden.

Im Februar 1946 stellt Stalin denn auch in einer Rede zu seinem 25-jährigen Amtsjubiläum fest, dass eine friedliche internationale Ordnung nicht mehr möglich sei angesichts des unvermeidbaren Zusammenstoßes zwischen den friedliebenden sozialistischen und den aggressiv-imperialistischen kapitalistischen Mächten. Kurz darauf veröffentlicht der US-Ostexperte Kennan sein langes »Telegramm«, indem er die künftige antisowjetische Eindämmungs- und Zurückdrängungspolitik der USA skizziert. Im März 1946 hält Ex-Premierminister Churchill, zwar mittlerweile ohne Amt, aber weiterhin Exponent der antisowjetischen Stimmungsmache, seine berüchtigte Rede, in der erstmals von alliierter Seite der Goebbels-Terminus vom »Eisernen Vorhang« wiederholt wird, der über Osteuropa heruntergegangen sei. Von ihm stammt ja auch das bekannte Diktum von 1945 mit der rhetorischen Frage, ob man mit Nazi-Deutschland eventuell das »falsch Schwein« geschlachtet habe – mit Blick auf die Sowjetunion. Molotow warnt bei einer Rede in Moskau vor der neuerlich angestiegenen Kriegsgefahr, der Gefahr eines Angriffs auf die Sowjetunion vonseiten der Kriegstreiber in den USA und Großbritannien. Nur zu verständlich, dass sich auch die Sowjetunion in dieser Situation ebenfalls nicht mehr an getroffene Vereinbarungen gebunden sieht. So lässt sie das vereinbarte Abzugsdatum für die noch im Iran stationierten sowjetischen Soldaten einfach verstreichen, und behält den von ihr besetzten Landesteil des ölreichen Staates vorerst als Verhandlungsmasse.

Der Kalte Krieg beginnt

Die Pariser Friedenskonferenz vom Februar 1947 spiegelt die neue internationale Gereiztheit zwischen West und Ost deutlich wider. Molotow widersetzt sich in Absprache mit Stalin den US-Vorschlägen für eine nur temporäre Entmilitarisierung Deutschlands, und besteht weiterhin auf der sowjetischen Treuhänderschaft für Libyen. Bei einem Abendessen in der sowjetischen Botschaft kommt es über den sowjetischen Vorschlag, dass Jugoslawien auf die Reparationsansprüche gegenüber Italien verzichte, sollten die USA bereit sein, den jugoslawischen Anspruch auf Triest anzuerkennen, zu einer hitzigen Diskussion, die in gegenseitige Vorwürfe mündet. Schließlich verlassen die US-Teilnehmer das Abendessen vorzeitig. Nach einer mehrwöchigen Unterbrechung wird die Pariser Friedenskonferenz im Juni 1946 fortgesetzt. Einziger Fortschritt: die Friedensverträge für Bulgarien, Rumänien, Ungarn und Finnland werden anerkannt, ein großer Sieg für die sowjetische Seite. In der Frage einer künftigen gesamteuropäischen Friedenskonferenz zeigt sich Molotow nach Rücksprache mit Stalin zurückhaltend, da die Sowjetunion und ihre Verbündeten dort absehbar in einer Minderheitsposition sein würden, ohne Aussicht, ihre gesteckten Ziele zu erreichen. Im Hinblick auf Österreich beharrt Molotow darauf, dass vor weiteren Schritten Richtung Friedensvertrag erst einmal Einigung über die Entnazifizierung und die Rückführung der dort noch internierten sowjetischen Staatsbürger (darunter antikommunistische Gruppierungen wie die Wlassow-Armee). Die Konferenz endet schließlich ohne Ergebnis.

Die ersten Sitzungstage der nächsten Pariser Friedenskonferenz von Juli bis Oktober 1946 werden einmal mehr von strittigen Prozedur-Fragen bestimmt. Molotow versucht, die

Minoritätenposition der sozialistischen Staaten durch Veränderungen im Wahlmodus abzuschwächen. Den USA liegt daran, in Italien trotz der Anwesenheit einer starken kommunistischen Partei ein eindeutiges und nachhaltig antikommunistisches Regime zu installieren. Washington schreckt dabei auch vor offener Wahlmanipulation nicht zurück. So erhalten die konservativen Parteien Italiens Millionen Dollar über verdeckte Parteieinfinanzierungen der US-Geheimdienste, und können so wie beabsichtigt entgegen vielen Umfragen vor der Wahl eine bequeme Mehrheit der Wählerstimmen erringen (die teilweise auch direkt bei der sizilianischen Mafia eingekauft werden, welche Stimmenverkauf an den Meistbietenden betreibt, und zu der seit der Landung auf Sizilien 1943 vonseiten der US-Geheimdienste ein gutes Verhältnis besteht; damals engagierten die Alliierten über die amerikanische Cosa Nostra die örtlichen Mafiosi als Helfershelfer, die zuvor vom Mussolini-Regime bekämpft und in den Untergrund gezwungen worden waren; eben diese Mafia-Capi werden im Zuge der Landung nun als Bürgermeister et cetera eingesetzt und sorgen im amerikanischen Sinne für Ordnung). Molotow ist um Schadensbegrenzung bemüht, und versucht, die gemeinsamen antikommunistischen Winkelzüge der Außenminister Byrnes (USA) und Bevin (Großbritannien) möglichst zu neutralisieren. Das geht bis hin zu der Tatsache, dass Molotow bei einer französischen Militärparade aus Anlass der Konferenz einen Sitz in der zweiten Reihe, unter den kleineren Mächten zugewiesen bekommt, eine gezielte Provokation. Molotow verlässt daraufhin unter Protest die Veranstaltung.

Mitte September 1946 beauftragt Molotow den sowjetischen Botschafter in den USA, Nowikow, damit, eine längere Studie über aktuelle Tendenzen in der US-Außenpolitik zu verfassen. In der knapp vierzehn Tage später abgelieferten Studie kommt Nowikow zu dem Schluss, dass die Generaltendenz dahin geht, dass die USA nicht mehr an einer Kooperation interessiert sind, sondern am Aufbau einer bipolaren Welt. Statt dem vor dem Zweiten Weltkrieg gepflegten Isolationismus planten die USA jetzt, die Vorherrschaft in der Welt zu erringen, und davon entsprechend wirtschaftlich zu profitieren. Die Kriegsverwüstungen in Europa und Asien böten den USA die Gelegenheit zu enormen Warenlieferungen, und dafür im Gegenzug gigantische Kapitalmengen anzuhäufen. In den Zielländern, in denen ein eklatanter Mangel an Konsumgütern herrsche, nutze die USA die Gelegenheit, um die dortigen Volkswirtschaften zu infiltrieren als Schritt auf dem Weg zur Weltvorherrschaft. Aus heutiger Perspektive, in der Rückschau, muss man konzedieren, dass die Sowjetunion absolut korrekt informiert war, was die wahren US-Absichten betraf. Nowikow schreibt weiter, die UdSSR habe es dennoch geschafft, ihre wirtschaftliche Unabhängigkeit zu bewahren, und sei generell in einer stärkeren Position als vor dem Krieg. Dazu zählten auch die mittlerweile im sozialistischen Lager befindlichen Staaten Osteuropas als Puffer und Verstärkung. Die ständige Vergrößerung der US-Armee samt permanenter Erhöhung des Militärbudgets, sowie die Einrichtung ständig neuer US-Militärbasen entlang der Grenzen der UdSSR beziehungsweise der sozialistischen Staatengemeinschaft belege, dass die USA ihre Weltherrschaft auf das Militär zu stützen gedächten, im Rahmen einer aggressiven, konfrontativen Politik gegenüber der Sowjetunion. Großbritannien habe den USA die Kontrolle über China und Japan überlassen, dafür habe die USA Großbritannien die fortdauernde Kontrolle über Indien und dem übrigen Fernen Osten zugesichert, mit dem Nahen Osten als gemeinsamem Interessengebiet. Es bleibe abzuwarten, ob die beiden anglophonen Mächte in Zukunft auch ein formelles Militärbündnis schließen werden (was dann in der Tat wenig später, 1949, in Form der NATO geschieht). Amerikanische Kredite für die britische Wirtschaft würden es den USA erlauben, auch die britische Wirtschaft zu infiltrieren und den amerikanischen Einfluss im Commonwealth zu verstärken. Gegenüber der Sowjetunion habe die USA mittlerweile eine Hardliner-Politik eingeschlagen. Dazu zählten auch die Versuche der USA, weitere antisowjetische Bündnisstrukturen zu etablieren, und auch in der nominell sowjetischen Einflusssphäre Osteuropa an Einfluss zu gewinnen. Deutschland spiele in der neuen US-Strategie als künftiger US-Alliierter eine entscheidende Rolle. Mit Hilfe der deutschen Wirtschaftskraft solle die USA in die Lage versetzt werden, die künftigen Auseinandersetzungen mit der Sowjetunion um die Vorherrschaft in der Welt zu gewinnen.

Im November und Dezember 1946 nimmt Molotow an der Jahreshauptversammlung der Vereinten Nationen in New York teil. Er hat zwei Themen, die er hier ansprechen möchte. Die Treuhänderschaft der Sowjetunion für ehemalige Kolonien, und die Abrüstung. Die Kosten für die auch nach dem Ende des Zweiten Weltkriegs fortdauernde, von den USA und ihren ständig neuen militärischen Provokationen evozierte Hochrüstung in der nunmehr eingetretenen Ära des Kalten Krieges beginnen schon damals das sozialistische Wirtschaftssystem – wie von den USA gewünscht – in Schieflage zu bringen. Die Sowjetunion unternimmt daher jetzt einen Vorstoß für eine allgemeine, weltweite Abrüstung, zur Verbesserung der internationalen politischen Situation und zur finanziellen Entlastung des sowjetischen Staatshaushaltes. Voraussetzung für die Abrüstung ist eine valide Information über den aktuellen Rüstungsstand der jeweiligen Blöcke, also jenes System der gegenseitigen, überprüfbaren Information, wie es gegen Ende des Kalten Krieges etabliert wird. Das ist aber Jahrzehnte später. Die USA sind 1946 nicht bereit, mit der Sowjetunion Rüstungsdaten zu teilen. Molotow macht in mehreren Redebeiträgen klar, wo hier die Schuldfrage liegt: eindeutig bei den USA, die keine Abrüstung wollen. Im Gegenteil – es ist klar, dass das damals schon beziehungsweise noch hochentwickelte Amerika über die bessere Ausgangsposition im nun beginnenden Rüstungswettlauf, der *arms race*, verfügt und die Sowjetunion es schwer haben wird, bei den nun jahrzehntelang in engem Takt folgenden, immer neuen US-Aufrüstungsrunden nachzuziehen. Die dafür aufgewendeten Milliarden gehen zulasten der sowjetischen Konsumgüterindustrie.

Parallel zur Vollversammlung findet ein weiteres Außenministertreffen der Großen Drei, Sowjetunion, Amerika, Großbritannien statt. Einmal mehr geht es um den künftigen Status Deutschlands und die Friedensverträge für die am Zweiten Weltkrieg beteiligten Länder. Im Fokus steht auch die Frage der italienischen Reparationen für die von Mussolini überfallenen Länder wie Albanien und in Afrika, aber auch die Sowjetunion (italienische Divisionen waren zeitweise am Überfall auf die Sowjetunion beteiligt). Die Frage der Friedensverträge für Deutschland und Österreich wird auf die nächste Tagung, die für März 1947 in Moskau geplant ist, vertagt. Als die Außenministerkonferenz im März/April 1947 in Moskau eröffnet wird, verweigert Frankreich jegliche Zustimmung zu einer wie auch immer gearteten Zentralverwaltung für Deutschland, obwohl die USA hierbei ausnahmsweise an der Seite der UdSSR stehen – mit dem Hintergedanken, über diesen Hebel auch Einfluss auf den unter sowjetischer Besatzung stehenden Ostteil Deutschlands zu bekommen, den man im unter amerikanischer Dominanz stehenden Westdeutschland schon hat. Die USA wiederum machen sich immer weniger die Mühe, ihre Absicht, rund um den Wirtschaftspfeiler Westdeutschland ein neues antisowjetisches Bollwerk aufzubauen, das nicht nur Bollwerk, sondern auch Stoßkeil sein soll, zu bemänteln.

Das Jahr 1947 wird insgesamt von der neuen US-Initiative des Marshall-Plans dominiert, wie sie schon oben im Nowikow-Telegramm erwähnt wird. US-Außenminister Marshall macht diese Pläne bei einer Rede am 5. Juni 1947 öffentlich. Die USA schützen dabei angeblich humanistische, rein an der Verbesserung der Lebenssituation der Menschen interessierte Gründe vor, während es in der Realität um knallharte Machtpolitik geht und darum, im politisch-ökonomischen Kampf der Systeme, den die USA der UdSSR aufzwingt, immer mehr Vorteile gegenüber der anderen Seite zu erzielen. Gleichzeitig stellen die USA die unermüdlich vorgebrachten sowjetischen Forderungen nach Reparationen als völlig überzogen und als Mittel des von Sowjetunion angeblich weiter verfolgten Plans der Weltrevolution dar. Dabei sind das nur legitime Forderungen angesichts der unermesslichen Zerstörungen, die Deutschland und seine Verbündeten auf dem Gebiet der Sowjetunion angerichtet haben, während gleichzeitig die deutsche Rüstungsindustrie (Mercedes, Krupp, BMW, Thyssen, Flick et cetera) und die beteiligten deutschen Banken (Deutsche Bank, Dresdner Bank, Commerzbank et cetera) Milliardengewinne einfuhren. Es sind diese Milliardengewinne, das »Blutgeld«, das dann zum eigentlichen Treibstoff des angeblichen westdeutschen »Wirtschaftswunders« wird – dazu an anderer Stelle mehr. Ohne die bluttriefenden Milliardengewinne, resultierend aus den verbrecherischen Kriegen der Nazis und der Ausbeutung und Ermordung von Millionen Menschen, hätte es kein westdeutsches »Wirtschaftswunder« gegeben.

Was die Sowjetunion nun also fordert, sind Entschädigungen für die angerichteten Zerstörungen, sowie eine Beschlagnahmung der Milliardengewinne. Beides verweigern die Amerikaner sowohl in Bezug auf Westdeutschland wie auch auf das vergleichsweise hochindustrialisierte Italien, Eckpfeiler in der antisowjetischen Strategie der USA für Europa. Und dafür muss die Wirtschaft beider Länder schnellstens wieder auf Hochtouren gebracht werden, damit die Volkswirtschaften die jeweiligen Aufrüstungen, wie sie die USA für ihre Alliierten vorgesehen hat, um den Druck auf die Sowjetunion zu erhöhen, finanzieren zu können (und damit den US-Rüstungskonzernen Milliardengewinne zu verschaffen). Doch die sowjetische Außenpolitik unter Stalin und Molotow weiß zu kontern. Um den Vorwurf einer Vorab-Obstruktion des angeblich so menschenfreundlichen Marshall-Plans zu entkräften, reist Molotow mit einer über hundert Mann starken Delegation zur ersten Verhandlungsrunde über den Marshall-Plan in Paris im Juni 1947. Man möchte sich im Detail anhören, was sich die US-Strategen an neuen Teufeleien ausgedacht haben. Vor allem geht es der Sowjetunion darum, den Aufbau einer weiteren antisowjetischen Struktur in West-, aber vor allem auch in Osteuropa zu verhindern. Molotow möchte auch verhindern, dass diese Verhandlungen dazu benutzt werden, die sowjetischen Forderungen nach Reparationen auszuhebeln. Zudem befürchten die Sowjets, dass eine schnelle Re-Industrialisierung Westdeutschlands das wirtschaftliche Gewicht des Westblocks, mit dem dieser auf den Ostblock zu drücken vermag, drastisch erhöhen würde (wie es denn auch geschah).

Als die antisowjetischen Absichten hinter dem Marshall-Plan im Lauf der Konferenz immer deutlicher werden, reist Molotow mit seiner Delegation nach einem letzten Redebeitrag am 3. Juli 1947 vorzeitig ab. Er wirft Frankreich und Großbritannien vor, sich unter US-Führung dazu missbrauchen zu lassen, Europa in zwei sich feindlich gegenüberstehende Blöcke zu teilen. Denn mittlerweile haben die drei Westmächte schon unmissverständlich klar gemacht, dass sie an einer möglichst schnellen wirtschaftlichen Wiederbelebung des am Boden liegenden westdeutschen Wirtschaftsriesen interessiert sind, als Hebel, um der antisowjetischen US-Politik in Europa mehr Durchschlagskraft zu verleihen. Der Sowjetunion bleibt angesichts der nach wie vor vorhandenen Kriegsschäden und dem eklatanten Finanzbedarf resultierend aus dem Wettrüsten der USA nichts anderes übrig, als den ihr zugefallenen ostdeutschen Landesteil stellvertretend mit den Reparationen zu belasten, also genau jenen Teil, wo keine Milliardengewinne gemacht worden waren. Diese hatten die Industriellen an Rhein und Ruhr eingesackt. Der ärmere Teil muss also stellvertretend für den durch Krieg und Ausbeutung unermesslich reich gewordenen westlichen Teil büßen. Es wäre natürlich vorstellbar gewesen, dass die UdSSR von Anfang an ein ähnliches Aufbauprogramm für die künftige DDR aufgelegt hätte, wie der Westblock für Westdeutschland. Aber das hätte die Wirtschaftskraft der UdSSR zum damaligen Zeitpunkt überstiegen, und hätte Finanzmittel blockiert, die für die weitere Nachrüstung im Gefolge der US-Vorrüstung notwendig waren. So muss die DDR neben ganzen Fabrikanlagen unter anderem auch einen Großteil ihrer Bahngleise zur Rekonstruktion der von den Nazitruppen zerstörten sowjetischen Eisenbahnstrecken abbauen, was die Transportlage in der DDR für viele Jahre erschwert. Molotow kreiert jedoch als östliches Gegenstück zum Marshall-Plan den *Molotowplan*, der auf bilateraler Ebene zwischen der Sowjetunion und den Ländern ihres Machtbereichs wirtschaftliche und politische Verbindungen intensiviert; daraus entwickelt sich im Lauf der Zeit der *Rat für Gegenseitige Wirtschaftshilfe* (RGW, beziehungsweise unter dem englischen Akronym CMEA – *Council for Mutual Economic Assistance* – bekannt).

Auf der Folgekonferenz in London Ende 1947 wird endgültig klar, dass die USA die Bildung eines neuen vereinigten, entmilitarisierten Rumpfdeutschlands (ohne die ehemaligen Ostgebiete), das dann möglicherweise insgesamt unter sowjetischen Einfluss geraten könnte, nicht zulassen werden. Nein, aus US-Perspektive muss Westdeutschland so schnell wie möglich wieder aufgerüstet werden, und die unter anderem an der Ostfront kampferprobten westdeutschen Soldaten für die US-Pläne im gemeinsamen Antikommunismus instrumentalisiert werden – Westdeutschland soll trotz der erst kurz zurückliegenden Verbrechen des Nationalsozialismus schon wieder remilitarisiert werden. Gleichzeitig werden große Teile des Nazi-Spionageapparates in US-Diens-

te übernommen, speziell die auf antisowjetische Umtriebe spezialisierte Abteilung »Fremde Heere Ost« (FHO) unter Führung von Gehlen, aus der später der BRD-Geheimdienst »Bundesnachrichtendienst« (BND) hervorgeht. Die Tagung wird schließlich von der amerikanischen Seite ergebnislos abgebrochen und kein Termin für ein Folgetreffen mehr vereinbart. Bei ihrem Versuch, die Bildung eines eindeutig antisowjetischen, hochgerüsteten, remilitarisierten Westdeutschlands zu verhindern gehen die Sowjets so weit, im Sommer 1948 den Zugang nach Westberlin für die Westalliierten zu sperren. Doch auch diese Maßnahme bleibt letztlich erfolglos, die von den USA betriebene Entwicklung hin zu einer Zweistaatenlösung ist nicht mehr aufzuhalten. Gleichzeitig verschlechtert sich das Verhältnis zum bisherigen Bündnispartner Jugoslawien unter Führung Titos, der aus der Tatsache, dass er sein Land weitgehend aus eigener Kraft (mit britischer Unterstützung) befreit hatte, bevor die Rote Armee dort eintraf, für sich die Berechtigung zieht, eine selbständige, zwischen den beiden Blöcken lavierende, »unabhängige« Politik zu fahren, die dann zum wenig schlagkräftigen Bund der »blockfreien Staaten« führt, der den hohen Erwartung Titos, der sich als Chef eines eigenen Machtblockes sieht, nie genügen kann. Tito bändelt jedenfalls immer wieder mit den Westalliierten an, und provoziert damit seinen Rausschmiss aus dem östlichen Staatenbündnis. Da es eine informelle westliche Garantie für Jugoslawien gibt, kann die Sowjetunion die Lage nicht mit Waffengewalt zu ihren Gunsten ändern, ohne Gefahr zu laufen, schon wieder in einen neuen großen Krieg, diesmal gegen alle führenden Industrienationen der westlichen Welt hineingezogen zu werden.
Die Führung der Sowjetunion obliegt jetzt, in der unmittelbaren Nachkriegsphase, unter Leitung Stalins einem Quartett, das von Molotow, Berija, Mikojan und Malenkow gebildet wird. Diese haben durch ihre umfassenden Machtbefugnisse während des Krieges, eine halbwegs unabhängige

Stellung gegenüber Stalin gewonnen (soweit das überhaupt möglich war). Molotow nimmt dabei eine herausgehobene Stellung ein, aufgrund seiner Nähe zu Stalin, aber auch aufgrund der Vielzahl von Verdiensten, die er sich während des Krieges erworben hat. Stalin, elf Jahre älter als Hitler, gezeichnet von den Anstrengungen, die die Führung des Landes während des deutschen Überfalls von ihm abverlangte, mittlerweile auf die Siebzig zugehend, versucht, eine neue *»Balance of Power«* innerhalb der Führung der Sowjetunion zu etablieren, versäumt es aber gleichzeitig, eine belastbare Nachfolgeregelung zu treffen. Als erster Schritt hin zu einer Normalisierung der auf Kriegsverhältnisse zugeschnittenen politischen Strukturen der Sowjetunion wird das GKO, das Kriegskomitee innerhalb der Staatsverwaltung, am 4. September 1945 offiziell aufgelöst, die Führung der Wirtschaft und des Staates wieder dem Rat der Volkskommissare übertragen. Innerhalb der Regierung werden zwei Operativbüros gegründet. Eines unter Führung des weiterhin als Außenminister amtierenden Molotow, das für Verteidigung, Landwirtschaft, Ernährung, Handel und Finanzen zuständig ist, und ein zweites unter Führung von Berija, das sich um die Industrie und das Transportwesen kümmern soll.
Im März 1946 werden die Volkskommissariate in Anlehnung an westlichen Sprachgebrauch in Ministerien umbenannt, der Rat der Volkskommissariate in Ministerrat. Molotow ist dabei hinter Stalin der erste von acht stellvertretenden Vorsitzenden. Die beiden Operativbüros werden bald wieder aufgelöst, stattdessen ein Büro des Ministerrats eingerichtet, das unter Leitung von Berija steht (mit Wosnessenski und Kossigyn als Stellvertreter). 1947 wird Molotow offiziell zum ersten Stellvertreter Stalins als Vorsitzender des Ministerrats berufen. Alle diese Mikroänderungen sollen aus Stalins Sicht dazu dienen, sicherzustellen, dass keiner seiner Stellvertreter oder untergebenen Spitzenfunktionären eine ungebührliche Machtfülle erhält und ihm gefährlich werden könnte. 1949

wird das Büro in Präsidium des Ministerrats umbenannt, bei Beibehaltung der Funktionen. Doch 1949 wird noch eine böse Überraschung für Molotow bereit halten. Der Konflikt mit Stalin, welcher schlecht mit »überhandnehmender« Prominenz und innen- wie außenpolitischer Bedeutung von Untergebenen umgehen kann, eskaliert. Stalin denkt schon seit Kriegsende angesichts deutlich nachlassender Kräfte nach den Anstrengungen der Kriegszeiten über einen Rücktritt nach. Angeblich sagt er bei einem privaten Abendessen nach 1945 sogar einmal, Molotow solle doch übernehmen, er sei deutlich jünger (zwölf Jahre, um genau zu sein). Doch der heraufziehende Kalte Krieg bringt Stalin wieder von dieser Überlegung ab, er sieht sich selbst herausgefordert, das Land auch noch durch diese Krise zu steuern, weil er das keinem seiner Stellvertreter zutraut. Auch Molotow nicht.
Als Stalin im Herbst 1945 den ersten längeren Urlaub seit 1936 im Süden der Sowjetunion antritt, fungiert Molotow als sein Vertreter in den meisten Staats- und Parteibelangen. Die westliche Presse, umfassend in die psychologische Kriegsführung des Westblocks gegen die Sowjetunion schon damals eingebunden (die wenig später gegründete CIA übernimmt ein Netzwerk von Zuträgern und Kollaborateuren in allen großen Medienkonzernen der USA und Großbritanniens, das später auch auf Kolonien wie die BRD ausgedehnt wird; dieses Netzwerk wird für seine Dienste fürstlich entlohnt), unkt sofort, Stalin sei amtsmüde, und die Frage einer offiziellen Ernennung Molotows zum Nachfolger nur noch eine Frage der Zeit. Stalin, obwohl mit den Mechanismen der Westblockpresse vertraut, ärgert sich dennoch über diese Berichte. Die Gerüchte verdichten sich, als Molotow auch die zentrale Rede zum 28. Jubiläum der Oktoberrevolution im November 1945 hält. Auch aus der Ferne beobachtet Stalin die Situation sehr genau, und hält mit Kritik an Einzelentscheidungen und Verhaltensweisen von Molotow und den anderen Spitzenfunktionären nicht zurück. Als in der

westlichen Presse dann auch noch berichtet wird, Molotow habe sich für die Aufhebung der Zensur in der Sowjetunion ausgesprochen (was nur ein Gerücht war), platzt Stalin der Kragen und er zitiert ihn zu sich. Er fragt Molotow, was er sich dabei gedacht habe. Als dieser darauf verweist, dass er nichts dergleichen gesagt habe, glaubt ihm Stalin nicht.

Als Stalin Anfang Dezember 1945 immer noch nicht zurück in Moskau ist, verdichten sich die Spekulationen in der Westblockpresse einmal mehr. Diese verstummen erst, als er Ende Dezember 1945 zurückkehrt und ganz selbstverständlich wieder die Leitung der Sowjetunion übernimmt. Ein Jahr später wird Molotow in eine kleinere Affäre verwickelt, als im Zuge der zaghaften Liberalisierungen in der Nachkriegssowjetunion einige sowjetische Wissenschaftler neueste Erkenntnisse über Möglichkeiten zur Bekämpfung von Krebs an westliche Kollegen übermitteln zwecks Meinungsaustausch, und dafür von Berija des Verrats von Staatsgeheimnissen verdächtigt werden. Diese werden nach einem dreitägigen Schauprozess zwar nur abgemahnt, doch es ist klar, dass dieser Weg nicht weiter beschritten werden soll. Von 1948 an verdichten sich die Zeichen, dass es mit dem Verhältnis von Stalin zu Molotow nicht mehr zum Besten steht. Statt Molotow persönlich abzustrafen, zielt Stalin mit Hilfe Berijas auf dessen Frau Polina. Insbesondere ihre Verbindung zum Jüdisch-Antifaschistischen Komitee wird nun problematisiert. Schon seit 1939 ist Polinas weitere Karriere im Staatsapparat ins Stocken geraten. Sie verliert ihren Status als Kandidat des Zentralkomitees auf der 18. Parteikonferenz im März 1941. Dennoch bleibt sie von 1939 bis 1948 Vorsitzende der Hauptverwaltung für Textilindustrie innerhalb des Ministeriums für Leichtindustrie der Sowjetunion. Molotow erhält natürlich auch den Bericht über angeblich staatsfeindliche Umtriebe des Jüdisch-Antifaschistischen Komitees vom Minister für Staatssicherheit, Abachumow, im März 1948. Stalin verlangt nun von Molotow, dass dieser sich von seiner Frau, der Mitwirkung bei den staatsfeindlichen

Umtrieben des Komitees vorgeworfen wird, scheiden lassen soll. Molotow und sein Frau, beide überzeugte Bolschewiken und Parteisoldaten, kann das trotz persönlicher Härten nicht schrecken. Von Polina ist überliefert, dass sie auf die Nachricht hin gesagt haben soll, wenn die Partei das verlange, willige sie in die Scheidung ein. Die Scheidung wird wenig später rechtskräftig, und Polina zieht aus Molotows Wohnung aus (auch wenn beide dennoch weiter Kontakt haben). Die Situation verschärft sich, als sich Polina, nach wie vor prominentes Mitglied der jüdischen Gemeinde der Sowjetunion, im November 1948 mit einer alten Schulfreundin, der nunmehrigen israelischen Botschafterin in der Sowjetunion, Golda Meir, privat zusammentrifft. Auch dies wird ihr angesichts der damaligen Stimmung negativ ausgelegt. Hierfür wird ihr Ende 1948 die Parteimitgliedschaft gekündigt. Als die Abstimmung über die Beendigung ihrer Parteimitgliedschaft im Umlaufverfahren innerhalb der Parteispitze durchgeführt wird, enthält sich Politbüromitglied Molotow, was ihm Stalin zum Vorwurf macht. Molotow entschuldigt sich wenig später bei Stalin dafür, als dieser den Sachverhalt in der erweiterten Parteiführung, zu der mittlerweile auch Bulganin, Kossygin und der 1950 hingerichtete Professor Wosnessenski gehören, bekannt macht. Molotow erklärt in seiner Selbstkritik, er habe dabei die Interessen der Partei und des Staates nicht ausreichend berücksichtigt, und entschuldigt sich dafür, die fehlerhaften Handlungen Polinas im Umgang mit antisowjetischen jüdischen Nationalisten nicht rechtzeitig verhindert zu haben. Nach Stalins Tod darauf angesprochen, bleibt Molotow bei seiner Meinung, er habe der Parteidisziplin zu gehorchen gehabt. Polina wird nach Kustanai (nördliches Kasachstan) verbannt und verbringt dort fünf einsame Jahre. Angeblich lässt Molotow in dieser Zeit die Mahlzeiten bei sich zu Hause immer für zwei Personen anrichten, um sich daran zu erinnern, »dass sie wegen mir leidet«.

Stalin degradiert Molotow (1949)

Anfang 1949 folgt die direkte Bestrafung Molotows. Zwar wird er nicht hingerichtet, wie das während der großen Säuberungen unweigerlich der Fall gewesen wäre. Aber er verliert am 4. März 1949 sein Amt als Außenminister. Dennoch bleibt er stellvertretender Vorsitzender des Ministerrats, Zeichen, dass Stalin ihn nicht gänzlich fallen zu lassen gewillt ist, oder der Unentschlossenheit Stalins hinsichtlich der Behandlung Molotows. Mikojan wird am selben Tag von seinem Amt als Minister für Außenhandel entbunden. Die endgültigen Beschlüsse hierzu trifft die neue Führungsriege, zu der jetzt Malenkow, Berija und Bulganin gehören. Angeblich verdächtigt Stalin Molotow in dieser Phase sogar, ein US-Spion zu sein. Nachfolger Molotows als Außenminister wird Wyschinski. Molotow erhält von Stalin im April 1949 den Auftrag, sich im Büro des Ministerrats um Metallurgie und Geologie zu kümmern. Die Auswechslung von Molotow und Mikojan steht auch im Zusammenhang mit dem Plan Stalins, die Staatsführung zu verjüngen und personell zu erweitern. Zum einen, um die Gefahr einer feindlichen Machtübernahme innerhalb des Staatsapparats zu vermeiden, zum anderen um einen breiteren Pool möglicher Nachfolger zu etablieren und bei der praktischen Arbeit in der Staatsspitze auf ihre Führungsfähigkeiten hin zu prüfen. Die zunehmende Sprunghaftigkeit der Entscheidungen Stalins wird deutlich, als Molotow am 12. Juni 1949 wieder von der Zuständigkeit für Metallurgie und Geologie entbunden wird. Stattdessen soll er jetzt innerhalb des Büros das Außenministerium und die außenpolitische Abteilung des Politbüros betreuen.

Im Februar 1950 beauftragt ihn Stalin damit, sich um den Bereich der Ministerien für Transportwesen und Kommunikation zu kümmern, auch dieser Bereich wird jedoch knapp ein Jahr später wieder aufgelöst. Im März 1950 wird Molotow zusätzlich zum Leiter der Kommission zur Weiterentwicklung des Bahn- und Wassertransportwesens ernannt. Dennoch zieht Stalin ihn auch weiterhin zu Beratungen über außenpolitische Fragen heran. Der ehemalige Botschafter Trojanowski geht sogar so weit, die Entwicklung dahingehend zu interpretieren, dass nicht Molotow an Ansehen und Bedeutung verloren habe, sondern das Außenministerium, das nun nicht länger von einem Mitglied des Politbüros geführt wird. Dass Molotows Entlassung als Außenminister also fast schon eine Beförderung war, eine Maßnahme, um ihm mehr Zeit für andere wichtige Aufgaben innerhalb der Staatsführung zu geben. Die Staatsführung wird mittlerweile von einem Septett um Stalin geleitet, zu dem nach wie vor Molotow, aber auch Berija, Bulganin, Kaganowitsch, Chruschtschow und Malenkow gehören. Während Stalins Ferien- und Erholungsaufenthalten fungieren die sechs als kollektive Staatsführung. Bei Konflikten innerhalb der Staatsführung hält Molotow meist zu Stalin. So als dieser 1951 Chruschtschows unausgegorenen Plan zur Errichtung von neuen Agrostädten kritisiert, in denen als erweiterte Sowchosen ganze städtische Strukturen innerhalb der Landwirtschaft auf der grünen Wiese mit einem ungeheuren wirtschaftlichen Aufwand errichtet werden sollen. Chruschtschow ist nachtragend und wird das Molotow nicht vergessen. Natürlich gehört Molotow auch zu den Gratulanten, die zu Stalins 70. Geburtstag im Dezember 1948 sich an Lobeshymnen geradezu überbieten. Molotows Beitrag ist dabei noch der zurückhaltendste. Molotows 60. Geburtstag 1950 wird dagegen in der Sowjetpresse kaum erwähnt, im Gegensatz zu seinem 50. Geburtstag 1940.

Stalins Tod und kollektive Staatsführung (1953)

Im Sommer 1952 fungiert Molotow als Vorsitzender einer Kommission zur Beurteilung von Saburows Vorschlag für den nächsten Fünfjahresplan, der auf dem 19. Parteitag 1952 diskutiert werden soll. Beim Parteitag im Oktober 1952 übernimmt Molotow das Präsidium während der Eröffnungszeremonien, wie bei den vorigen Parteitagen, hält allerdings keine Rede. Die wichtigsten Beiträge auf diesem Parteitag stammen von Saburow, Chruschtschow und Malenkow. Stalin selbst nimmt nur zu Beginn und am Ende des Parteitags an den Sitzungen teil. Im anschließenden Plenum des Zentralkomitees kündigt Stalin an, dass das aus 11 Mitgliedern und einem Kandidaten bestehende Politbüro künftig durch ein aus 25 Mitgliedern bestehendes Präsidium ersetzt werden soll, geleitet von einem neun Mann starken Präsidiumsbüro. Molotow wird Mitglied des Präsidiums, aber nicht des Leitungsbüros. Mit der erweiterten Führungsmannschaft soll die Verbindung von Partei und Staat beziehungsweise Wirtschaft verbessert werden, und eine neue Generation an die Staatsführung herangeführt werden. Ob Stalin damit erneut die Gefahr des Aufkommens eines starken Mannes verhindern will, ist nicht belegt. Mit derlei Spekulationen füllt sich nun die Westblockpresse. Stalin äußert sich jetzt erneut wiederholt kritisch über Molotow (und Mikojan).

Dennoch nimmt Molotow an den beiden einzigen Sitzungen des Präsidiums des Zentralkomitees teil, die vor Stalins Tod noch im November und Dezember 1952 stattfinden. Auf der ersten wird er zum Mitglied des Präsidialkomitees für Auswärtige Politik gewählt. Auch wenn sie keine führenden Ämter mehr innehaben, so nehmen Molotow und Mikojan dennoch weiter an den informellen Zusammentreffen in Stalins Datscha teil, wo in zwangloser Runde die anstehenden Staats- und Parteiprobleme besprochen werden. Molotow gerät nochmal in Angstzustände, als im engsten Umfeld Stalins der »Skandal der Doktoren« losgetreten wird, eine Verleumdungskampagne gegen die Ärzte des medizinischen Teams im Kreml, ein Großteil davon jüdischer Abstammung, die angeblich der Staatsführung nach dem Leben trachten. Für einen kurzen Moment kommt so etwas wie antisemitische Stimmung auf. Und Molotow hat Angst um seine Frau, von der er schon länger keine Nachricht mehr erhalten hat. Er ist sowohl erleichtert als auch noch besorgter, als sie dann nach Moskau zurückgebracht wird, um dort vor Gericht gestellt zu werden, wegen angeblich antisowjetischer Umtriebe. Im Februar 1953 nehmen Milizbeamte auch den ehemaligen sowjetischen Botschafter in Großbritannien, Maiski, unter dem Vorwurf antisowjetischer Spionage fest. Doch das Leben des 75-jährigen Stalin geht in diesem Frühjahr 1953 zu Ende, und damit auch die unmittelbare Lebensgefahr für Polina. Am 1. März 1953 erleidet Stalin einen Schlaganfall, an dessen Folgen er am 5. März 1953 stirbt. Für die sozialistische Welt ein großer Schlag, zu übergroß ist er von der eigenen Propaganda als Vaterfigur aufgebaut worden. Ein Großteil der Bevölkerung kommt sich plötzlich verlassen vor – in anderen Teilen überwiegt natürlich die Erleichterung. Bis in die entfernte DDR sind die Auswirkungen zu spüren. Becher, Brecht und Heym schreiben hymnische Nachrufe, teilweise in Gedichtform, die Zeugnis von dieser Mischung aus Staatspropaganda und ehrlich empfundenem Schmerz ablegen. Brecht: »Den Unterdrückten von fünf Erdteilen, denen, die sich schon befreit haben, und allen, die für den Weltfrieden kämpfen, muss der Herzschlag gestockt haben, als sie hörten, ›Stalin ist tot‹«. Becher: »Durch die Erde ein Riss« (»Als es geschah an jenem 5. März, und leise, immer ferner schlug sein Herz«), Heym: »Ein Mann von solchem Format – als Mensch, als Parteiführer, als Wissenschaftler, Historiker, General und Staatsmann.« Molotow gehört nicht zum Organisationskomitee für die Begräbnisfeierlichkeiten, spricht jedoch als Dritter, nach Malenkow und Berija, an Stalins Sarkophag. Er scheint vielen in der Bevölkerung und in der Weltpresse der einzige aus der Sowjetführung zu sein, der ehrliche Trauer empfindet. Das Begräbnis findet an Molotows Geburtstag statt. Chruschtschow fragt ihn angeblich danach, was er sich zum Geburtstag wünsche, und erhält zur Antwort: »Polina«. Am nächsten Tag bringt Berija Molotows Frau zu ihm nach Hause, der Prozess gegen sie wird eingestellt. Aus Dankbarkeit wird sich Molotow für die verhafteten Angehörigen Berijas nach dessen Sturz und Hinrichtung einsetzen.

Wiederaufstieg

Schon am 2. März 1953, drei Tage vor Stalins Tod, als der Staats- und Parteichef im Koma liegt, wird der 62-jährige Molotow zu zwei Sitzungen des Präsidialbüros des Zentralkomitees hinzugerufen, auf denen Stalins Krankheit und mögliche Nachfolgeregelungen auf der Tagesordnung stehen. Es bedarf dreier weiterer Sitzung bis 5. März, um zu dem Entschluss zu kommen, etwas im Sowjetstaat noch nie Dagewesenes zu veranlassen: eine gemeinsame Sitzung von Zentralkomitee, Ministerrat und Präsidium des Obersten Rates (Sowjet). Die Sitzung unter Vorsitz des neuen starken Mannes Chruschtschow dauert nur vierzig Minuten, reicht aber aus, um die Strukturen in Staat und Partei neu aufzustellen. Die im engsten Zirkel vorbereiteten Personalia werden von den versammelten Körperschaften abgesegnet, ein Schachzug Chruschtschows, um mögliche Gegner von vornherein auszuschalten. Malenkow wird Regierungschef, seine Stellvertreter bilden Berija, Molotow, Bulganin und Kaganowitsch. Molotow wird wieder als Außenminister installiert. Die Büros des Präsidiums des Ministerrats und des Zentralkomitees werden ersatzlos abgeschafft. Molotow wird Mitglied des fünfzehnköpfigen Präsidiums des Zentralkomitees, und gehört nach Malenkow und Berija, aber noch vor Chruschtschow zum Kreis der Stellvertreter des Vorsitzenden. Wäh-rend allgemein Erleichterung herrscht und Euphorie angesichts des gelungenen Neuanfangs, zeigt Molotow nach Zeugenaussagen auch in diesem Kreis echte Trauer und sitzt die meiste Zeit bewegungslos im Kreis der Versammelten.
Auch die Kommission für Auswärtige Angelegenheiten wird bei dieser Gelegenheit aufgelöst, was Molotows Stellung als Außenminister stärkt. Wyschinski, Nachfolger und Vorgänger Molotows als Außenminister, wird zum Botschafter der

UdSSR bei den Vereinten Nationen in New York ernannt. Die neue Führungstroika Malenkow, Berija und Chruschtschow arbeitet in den Tagen um Stalins Tod eng zusammen. Berija veranlasst eine Reihe von Maßnahmen, die in der Rückschau als Beginn der »Entstalinisierung« der Sowjetunion bezeichnet werden. Dazu gehören kleinere Liberalisierungen von Presse und Kultur, und eine größere Entscheidungsfreiheit für die Führung der einzelnen Teilrepubliken der Sowjetunion und der Satellitenstaaten, bei gleichzeitiger Rücknahme der konsequenten Russifizierungspolitik der vergangenen Jahre. Berija geht es dabei darum, für die neue Führungsspitze, aber auch für sich selbst, Popularität zu erringen. Allerdings trifft er viele dieser Entscheidungen selbstherrlich, ohne Konsultation seiner Kollegen in der Führungsspitze, was insbesondere Chruschtschow alarmiert, der in Berija die größte Konkurrenz für die eigenen Ambitionen auf die absolute Führungsposition sieht. Bis heute ist unklar, welche Rolle Molotow für sich sieht zu diesem Zeitpunkt, welche Ambitionen ihn umtreiben, ob er ebenfalls nach der absoluten Führungsspitze strebt, die ihm zumindest nach dem Senioritätsprinzip zugestanden hätte. Sein Verhalten in den kommenden Monaten und Jahren gibt darüber keine klare Auskunft. Aufzeichnungen persönlicher Art aus dieser Zeit haben sich nicht erhalten oder sind bis heute nicht publiziert worden.

Malenkow, Berija und Molotow nutzen die Begräbnisfeierlichkeiten für Stalin am 9. März 1953 für verschiedene Friedensinitiativen angesichts steigender internationaler Spannungen. Malenkow spricht erneut am 15. März vor dem Obersten Sowjet, speziell über die politischen Herausforderungen hinsichtlich des Verhältnisses zur USA, die allesamt friedlich beigelegt werden könnten, bei etwas gutem Willen von beiden Seiten. Molotow entwickelt mit einer Arbeitsgruppe Verhandlungsvorschläge hinsichtlich eines Friedensvertrages für die seit 1950 zwischen den USA und China umkämpfte Halbinsel Korea. Der Krieg dort dient hauptsächlich einem Ziel. Nach dem Versickern der Milliardenprofite aus der Rüstungshausse im Zweiten Weltkrieg war die USA in eine Wirtschaftskrise gerutscht, angesichts von Abrüstung und ausbleibenden neuen Milliardenprofiten. Jetzt wird die Rüstungsmaschinerie für den Koreakrieg wieder angeworfen (daher wird dort auch keine Atombombe abgeworfen, das würde die profitable Auseinandersetzung viel zu früh beenden). Der neuerliche Rüstungsboom hat Auswirkungen bis in die Volkswirtschaften der Verbündeten hinein. Auch die BRD-Wirtschaft war unmittelbar nach den Feierlichkeiten zur Staatsgründung im Mai 1949 in eine Krise geraten. Die steil anziehende Nachfrage nach Rüstungs- und Konsumgütern durch den US-Krieg in Korea sorgt hier für den hocherfreut zur Kenntnis genommenen neuen Boom, der zusammen mit den zwischenzeitlich in Südamerika und der Schweiz gebunkerten, und jetzt repatriierten Blutmilliarden das vermeintliche westdeutsche »Wirtschaftswunder« auslöst – zu 99 Prozent auf externen Faktoren beruhend, daher eine der großen Geschichtsfälschungen des zwanzigsten Jahrhunderts, dieser speziell in der BRD so vergötterte Popanz »Wirtschaftswunder«, auf das man sein Selbstbewusstsein, seine Überheblichkeit gerade auch gegenüber der Deutschen Demokratischen Republik und ihrer Bevölkerung baut. Alles Mist, alles Lüge.

Die Staatsverschuldung der USA wird für den Koreakrieg erstmals nach dem Zweiten Weltkrieg deutlich erhöht – ein Prozess der bis in die unmittelbare Gegenwart anhält, und dazu geführt hat, dass die größte Volkswirtschaft der Welt mittlerweile Schulden in der atemberaubenden Höhe von 20 Billionen (!) Dollar aufgehäuft hat, die sie in absehbarer Zeit nicht zurückzahlen kann. Noch hält das Vertrauen der Kreditgeber, aber ohne eine belastbare, valide Entschuldungsstrategie dahinter, im Gegenteil. Denn auch unter Trump setzt sich das Schuldenmachen trotz anderslautender Wahlversprechen (was sind Wahlversprechen schon anderes als nur verlockend aussehende Köder fürs dumme Wahlvolk) fröhlich fort. Sollte sich in absehbarer Zeit allerdings der Wind drehen, und die Mehrzahl der Kreditgeber (wie China, größter einzelner Halter von US-Staatsschuldverschreibungen in Milliardenhöhe) zur Auffassung kommen, dass die USA nicht mehr in der Lage sein werden, künftig ihre Schulden im notwendigen Umfang zu bedienen, wird diese Volkswirtschaft einen krachenden, atemberaubenden Absturz mit Folgen für alle 200 übrigen Länder dieser Erde erleben. Doch zurück zur Situation in der Sowjetunion kurz nach Stalins Tod. Die sowjetischen Friedensinitiativen werden von der Führung der gerade glückselig im Rausch des Rüstungsbooms befindlichen USA (Friedensverträge gelten dort mittlerweile als gleichbedeutend mit Wirtschaftsflaute) hohnlachend abgewiesen. Eisenhower, Held des Zweiten Weltkriegs und mittlerweile US-Präsident, nennt in seiner »Chances for Peace«-Gegenrede vom 16. April 1953 unannehmbare Bedingungen für Aufnahme von Friedensverhandlungen. Selbst die *New York Times*, ansonsten wie die gesamte Westblockpresse als verlängerter Arm der Regierungspressestelle der USA beziehungsweise im Sinne der Westblockpropanda agierende Tageszeitung, setzt am 29. April 1953 den Vorwurf an die eigene Führung auf die erste Seite: »US-Regierung blockt sowjetische Friedensinitiative«, ein seltener Moment tatsächlicher Distanz zur eigenen Regierung, wie sie die Presse grundsätzlich auszeichnen sollte, es gerade im Westblock aber bis heute so gut wie nie tut. Berija verfolgt währenddessen – zu Molotows steigendem Ärger – eigene Friedensinitiativen. So plant er ein Geheimgespräch mit Tito zur Wiederaufnahme der Beziehungen zum Balkanstaat, die angesichts der eigensinnigen Politik Titos, lavierend zwischen beiden Blöcken, einige Jahre zuvor abgebrochen worden waren. Molotow blockt Malenkows Idee, plötzlich den österreichischen vom deutschen Friedensvertrag abzukoppeln und separat zu verhandeln und damit wichtige Verhandlungspositionen der UdSSR preiszugeben. Berija wirft Molotow angeblich intern zu dieser Zeit vor, unfähig zu sein, sich an die neuen internationalen Gegebenheiten anzupassen. Dabei zeigt sich in der Rückschau einer dieser fatalen Anfälle von Naivität aufseiten der Sowjetführung, wie sie später auch noch die Gorbatschow-Zeit insbesondere auszeichnen sollte (wenn man nicht so weit gehen will wie manche russischen Historiker, Gorbatschow rundheraus als US-Agenten zu bezeichnen, wofür es gute Gründe gibt). Der Glaube an ein »friedliches Nebeneinanderleben« von Ost- und Westblock ist von sowjetischer Seite immer schon ein Irrglaube, ein krankhafter Wahn, der im Zuge von Wunschdenken die unablässige Aggression, die unaufhörliche Wühlarbeit der Westblockstaaten zur Vernichtung der Sowjetunion ausblendet und die sowjetische Haltung kennzeichnet bis zu deren Zusammenbruch. Zwar gibt es keinen »Masterplan« dazu, wie ihn angeblich die Kundschafter Markus Wolfs jahrelang in westeuropäischen Regierungszentralen vergeblich suchten. Wohl aber eine informelle Absprache, die entweder den Augen der wachsamen Sowjetkundschafter entging, die auf östlicher Seite nicht ernst genommen wurde oder in ihrem ganzen fatalen Ausmaß nicht richtig erkannt wurde.

Das Trugbild der »friedlichen Koexistenz«

Der Westblock lullt die Sowjetunion und die gesamte östliche Staatenwelt speziell in den siebziger und achtziger Jahren planmäßig ein, und die naivsten in den jeweiligen Ost-Staatsführungen ließen sich auch einlullen, von wenigen Ausnahmen abgesehen. Was die Kundschafter Markus Wolfs übersehen hatten (einer der seltenen, aber umso fataleren Fehler der DDR-Nachrichtendienste), war die Rolle der SPD als verlängerter Arm der US-Führung im Hinblick auf die geplante Zerstörung des Ostblocks. Wie von US-Funktionär und SPD-Grande Egon Bahr schon in den fünfziger Jahren konzipiert, soll die »moralisch-propagandistische Falle«, der »Wandel durch Annäherung« nach den KSZE-Verhandlungen 1973 richtig zuschnappen, und das gesamte Ostblocksystem zusammen mit der US-Hochrüstung in eine ökonomisch und psychologisch zunehmend ausweglose Lage bringen. Eben in die von Bahr geplante grundlegende Delegitimierung, die, gepaart mit den erbarmungslosen US-Aufrüstungsrunden zur Zerstörung der Staatsfinanzen der UdSSR (»totrüsten«, Marke Reagan), dann tatsächlich den Zusammenbruch der Sowjetunion 1991 herbeiführt. Bahr prophezeit gegenüber ungläubigen US-Senatoren schon 1963 den absehbaren Zusammenbruch der Sowjetunion für die achtziger Jahre, für den Fall, dass die von ihm ausgearbeitete, perfide Strategie angewendet werde (wie es nach dem Wahlsieg des ebenfalls US-finanzierten Willy Brandt 1969 der Fall ist), und täuscht sich dabei nur um wenige Jahre.

Molotow ist auch für die Ausarbeitung der sowjetischen »Empfehlungen« an die ostdeutsche Führung zuständig, die angesichts der aufkeimenden Krise dort im Frühsommer

1953 das Schlimmste – den offenen, vom Westen massiv unterstützten Aufstand – abwenden sollen. Dazu gehört, das Tempo der Sozialisierung der ostdeutschen Wirtschaft und Gesellschaft zurückzunehmen, und wie in der Sowjetunion in den zwanziger Jahren eine Phase der Wirtschaftsliberalisierungen einzuschieben, um den Druck angesichts der auf Verbesserung gerade auch der Konsumgüterversorgung harrenden Bevölkerung (indoktriniert von der Westpropaganda, der zufolge es den Deutschen in der BRD schon wieder paradiesisch gehe, auch wenn das gelogen ist) zu mindern. Doch »Ulbricht & Co.« sind nicht in der Lage, die von der sowjetischen Seite empfohlenen Reformen schnell genug umzusetzen, weshalb der »Kessel« überkocht, was dann zu den Zuständen rund um den 17. Juni samt der Befreiung von Nazi-Kriegsverbrechern aus den Gefängnissen und massenhaftem Einsatz westlicher Agents Provocateurs führt, die nur durch den Einsatz der Sowjettruppen niedergerungen werden können. Im Westen wird seither der Mythos des »Volksaufstandes« gegen das »DDR-Regime« rund um den 17. Juni gepflegt, und damit ein weiteres Mal schamlose Geschichtsfälschung betrieben. Ende Juni 1953 verdichten sich in Moskau die Pläne der Clique rund um Chruschtschow, den als gefährlichen Konkurrenten im Rennen um die oberste Staatsführung wahrgenommenen Berija zu beseitigen. Zu Chruschtschows Verbündeten gehören Malenkow und Bulganin, Molotow schließt sich ebenfalls der Gruppe der Gegner Berijas an. Er hält vor allem dessen auf Populismus gründende übertriebene Liberalisierungen für existentiell gefährlich für die Sowjetunion. Am 26. Juni 1953 ist es so weit. Berija wird zu einem scheinbar regulären Sitzungstermin der Führungsmannschaft eingeladen, die nach den Plänen von »Chruschtschow & Co.« aber zu einem Tribunal über Berija umgemünzt werden soll. Molotow instruiert das bereitstehende Verhaftungskommando, bestehend aus hochrangigen Militärs rund um den Kriegshelden Schukow, die auf ein vereinbartes Zeichen hin in den Saal stürmen und Berija festnehmen sollen. Noch ist die Angst vor dem übermächtigen »Schurken« so groß, dass man sogar auf den Einsatz von Schusswaffen vorbereitet ist, da befürchtet wird, dass Berija ständig bewaffnet herumläuft – einer von vielen grundlosen Mythen, die über den mittlerweile zum Hauptfeindbild, zum Sündenbock und zum Generalschuldigen aufgebauten Berija verbreitet werden. Berija trifft ein, nimmt im Sitzungssaal Platz und muss zu seinem Erschrecken erkennen, dass er sich gerade auf eine imaginäre Anklagebank gesetzt hat, denn statt der angeblich harmlosen Tagesordnungspunkte werden nur seine angeblichen Vergehen der letzten Jahrzehnte aufs Tapet gebracht. Auch Molotow spricht sich gegen Berija aus. Dieser wird auf das vereinbarte Zeichen hin von Schukow und seinen Kumpanen verhaftet und verdeckt zu einer außerhalb Moskaus gelegenen Militärbasis gebracht, bevor man ihn in einem Bunker des sowjetischen Generalstabs einkerkert. Ein geheimes Tribunal urteilt ihn ab, Ende 1953 folgt die Hinrichtung.

Die Maßnahmen gegen Berija werden vom Plenum des Zentralkomitees Anfang Juli 1953 abgesegnet. Malenkow und Chruschtschow breiten das Tableau der Anklagepunkte aus. Auch Molotow ergreift das Wort und bezeichnet Berija wie gewünscht als Verräter und Feind der Sowjetunion. Nachdem das erledigt ist, geht der Machtkampf zwischen Malenkow und Chruschtschow während der nächsten Monate in die nächste Runde. Molotow schlägt sich wider besseren Wissens auf die Seite Chruschtschows. Dieser gibt sich in dieser »Wahlkampfzeit« verständnisvoll-moderat, und vermag damit die Mehrheit in der sowjetischen Staatsführung von sich zu überzeugen. Er hält sich auch aus der Außenpolitik heraus, die Molotows Domäne ist. In seinen Memoiren schreibt Chruschtschow, dass Molotow ihn schon 1939 zum stellvertretenden Außenminister machen wollte, damit bei Stalin aber nicht durchkam. Und dass Molotow derjenige

Politiker der alten Garde gewesen sei, vor dem er den meisten Respekt gehabt habe. Nur um postwendend in merkwürdigem Widerspruch hinzuzufügen, dass die starrköpfige Fortführung stalinistischer Überzeugungen durch Molotow Zeichen für dessen abgrundtiefe Dummheit und Unfähigkeit zum Wandel gewesen sei. Außenpolitisch bemüht sich Molotow tatsächlich in Fortführung Stalinscher Ideen, die Wiedervereinigung der getrennten Teile Ost- und Westdeutschlands im Gegenzug zu deren Entmilitarisierung und Blockfreiheit herbeizuführen. Was im Westblock nicht verstanden wird. Nach zwei Aggressionskriegen von deutscher Seite im 20. Jahrhundert ist die Entmilitarisierung Deutschlands für die Sowjetunion das bei weitem wichtigste außenpolitische Ziel, für das die Führung bereit ist, enorme Zugeständnisse zu machen. Im Westen wird der Vorstoß als typische sowjetische Propagandaaktion abgetan und die Wiederbewaffnung Westdeutschlands und dessen Einbindung ins neue westliche Aggressionsbündnis NATO weiter vorangetrieben. Bei einem Außenminister-Treffen der vier Großmächte Anfang Februar 1954 in Berlin, dem ersten seit 1949, vertritt Molotow samt seiner über siebzig Mann starken Delegation die Auffassung, dass vor konkreten Verhandlungen über die Friedensverträge für Deutschland und Österreich erst über die allgemeine Verminderung der internationalen Spannungen gesprochen werden müsse. Daher setzt er Aussprachen über einen neuen Vertrag zur kollektiven Sicherheit in Europa auf die Tagesordnung, der westliche und östliche Staaten umfassen soll. Diese Europäische Gemeinschaft soll sich verpflichten, jede Aggression gegen eines ihrer Mitgliedsländer kollektiv abzuwehren. Im Gegenzug können aus sowjetischer Sicht die NATO, die westlich aufgesetzte Europäsiche Verteidigungsgemeinschaft und alle seit 1945 eingerichteten US-Basen quer durch Europa und die Türkei aufgelöst werden. Er geht so weit, eine Mitgliedschaft der USA – wie er sie zuvor lautstark bekämpft hatte – in dieser Europäischen

Verteidigungsallianz zu akzeptieren, und kündigt sogar an, alternativ könne man sich eine Mitgliedschaft der UdSSR und ihrer Verbündeten in der NATO vorstellen.
Es war absehbar, dass das auf höhnische Ablehnung durch die Westblockstaaten stößt, ist die NATO doch vor allem und zuerst ein antisowjetisches Bündnis, das durch die Aufnahme der UdSSR ihren Sinn verloren hätte beziehungsweise erst ihrem eigentlichen Sinn, ein europäisches Verteidigungsbündnis zu sein, näher gebracht worden wäre. Ähnliche Vorstöße von sowjetischer Seite gibt es drei Jahrzehnte später in der Gorbatschow-Zeit, mit demselben Ergebnis. Allerdings nicht mehr hohnlachend, sondern durchaus höflich wird das sowjetische Ansinnen dennoch rundheraus abgelehnt. Und es geht nach 1991 noch einen Schritt weiter: Statt die NATO aufzulösen, da nunmehr ihr eigentlicher Daseinsgrund, die Sowjetunion samt ihrer Satellitenstaaten, aufgehört hatte zu existieren, wird diese nicht nur fortgeführt, sondern auch noch um viele aus der Konkursmasse der UdSSR hervorgehende Staaten erweitert, und die NATO-Basen samt US-Militär und Atomwaffen immer näher an die nunmehr russischen Grenzen aggressiv herangeschoben. So viel zum Thema »Friedensliebe« auf westlicher Seite. Molotow kann einen großen Sieg verbuchen, als sich die Westblockmächte bereit erklären, die Neutralität Österreichs im Gegenzug zum Friedensvertrag und dem Abzug der dort nach wie stationierten sowjetischen Truppen zuzustimmen – was natürlich nur unter dem Hintergedanken geschieht, die dort dislozierten Sowjettruppen möglichst weit zurückzudrängen, auch um den Preis der »Neutralität« Österreichs, die faktisch nie wirklich bestand (man empfindet an der Donau immer als zum westlichen Lager gehörig), und nach 1991 schnell auch formal einkassiert wird (das Land wird 1995 EU-Mitglied). Aus sowjetischer Sicht ist das den Preis wert, dass der Block der westlichen Staaten vorerst nicht um den Vorposten Österreich erweitert werden kann. Beim Treffen der Außenminis-

ter in Genf im Frühsommer 1954 wurde erstmals auch das seit 1949 von den siegreichen Kommunisten regierte China eingeladen (der rechtsextreme Tschiang Kai Scheck wurde nach Taiwan abgedrängt und dort belassen). Damit erweitert sich die Gruppe der Ostblockstaaten bedeutend (eben um das bevölkerungsreichste Land der Erde).

Konflikt mit Chruschtschow (1954)

Ebenfalls im Frühsommer 1954 kommt es zu steigenden Spannungen zwischen Regierungschef Malenkow und Parteichef Chruschtschow. Letzterer arbeitet jetzt aktiv an der Ablösung Malenkows, und kann wenig später seinen Wunschkandidaten Bulganin durchdrücken. Zwischenzeitlich hat Molotow noch Chruschtschow selbst als neuen Regierungschef vorgeschlagen – über die Hintergründe dieses Vorstoßes herrscht bis heute Uneinigkeit. War der Plan Molotows, Chruschtschow damit von seiner Machtposition in der Partei zu verdrängen? Oder wollte er dem immer stärker aufkommenden Chruschtschow strategisch schmeicheln? Jedenfalls wird Bulganin gewählt und Malenkow in bewährter Manier auf den Posten des Ministers für Kraftwerkswesen abgeschoben. Aber Chruschtschow, einmal in Fahrt, nimmt sich nun auch den anderen bedeutenden Konkurrenten um die höchste Position im Staat vor: Molotow. Er zieht dazu planmäßig den Konflikt hoch. Auf dem Plenum des Zentralkomitees vom Juli 1955 beklagt Chruschtschow öffentlich, dass es buchstäblich keinen einzigen Politikbereich gebe, in dem Molotow ihm nicht widerspreche. Die direkten Auseinandersetzungen zwischen beiden beschränken sich zunächst auf die Bereiche Wohnungswesen und Landwirtschaft. So spricht sich Molotow vehement gegen den von Chruschtschow seit 1953 immer wieder wie eine fixe Idee vorgetragenen Vorschlag aus, zur Verbesserung der Lebensmittelversorgung der Bevölkerung mit ungeheurem Aufwand bisher landwirtschaftlich nicht genutzte Flächen unter den Pflug zu nehmen.

Molotow widerspricht bereits seit 1953 mit der Stimme der

Vernunft. Es sei weitaus vernünftiger, einen Bruchteil der für Chruschtschows Phantasieprojekt notwendigen Mittel in die traditionellen Landwirtschaftsregionen zu stecken, speziell in die weitere Mechanisierung der Ackerbestellung, in eine Verbesserung der Erntemaschinerie und der Lagerung von Getreide. Bis zum Ende der Sowjetunion wird dass Problem nicht gelöst, dass ein Gutteil jeder Ernte wegen mangelnder Sorgfalt beziehungsweise mangelnden Kapazitäten bei der Lagerung verfault oder sonst wie verdirbt. Die heutige moderne russische Landwirtschaft, die längst Anschluss an die modernsten Entwicklungen weltweit auf diesem Gebiet gefunden hat, wenn auch – zum Glück – unter konsequentem Ausschluss der von Putin höchstpersönlich untersagten Anwendung der Genmanipulation, die in den Westblocklandwirtschaften mittlerweil breiten Einzug gehalten hat, zeigt voller Stolz, dass sie in der Lage ist, Jahr für Jahr bedeutende Überschüsse zu erzielen. Diese versetzen Russland in die Lage, die USA seit einigen Jahren als bisher weltgrößten Getreideexporteur vom ersten Platz zu verdrängen. Und das sogar ohne die extrem fruchtbaren Schwarzerdegebiete der Ukraine, die derzeit für Russland nicht zugänglich sind – ein Zustand, der nicht ewig anhalten dürfte, angesichts der anhaltenden Misswirtschaft der vom Westblock per gewaltsamem Staatsstreich ins Amt geputschten Pornoschenko-Administration, die Mühe hat, auch nur annähernd den eigenen Verbrauch zu decken. Zudem ist der Tag absehbar, da es eine ungeheure Anfrage von Westblockverbrauchern nach garantiert genmanipulationsfreien landwirtschaftlichen Produkten aus Russland geben wird.
Molotow erzählt gegen Ende seines Lebens, dass er vergeblich versucht habe, Chruschtschow von der Unsinnigkeit seiner Pläne anhand von Statistiken zu überzeugen, dieser habe jedoch überhaupt nicht zugehört oder nicht verstanden, was er ihm habe sagen wollen. Chruschtschow habe nicht das intellektuelle Format gehabt, Fragen, die über banale Alltags-

dinge hinausgingen, zu beurteilen. Chruschtschow habe ihm vorgeworfen, von Landwirtschaft keine Ahnung zu haben, und dabei offenbar vergessen, dass Molotow über zwei Jahrzehnte ab 1920 hauptamtlich für Landwirtschaft zuständig war. Molotow zieht sich Chruschtschows Zorn aber insbesondere zu, als er über eine verbreitete Unzufriedenheit der Moskauer Bevölkerung mit der Versorgung mit Wohnraum vor dem Plenum berichtete, ist doch Chruschtschow weiterhin auch führend in der Moskauer Parteiorganisation tätig und damit zumindest indirekt auch für die Wohnraumsituation dort zuständig. Chruschtschow verfolgt den Plan (und setzt ihn später auch um), mit der massenhaften Errichtung einfach gebauter fünfstöckiger Wohnblocks (»Chruschtschowka« beziehungsweise »Chruschtschoba« als Wortspiel mit »Slum« in der damaligen Wohnraumplanung nach den leicht unterschiedlichen Typen 1-507, K-7, 1605-AM oder 1-MGSOO genannt) am Rand Moskaus und anderswo in der UdSSR und der sozialistischen Staatenwelt das Wohnraumproblem »ein für alle Mal« zu lösen. Auch hier hält es Molotow für vernünftiger, langsamer, aber nachhaltiger und etwas komfortabler zu bauen als die kaum Mindeststandards genügenden und bald schon Mängel aufweisenden *Chruschtschowkas*. Als Staatschef forciert Chruschtschow später die Entwicklung und lässt nicht weniger als 300 Millionen Quadratmeter Wohnraum in Form dieser Billigplattenbauten errichten. Diese Bauten machen auf dem Gebiet des heutigen Russlands immer noch zehn Prozent der gesamten Wohnfläche aus. Zunächst als Übergangslösung gedacht, werden sie mangels Ersatz bis heute genutzt – wofür die Bauwerke nicht ausgelegt sind, diese sollten gemäß ursprünglichem Plan nach maximal zwei Jahrzehnten durch höherwertigeren Wohnraum ersetzt werden. Dazu kam es angesichts der Wirtschaftsmalaise der Sowjetunion seit den späten siebziger Jahren nicht mehr.

Nach Staatsbesuchen in Warschau und Prag 1954 entdeckt

Chruschtschow das Gebiet der Außenpolitik für sich, und zwar als Möglichkeit, Molotow weiter zu schaden und ihn möglichst aus dem Weg zu räumen. Speziell am Dauerstreitthema in der Moskauer Führung, dem Verhältnis zu Jugoslawien, entbrennt jetzt neuerlich ein von Chruschtschow provozierter Konflikt. 1953 sind zwar normale diplomatische Beziehungen wieder aufgenommen worden, aber in dem Status wie zu bürgerlichen Nationen, nicht wie zu einer sozialistischen Brudernation. Molotow ist der Ansicht, Jugoslawien unter Tito habe schon 1948 den »richtigen Weg« verlassen und sei nicht länger als marxistisch-leninistischer Staat anzusehen. Diese Vorlage nimmt Chruschtschow gern auf und erklärt nun Kraft seines Parteiamtes im offenen Widerspruch zu Molotow Jugoslawien dem Geiste nach zu einem wahrhaft sozialistischen Land. Darüber hinaus lässt er im Zentralorgan *Prawda* einen Molotow-kritischen Artikel Titos nachdrucken. Molotow verlangt daraufhin, die jugoslawische Führung nach Moskau zu zitieren. Chruschtschow zieht es vor, Ende Mai 1955 mit großer Entourage nach Jugoslawien zu reisen und sich dort für seinen »liberalen« Kurs feiern zu lassen, muss allerdings bald ernüchtert feststellen, dass die jugoslawische Presse seine Redebeiträge bei den verschiedenen Konferenzen nach Belieben zensiert beziehungsweise kürzt, so dass es ins eigene Konzept passt. Auf dem Plenum des ZK im Juli 1955 kommt es zum scharfen Austausch rhetorischer Attacken. Molotow wirft Chruschtschow in außenpolitischen Dingen Ahnungslosigkeit vor und den Fehler, einfach das auszuplaudern, was ihm gerade durch den Kopf geht (was derzeit aktuell gerade vom amerikanischen Präsidenten Trump in »Meisterschaft« vorgeführt wird). Chruschtschow revanchiert sich, indem er Molotow vorwirft, eine selbstmörderische Außenpolitik zu betreiben, welche die gesamte restliche Welt gegen die Sowjetunion aufbringe. Der geschasste Malenkow nutzt das Podium, um seinem alten Widersacher Molotow vorzuwerfen, er habe Wahnvorstellungen und sehe

Jugoslawien als faschistischen Staat und Tito als Faschistenführer an. Das ist gelinde übertrieben. Aber Molotows Vorsicht, was die Linientreue von Staaten rund um die Sowjetunion angeht, ist nur zu gerechtfertigt, was sich gerade ein Jahr später, 1956, allzu deutlich zeigen wird. Am Ende stellt sich die Mehrheit des Plenumspräsidiums gegen Molotow, und er gibt eine seiner wie schon zu Stalins Zeiten üblichen Selbstkritikerklärungen ab. Inwieweit er diese selbst noch ernst nimmt, ist mangels autobiographischer Zeugnisse dazu aus dieser oder späteren Lebensphasen schwer zu entscheiden. Sie sind aber routinemäßig abgefasst, und machen aus heutiger Sicht einen fast schon ironischen Eindruck.
Doch diesmal ist die Sache damit nicht überstanden. Chruschtschow, einmal in Rage, setzt zu einer weiteren seiner berüchtigten improvisierten, aber deswegen nicht weniger beleidigenden Philippiken an und wirft Molotow vor, seit 34 Jahren im Politbüro herumzusitzen und die letzten zehn Jahre nichts als Unsinn von sich gegeben zu haben. Es sei an der Zeit, über eine Neubesetzung der Außenministerposition nachzudenken. Der zweite Sturz beziehungsweise die zweite Entlassung Molotows als Außenminister kündigt sich an. Doch vorerst behält Molotow seinen Sitz im Präsidium und sein Amt als Außenminister. Er begleitet Chruschtschow und Bulganin auf ihrer Reise zu den Friedensverhandlungen nach Genf im Sommer 1955. Offenbar geht die Anwesenheit Chruschtschows, der noch gar kein Staatsamt innehat, sondern weiterhin nur in der Parteiführung tätig ist, auf Molotows Initiative zurück. Auch hier liegen die eigentlichen Gründe im Dunkeln und lassen Raum zu Spekulationen. Wollte er den ungehobelten Choleriker Chruschtschow besänftigen? Oder wollte er ihn öffentlich vorführen, in seiner ganzen Doofheit? Am Ende kommt bei der Konferenz nur die Verabredung zu einem weiteren Außenministertreffen heraus, das Ende Oktober 1955 stattfindet, zu den Themen Europäische Sicherheit und der aus sowjetischer Sicht

nach wie vor offenen Deutschlandfrage. Molotow konzentriert sich dabei auf die Punkte Europäische Sicherheit und Kollektiver Sicherheitsvertrag. Doch die Ablehnungsfront der Westblockmächte lässt eine Verhandlungslösung nicht zu, auch diese Konferenz endet als Fehlschlag.
Die nächste Attacke wird von Chruschtschow-Adepten aus der zweiten Reihe geritten. Sie werfen Molotow vor, in einem Interview behauptet zu haben, in der Sowjetunion seien die Grundlagen des Sozialismus errichtet worden, statt korrekterweise auszudrücken, dass es sich bei der Sowjetunion längst um einen rundum sozialistischen Staat handle. Sie wollen ihn diesmal also in seinen Grundfesten treffen, in seinen Überzeugungen als parteitreuer Bolschewik, und ihm nachweisen, dass er die Parteilinie verlassen habe, ein zwar nicht mehr lebensgefährlicher Vorwurf (wie noch zu Stalins Zeiten), aber doch einer, der das definitive Ende einer Staatskarriere in Chruschtschows Sowjetunion einläuten kann. Sie beziehen sich dabei auf die Stalinsche Verfassung von 1936, wo eindeutig geschrieben sei, dass der Sozialismus in der Hauptsache schon längst erreicht sei. Der 65-jährige, in vielen Jahrzehnten der Kämpfe gehärtete Molotow macht seinem Namen Ehre und fährt eine Gegenattacke, der zufolge er sich keinen Millimeter von der Parteilinie entfernt habe, im Gegenteil. Schließlich seien die Worte »Fundamente« (*osnovy*) und Sozialismus in der Hauptsache (*v osnovnom*) engstens verwandt und aus seiner Sicht gleichbedeutend. Nun betritt Chruschtschow triumphierend die Bühne und hält Molotow vor, die Errungenschaften des Sozialismus lächerlich zu machen. Er zwingt ihn zu einer weiteren Selbstkritikerklärung, die Molotow umgehend in der Zeitschrift *Kommunist* öffentlich abgibt – darin hat er bekanntlich bereits jahrzehntelange Übung und seinerseits Chruschtschow in den vergangenen Jahrzehnten ebenfalls schon mehrfach dazu veranlasst.

Der 20. Parteitag und die »Entstalinisierung« (1956)

Chruschtschows Entwurf seines Rechenschaftsberichts für den 20. Parteitag, gleichzeitig seine Abrechnung mit dem »Stalinismus«, wird im Präsidium am 30. Januar 1956 diskutiert. Kaganowitsch, Woroschilow und Molotow gehören zu jener Minderheit, die es wagt, den Bericht des schon ziemlich selbstherrlichen und überheblichen Chruschtschow zu kritisieren. Molotow missfällt vor allem, dass Chruschtschow den historischen Ablauf der Ereignisse unter Stalin so darstellt, als sei der Zweite Weltkrieg keineswegs unvermeidbar gewesen, ein drastischer Bruch mit der bisherigen Parteilinie. Er fragt, wie sich Chruschtschow herausnehmen könne, Stalins Führungsleistung zu kritisieren. Die bloße Existenz »sozialdemokratischer« Regierungen in Großbritannien, Norwegen und der Schweiz sei keineswegs Zeichen dafür, dass die Weltrevolution einen neuen Anlauf unternehme. Im Gegenteil. Molotow hat ja schon seine Erfahrungen mit vehement antikommunistischen »Sozialdemokraten« in den Westblockländern gemacht, und sich in eigener Person davon überzeugen können, dass diese nur ein Ziel haben, die Sowjetunion so schnell wie möglich zu zerstören, und den bürgerlichen Kapitalismus sozialdemokratischer Prägung (etwas menschenfreundlicher verbrämt als unter bürgerlichen Regierungen, die einfach nur den Profit der Besitzenden direkt mehren wollen) nach Osteuropa und über die gesamte Sowjetunion auszurollen, und möglichst bei der Gelegenheit die UdSSR – wie schon vom kaiserlichen Deutschland (bezüglich Russland) und so vielen anderen feindlichen ausländischen Mächten angestrebt – zu zerschlagen und in ihre Einzelteile zu zerlegen, um die Überreste umso besser ausbeuten zu können.

Ab Oktober 1955 schlägt Chruschtschow mehrfach vor, den Delegierten des 20. Parteitags »reinen Wein« über die »Verbrechen« des Stalinismus einzuschenken. Im Dezember 1955 setzt er eine Kommission ein, die diese Aufarbeitung, diese Abrechnung vorbereiten soll. Molotow stellt die einzig sinnvolle Frage: Cui bono? Wer soll davon profitieren? Die entscheidende Frage, wenn es um Chruschtschows Motivation geht, die »Entstalinisierung« einzuläuten. Denn diese besteht in erster Linie daraus, Chruschtschow selbst in die Annalen der Geschichte einzutragen, als »Held«, der die dunkle Epoche des Stalinismus überwindet. Heute wissen wir, dass Chruschtschow dabei zu einem beliebten Mittel gegriffen hat – der schamlosen Übertreibung Stalinscher »Verbrechen« einerseits, und gleichzeitig einer Minimierung seiner (durchaus nicht so unbedeutenden, wie von ihm selbst dargestellten) Rolle in dieser Phase der sowjetischen Geschichte. Chruschtschow saß damals mit im Boot, zählte zur unmittelbaren Führungsriege und war an allen Entscheidungen, die Stalin fällte, unmittelbar beteiligt. Chruschtschow spekuliert darauf, dass der Schock der Delegierten, ihren Übervater Stalin so plötzlich vom Sockel geholt und in die Abgründe der Verdammung gestürzt zu sehen, sie davon abhalten werde, Chruschtschows Rolle in der Stalin-Ära und seine Motivation, Stalin jetzt zur Unperson zu machen, zu hinterfragen. Und so kommt es auch. Aber noch ist es nicht so weit. Die Kommission soll sich zunächst einmal nur den Verbrechen Berijas widmen. In den Vernehmungen stellt sich bald heraus, dass Berija in den meisten Fällen, in denen ihm Verbrechen vorgeworfen werden, auf Anweisung Stalins handelte, so dass dieser – wie von Chruschtschow beabsichtigt – ebenfalls ins Fadenkreuz der »Ermittlungen« gerät. Molotow spricht sich wie Kaganowitsch und Woroschilow dagegen aus, die Delegierten des 20. Parteitags damit zu behelligen. Stalin habe das Land durch die schwierigsten Phasen seiner Geschichte geführt, es dabei mehrfach vor dem Untergang gerettet und sich als wahrer Schüler und Fortsetzer Lenins erwiesen. Die Opfer seien notwendig gewesen. Mikojan kräht daraufhin dazwischen, dass Molotow selbst Stalin bekanntlich immer unterstützt habe. Am 9. Februar 1956 diskutiert das Präsidium den von der Kommission vorgelegten Bericht. Er enthält eine Fülle von Beispielen für Stalins persönliche Verantwortung hinsichtlich des »Großen Terrors« der dreißiger Jahre. Chruschtschow beharrt darauf, die »Wahrheit« öffentlich zu machen. Molotow ergreift als erster das Wort und erklärt, man solle doch bitteschön auch betonen, dass alle in diesem Raum versammelten die letzten dreißig Jahre unter Stalin in der Führungsspitze der Sowjetunion zugebracht hätten und daher direkt ebenfalls verwickelt seien, wenn schon. Das Land sei mittlerweile industrialisiert, Schulbildung für jedermann ermöglicht, die Hungersnöte überwunden. Immerhin habe bei Stalins Tod bezeichnenderweise große Trauer im Land geherrscht, und die Kritik am »Persönlichkeitskult« müsse man doch bitteschön in den Kontext der Vorläuferschaft von Marx und Lenin stellen, die nicht weniger von Personenkult, und völlig zu Recht, umgeben seien. Kaganowitsch und Woroschilow schließen sich seiner Meinung an. Doch das Präsidium beschließt mit einfacher Mehrheit, dass Chruschtschow den Bericht den Delegierten des Parteitags in einer geschlossenen, nichtöffentlichen Sitzung verlesen soll. Ein Entwurf wird am 23. Februar herumgeschickt.

Als der Parteitag dann zwei Tage später in geschlossener Sitzung mit der Verlesung des Berichts durch Chruschtschow konfrontiert wird, sitzt Molotow mit versteinertem Gesicht unter den Führungskadern auf der Bühne. Molotow wird darin zweimal erwähnt. Einmal als Empfänger von Stalins Telegramm von 1936, indem er die Absetzung Jagodas und dessen Ersetzung durch Jeschow ankündigt, und zum anderen als Stalin-Opfer nach dem 19. Parteitag. Molotow meint rückblickend, wenn er die offene Konfrontation mit

Chruschtschow auf dem Parteitag gesucht hätte, wäre er sofort aus der Partei ausgeschlossen worden. Das wäre seinem Plan zuwider gelaufen, innerhalb der Partei für eine Änderung der Dinge einzutreten. Leider wird sein Schweigen stattdessen als stummes Eingeständnis seiner Schuld interpretiert, obwohl es so nicht gemeint war. Im Gefolge des Kongresses wird Molotow mit der Leitung zweier Kommissionen beauftragt. Einmal zur Untersuchung der Ermordung Kirows 1934 (hinsichtlich einer Verwicklung Stalins in die Ermordung Kirows), und zum anderen zur Überprüfung der Bucharin- und Sinowjew-Kamenew-Prozesse. Die erste kommt zu dem Resultat, dass Nikolajew auch weiterhin als Einzeltäter anzusehen sei und es keinen Beleg für die Verwicklung Stalins gebe, die zweite befindet, dass es keinen Anlass gebe, die Prozesse wieder aufzurollen. Gleichzeitig kommt es in Folge von Chruschtschows Geheimrede und der Demontage Stalins in Georgien, der Heimat des »Stählernen«, zu gewalttätigen prostalinistischen Aufständen. Bei Zusammenstößen mit der Miliz kommen zwanzig Demonstranten ums Leben, sechzig werden verletzt, viele hundert inhaftiert. Chruschtschow wird Molotow vorwerfen, dass einige Demonstranten Schilder hochhielten mit der Aufschrift »Molotow soll Staatschef werden« und »Molotow soll Parteichef werden«.

Erneuter Sturz (1956)

Der längst verabredete Besuch Titos in der Sowjetunion ist für den 1. Juni 1956 angesetzt. Im Vorfeld setzt Chruschtschow zur entscheidenden Attacke auf Molotow an, der nicht mehr tragbar sei in seiner Rückwärtsgewandtheit. Er wirft Molotow am 25. Mai 1955 vor, er sei ein schwacher Außenminister (bessere Argumente hat Chruschtschow zu keinem Zeitpunkt), er lege Großmannssucht und Herrenattitüden an den Tag, die mit den Überzeugungen eines wirklichen Bolschewiken unvereinbar seien. Außerdem sei er faul – der wohl absurdeste Vorwurf gegen das »Arbeitstier« Molotow. Am 28. Mai wird Molotows Amtsführung Gegenstand einer Präsidiumssitzung, in der sich die meisten Mitglieder (zumindest soweit sie zu Chruschtschows Moskauer Gefolgschaft gehören) gegen den weiteren Verbleib Molotows auf dem Amt des Außenministers aussprechen. Schepilow oder Suslow sollen ihn ersetzen. Mikojan spricht sich dagegen aus, hauptsächlich, weil er weder Schepilow noch Suslow für geeignete Kandidaten hält. Chruschtschow schließt die Diskussion mit der Bemerkung ab, er habe sowieso nie verstanden, worauf sich Molotows angeblicher Ruf als diplomatischer Könner gründe. Am 1. Juni 1956 wird Molotow als Außenminister abgesetzt und durch Schepilow ersetzt, der dann auch gleich die Honneurs für den Tito-Besuch übernimmt. Offenbar wollte Chruschtschow Tito nicht zumuten, von Molotow als Außenminister begrüßt zu werden. Angeblich geschieht die Ablösung Molotows aber – so das offizielle Kommuniqué – auf dessen eigenen Wunsch.

Molotow bleibt jedoch auch jetzt – wie nach seiner ersten Entlassung – aktiv in der Mitgestaltung der sowjetischen Politik in der Staatsspitze. Gerade in der zweiten Jahreshälfte 1956, als die Krisen in Polen und Ungarn hochkochen, ist sein Rat wie-

der gefragt. Er reist mit Schukow, Mikojan und Kaganowitsch am 19. Oktober 1956 nach Warschau, um nach Auswegen aus der auf das ganze Land übergreifenden polnischen Krise zu suchen. Bei der Rückkehr nach Moskau am selben Abend spricht sich Molotow für Chruschtschows Plan einer Militärintervention der Roten Armee in Polen aus. Doch Chruschtschow ändert über Nacht seine Meinung (wie so häufig in seinem Leben), und entscheidet sich am nächsten Tag, Gomulka als neuen Regierungschef in Polen einzusetzen. Vier Tage später zeigt sich die ungarische Polizei den vom Westen finanziell und mit trainierten Agents Provocateurs massiv unterstützten Demonstrationen in Budapest und anderswo nicht gewachsen. Diesmal stimmen alle Präsidiumsmitglieder des Obersten Rates (Sowjets), mit Ausnahme Mikojans für eine Militärintervention. Mikojan und Suslow werden nach Budapest geschickt, um einen letzten Versuch zur friedlichen Beilegung der Krise zu unternehmen. Als die Krise bis 28. Oktober 1956 weiter eskaliert, wirft Molotow den Abgesandten Mikojan und Suslow vor, sich ungeschickt und defensiv verhalten, ja geradezu kapituliert zu haben, statt die sozialistische Sache offensiv zu vertreten. Am 30. Oktober stimmt auch Molotow dafür, die militärischen Aktionen vorerst zurückzufahren und einen weiteren Versuch der friedlichen Konfliktregelung zu unternehmen. Doch die erwartete Deeskalation tritt nicht ein, dafür verfestigt sich die Gefahr, dass Ungarn aus dem östlichen Verteidigungsbündnis ausscheidet und die Unruhen auf weitere östliche Länder übergreifen könnten. Als am selben Tag britische, französische und israelische Truppen Ägypten überfallen, um in einer gemeinsamen imperialistischen Aggression den gerade verstaatlichten Suezkanal zu »befreien«, und dafür von den USA zurückgepfiffen werden, die keinen »heißen« Krieg mit der Schutzmacht Ägyptens, der Sowjetunion gebrauchen können, schickt Chruschtschow erneut Truppen nach Budapest, um der Sache ein für allemal ein Ende zu bereiten.
In der Diskussion über Ungarn zeigt sich Chruschtschow

einmal mehr ungehalten und beleidigend gegenüber Molotow (»seine Ideen sind gefährlich für den Weltfrieden«), der mit gleicher Münze zurückzahlt (»Genosse Chruschtschow, du solltest die Klappe halten und aufhören, so überheblich zu sein«). Das Ganze kocht 1957 nochmals hoch, als Chruschtschow Molotow endgültig aus der Staatsspitze vertreiben will, und dieser ihm einen unentschlossenen Zickzack-Kurs vorwirft, und die Auswirkungen der Handlungen der Sowjetunion auf die übrigen sozialistischen Staaten Osteuropas nicht zu bedenken. Am 21. Oktober 1956 wird Molotow zunächst jedoch erneut ministrabel, Chruschtschow beruft ihn als Minister für Staatskontrolle. Chruschtschow durchlebt zu diesem Zeitpunkt eine Schwächephase, sein Management der Krisen in Polen und Ungarn, aber auch der Missstimmung in der Sowjetunion, die teilweise in Demonstrationen mündet, sowie die notwendige Revision der allzu optimistisch-ehrgeizigen Ziele des sechsten Fünfjahresplanes haben seine Stellung unterminiert. Molotow spricht sich bei einer gleichzeitigen Expertenrunde über kulturelle Entwicklungen in der Sowjetunion ganz klar für eine Fortschreibung der Führungsrolle der Partei auch in künstlerischen Angelegenheiten aus, und gegen jegliche Liberalisierung und Individualisierung von Kunst und Kultur im Hinblick auf eine wie auch immer geartete Autonomie der Künstler, sondern im Gegenteil für deren dienende Rolle im Sozialismus beim weiteren gesellschaftlichen Auf- und Ausbau. Chruschtschows neueste Idee vom 28. Januar 1957, die Wirtschaftsministerien der UdSSR und der Teilrepubliken abzuschaffen und durch regionale Wirtschaftsräte zu ersetzen (in der Hoffnung, so das Wirtschaftswachstum wieder anzukurbeln), stößt bei Molotow auf scharfe Kritik. Bei einer Diskussion des Vorhabens am 22. März 1957 stellt Molotow die Frage, wie dann die zentrale staatliche Kontrolle der Wirtschaft sichergestellt werden soll – oder ob hier durch die Hintertür ein Manchesterkapitalismus eingeführt werden solle. Am

27. März wird das Projekt erneut diskutiert, erneut spricht sich Molotow dagegen aus, und qualifiziert es als unausgegorene dezentralisierende Spinnerei ab. Chruschtschow wirft Molotow einmal mehr Starrköpfigkeit und mangelnde Flexibilität im Denken und Handeln vor. Molotow habe mittlerweile jegliche Verbindung zur Realität verloren, sein Verhalten sei inakzeptabel. Chruschtschow peitscht nun sein Vorhaben durch und lässt es im Mai 1957 offiziell verkünden.

Chruschtschow soll entmachtet werden (1957)

Zu Lenins Geburtstag am 22. April 1957 veröffentlicht Molotow einen großen Artikel in der *Prawda*, unter dem Titel »Über Lenin«. Er lässt darin beiläufig durchblicken, dass er bekanntlich der einzige aus der aktuellen Sowjetführung sei, der noch das Glück hatte, mit Lenin selbst arbeiten zu dürfen, den er im April 1917 erstmals persönlich getroffen hatte. Er streift auch kurz Stalins »Fehler«, fügt aber hinzu, Fehler seien in komplexen Angelegenheiten und schwierigen internationalen Konstellationen kaum zu vermeiden. Niemand könne von sich behaupten, fehlerfrei zu sein. Die Auseinandersetzungen mit Chruschtschow setzen sich derweil fort. Es geht um Molotows neues Ministerium, eigentlich aber um Chruschtschows Stellungnahme zu den sowjetischen Abrüstungsvorschlägen, die Molotow zu weit gehen. Die Publikation eines weiteren Artikels von Molotow in der *Prawda* am 4. Mai 1957 wird kurzfristig verboten. Chruschtschow wirft Molotow einmal mehr Fehlverhalten vor, und dass er sich nicht an die vom Zentralkomitee vorgegebenen Richtlinien halte. In seiner Gegnerschaft gegen die wirtschaftlichen Regionalkomitees habe Molotow auch die Leninsche Vorgabe zur staatlichen Kontrolle gründlich missverstanden, ein Vorwurf, der den überzeugten Marxisten-Leninisten-Stalinisten Molotow besonders trifft.

Chruschtschow hängt sich am 22. Mai 1957 weit aus dem Fenster, als er bei einer Ansprache in Leningrad behauptet, die Milch-, Butter- und Fleischproduktion der UdSSR pro Kopf der Bevölkerung werde die der USA in wenigen Jahren übertreffen. Diese Ankündigung macht er ohne Absprache mit seinen Präsidiumskollegen öffentlich und stellt damit auch die Erkenntnisse der sowjetischen Statistiker auf den Kopf. Molotow lässt sich die Gelegenheit natürlich nicht entgehen, detailliert nachzuweisen, was für einen Unsinn diese Ankündigung darstellt. Doch Chruschtschow lässt sich dadurch nicht beeindrucken und wiederholt seine Ankündigung bei verschiedenen Gelegenheiten sogar noch. Der nun offenbar entstehende Plan, den freilaufenden Chrutschtschow abzusetzen, stößt auf Schwierigkeiten. Die Beziehungen zwischen den Protagonisten eines solchen Vorhabens, Molotow und Kaganowitsch, sind in den vergangenen Jahrzehnten gemeinsamer Arbeit in der Staats- und Parteiführung durchaus durchwachsen gewesen, und Molotow hatte auch den anderen Unterstützer, Malenkow, düpiert, als er bei dessen Sturz als Regierungschef nicht zu dessen Gunsten intervenierte. Problematisch an dem Vorhaben ist, dass die Armee unter dem von Stalin gestürzten und von Chruschtschow als Verteidigungsminister wieder eingesetzten Weltkriegshelden Schukow loyal zu Chruschtschow steht, ebenso das Innenministerium unter Kruglow und der KGB unter Berija-Nachfolger Serow.

Molotow versucht nun logischerweise, eine Anti-Chruschtschow-Mehrheit im Präsidium des Zentralkomitees zu organisieren. Während Chruschtschow auf Staatsbesuch in Finnland ist, gelingt der informellen Gruppe ein erster kleiner Sieg. Das Vorhaben Chruschtschows, in Österreich für wertvolle Devisen teure Maschinen für die Papierherstellung zu kaufen, wird abgelehnt. Nach Chruschtschows Rückkehr am 15. Juni 1957 wird auch dessen weiteres Beschaffungsvorhaben für westliche Werkzeugmaschinen abgelehnt. Chruschtschow merkt nun, aus welcher Richtung der Wind weht. Am 16. Juni findet die mit üppigen Feierlichkeiten begangene Hochzeit von Chruschtschows Sohn statt. Molotow, Malenkow, Kaganowitsch und Bulganin fallen dadurch auf, dass sie die Feierlichkeiten schon nach kurzer Zeit wieder verlassen. Zur erweiterten Gruppe der Kritiker Chruschtschows,

die ihm vor allem Selbstherrlichkeit, Alleinherrscherattitüden und Sprunghaftigkeit vorwerfen, gehören auch Kaganowitsch, Malenkow, Woroschilow, Schepilow, Saburow und Perwuchin. Damit haben sie die Mehrheit im elfköpfigen Präsidium. Am 18. Juni erhält Chruschtschow die Einladung zu einer regulären Sitzung des Präsidiums. Doch statt der vorgesehenen Tagesordnungspunkte kommt überraschend eine Generalkritik an Chruschtschow Verhalten aufs Tapet. Malenkow, Woroschilow und Kaganowitsch äußern sich unverhohlen negativ über Chruschtschow. Unterstützung bekommen sie von Molotow, der sich über die unaufhörlichen Provokationen Chruschtschows beklagt, und dessen Pläne zur Reform der Wirtschaftsadministration sowie dessen außenpolitische Ansichten als abenteuerlich bezeichnet. Es sei daher nicht mehr möglich, mit Chruschtschow an der Spitze der Partei weiterzuarbeiten. Dieser müsse abgesetzt und durch einen echten Bolschewiken ersetzt werden.
Chruschtschow reagiert zunächst geschockt, rettet sich dann aber mit der glücklichen Idee, die Sitzung unterbrechen und statt des Präsidiums nun angesichts der Bedeutung der anstehenden Entscheidungen das gesamte Zentralkomitees einzuberufen (in der seine Anhänger die Mehrheit haben). Damit ist der improvisierte Putschversuch schon gescheitert, auch wenn »Molotow & Co.« das zunächst nicht wahrhaben wollen. Das zeigt sich am nächsten Tag, als die Sitzung im von Chruschtschow gewünschten, erweiterten Rahmen fortgesetzt wird, und Molotow, der die Kritikpunkte erneut vorträgt, von einem Chruschtschow-Anhänger der Vorwurf gemacht wird, eine »Anti-Partei-Gruppierung« organisiert zu haben, und sich damit gegen Partei und Staat in der Sowjetunion zu stellen (was die Dinge natürlich auf den Kopf stellt, aber von der Mehrheit der Chruschtschow-Anhänger begeistert applaudiert wird). Das Plenum des ZK tagt fast eine ganze Woche lang, der Kampf wogt hin und her, einmal mehr zieht Chruschtschow die antistalinistische Karte

und zählt den Delegierten nun detailliert weitere angebliche Verbrechen Stalins auf – verschweigt dabei aber, dass er selbst zu den prominentesten Profiteuren der Stalinschen Säuberungen gehörte: er wurde 1939 anstelle des hingerichteten Postischew Kandidat des Politbüros, und ebenfalls 1939 als Nachfolger des hingerichteten Kossior KP-Chef in der Ukraine. Noch auf dem 19. Parteitag hatte ihn Stalin mit der ehrenvollen Aufgabe betraut, die anstehenden Änderungen des Parteistatuts vorzutragen. Nun schlägt die Stunde von Chruschtschows Speichelleckern: Suslow eröffnet die Attacke auf die nunmehr einhellig von Chruschtschows Anhängern mit dem vernichtenden (weil Fraktionsbildung insinuierenden) Epitheton »Anti-Partei-Gruppe« bedachte Gruppe um Molotow, gefolgt von Schukow, der der Gruppe erneut die zentrale Verwicklung in die Stalinschen Säuberungen vorhält. Molotows Antrag, dazu Stellung nehmen zu dürfen, wird abgelehnt. Unter dem Eindruck der gewandelten Verhältnisse rudert nun als erster Bulganin zurück und bestreitet, eine Gruppe mit Molotow zu bilden, gegen dessen landwirtschaftliche und außenpolitische Vorschläge er immer protestiert habe. Er sei auch keineswegs mit Molotow befreundet. Als nächste springen Saburow und Perwuchin ab, die sich nun von Molotow, Malenkow und Kaganowitsch distanzieren. Als Molotow endlich das Wort erteilt wird, sieht er sich einer geifernden Menge an Chruschtschow-Claqueuren gegenüber, die ihn permanent unterbrechen und beschimpfen. Doch der erfahrene Altbolschewik Molotow behält die Ruhe und trägt seine Rede unbeirrt vor. Den Vorwurf der Fraktionsbildung weist er mit Hinweis auf seine jahrzehntelangen treuen Dienste in der Partei- und Staatsführung zurück. Es handle sich bei den Kritikern Chruschtschows auch nicht um eine Fraktion von Abweichlern, sondern um verantwortungsbewusste Bolschewiken, die treu zur Partei stehen, aber nun Sorge haben, dass Chruschtschow die Karre bei weiterem Verbleib im Amt angesichts seiner erratischen Verhaltensweisen gegen die Wand fahren werde. Auch ein Erster Sekretär wie Chruschtschow müsse sich eine Überprüfung seiner Worte und Taten gefallen lassen, wie jeder andere Bolschewik. Was gar nicht gehe, sei, dass Chruschtschow alle Erfolge der sowjetischen Wirtschaft und Gesellschaft für sich beanspruche, die Verantwortung für Rückschläge aber grundsätzlich bei anderen suche. Statt sich mit kritischen Vorhaltungen auseinanderzusetzen, weise er diese pauschal zurück und beschimpfe Kritiker wahlweise als Karrieristen, Tunichtgute oder senile alte Säcke. Statt Bescheidenheit lege Nikita Sergejewitsch Arroganz an den Tag.

Als Molotow seine außenpolitischen Auseinandersetzungen mit Chruschtschow erläutern will, unterbricht ihn Schukow rüde und beschuldigt ihn erneut, zentral für die Stalinschen Säuberungen mitverantwortlich zu sein. Molotow entgegnet ruhig, er sei damals Mitglied des Politbüros und Vorsitzender des Rats der Volkskommissare gewesen – natürlich sei er mitverantwortlich, so wie jeder andere, der damals zur Führungsspitze um Stalin gehörte, also natürlich auch Chruschtschow. Auf einen Zwischenruf Chruschtschows hin sagt Molotow, dass das gesamte Politbüro für die Sanktionierung von Folter als Mittel zur Erlangung von Geständnissen verantwortlich gewesen sei. Chruschtschow antwortet, Molotow sei doch Stellvertreter Stalins gewesen, also treffe ihn die Hauptschuld. Als Schukow nun mit einem Blatt herumfuchtelt, einem Dokument aus dem Jahre 1945, in dem Molotow per Unterschrift die Einweisung von 126.000 deutschen Soldaten in Straflager für sechs Jahre genehmigt habe, erwidert Molotow, dass er stellvertretend für das gesamte Politbüro unterschrieben habe – angesichts der zahllosen, fürchterlichen Verbrechen von Wehrmachtssoldaten auf dem Gebiet der Sowjetunion (und anderswo) sei diese Strafe natürlich nur allzu gerechtfertigt und hätte im Gegenteil noch deutlich höher ausfallen können (Todesstrafe). Zudem sei allgemein bekannt und auch von Schukow schon bestätigt worden,

dass er, Molotow, Stalin im Zweifelsfall offen widersprochen habe, und dies deutlich öfter als andere Politbüromitglieder, öfter auch als etwa ein Nikita Sergejewitsch.
Als nächstes nimmt sich Molotow Chruschtschows außenpolitische Stümpereien vor. Chruschtschow habe wichtige Beschlüsse des 20. Parteitags einfach ignoriert, wenn ihm diese nicht in den Kram passten, und das Leninsche Prinzip missachtet, die eigene Außenpolitik an den offenen Widersprüchen im imperialistischen Lager zu orientieren. Stattdessen liege ihm nur an billigem Populismus, gerade auch hinsichtlich des westlichen Staatenbündnisses. So habe er bei den Verhandlungen mit den Vereinigten Staaten mutwillig Positionen anderer sozialistischer Bruderländer aufgegeben, habe sich vor der Westpresse über das eigene Außenministerium lustig gemacht, und sich nicht zuletzt bei Eskapaden wie dem gemeinsamen Saunabesuch mit dem finnischen Präsidenten völlig danebenbenommen und einer Führungsposition in der Sowjetunion unwürdig gezeigt. Chruschtschow erwidert, Molotow kritisiere jeden außer sich selbst. Seine Außenpolitik habe das Land in den Krieg geführt. Molotow erwidert, wenn Stalins Personenkult jetzt kritisiert werde, solle man bitteschön auch den mittlerweile entstandenen Personenkult um Chruschtschow in den Blick nehmen, und endlich zum bewährten Prinzip der Kollektivführung von Partei und Staat zurückkehren. Am 28. Juni wird die letzte Runde des Kampfes eingeläutet. Malenkow und Kaganowitsch unterwerfen sich, verlesen eine Selbstkritik. Molotow gibt den Kampf ebenfalls auf, räumt ein, dass der Versuch, Chruschtschow aus dem Amt zu drängen, falsch angefangen worden war, beharrt andererseits aber darauf, dass es legitim sei, Handlungsweisen von Spitzenfunktionären zu kritisieren. Ihm wird jetzt vorgeworfen, ein veritables Komplott eingefädelt zu haben. Molotow erwidert, als treues Parteimitglied habe er die führende Rolle der Partei immer anerkannt, die Interessen des Sowjetstaates verteidigt, und die von der

Partei vorgegebene Politik umgesetzt. Die angeblichen Verschwörer seien keine Geheimorganisation, sondern hätten sich in den zwei Wochen vor der Sitzung des ZK-Präsidiums zweimal getroffen. Es habe auch nie ein Komplott gegen die Staats- und Parteiführung gegeben, sondern nur die gemeinsam vertretene Überzeugung, dass Nikita Sergejewitsch der falsche Mann auf dem Posten des Ersten Sekretärs sei.

Schepilow, Perwuchin und Saburow knicken nun ebenfalls ein. Chruschtschows Scharfmacher Ignatiew wirft der »Anti-Partei-Gruppe« im Ton höchster Empörung vor, geplant zu haben, Kaganowitsch, Molotow oder Malenkow anstelle Chruschtschows als Ersten Sekretär zu ernennen, einen Parteigänger als KGB-Chef zu installieren, und Nikita Sergejewitsch angesichts dessen bäuerlicher Herkunft auf den Posten eines Landwirtschaftsministers (!) abzuschieben (was ja einer vergleichsweise milden Strafe gleichgekommen wäre).

Chruschtschow bleibt es vorbehalten, im letzten Redebeitrag die Vorwürfe nochmals zu bündeln. Die acht seien lächerliche Intriganten, aber keine Politiker von Rang, dennoch aber eine große Gefahr für die Partei (die immanenten Widersprüche in diesem Statement scheinen ihm nicht aufgefallen zu sein). Dann schießt er sich auf Molotow ein, in dem er seinen eigentlichen Feind sieht, und dem er die größte Schuld an der angezettelten Verschwörung zu schiebt. Der habe es nicht für nötig befunden, die freundschaftlichen Gefühle, die ihm Chruschtschow jahrelang entgegengebracht habe, zu erwidern. Zudem müsse man ihm Sabotage der Landwirtschaft vorwerfen, da er die genialen Vorschläge Chruschtschows zur Ausweitung der landwirtschaftlichen Nutzfläche seit vielen Jahren obstruiert habe. Molotow leistet sich hier einen Zwischenruf und erwidert: »Mit Fug und Recht!« Chruschtschow fährt fort, Molotow sei zwar ein unbeirrbarer Anhänger Stalins, aber dessen Politik sei vergleichsweise klug und flexibel gewesen, gerade was die Außenpolitik anging, im Gegensatz zum Genossen Molotow, dessen Außenpolitik

nur als abenteuerlich bezeichnet werden könne. Und dann habe dieser Mensch auch noch den Nerv, zur Verteidigung seines politischen Abenteurertums Lenin zu zitieren. Molotow sei ein gescheiterter Dogmatiker, der jeglichen Bezug zur Realität schon vor Jahrzehnten verloren habe.
Zudem habe Molotow den mit Abstand schleimerischsten Toast auf Stalin bei dessen 60. Geburstag 1938 ausgebracht. Molotow ruft dazwischen: »Warum liest du nicht deinen eigenen Toast von damals vor, Nikita Sergejewitsch?« Chruschtschow fährt fort, einmal mehr Molotow der Hauptverantwortung für den Stalinschen Terror zu bezichtigen, dass er mehr Hinrichtungslisten als jeder andere abgezeichnet habe (Molotow: »Kein Wunder, ich war ja als Vorsitzender des Rates der Volkskommissare dafür juristisch zuständig!«) und dass er eigenhändig Urteile nach Belieben verschärft habe, nur um Stalin zu gefallen. Molotow sagt in seiner Stellungnahme, Chruschtschows Darstellung sei extrem subjektiv. Die kollektive Führung von Partei und Staat sei seiner Meinung nach wie in der Vergangenheit in der Lage, die Sowjetunion vorwärts zu bringen beim Ausbau des Sozialismus, eingeschlossen der Beiträge des Genossen Chruschtschow, allerdings seien dessen Eigenmächtigkeiten der Grund gewesen für die Besorgnisse, die zu dem Versuch geführt hätten, ihn von seiner Position zu entfernen. Das sei also keine antiparteiliche Unternehmung gewesen, sondern im Gegenteil ein zum Wohle der Partei geplante. Dies begründe auch, warum man geplant habe, die Position des Ersten Sekretärs komplett abzuschaffen, da eine solche herausgehobene Position dem Prinzip der Kollektivführung widerspreche und autokratischen Tendenzen Tür und Tor öffne. Er habe dies mit verschiedenen Mitgliedern des Präsidiums besprochen, das sei aber noch lange keine Intrige, sondern nur ein Austausch von Gedanken und geteilten Sorgen. Er habe dabei zu keinem Zeitpunkt persönliche Interessen verfolgt, sondern nur solche von Partei und Staat. Am Ende wird Molotow förm-

lich aus dem Zentralkomitee verstoßen, Malenkow und Kaganowitsch bei den Neuwahlen nicht mehr aufgestellt. Die anschließend verabschiedete ZK-Resolution wird, wie die *Prawda* am nächsten Tag mitteilt, einstimmig angenommen, mit Ausnahme des Genossen Molotow, der sich enthalten habe. Ihm, und den anderen beiden wird Sektierertum, Dogmatismus und Scholastik vorgeworfen. Zudem sei es ihr Bestreben gewesen, zu Führungsformen zurückzukehren, wie sie der 20. Parteitag gerade verurteilt habe. Alle drei hätten versucht, mittels der von langer Hand geplanten Verschwörung ihre Verwicklung in die Verbrechen des Stalinismus zu vertuschen. Am 29. Juni 1957 werden alle drei aus ihren Ämtern als stellvertretende Regierungschefs entlassen, Molotow und Malenkow verlieren zusätzlich ihre Ministerposten. Molotow wird einige Monate später zum Botschafter in der Mongolei ernannt, vermutlich die schlimmste Strafe, die im Poststalinismus denkbar ist. Malenkow soll sich künftig um ein Kraftwerk in Kasachstan kümmern, Kaganowitsch um ein Düngemittelwerk im Ural.

Leben als Ausgestoßener (1957)

Chruschtschow tritt nach. Es reicht ihm nicht, Molotow aus seinen Regierungsämtern und aus Moskau zu vertreiben, er entzieht ihm auch die noble Wohnung im Stadtzentrum Moskaus. Alles geht so schnell, dass sich Molotow nicht um den Abtransport seiner großen und wertvollen Bibliothek kümmern kann, die spurlos verschwindet. Auch in der mongolischen Hauptstadt Ulan Bator verfolgt ihn noch die Rache Chruschtschows, der den anderen sozialistischen Ländern den freundlichen Hinweis gibt, Molotow nach Möglichkeit auszugrenzen. Das harte Klima in der Mongolei hinterlässt Spuren bei dem 67-jährigen Molotow. Er leidet unter immer wieder auftretenden Lungenentzündungen, Polina, die ihn nach Ulan Bator begleitet, muss sich Operationen unterziehen. Aber Molotow sitzt nicht schmollend in der Ecke, sondern pflegt intensive Kontakte zur Staats- und Parteiführung der Mongolei, zum Militär und zur Wirtschaft, nimmt am Kulturleben teil, unternimmt Reisen in alle Landesteile, schläft in den traditionellen Jurten. Währenddessen verschlechtern sich angesichts der zwiespältigen Politik der Sowjetunion gegenüber dem Abweichlerstaat Jugoslawien die Beziehungen zur Volksrepublik China. Auch hier erkennt der erfahrene Stratege Molotow seine Chance, und intensiviert nun seine Beziehungen zur chinesischen Botschaft in der mongolischen Hauptstadt. Er kann sich an fünf Fingern ausrechnen, dass sich das internationale Klima auch wieder ändern wird, und dann werden gute Beziehungen zu chinesischen Spitzenfunktionären, wie sie unter anderem aus dem Botschaftspersonal rekrutiert werden, nützlich sein. Als Altstalinist ist Molotow im Gegensatz zu Chrustschow bei den

Chinesen gut angesehen, diese nutzen ihn auch als informellen Draht in Moskauer Kreise hinein. Bei Chruschtschow kommt das natürlich weniger gut an, er wirft Molotow altstalinistische Anbändeleien mit den stalinistisch indoktrinierten Chinesen vor.
Chruschtschow versetzt ihn daher 1960 möglichst weit weg von China: Molotow wird nun Vertreter der Sowjetunion bei der Internationalen Atomenergiebehörde in Wien. Auch hier erwirbt Molotow sich als unermüdlicher Arbeiter und »Aktenfresser« schnell den Respekt des Botschaftspersonals, aber auch der UNO-Behörde. Als sich Chruschtschow im Sommer 1961 in Wien mit dem neugewählten US-Präsidenten Kennedy trifft, wird Molotow immerhin zu allen diplomatischen Begegnungen zugelassen, und nicht mehr ausgegrenzt, wie noch in Ulan Bator. Er beschäftigt sich weiterhin mit außenpolitischen Fragen und entwickelt schon 1959 die Idee einer sozialistischen Staatenkonföderation unter Einschluss der Volksrepublik China, als östlichen Vorläufer der Westblock-EU beziehungsweise der Eurasischen Union Putins. Wenig später wird Chruschtschow in der Presse damit zitiert, er habe gegenüber dem US-Vizepräsidenten Nixon Molotow für die Verzögerung der Unterzeichnung des österreichischen Staatsvertrages 1955 verantwortlich gemacht. Molotow protestiert offiziell bei der Zentralen Kontrollkommission der KPdSU gegen diese Verleumdung nach Art der »Menschewiki« (ein heftiger Vorwurf, der allerdings im Archiv der ZKK verschwindet). 1960 bietet er dem *Kommunist* einen großen Artikel zum 90. Geburtstag Lenins an. Doch der Abdruck wird abgelehnt, der Chefredakteur schreibt Molotow, er lege Zeugnis seiner abweichlerischen Haltungen ab, daher sehe man von einer Veröffentlichung im beiderseitigen Interesse ab.
Molotow beschäftigt sich auch mit dem Entwurf des neuen Parteistatuts, das auf dem kommenden 22. Parteitag verabschiedet werden soll. Er schickt eine lange Liste von Verbes-

serungsvorschlägen nach Moskau und bezeichnet das neue Statut als antirevolutionär, pazifistisch, revisionistisch und reaktionär. Er wendet sich vehement gegen die Vorstellung, der Zweite Weltkrieg sei vermeidbar gewesen – aus heutiger Sicht völlig zu Recht, die feste Entschlossenheit Hitlers, einen Krieg auch gegen die Sowjetunion zu führen, wie er sie seit den zwanziger Jahren oft genug öffentlich gemacht hatte, ist mittlerweile nicht mehr umstritten. Es gab daher tatsächlich keinen Weg für die Sowjetunion, den Krieg zu vermeiden, wollte man nicht gleich den ganzen Staat Sowjetunion opfern und sich kampflos ergeben. Molotow beharrt darauf, dass Lenin niemals an das mittlerweile in Mode gekommene, bequeme Konzept der »friedlichen Koexistenz« der Sowjetunion mit den kapitalistischen Ländern geglaubt habe, angesichts deren tödlicher Feindseligkeit der Sowjetunion gegenüber. Stattdessen müsse man den revolutionären Kampf der Arbeiterklasse weltweit aktiv unterstützen, und die Zahl der Länder, die sich für einen sozialistischen Weg entschieden, permanent erweitern. Die Entstalinisierung dominiert auch den 22. Parteitag, ist es doch ein bequemer Weg für Chruschtschow, von der immer offener zutage liegenden Tatsache abzulenken, dass der von ihm eingeschlagene Chaoskurs mit immer neuen Reformen und Reförmchen das Land in eine Sackgasse und in eine tiefe Wirtschaftskrise führt. Chruschtschow lässt jetzt in einer Nacht & Nebel-Aktion Stalins mumifizierten Leichnam aus dem Lenin-Mausoleum, wo er seit 1953 seine letzte Ruhestätte gefunden hatte, entfernen und an der Kremlmauer in einem Erdgrab beisetzen. Heimlich deshalb, weil man nach wie vor massive öffentliche Proteste dagegen befürchtet, angesichts der trotz aller Versuche Chruschtschows anhaltenden Popularität des Georgiers in der Bevölkerung. Viele Delegierte, handverlesene Anhänger Chruschtschows, plädieren dafür, der »Anti-Partei-Gruppe« die Parteimitgliedschaft zu entziehen, da sie sich ihrer nicht würdig erwiesen hätten. Chruschtschow lässt Molotow

derweil öffentlich in der *Prawda* kritisieren, diesmal für seine Zweifel an der Möglichkeit der »friedlichen Koexistenz«, die sich Chruschtschow als Motto für seine Regierungsära auf die Fahnen geschrieben hatte. Wenig später tritt dann das schon seit längerem Erwartete ein: Molotow wird seine Amtes in Wien enthoben und verliert zusätzlich auch noch seine Parteimitgliedschaft. Er legt dagegen dreimal Protest ein, vergeblich. Alle nach ihm benannten Städte, Fabriken und Institutionen bekommen einen neuen Namen.
Molotow steht allerdings weiterhin auf der Lohnliste des Ministeriums für Auswärtige Angelegenheiten, erhält allerdings keine Arbeitsstelle mehr. 1962 werden alle Molotow betreffenden Unterlagen im Parteiarchiv vernichtet, eine Art moderner *damnatio memoriae*. Noch als Rentner gibt sich Molotow unbeugsam, was seine Überzeugung anbelangt, dass Stalin Großes für die Geschichte der Sowjetunion veranlasst habe. Doch die Geschehnisse hinterlassen ihre Spuren. So erleidet er im Januar 1962 einen ersten Herzschlag. Nach dem Bruch zwischen Sowjetunion und Volksrepublik China wird berichtet, Molotow habe der Kritik Maos an den von Chruschtschow initiierten Entwicklungen in der Sowjetunion vorbehaltlos zugestimmt, und ebenso wie Mao dafür nur das Wort »Revisionismus« gefunden. China sei die einzige verbliebene Hoffnung für wahre Bolschewiken, nur dort werde der revolutionäre Geist am Leben gehalten. Im September 1963, 73-jährig, wird er endgültig in Rente geschickt. Seine Rente beträgt bescheidene 120 Rubel. (Zum Vergleich: Der Lohn von US-Agent und angeblichem Kennedy-Mörder Lee Harvey Oswald betrug während seiner Zeit als Fließbandarbeiter im Minsker Elektro-Kombinat »Horizont« wenige Jahre zuvor schon 700 Rubel. – Siehe: Johannes Seiffert: *Die größten Täuschungen der Geschichte*. Berlin 2016.). Da Polina ihre Parteimitgliedschaft mittlerweile zurückerhalten darf, wird ihnen auch die Wohnung im Prominentenwohnblock Granowski-Straße belassen (heute Wosd-

wischenka-Straße, unmittelbar westlich des Kreml, zwischen Manegenplatz und Arbat; zu ihren Nachbarn dort gehören Schukow, Budjonny und Timoschenko, Woroschilow, der frühere Verteidigungskommissar, wohnt in einem Nachbargebäude). Polina nimmt ihre Parteimitgliedschaft ernst, geht zu allen Treffen und Besprechungen ihrer Ortsgruppe. Dank ihrer Hartnäckigkeit kann sie durch mehrere Eingaben erreichen, dass ihre Pensionen auf 250 Rubel pro Person erhöht werden. Ihnen wird auch eine neue Datscha in der Ministeriumsanlage in Schukowka zugeteilt, für die sie allerdings einen kleinen Obolus bezahlen müssen. Angeblich trifft Polina in der Granowski-Straße eines Tages Chruschtschow (zu dessen Amtszeiten) auf der Straße, und drängt ihn, Molotow wieder in die Partei aufzunehmen. Dieser habe daraufhin ein Dokument aus der Innentasche seines Jacketts gezogen, das die Unterschrift Molotows unter verschiedene Todesurteile zeigte, so für Postischew, die Frau von Kossior und verschiedene andere Ukrainer. Swetlana Allilujewa, die später in die USA emigrierte abtrünnige Tochter Stalins, berichtet, noch Jahre nach Molotows Sturz habe Polina ihr gegenüber bei einem Besuch ihre Dankbarkeit zum Ausdruck gebracht, dafür, dass ihr Vater bei den Säuberungen die Fünfte Kolonne des imperialistischen Lagers vernichtet habe.
Polina stirbt 1970. Ihr Begräbnis wird in kleinem Rahmen begangen, immerhin nehmen Vertreter ihrer Parteizelle teil. Der 80-jährige Molotow hält bei der Gelegenheit die letzte öffentliche Rede seines Lebens, und rühmt ihre Arbeit für den Kommunismus und die UdSSR. Seine Pension wird jetzt auf 120 Rubel reduziert, allerdings 1977, anlässlich des 60. Jubiläums der Oktoberrevolution, wieder auf 250 Rubel erhöht. Seine Betreuung übernimmt Haushälterin Tanja, außerdem wohnt seine Nichte Sarah Michailowna bei ihm. Es gehen in Moskau in diesen letzten Lebensjahren Molotows Gerüchte um, er sei dabei, seine Memoiren zu schreiben. Man sieht ihn häufig im Hauptlesesaal der Leninbibliothek.

Allerdings bleibt ihm angesichts der seit seinem Rausschmiss fehlenden Parteimitgliedschaft das Kreml-Archiv verschlossen. Daher gibt er irgendwann wieder auf, da es ohne die dort lagernden Materialien keinen Sinn macht. Seine eigenen Unterlagen sind bei der Zwangsräumung seiner Wohnung zusammen mit der seiner Privatbibliothek 1957 verschwunden. Doch man sieht ihn weiterhin bei Spaziergängen auf den Straßen Moskaus, in Theatern und im Kino. Er hält jetzt nur noch zu geistesverwandten Stalinisten Kontakt, wie dem Dichter Feliks Tschujew, der später seine »140 Unterhaltungen mit Molotow«, entstanden zwischen 1965 und 1986, publizieren wird. Sie stellen das autobiographienächste Material dar, was es zu Molotow gibt. Er verfasst auch weiterhin Artikel über Lenin und den Leninismus, deren Publikation aber konsequent abgelehnt wird. Er beantragt in regelmäßigen Abständen, wieder in die Partei aufgenommen zu werden, was jedoch ebenfalls regelmäßig abgelehnt wird. Erste Anzeichen für eine Rehabilitation Molotows tauchen während Breschnews Amtszeit auf. Damals wird Molotow in den Neuauflagen der Sowjetischen Enzyklopädie wieder erwähnt (nachdem er zuvor mehrere Auflagen lang totgeschwiegen worden war). Wird zunächst noch kritisch auf seine Mitgliedschaft in der Anti-Partei-Gruppierung hingewiesen, so verschwinden diese negativen Anmerkungen im Lauf der siebziger Jahre.

Die letzten Lebensjahre

Im Juli 1984 wird der 94-jährige Molotow dann ins ZK-Gebäude am Alten Platz (Staraja Ploschtschad) in Moskau bestellt, wo ihn der ebenfalls greise Parteichef Tschernenko erwartet, der ihn in einem kurzen Gespräch von wenigen Minuten Dauer über die Entscheidung des Politbüros informiert, seine Parteimitgliedschaft wiederherzustellen. Die Periode seiner Nichtmitgliedschaft wird gelöscht, damit besteht erneut eine ununterbrochene Mitgliedschaft seit 1906 (also seit zu diesem Zeitpunkt 78 Jahren). Molotow ist nunmehr das Parteimitglied mit der längsten ununterbrochenen Mitgliedschaft der KPdSU beziehungsweise ihrer Vorgängerorganisationen. Er hat sich immer geweigert, eine Entschuldigung für seine »Verbrechen« zu Papier zu bringen, und meint jetzt gegenüber Tschernenko angeblich nur kurz angebunden, ihm sei nie klar gewesen, warum man ihm die Parteimitgliedschaft entzogen habe, noch sei ihm klar, warum man sie ihm jetzt wieder zuerkenne. Tschernenko berichtete allerdings davon abweichend, Molotow habe die Nachricht mit großer Freude und Emotion aufgenommen, er habe fast geweint. Im Juli 1986 – mittlerweile hatte Gorbatschow die Macht ergriffen – erscheint ein letztes Interview mit ihm in der Sowjetpresse. Der 96-jährige Molotow stellt darin fest, es gehe ihm gut, er plane hundert Jahre alt zu werden. Er stehe jeden Tag um 6.30 Uhr auf, mache zwanzig Minuten Gymnastik, und gehe dann mindestens eine Stunde spazieren. Er beschäftige sich nach wie vor mit marxistischer Literatur, halte sich über aktuelle Entwicklungen auf dem Laufenden, und freue sich, viel Zeit mit seinen Kindern, Enkelkindern und Urenkeln verbringen zu können.

Im Oktober 1986 wird Molotow ins Kunzewo-Krankenhaus eingeliefert, wo er am 8. November 1986, einen Tag nach dem 69. Jubiläum der Oktoberrevolution, verstirbt. Sieben Herzinfarkte hatte er überlebt, nun ist im biblischen Alter von 96 Jahren seine Lebensreise zu Ende. Die Nachrufe in den sowjetischen Zeitungen sind kurz, umso länger sind sie in der Westblockpresse, wo an sein langes, abwechslungsreiches, von unterschiedlicher Gunst der Götter geprägtes Leben erinnert, er aber generell negativ gezeichnet wird. Angeblich finden sich nur 500 Rubel auf seinem Bankkonto, gerade genug, um die Begräbniskosten zu decken. Sein Leichnam wird auf dem Prominentenfriedhof des Nowodewitschi-Klosters beerdigt (nicht an der Kreml-Mauer, wie es den höchsten Staatsrepräsentanten vorbehalten bleibt). Rund zweihundert Personen nehmen an seinem Begräbnis teil. Die Polizei hält unerwünschte Gäste von einer Teilnahme ab.

Nachwort

Betrachtet man Molotows Wirken in der sowjetischen Politik, wo er Spuren neben seiner Rolle in den stalinistischen Säuberungen eben hauptsächlich in der Außenpolitik hinterlassen hat, so kommt man um die Parallelen zur russischen Außenpolitik unter Wladimir Putin nicht herum. War zu Molotows Zeiten die westliche Welt, und damit auch die Westblockpresse, strikt antisowjetisch eingestellt, so erleben wir gerade die x-te Wiederauferstehung der antirussischen Hysterie, verschärft seit der Amtsübernahme durch »Präsident« beziehungsweise Polit-Clown Donald Trump. Dieser bietet als Person schon Angriffsflächen genug. Doch der Westblockpresse, insbesondere den US-Massenmedien, genügt das nicht. Durch seine Angriffe auf den militärisch-industriellen-geheimdienstlichen Komplex (»NATO ist überflüssig«, »die Geheimdienste haben Hillary Clinton geholfen, ihre Skandale zu verdecken« et cetera) hat er sich offenbar ein paar unversöhnliche Feinde gemacht. Und obwohl er – natürlich – eine eindeutig pro-oligarchische Politik betreibt (samt 100-Milliarden-Waffendeal mit Saudi-Arabien, der den US-Rüstungskonzernen erneut märchenhafte Profite beschert), steht er seit der Amtsübernahme am 20. Januar 2017 unter publizistischem Dauerfeuer. Jeden Tag wird eine neue Anti-Trump-Sau durchs Dorf getrieben. Beliebtestes Thema gegenüber allen anderen Trump-Vergehen (Rückgängigmachung von Obama-Care, Einsparungen beim US-Bundesumweltamt, Steigerung des Militärhaushalts um zehn Prozent, drastischer Abbau des Umweltschutzes und der Förderung der Geisteswissenschaften, Streichung des winzigen, öffentlich-rechtlichen Rundfunks in den USA, Aufhebung der Bankenregulierung – Dodd-Frank-Act von 2010 – et cetera pp.) – seine mutmaßlichen »Verbindungen«

zu Russland. Trumps Vergehen: Er hat sich einige Male in den letzten Monaten positiv über Wladimir Putin geäußert. Das hat offenbar die Westblockpresse und das Westblock-Establishment so in Rage gebracht, dass jetzt die alte antirussische Hysterie aus dem Klamottenschrank der Geschichte geholt wird, um fröhliche Auferstehung zu feiern, während man sie schon längst endgültig begraben glaubte. Aber das Gespenst, das da an die Wand geworfen und mit aller Macht propagiert wird, ist zu bekannt, seine Wirkung immer wieder sicher (weil über Jahrhunderte eingeübt): Alles Böse kommt aus dem Osten, der perfide Russe trachtet uns nach Leben und Wohlstand, Russland giert nach der Weltherrschaft.

Alles blühender Blödsinn. Aber immer wieder gern genommen, wenn es gilt, Hysterie zu schüren. Betrachten wir uns einen Moment die Fakten. Trump hat sich einige Male verhalten positiv (das heißt nicht von vornherein verdammend-abqualifizierend) über Wladimir Putin geäußert. Während des Wahlkampfs gab es Kontakte zwischen seinem Wahlkampfteam und der russischen Botschaft (wie vermutlich zu vielen anderen Botschaften großer Staaten, der deutschen etwa). Gleichzeitig behaupten die 17 US-Geheimdienste angeblich einmütig (ohne jemals einen validen Beweis vorzulegen), dass »die Russen« beziehungsweise »Russland« beziehungsweise »der russische Militärgeheimdienst« die US-Wahlen manipuliert hätten. Und zwar durch einen Hackerangriff auf die Wahlkampforganisation der Demokratischen Partei und deren Spitzenkandidatin Hillary Clinton. Dadurch kam viel peinliches Zeug ans Tageslicht, die Dummheit der Spitzenkandidatin, die unfairen Maßnahmen ihres Teams, um ihren parteiinternen Konkurrenten Bernie Sanders (der aber ebenfalls ein zuverlässiger, überzeugter Antirusse ist, trotz vermeintlich »linker« Gesinnung) zu schaden und dessen Chancen auf die Spitzenkandidatur nach Kräften zu minimieren et cetera pp. Diese veröffentlichten Mails hätten Hillary geschadet und Trump zum Wahlsieg verholfen. Daher sei dieser nur ein nützlicher Idiot der Russen und versuche, das nun nach Kräften (etwa durch die Entlassung des FBI-Direktors James Comey, als dieser damit beauftragt wurde, mögliche russische Verwicklungen von Spitzenleuten aus Trumps Wahlkampf- und Regierungsteam zu untersuchen) zu verschleiern.

Statt – wie in einer funktionierenden Demokratie üblich – das geleakte Material zu bewerten und gegebenenfalls strafrechtlich zu verfolgen, was da an Ahndenswertem zutage kam, wird nun ein Ablenkungsmanöver gigantischer Natur gefahren. Die geleakten Fakten werden gedeckelt, gar nicht mehr erwähnt. Dafür unaufhörlich, jeden Tag, in jeder Nachrichtensendung, in jeder Zeitung, in jeder Zeitschrift, im Internet, in allen täglichen Talkshows, von allen Stand-up Comedians, die bösen Russen und ihre fiesen Angriffe auf die blühende, ideale, vorbildliche US-»Demokratie« thematisiert. Die bösen Russen wollen unseren Untergang, wird auf volksverdummende Weise wieder und wieder formuliert beziehungsweise insinuiert. Trump sei von Russland ferngesteuert, seine Wahlkämpfer und Minister sprächen alles mit Russland ab, Russland steuere über Trump ganz Amerika, Russland habe einen ihm genehmen Kandidaten im Weißen Haus installiert und könne jetzt mindestens vier Jahre davon profitieren. Nichts ist weiter von der Wahrheit entfernt als das. Trump, der narzisstische Psychopath, ist vom psychopathisierten, durch überdrehten Konsumismus längst entmündigten US-Wahlvolk ins Amt gewählt worden. Weil er versprach, in Washington aufzuräumen. Denn das tiefsitzende, mehr gefühlte als begründete (aber völlig berechtigte) Misstrauen gegen Washington und sein Establishment prägt das Wahlvolk, trotz aller Volksverdummung, trotz täglicher Sedierung durch Konsumismus und Verblödung durch Massenmedien, geistige und körperliche Verfettung durch Softdrinks und Fastfood. Das Volk reagiert also eigentlich vernünftig, wenn auch naiv. Denn natürlich ist auch Trump nur ein weiterer Polit-Darsteller des Establishments, der vor der Wahl verspricht, was er nach der Wahl keinesfalls halten wird.

Jetzt ist er also im Amt – zum großen Entsetzen des Establishments (wenn er auch eigentlich ein Mitglied dieses exklusiven Clubs ist, als vermeintlicher »Milliardär« – wie viel Geld er wirklich hat, steht bis heute nicht fest). Dazu hat er die Geheimdienste gegen sich aufgebracht, weil er deren antirussische (und Anti-Trump-)Geschichten als blühenden Blödsinn bezeichnet hat. Er hat also sowohl das Establishment (das auf ruhige acht Jahre unter der kriegslüsternen Hillary gebaut hatte) und die Geheimdienste (deren Kompetenz er in Zweifel gezogen hat und deren Budgets er zu beschneiden angekündigt hatte, wovon jetzt allerdings keine Rede mehr ist) gegen sich. Diese beiden Gruppen treiben ihn jetzt vor sich her, mit immer neuen Varianten der immer gleichen Geschichte, dass Trump ein ferngesteuerter nützlicher Idiot der Russen sei. Dass es dafür keinen Beweis gibt und dass die anonymen Hacks auf denkbar dürftiger Faktenbasis »den Russen« zugeschrieben werden, interessiert die »unabhängige« Presse und die weiteren Massenmedien kein bisschen. Es ist eine populäre, wirksame, furchteinflößende Scheinkampagne, denn mit der jahrzehntelang gepredigten Angst vor den »Kommunisten«, den »Bolschewiken«, beziehungsweise »dem Russen« kann man in Amerika und im Westblock insgesamt immer noch punkten beziehungsweise Wirkung beim verdummten Wahlvolk erzielen.

Die beiden US-Parlamente (Repräsentantenhaus und Senat) haben jetzt beschlossen, die Sanktionen gegen Russland ein weiteres Mal zu verschärfen. Das Gesetzesvorhaben ist auf eine Weise konzipiert, die es dem Präsidenten unmöglich machen soll, dagegen sein Veto einzulegen oder es auch nur abzuschwächen. Legt er sein Veto ein, würde er sich in den Augen der veröffentlichten Meinung »endgültig« als »Russenfreund«, als »Wladimirs Schwanzlutscher«, entpuppen. Damit ist dieser Variante schon mal der Riegel vorgeschoben – das käme Trumps politischem Selbstmord gleich. Aber die Sanktionen auch nur abzuschwächen, hätte ähnliche Wirkung, wird aber durch die spezielle Art des Gesetzes verhindert. Trump hat also nur die Wahl, entweder das Gesetz passieren zu lassen oder politischen Selbstmord zu begehen. Doch jetzt löcken auch andere wider den Stachel. Die deutsche Kanzlerin und ihr Außenminister haben gegen das US-Gesetzesvorhaben protestiert, weil es die deutsche Energie-Autonomie beschädigt. Das Gesetz sieht vor, wichtige Pipeline-Bestandteile nicht mehr zu liefern (um das neue russische Pipeline-Projekt *Nordstream II* zu behindern beziehungsweise unmöglich zu machen). Denn bestimmte US-Firmen haben hier ein Weltmonopol, das ihnen eine erhebliche Machtposition zukommen lässt. Zudem soll das bei seiner Förderung umweltvernichtende US-Schieferlager-Öl (»Fracking«) mit massiven Subventionen auf den Weltmarkt gepumpt werden, um die russischen Öleinnahmen zu minimieren und so die Stabilität der auf die Öleinnahmen angewiesenen russischen Gesellschaft zu untergraben (kein Geld, unpopuläre Sparmaßnahmen, Unruhen, Regierungssturz, Ende des »Systems Putin«, so die intendierte Reihenfolge). Was hätte wohl Molotow zu all dem gesagt? Das Gesamtgeschehen hätte ihn wahrscheinlich nicht sehr verwundert, sondern in seinen Überzeugungen noch bestärkt. Vermutlich schaut er jetzt von seinem Platz im sowjetischen Olymp mit Wohlwollen auf Wladimir Putin, der mit seiner klugen Politik Russland in den vergangenen anderthalb Jahrzehnten sowohl wirtschaftlich als auch politisch wieder an die Weltspitze zurückgeführt hat. Währenddessen setzt US-Polit-Clown Trump gerade mit seiner Pubertierendenrhetorik im Hinblick auf Nordkorea leichtfertig den Weltfrieden aufs Spiel. Das hätte Molotow mit Sorge betrachtet, so wie jeder andere halbwegs vernünftige Zeuge dieser Zeitläufte.